HEYNE FACHBUCH

D1728501

W. Nachtigall

Betriebswirtschaftliche Formeln und Darstellungen

Band 1
Abbaukoeffizient bis Montage-organisation

WILHELM HEYNE VERLAG
MÜNCHEN

HEYNE-FACHBUCH Nr. 1/Band 1
im Wilhelm Heyne Verlag, München

Genehmigte, ungekürzte Taschenbuchausgabe
Copyright © 1972 by Verlag Die Wirtschaft, Berlin, DDR
Umschlaggestaltung: Atelier Heinrichs, München
Printed in Germany 1976
Gesamtherstellung: Presse-Druck, Augsburg

ISBN 3-453 40029-0

Vorwort

Der vorliegende Wissensspeicher mit Lexikoncharakter setzt das mit den beiden Bänden „Formelhandbuch Betriebswirtschaft" und „Formelhandbuch Betriebswirtschaft – Ergänzungsband" eingeleitete, für die betriebswirtschaftliche Literatur neuartige Vorhaben fort. Jetzt konnte ein relativ geschlossenes, systematisch aufgebautes Nachschlagewerk gestaltet werden, das den bekannten Bänden des „Lexikon der Wirtschaft" in der Art der Stoffdarbietung recht nahe kommt. Dennoch handelt es sich um eine ganz andere Publikation, da sie nur Begriffsgut zu betriebswirtschaftlichen Fragen und Prozessen enthält, bei dem in irgendeiner Weise Berechnungen und graphische Darstellungen nötig bzw. möglich sind.

Weil ein solches Vorhaben bei unbedachtem Herangehen ins Uferlose führen würde, war die Auswahl der zu behandelnden Begriffe ein besonders schwieriges Problem. Der Verfasser glaubt, im Sinne der Nutzer dieses Wissensspeichers gehandelt zu haben, wenn er sich bei der Stoffwahl auf aktuelle, zugleich aber auch betriebswirtschaftlich allgemeingültige, allgemeininteressierende und inhaltlich gesicherte Aussagen konzentrierte, dagegen auf Spezialfälle sowie zweigtypische Anwendungen bzw. in der Literatur unterbreitete, aber noch nicht ausdiskutierte Vorschläge weitestgehend verzichtete. Solche fanden nur dann Aufnahme in das Buch, wenn sie eine bisher vorhandene Lücke schließen konnten oder es wünschenswert wäre, daß die betreffende Spezialmethode breiteren Eingang in die Wirtschaftspraxis fände. Das gilt namentlich für einige Begriffe der Operationsforschung, denen mitunter mehr Raum gegeben wurde, als es dem Durchschnitt des ganzen Buches entspricht.

Mit der generellen Voranstellung von Definitionen sowie der Aufnahme von erläuternden Texten und Beispielen – wo dies in Anbetracht der Kompliziertheit des behandelten Stoffes ratsam erschien – hat der Wissensspeicher *qualitativ* seine wohl augenfälligste Weiterentwicklung erfahren. Als weitere Neuerung ist ein geschlossenes Verweissystem hinzugekommen, das die Benutzung des Buches gegenüber dem Sachwortregister rationalisiert, weil der gesuchte Begriff jetzt generell im laufenden Alphabet zu finden ist. Der Verfasser kommt damit einem öfter geäußerten, berechtigten Wunsch nach und paßt sich überdies stärker lexikalischen Gepflogenheiten an.

Die *quantitative* Weiterentwicklung ist offensichtlich. Es sind aber gegenüber den beiden Vorläuferbänden nicht schlechthin mehr als doppelt soviel Begriffe hinzugekommen, sondern das Buch ist von Grund auf völlig neu angelegt; natürlich unter Verwendung bisherigen Materials, jedoch wurde auch dieses überarbeitet, bereinigt, stärker auf die betriebswirtschaftliche Problematik abgegrenzt, mindestens aber mit Definitionen und Texterläuterungen versehen.

Die positive Aufnahme, die die beiden oben erwähnten Vorläuferbände für das vorliegende Nachschlagewerk bei Publikum und Rezensenten fanden, hat dem Verfasser Mut gemacht, diese diffizile und recht zeitaufwendige Aufgabe weiterzuführen, zum Teil mit Hilfe neugewonnener Autoren. Erfahrungen und kritische Hinweise wurden ausgewertet, weitere Anregungen werden dankbar entgegengenommen. Über die Nützlichkeit eines solchen zeitsparenden Arbeitsmittels für die in der betriebswirtschaftlichen Praxis stehenden Ökonomen und technischen Kräfte herrscht einhellige Meinung. Jetzt kommt es darauf an, es immer komplexer und wirksamer zu gestalten, um auch auf diesem Wege ein gut Teil wissenschaftlicher Erkenntnis zur unmittelbaren Produktivkraft werden zu lassen.

Es sei an dieser Stelle all jenen gedankt, die in verschiedenster Weise geholfen haben, den jetzigen Entwicklungsstand des Buches zu erreichen. Besonderer Dank gilt diesbezüglich Herrn Prof. Dr. habil. Gerhard Richter für die wissenschaftliche Beratung im Zusammenhang mit der Begutachtung des Manuskriptes, und Frau Margarete Anuth für die umsichtige und präzise technisch-redaktionelle Bearbeitung im Verlag.

Der Verfasser

Berlin, im Dezember 1971

Vorwort zur Taschenbuch-Ausgabe

Dieses einmalige Werk wurde von Fachleuten der DDR geschrieben.

Deshalb stößt der Leser natürlich bei bestimmten Interpretationen wirtschaftlicher Vorgänge zwangsläufig auf Formulierungen, die ihn vielleicht etwas ungewöhnlich anmuten.

Seien es nun Begriffe wie ‚Kollektiv‘, ‚Werktätige‘ oder Erklärungen wie die, daß der Gewinn im Sozialismus ‚nicht Selbstzweck oder Triebkraft des Handelns an sich‘ sei.

Diese Ausdrucksweise entspricht der politischen und gesellschaftlichen Struktur der DDR. Für den Leser der BRD wird dadurch die Nutzungsmöglichkeit des Bandes in keiner Weise beeinflußt, da die Verständlichkeit des Inhalts in jedem Fall gegeben ist und die Qualität des Werkes von der Verschiedenheit der Interpretationsstile unberührt bleibt.

Betriebswirtschaftliche Abläufe sind in ihren Gesetzmäßigkeiten international in allen Betrieben und Unternehmen von gleicher Art – seien es nun Formeln für die Berechnung der Arbeitsproduktivität, des Investitionseffekts, der Qualitätskontrolle oder Darstellungen über den Prozeß der Fertigungskontrolle, der Netzplantechnik oder des Prozeßrechnersystems.

Jeder Betrieb, jedes Unternehmen benötigt diese betriebswirtschaftlichen Formeln, um wirtschaftliche Vorgänge transparent und damit steuerbar zu machen.

Dieses Buch mit seiner Fülle von Definitionen, Formeln und Darstellungen über betriebswirtschaftliche Fragen und Prozesse ist für jeden – sei er nun Student oder schon ein in seinem Beruf Etablierter – eine wertvolle Hilfe, um sich einen Überblick zu verschaffen oder um ‚verlorengegangene‘ Kenntnisse wieder aufzufrischen.

Deshalb freuen wir uns, dieses Nachschlagewerk in einer preiswerten Taschenbuch-Ausgabe vorlegen zu können.

Wilhelm Heyne Verlag München

Mai 1975

Benutzungshinweise

●

Die Begriffe sind durchgängig vom ersten bis zum letzten Buchstaben alphabetisch geordnet, auch wenn der Begriff aus mehreren Wörtern besteht, z. B.:

Forschungsorganisation
Forschung und Entwicklung

Ausnahmen von dieser Regel bilden Begriffe mit nachgestellten, durch Komma abgetrennten Beifügungen, z. B.:

Modell, statistisches
Modell, strategisches
Modellmethode

●

Die alphabetische Einordnung von Begriffsprägungen aus mehreren Wörtern mit definitorisch erfaßbarem Inhalt erfolgte nach dem für den Gesamtbegriff typischen Substantiv, z. B.:

Abwertungsbetrag für Erzeugnispreise, jährlicher
Arbeitskräfte, Gesamtzahl der
Investitionen, Normativ der anteiligen
Kostenanalyse des Verwaltungsbereichs, funktionsbezogene
Neuerungen, Quote der Benutzungsfähigkeit von
Standardreihe, Stufung der
Zuverlässigkeit von Systemen, theoretische

Ausgenommen von dieser Regel sind mit Eigennamen verbundene Begriffe und solche, die sich in einer bestimmten Form fest eingebürgert haben, z. B.:

Bayessche Entscheidungsfunktionen
Vogelsche Approximationsmethode
bzw.
Ständige Aktiva und Passiva
Ungarische Methode

●

Wo bei mehreren im Begriff enthaltenen Substantiven zwei oder mehrere Möglichkeiten der alphabetischen Einordnung gegeben sind, wird der Leser vom nachgeordneten auf das inhaltlich bestimmende Substantiv verwiesen, z. B.:

Reproduktion der Arbeitskraft → Arbeitskraft, Reproduktion der

Rekursion der Grundfonds → Grundfonds, Rekursion der

●

Die Umlaute ä (ae), ö (oe) und ü (ue) werden bei der alphabetischen Einordnung wie die Vokale a, o, u behandelt.

●

Folgende Verweisarten werden angewandt:

1. Es wird von einem Begriff ohne seine Behandlung durch → auf den Begriff verwiesen, der die Behandlung des ersteren einschließt; das gilt auch für synonyme Begriffe, von denen auf den Hauptbegriff verwiesen wird; z. B. PERT → Netzplantechnik, bzw. (Synonym) Produktivkraft der Arbeit → Arbeitsproduktivität.

2. In der textlichen Behandlung eines Begriffes wird durch → auf die unmittelbare Verbindung zu einem anderen Begriff verwiesen oder aber zum Ausdruck gebracht, daß die Kenntnis über den Inhalt des mit → gekennzeichneten Begriffs Voraussetzung ist, um die Behandlung des aufgeschlagenen Begriffs zu verstehen.

3. Verweise in neuer Zeile am Ende der Abhandlung weisen auf die Begriffe hin, die direkt oder indirekt mit dem aufgeschlagenen Begriff verknüpft sind.

●

Folgt nach einem Hauptbegriff (fett) ein zweiter Begriff (kursiv), so handelt es sich um eine inhaltliche Begriffsgleichheit (Synonym). Vom alphabetisch eingeordneten Synonym wird stets mit → auf den Hauptbegriff verwiesen.

●

Es kommt vor, daß je nach der betreffenden Originalquelle in Formeln für gleiche Begriffe unterschiedliche Symbole verwendet werden. Das liegt an der Uneinheitlichkeit der in der Wirtschaftsliteratur für ökonomische Begriffe benutzten Symbole. Im Interesse eines ungehinderten und originalgetreuen Quellenvergleichs und -studiums konnten die Symbole nicht durchgängig vereinheitlicht werden.

●

Die Zahlen in eckigen Klammern nach bestimmten Abschnitten innerhalb der Erläuterungen zu einem Begriff sowie am Schluß jedes Artikels sind die Brücke zur Literaturquelle. Diese dient gleichzeitig als *Quellennachweis* und *Quellenhinweis*.

Beispiel: [**186** – 89 ff.] = Laufende Nummer 186 im Literaturregister, Seiten 89 und folgende in der angegebenen Publikation.

A

Abbaukoeffizient des laufenden Absatzvorrates → Vorratshaltung.

Absatzmenge, gewinngünstigste → Exportpreis, optimaler

Absatzvorrat → Vorratshaltung

Abschreibung – Kostenbestandteil, der den auf das neue Produkt übertragenen Wert der produktiv genutzten Grundmittel im Geldausdruck widerspiegelt.
Man unterscheidet verschiedene Abschreibungsmethoden:

Lineare Abschreibung

Die jährlichen Abschreibungsbeträge bleiben gleich.

a) Jährlicher Abschreibungssatz – A:

$$A = \frac{100}{n} \qquad\qquad [\%]$$

n   Nutzungsdauer des Grundmittels (a)

b) Jährliche Abschreibungssumme – AS:

$$AS = \frac{AW}{n} \qquad\qquad [M/a]$$

AW   Anschaffungswert des Grundmittels (M)

Degressive Abschreibung

a) Geometrisch degressive Abschreibung

Die jährlichen Abschreibungsbeträge sinken degressiv ab. Es liegt eine gesetz-
mäßige Degression vor, die sich mathematisch ausdrücken läßt:

$$A = AW \cdot \frac{P}{100} \left(1 - \frac{P}{100}\right)^{n-1} \qquad\qquad [M]$$

und

$$NW = AW \left(1 - \frac{P}{100}\right)^{n} \qquad\qquad [M]$$

A Abschreibung nach Jahren (M)
AW Anschaffungswert des Grundmittels (M)
NW Nettowert des Grundmittels (M)
P Abschreibungssatz (%)
n Anzahl der Jahre

Daraus folgt der jährliche Abschreibungssatz – A:

$$A = 100 \left(1 - \sqrt[n]{\frac{NW}{AW}} \right) \qquad [\%]$$

b) Arithmetisch degressive Abschreibung
Die jährlichen Abschreibungsbeträge sinken in gleichmäßigen Intervallen.
Die jährliche absolute Degression ergibt sich aus der Rechnung:

$$\frac{AW}{1 + 2 + 3 + \cdots + n} \qquad [M]$$

AW Anschaffungswert des Grundmittels (M)
n Nutzungsdauer (a)

Progressive Abschreibung

Die jährlichen Abschreibungsbeträge steigen an. Ihre Ermittlung erfolgt wie vorstehend, doch werden die Beträge in umgekehrter Reihenfolge verrechnet.

[12 – 56 ff.]

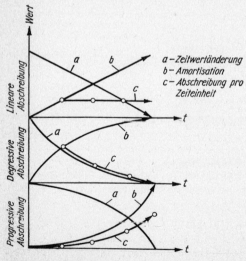

Abschreibungsmethoden

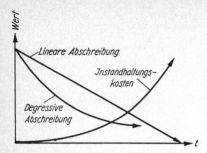

Entwicklung der Instandhaltungskosten und Abschreibungsverlauf

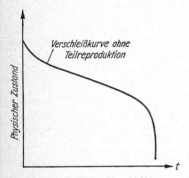

Wirkung des physischen Verschleißes

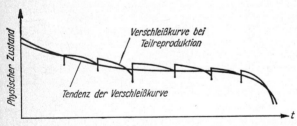

Wirkung des physischen Verschleißes unter Berücksichtigung der Teilreproduktion durch Reparaturen

[104 – 62 ff.]

Zur rechnerischen Ermittlung der Abschreibungsbeträge bedient man sich des *Abschreibungssatzes*, der als absolutem Betrag (Abschreibungsrate oder -quote) oder als Prozentsatz ausgedrückten Verhältniszahl, die den auf eine Zeiteinheit oder auf eine Leistungseinheit bezogenen Verschleiß ausdrückt.

Bei linearer zeitabhängiger Abschreibung:

$$A = \frac{100}{n} \qquad \text{[\%/a vom AP]}$$

ND   Nutzungsdauer des Grundmittels (a)
AP   Anschaffungspreis des Grundmittels (M)

Bei Abschreibung vom Restbuchwert (degressive zeitabhängige Abschreibung):

$$A = 100 \left(1 - \sqrt[n]{\frac{SW}{AP}} \right) \qquad \text{[\%/a vom AP]}$$

SW   Schrottwert des Grundmittels (M)

Bei leistungsbedingter Abschreibung:

$$A = \frac{Ab}{G} \qquad \text{[M/LE]}$$

Ab   Abschreibungsbasis (M)
G   Geplante Gesamtleistung des Grundmittels (LE)
LE   Leistungseinheiten

[36 – 32 ff.]

Ferner:

$$A = \frac{(AW + GR + AK - SW) \cdot 100}{AW \cdot n} \qquad \text{[\%/a]}$$

AW   Anschaffungswert (-preis) (M)
GR   Ausgaben für Generalreparaturen während der Betriebszeit (M)
AK   Abbruchkosten (M)
SW   Schrottwert (M)
n   Nutzungsdauer (a)

[12 – 49]

Die *Abschreibungsquote* pro Jahr wird wie folgt ermittelt:

$$QA = \frac{BW - SW + AK}{n} \qquad \text{[M/a]}$$

BW   Bruttowert des Grundmittels
SW   Schrottwert des Grundmittels
AK   Abbruchkosten des Grundmittels
n   Nutzungsdauer (a)

[36 – 31]

Für die *Abschreibungen je Produkt* (Stückaufwand an Abschreibungen) gilt die Formel:

$$a = \frac{1}{V} \cdot W \cdot \frac{1}{n} = \frac{W}{V \cdot n} \qquad \text{[M/Stück bzw. ME]}$$

V   Jährlich produzierte Erzeugnismenge (Stück, ME)
W   Wert (Preis) der Maschine (M)
n   Nutzungsdauer der Maschine (a)

[151 – 54]

Der Stückaufwand an Abschreibungen *bei spezialisierter Technik* beträgt:

$$a = \frac{A + R - RW}{L} \qquad \text{[M/Stück]}$$

A   Anschaffungspreis der Sonderausrüstung (M)
R   Reparaturaufwand während der Nutzungsdauer (M)
RW   Ökonomisch nutzbarer Restwert nach Abschluß des Gesamtloses (M)
L   Gesamtlosgröße (Stück)

Die wirtschaftliche Nutzungsdauer der Sonderausrüstung wird dabei mit $\geqq$ Produktionszeit des Gesamtloses unterstellt.

[168 – 12]

Der *betriebliche Abschreibungssatz für Generalreparaturen* wird nach der Formel

$$A_b = \frac{GR}{BW} \cdot 100 \qquad \text{[\%]}$$

ermittelt.

GR   Durchschnittlich notwendige Generalreparaturen (M)
BW   Bruttowert der Grundmittel nach der Umbewertung (M)
→ Bruttowert der Grundmittel

[12 – 56]

Abschreibungsanteile je Arbeitsgang → Kostenanteile je Arbeitsgang

Abschreibungsaufwand für Generalreparaturen → Abschreibung

Abschreibungsmethoden → Abschreibung

Abschreibungsquote → Abschreibung

Abschreibungsrate → Abschreibung

Abschreibungssatz → Abschreibung

Abschreibungs-Stückaufwand → Abschreibung

Abstimmungsgrad der Fließstraße – Koeffizient, der die zeitliche Auslastung einer automatischen Fließstraße anzeigt. Der ideale Abstimmungsgrad wäre 1. Je näher der Koeffizient der Zahl 1 kommt, um so besser ist folglich die zeitliche Auslastung.

$$\eta_A = \frac{\sum\limits_{i=1}^{I} a_i}{c \cdot J} = \frac{c \cdot J - D}{c \cdot J} = 1 - \frac{D}{c \cdot J} = 1 - \frac{\sum\limits_{j=1}^{J} d_j}{c \cdot J} \leqq 1$$

c   Taktzeit
a_i Arbeitszeit des Arbeitsganges i
I   Anzahl der Arbeitsgänge (i = 1 ... I)
d_j Verlustzeit je Arbeitsfolge j
J   Anzahl der Arbeitsfolgen in der Fließstraße
D   Gesamtverlustzeit

$$d_j = c - \sum_{Ag_i \in Af_j} a_i$$

$$D = c \cdot J - \sum_{i=1}^{I} a_i$$

→ Fließfertigung

[150 – 408]

Abteilungsleitungskosten auf Basis Maschinenstundenkostenrechnung, Norm für – auf eine Maschinenstunde bezogener Satz zur Verrechnung der Abteilungsleitungskosten.

$$K_{AL} = \frac{K_L}{\sum\limits_{i}^{n} FM_g} \qquad [M/h]$$

K_L Leitungskosten (M/a)
$\sum FM_g$ Geplanter Maschinenzeitfonds aller Maschinen einer Gruppe (h/a)
i ... n Eine bis n Maschinengruppen

→ Lohn, indirekter

[217 – 77]

Abweichung → Streuung

Abwertungsbetrag für Erzeugnispreise, jährlicher – auf die ökonomische Lebensdauer des Erzeugnisses bezogene Reduzierungsquote des Preises, die einen ökonomischen Druck in Richtung auf die Entwicklung und Produktion eines neuen Erzeugnisses erzeugt. Die Formulierung des Nenners bewirkt, daß der Erzeugerbetrieb bereits im letzten Jahr der ökonomischen Lebensdauer nur noch den Grundpreis erzielt.

$$A_i = \frac{gN_i}{l_i - 1} \qquad\qquad [M/a]$$

gN_i Gewinn aus Anwendernutzen bei Erzeugnis i (M)
l_i Ökonomische Lebensdauer des Erzeugnisses i (a)

[116 – 626]

Abzinsungsfaktor → Zinseszinsrechnung

Achsenabschnittsgleichung → Optimierung, lineare

Additionssatz → Streuung

Aggregatindex → Index

Ähnlichkeitskennziffer → Fertigungsanalyse, intervariationale

Akkumulationsrate – in Prozent ausgedrücktes Verhältnis des akkumulierten Teils des Nationaleinkommens (Akkumulationssumme) zum gesamten Nationaleinkommen.

$$A_r = \frac{A}{N} \cdot 100 \qquad\qquad [\%]$$

A   Akkumulationssumme (M)
N   Nationaleinkommen (M)

[36 – 65]

Aktiva, ständige → Ständige Aktiva und Passiva

Algorithmenaspekt → Kybernetik

Algorithmus → Kybernetik

Alphabet, griechisches → Anhang, S. 1077

Amortisationsfrist – nach der sog. Payback-Methode bestimmte Periode t_n, in der sich die geplante Investition aus den jährlichen Nettoerträgen (Einsparungen) unter Berücksichtigung der Abschreibungen selbst bezahlt. In kapitalistischen Betrieben angewandtes Berechnungsverfahren.

$$t_n = \frac{A_n}{B_a - B_n - \dfrac{i}{2} \cdot A_n}$$ [a]

Ist t_n kürzer als die Nutzungsdauer, so ist die Investition rentabel.

A_n Anschaffungswert der neuen Anlage

B_a Jährliche Nettoausgaben für die alte Anlage

i   Faktor

$$i = \frac{p}{100}$$

p   Zinsfuß (%)

B_n Jährliche Nettoausgaben für die neue Anlage

[313 – 34f.]

Analyse, ökonomische – Untersuchung vorhandener bzw. künftig möglicher ökonomischer Tatbestände und Vorgänge, um die Ursachen ihres Auftretens zu erkennen und rechtzeitig Maßnahmen zu ihrer Förderung oder Vermeidung treffen zu können. (Siehe nebenstehende Abbildung.)

→ Wirtschaftsrechnung

[138 – 1452; 36 – 89ff.]

Analyse der Arbeitsproduktivität → Arbeitsproduktivität

Analyse des Investitionsprozesses → Investitionsprozeß, Analyse des

Anforderungsstudie – Instrument zur Ermittlung der Anforderungen des Arbeitsprozesses an das Arbeitsvermögen des Menschen; Bestandteil des komplexen wissenschaftlichen Arbeitsstudiums. Die Anforderungsstudie ist auf Grundlage eines rationellen Ablaufs und zweckmäßig gestalteter materiell-technischer Bedingungen der Arbeit sowie der gesellschaftlichen Beziehungen im Arbeitskollektiv zu fixieren. Deshalb müssen ihr Arbeitsablaufstudien und Arbeitsplatzstudien vorausgehen. (Siehe nebenstehende Abbildung.)

[92 – 36ff.]

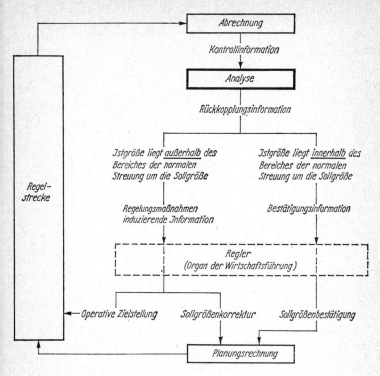

Die Analyse als Lieferant der Rückkopplungsinformation in schematischer Darstellung aus kybernetischer Sicht

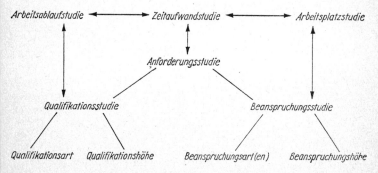

Gliederung der Anforderungsstudie und ihre Einordnung in das Arbeitsstudium

Ankunftsgrad, mittlerer → Warteschlangenproblem

Ankunftsrate, mittlere → Krankapazität, optimale

Anlagemittel → Grundmittel

Anlagenveränderung, Regelkreis für die → Regelkreis für die Veränderung von Anlagen

Anlaufbereich → Aufwandsdegression je erzeugte Einheit

Anlaufexponent des Gesamtloses – Wert, der die Neigung der → Anlaufkurve für den Arbeitsaufwand ausdrückt; Bestimmungsgröße für die Entwicklung des Arbeitsaufwandes beim Anlauf einer Produktion.

$$n_e = \frac{\lg y_0 - \lg y_1}{\lg L_1 - \lg L_0}$$

y   Gesamtaufwand (h bzw. M/ME)
L   Losgröße (ME)

→ Anlaufstückzahl, → Anlaufkonstante

[168 – 28]

Anlaufkonstante – Gesamtaufwand für die 1. Mengeneinheit eines Loses oder einer Serie.

$$\lg C = \lg F + \lg (1 - n_e) - (1 - n_e) \lg L_1$$

F   Gesamtaufwand für L_1 Erzeugnisse, Baugruppen, Teile (M, h)
n_e → Anlaufexponent des Gesamtloses

$$F = \sum_{i=1}^{k} A_i \qquad i = 1, 2, ..., n \qquad\qquad [M, h]$$

A_i Aufwendungen für die Produktionslose (Produktionsserien) i

[168 – 29]

Anlaufkurve, *Einlaufkurve* – graphische Darstellung der Entwicklung des Arbeitsaufwandes, der Durchlaufzeit und der Selbstkosten in der Anlaufzeit eines Loses oder einer Serie. Die Anlaufkurve für den *Arbeitsaufwand* entspricht einer Hyperbel höherer Ordnung (Potenzfunktion) nach der Gleichung:

$$y = \frac{C}{x^n}$$

y   Arbeitsaufwand (h)

y_E Arbeitsaufwand bei Anlaufende (h)

x   Stückzahl

x_E Stückzahl bei Anlaufende

n   → Anlaufexponent

C   → Anlaufkonstante

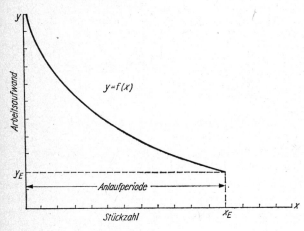

Anlaufkurve für den Arbeitsaufwand

[36 – 97 ff.]

Anlaufstückzahl – obere Begrenzung des Anlaufbereiches einer Los- oder Serienfertigung. Der betreffende Wert wird neben anderen Angaben zur Ermittlung des Aufwands im Anlaufbereich der Lose (Serien) benötigt.

$$L_E = \frac{1}{1 - \sqrt[n_e]{1 - \dfrac{\varepsilon}{100}}} \qquad \text{[ME]}$$

ε   → Aufwandsdegression je Mengeneinheit des Anlaufloses (%)

n_e → Anlaufexponent des Gesamtloses

[168 – 30]

Anleihentilgung → Rentenrechnung

Annuitätentilgung → Tilgungsrechnung

Anschaffungsgrenzwert – vertretbare maximale Höhe des Grundmittel-Anschaffungswertes. Die hierfür notwendige Rentabilitätsberechnung beruht u. a. auf der Gegenüberstellung des mit der vorhandenen und der geplanten Fertigungsart verbundenen Aufwands.

Für die Berechnung des Anschaffungsgrenzwertes K_G bei Einsparung *einer* Arbeitskraft wird von folgenden Annahmen für eine Neuanlage ausgegangen:

Nutzungsdauer N_t	≈ 5 Jahre
Abschreibungssatz im Jahr p_{Ab}	20% von K_G
Kosten für Generalreparaturen und Umbauten während der Nutzungsdauer K_{Gen}	≈ 30% von K_G

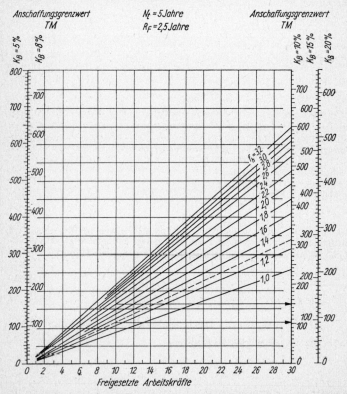

Diagrammbeispiel für die Ermittlung des Anschaffungsgrenzwertes (f_h-Grundlohnfaktor)

Kosten für laufende Instandhaltung im Jahr K_{Inst} $\approx$ 3% von K_G

Kosten für den Energieaufwand im Jahr K_{En} $\approx$ 0,1 bis 0,3% von K_G

Es wird ferner eine Rückflußdauer von $R_F = \dfrac{N_t}{2} = 2{,}5$ Jahre festgelegt.

Bei $p_{Ab} = 20\%$ und $R_F = \dfrac{N_t}{2}$ muß der Reingewinn im Jahr $E_K = 40\%$ von K_G sein.

$$K_G = \frac{K_{Ab} \cdot 100}{p_{Ab}} \qquad\qquad [M]$$

K_{Ab} Jährlicher Abschreibungswert

Kontrollrechnung für R_F:

$$R_F = \frac{K_G}{E_K} \qquad\qquad [a]$$

[306 – 8 ff.]

Anteilgrößen, Schätzung von → Stichprobe

Anwendernutzen, ökonomischer – jährliche mögliche Kosteneinsparung je Leistungseinheit eines neuen Erzeugnisses gegenüber dem bisher eingesetzten Erzeugnis beim Anwender. Da die Entwicklung eines neuen Erzeugnisses sowohl dem Hersteller als auch dem Anwender ökonomischen Nutzen bringen soll, ist der ökonomische Anwendernutzen bei der Preisbildung für neue Erzeugnisse zu berücksichtigen.

$$D = \left(\frac{P_0 + X_0}{T_0 \cdot L_0} + \frac{k_0}{L_0}\right) - \left(\frac{P_n + X_n}{T_n \cdot L_n} + \frac{k_n}{L_n}\right) \qquad [M]$$

P   Industrieabgabepreis des Erzeugnisses (M)

X   Andere mit der Anschaffung bzw. Investition verbundene einmalige Kosten (M)

T   Normative Nutzungsdauer unter Berücksichtigung des physischen und moralischen Verschleißes (a)

L   Leistung (Kapazität) des Erzeugnisses (ME)

k   Aus der Anwendung des Erzeugnisses entstehende laufende Kosten je Jahr (M/a)

o, n   Kennzeichnung des alten bzw. neuen Erzeugnisses

→ Reineinkommenszuwachs durch Neuentwicklung, gesamter

[246 – 81 f.; **144** – 76]

Approximationsmethode, Vogelsche → Vogelsche Approximationsmethode

Äquivalenzmethode → Arbeitsproduktivität

Arbeit, gesellschaftliche – Summe der lebendigen und vergegenständlichten Arbeit in der Gesellschaft.

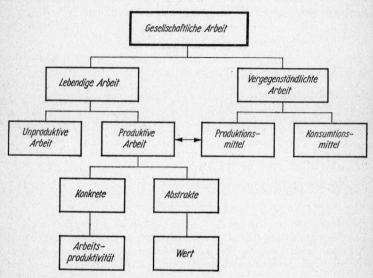

Gliederung der gesellschaftlichen Arbeit

[54 – 56; 32 – 34]

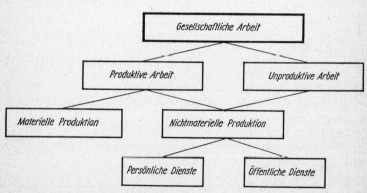

Produktive und unproduktive Arbeit im Kapitalismus

Die *productive* (und *unproduktive*) *Arbeit* hat im Kapitalismus und Sozialismus
einen anderen Inhalt. Unter *kapitalistischen Produktionsverhältnissen* ist nur
die Arbeit produktiv, die ein in Form des Mehrwertes von den Kapitalisten
angeeignetes Mehrprodukt erzeugt. Das besondere Moment der produktiven
Arbeit liegt im *Sozialismus* darin, daß sie als Arbeit in der materiellen Produktion ein gesellschaftliches Reineinkommen erzeugt.

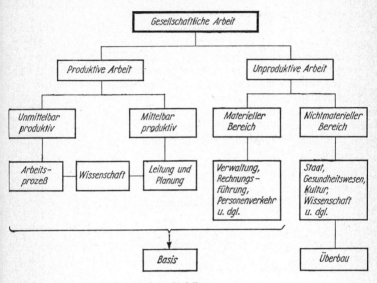

Produktive und unproduktive Arbeit im Sozialismus

[**54** – 16, 19; **32** – 40 f.]

Arbeit, produktive und unproduktive → Arbeit, gesellschaftliche

Arbeitsaufwand, voller → Arbeitsproduktivität

Arbeitsaufwand für das durchschnittliche (fiktive) Erzeugnis – zur Kapazitäts-
berechnung bei mehreren, technologisch ähnlichen Erzeugnissen dienende
Größe.

$$P_1 = \frac{\sum\limits_{j=1}^{n} P_j \cdot p_j}{\sum\limits_{j=1}^{n} p_j} \qquad\qquad [\text{h, M/ME}]$$

P_J Arbeitsaufwand für die einzelnen Erzeugnistypen auf der i-ten Anlage (h, M)

p_J Anteil des betreffenden Erzeugnistyps an der Gesamtproduktion (ME)

[254 – 240]

Arbeitsbedingungen, materielle → Arbeitsprozeß

Arbeitsbereich, *Griffbereich, Greifraum* – der zur Medianebene symmetrische Raum, der von der Handmitte bei ausgestreckten Armen in Vor-, Hoch-, Tief- und Seithalte umrissen wird. Die richtige Gestaltung des Greifraumes (horizontal und vertikal) unter Beachtung der normalen und maximalen Arbeitsbereiche ist physiologisch wichtig und kann sich sehr arbeitserleichternd und produktivitätsfördernd auswirken. Sie ist damit wichtiger Bestandteil der → Arbeitsgestaltung. (Siehe nebenstehende Abbildung.)

[319 – 259; 34 – 434 ff.]

Arbeitsdaten des Fließbandes → Fließfertigung

Arbeitsdichte, mögliche – in der Montagefertigung mögliche Anzahl der in einem Montageabschnitt eingesetzten Arbeitskräfte. Die Arbeitsdichte ist Maßstab für den erreichten Grad der Arbeitsteilung in der Montage. Moderne Montagetechnologien führen zu einer hohen Arbeitsdichte. Die höchste Arbeitsdichte erreicht man in der Großserien- und Massenfertigung. Will man die Arbeitsdichte erhöhen, so muß das Produkt t · n der nachfolgenden Formel ein Vielfaches der Größe t_{VA} werden.

$$AK = \frac{\sum\limits_{i=1}^{z} t_i \cdot n_i}{t_{VA}}$$

t_i Stückzeit für die Montage der Erzeugnisart i (min)

n_i Stückzahl der Erzeugnisart i im Berechnungszeitraum

t_{VA} Verfügbarer Arbeitszeitfonds einer Arbeitskraft im Berechnungszeitraum (min)

[320 – 390 ff.]

Arbeitseffektivität → Effektivitätskennziffern

Arbeitsbereiche in der horizontalen Ebene

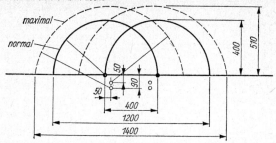

Arbeitsbereiche in drei Dimensionen

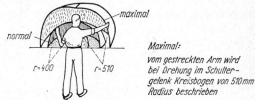

Normal:
vom Unterarm wird bei
hängendem Oberarm
Kreisbogen von 400 mm
Radius beschrieben

Maximal:
vom gestreckten Arm wird
bei Drehung im Schulter-
gelenk Kreisbogen von 510 mm
Radius beschrieben

Normaler und maximaler Arbeitsbereich in der horizontalen Ebene (nach Barnes)

a) für Einhandtätigkeit
(jede Hand arbeitet auf ihrer Seite)

b) für Beidhandtätigkeit

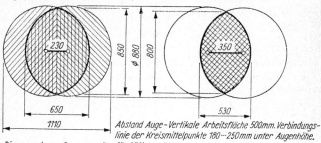

Abstand Auge-Vertikale Arbeitsfläche 500mm. Verbindungs-
linie der Kreismittelpunkte 180···250mm unter Augenhöhe.
Die angegebenen Grenzen gelten für 95% von 3000 untersuchten Personen

Normale und maximale Arbeitsbereiche

Arbeitseinkommen – Einkommen der Werktätigen aus eigener Arbeit, im Unterschied zum Einkommen, das auf Ausbeutung beruht. Im Arbeitseinkommen finden die Beziehungen aller Werktätigen zur Gesellschaft insgesamt und zu dem Betrieb, in dem sie beschäftigt sind, wesentlich ihren materiellen Ausdruck. Die zwei Hauptbestandteile des Arbeitseinkommens sind *Arbeitslohn* und *Prämie*.

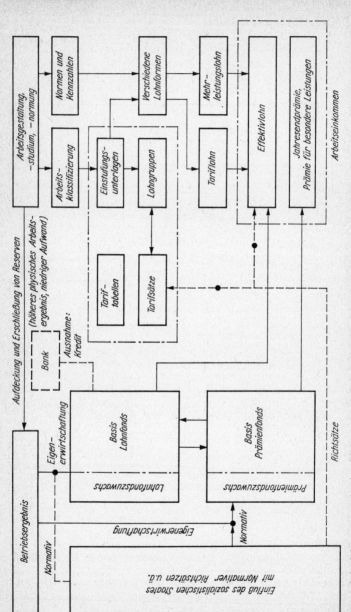

Das Arbeitseinkommen und seine Bildung (vereinfacht, ohne Sonderregelungen beim Arbeitslohn, wie Zuschläge bei besonderen Bedingungen, und ohne Nebenbestandteile des Arbeitseinkommens, wie Kinderzuschläge u. a.)

rbeitsproduktivität

Gewinn

Normativ → Zuwachs → Basis-Lohnfonds → Wechselbe-ziehungen → Prämien-fonds ← Normativ

Arbeits-klassifizierung

Arbeitsstudium, -gestaltung, -normung

Eingruppierungs-unterlagen

Arbeitsnormung und Kennzahlen

Verpflichtungen, Prämienvereinbarungen

	N			
		N	N	
N	Lpr	Lpr	Lpr	N
Lpr				
Basislohn	Basislohn	Basislohn	Basislohn	
1	2	3	4	

Technisierungsgrad

Lohnformen orientieren auf hohe Arbeitsleistung, volle Ausnutzung der neuen Technik, Qualifizierung der Werktätigen

Gewinnabhängige Prämiensysteme im sozialistischen Wettbewerb für:

• Spitzenleistungen in Wissenschaft u. Technik

• Erfüllung bzw. Übererfüllung des Volkswirtschaftsplanes

• Senkung der Selbstkosten u. a.

Produktionsprozeß

Arbeitslohn

(einschließlich Lohnprämien)

Jahresendprämie

Prämien für besondere Leistungen, objektgebundene Prämie u. a.

Arbeitslohn und Prämie als Hauptbestandteile des Arbeitseinkommens im Reproduktionsprozeß des volkseigenen Betriebes

[32 – 56; 40 – 803 ff.; 34 – 538 ff.; 341 – 5/23]

Arbeitsgegenstandszeit – Gliederung der Zeitarten für die einheitliche Erfassung und Analyse des zeitlichen Durchlaufs des Arbeitsgegenstandes vom Eingang des Rohstoffes (Teiles) bis zu seiner Verwendung für ein Erzeugnis im Betrieb oder Kombinat. Zwischen den verschiedenen Arten der Arbeitsgegenstandszeit, der Arbeitsmittelzeit, die die Zeitarten für die einheitliche

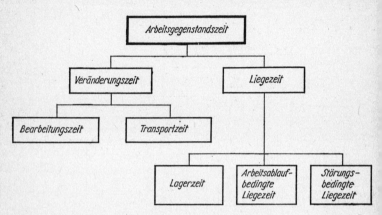

Gliederung der Arbeitsgegenstandszeit

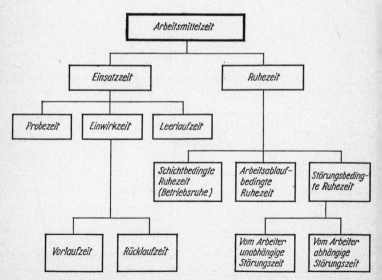

Gliederung der Arbeitsmittelzeit

Erfassung und Analyse der zeitlichen Nutzungsdauer von Arbeitsmitteln umfaßt, und der Arbeitszeit bestehen enge Wechselbeziehungen. Die Arbeitsgegenstandszeit und die Arbeitsmittelzeit können nach der → Zeitgliederung in der Produktion nicht erfaßt werden.

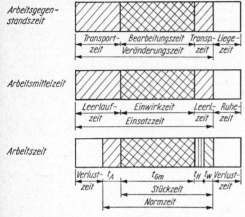

Zusammenhang zwischen Arbeitsgegenstandszeit, Arbeitsmittelzeit und Arbeitszeit

[**32** – 61 f., 84 f., 125 ff.; **34** – 463 ff.]

Arbeitsgestaltung – Schaffung und ständige Vervollkommnung der notwendigen Voraussetzungen, die es dem Menschen im Produktionsprozeß ermöglichen, optimal wirksam zu werden. Die Arbeitsgestaltung ist ein ständiger Prozeß der Umsetzung arbeitswissenschaftlicher Erkenntnisse in technisch-konstruktive und technologisch-organisatorische Entscheide, und zwar sowohl bei neuen als auch bei vorhandenen Anlagen, Einrichtungen usw. Die Arbeitsgestaltung ist wesentlicher Bestandteil aller Maßnahmen der sozialistischen Rationalisierung. (Vgl. die Darstellungen auf den Seiten 32 und 33.)

Niveau der Arbeitsgestaltung

a) Qualitative Kennziffer des Gestaltungsniveaus (bezogen auf 100 Arbeitsplätze) – K_{N1}:

$$K_{N1} = \frac{M \cdot 100}{A}$$

M   Anzahl der Meldungen über Arbeitsausfälle, Beeinträchtigung der Arbeitssicherheit usw. wegen mangelhaften Gestaltungsniveaus

A   Anzahl der meldepflichtigen Arbeitsplätze

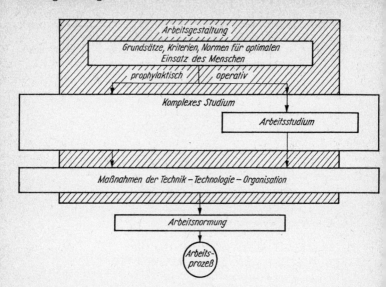

Hauptformen der Arbeitsgestaltung

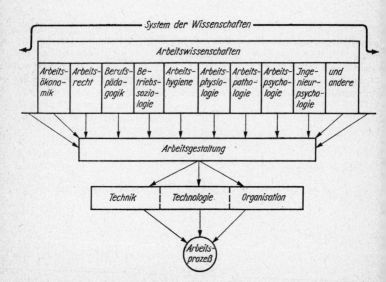

Wirkungssystem der Arbeitsgestaltung

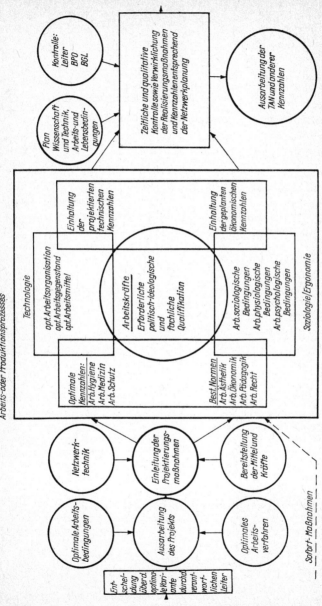

Schematische Darstellung der Einflußfaktoren bei der Arbeitsgestaltung

[266 – 326]

b) Quantitative Kennziffer des Gestaltungsniveaus (bezogen auf 1000 Arbeitsstunden) – K_{N2}:

$$K_{N2} = \frac{t_v \cdot 1000}{T}$$

t_v Verlustzeit (Zeitausfall) infolge eines Gestaltungsmangels (h)
T   Arbeitszeitfonds der meldepflichtigen Arbeitsplätze (h)

→ Arbeitsbereich, → Arbeitsnormung, → Arbeitsstudium

[269 – 4]

Arbeitshaltigkeit pro 1000 Währungseinheiten Produktion, mittlere – mittlerer Arbeitsaufwand im Zweig, ausgedrückt in Arbeitsstunden, bzw. darauf aufbauend mittlere jährliche Arbeitskräftezahl je 1000 Währungseinheiten Produktion. (Vom Autor als Arbeitsintensität bezeichnet.)

$$T_1 = \frac{\Sigma \, X_J \cdot t_J \cdot 1000}{\Sigma \, X_J \cdot p_J} \qquad \text{[h/1000 M]}$$

X_J Menge der zu erzeugenden Erzeugniseinheiten der betreffenden Art (ME)
t_J Arbeitsintensität je Erzeugniseinheit im Durchschnitt für den Zweig (h)
p_J Preis der betreffenden Erzeugniseinheit, auf dessen Grundlage die Bruttoproduktion bestimmt wird (M)

[158 – 227]

Arbeitsklassifizierung – Klassifizierung (qualitative Bewertung) der Arbeit nach den Anforderungen der Arbeitsaufgabe an das Arbeitsvermögen als Bestandteil des → Arbeitsstudiums und der → Arbeitsgestaltung. Gestützt auf → Anforderungsstudien ermittelt die Arbeitsklassifizierung die aus der Arbeit resultierenden Anforderungen an die Qualifikation, die körperliche und geistige Beanspruchung und ordnet hiernach die Arbeiten im Rahmen einer optimalen Zahl von Anforderungsgruppen der zutreffenden Lohn- bzw. Gehaltsgruppe (nach den Qualifikationsanforderungen) und der jeweiligen Beanspruchungsgruppe (für erhöhte bzw. zusätzliche Beanspruchungen) zu. Sie zieht Schlußfolgerungen für die Gestaltung der Arbeitsaufgaben, für Arbeitserleichterungen und trifft normative Festlegungen für eine optimale Anforderungsstruktur.

[32 – 68; 34 – 567 ff.]

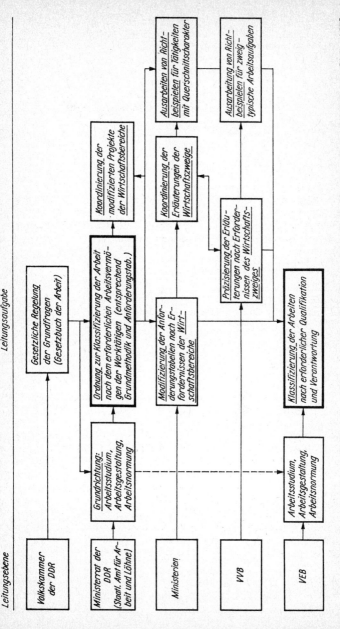

Schematische Darstellung des Leitungsprozesses zur Einführung der Arbeitsklassifizierung in der Industrie und im Bauwesen

[16 – 157]

Grundmethodik der Arbeitsklassifizierung (Teil A–C)

Teil A: Anforderungen aus Arbeitsaufgaben bei der Leitung und Durchführung der Produktion

Anforderungs-gruppen	Anforderungsarten		
Allgemeine Anforderungen an die Kenntnisse und die Verantwortung der Werktätigen	1. aus der Vorbereitung und Bedienung von Arbeitsmitteln mit 7 Anforderungs-stufen	2. aus dem Umgang mit Meßmitteln mit 8 Anforderungs-stufen	3. aus der konstruktiven Beschaffenheit der Arbeitsgegenstände mit 6 Anforderungs-stufen
	4. aus der stofflichen Beschaffenheit der Arbeitsgegenstände mit 7 Anforderungs-stufen	5. aus der Ökonomik des Betriebes mit 5 Anforderungs-stufen	6. aus dem Arbeits-studium, der Arbeits-gestaltung und der Arbeitsnormung mit 4 Anforderungsstufen
Allgemeine Anforderungen an die Fertigkeiten der Werktätigen	7. an die geistigen Fertigkeiten mit 8 Anforderungsstufen	8. an die Handfertigkeit und Körpergewandtheit mit 5 Anforderungsstufen	
Spezielle Anforderungen an die Qualifikation und die Verantwortung der Werktätigen	9. aus der Leitung der Produktion mit 6 Anforderungs-stufen	10. aus der Leitung der Werktätigen mit 2 Anforderungs-stufen	11. aus dem Gesund-heits- und Arbeits-schutz und der Sicherheitstechnik mit 6 Anforderungs-stufen

Teil B: Anforderungen aus Arbeitsaufgaben bei der technischen Vorbereitung der Produktion

Anforderungs-gruppen	Anforderungsarten		
Allgemeine Anforderungen an die Kenntnisse und die Verantwortung der Werktätigen	1. aus den Arbeits-mitteln mit 8 Anforderungs-stufen	2. aus dem Umgang mit Meßmitteln mit 8 Anforderungs-stufen	3. aus der konstruk-tiven Beschaffen-heit der Arbeits-gegenstände mit 6 Anforderungs-stufen
	4. aus der stofflichen Beschaffenheit der Arbeitsgegenstände mit 6 Anforderungs-stufen	5. aus der Ökonomik des Betriebes mit 4 Anforderungs-stufen	6. aus dem Arbeits-studium, der Arbeits-gestaltung und der Arbeitsnormung mit 6 Anforderungs-stufen

Anforderungsgruppen	Anforderungsarten		
Allgemeine Anforderungen an die Fertigkeiten der Werktätigen	7. an die geistigen Fertigkeiten mit 6 Anforderungsstufen	8. an die Handfertigkeit mit 3 Anforderungsstufen	
Spezielle Anforderungen an die Qualifikation und die Verantwortung der Werktätigen	9. aus anderen Wissensgebieten mit 5 Anforderungsstufen	10. aus der Leitung der Werktätigen mit 2 Anforderungsstufen	11. aus dem Gesundheits- und Arbeitsschutz und der Sicherheitstechnik mit 6 Anforderungsstufen

Teil C: Anforderungen aus Arbeitsaufgaben bei der ökonomischen Vorbereitung, Abrechnung und beim Absatz der Produktion

Anforderungsgruppen	Anforderungsarten		
Allgemeine Anforderungen an die Kenntnisse und die Verantwortung der Werktätigen	1. aus den Arbeitsmitteln mit 8 Anforderungsstufen	2. aus den Roh- und Werkstoffen, Produktionsverfahren und Erzeugnissen mit 5 Anforderungsstufen	3. aus der Ökonomik des Betriebes mit 8 Anforderungsstufen
Allgemeine Anforderungen an die Fertigkeiten der Werktätigen	4. an die geistigen Fertigkeiten mit 7 Anforderungsstufen	5. an die Handfertigkeit mit 3 Anforderungsstufen	
Spezielle Anforderungen an die Qualifikation und die Verantwortung der Werktätigen	6. aus anderen Wissensgebieten mit 6 Anforderungsstufen	7. aus der Leitung der Werktätigen mit 2 Anforderungsstufen	

[32 – 70 ff.]

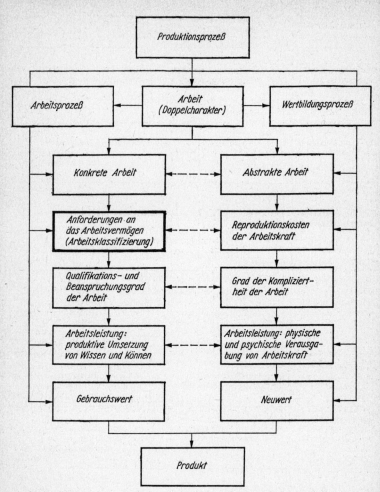

Die Stellung der Arbeitsklassifizierung zum Arbeits- und Wertbildungsprozeß

[32 – 68]

Arbeitskraft, Reproduktion der – Wiederherstellung der im Arbeitsprozeß verausgabten Arbeitskraft (einfache Reproduktion der Arbeitskraft) bzw. allseitige Entwicklung der Potenzen der Werktätigen (erweiterte Reproduktion der Arbeitskraft) zur Sicherung der ununterbrochenen Fortführung der gesellschaftlichen Produktion und der gesellschaftlichen Entwicklung auf wachsender Stufenleiter.

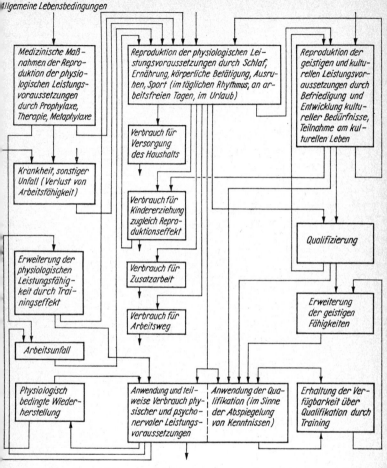

Ablaufschema des erweiterten Reproduktionsprozesses der im Arbeitsprozeß stehenden Menschen

[32 – 72ff.; 311 – 64]

Arbeitskräfte, Freisetzung von – Ausdrucksform der ständig steigenden Arbeitsproduktivität im Ergebnis und zugleich als Bedingung des wissenschaftlich-technischen Fortschritts und der Strukturveränderungen der Volkswirtschaft. Die Freisetzung von Arbeitskräften infolge des Einsatzes neuer Technik und anderer Faktoren der wissenschaftlich-technischen Entwicklung ist im Sozialismus gesetzmäßig mit ihrem Wiedereinsatz auf einem in der Tendenz höheren Produktivitätsniveau verbunden.

Die *absolute Freisetzung* von Arbeitskräften bringt die mit der Aufhebung von Arbeitsplätzen vor sich gehende Reduzierung oder den Rückgang der Arbeitskräftezahl eines Prozesses, Teilprozesses, Betriebes usw. zum Ausdruck:

$$AK_{Fabs} = AK_0 - AK_1 \qquad [AK]$$

$AK_{0,1}$ Anzahl der Arbeitskräfte vor bzw. nach Maßnahmen des wissenschaftlich-technischen Fortschritts

Die *relative Freisetzung* von Arbeitskräften drückt die unter Berücksichtigung einer Produktionssteigerung und unter der Voraussetzung einer konstanten Ausgangs-Arbeitsproduktivität relativ eingesparten Arbeitskräfte aus:

$$AK_{Frel} = AK_0 \cdot p' - AK_1 \qquad [AK]$$

p' Produktionssteigerung ($P_1 : P_0$)

Der *Freisetzungsaufwand je Arbeitskraft* ergibt sich aus dem Verhältnis zwischen einmaligem Aufwand (Investitionsmittel, F + E-Mittel usw.) und der Anzahl der mit diesem Aufwand freigesetzten Arbeitskräfte. Analog zur absoluten bzw. relativen Freisetzung von Arbeitskräften ist zwischen *absolutem und relativem Freisetzungsaufwand* zu unterscheiden.

Absoluter Freisetzungsaufwand:

$$FA_{abs} = \frac{I}{AK_{Fabs}} = \frac{I}{AK_0 - AK_1} \qquad [M/AK]$$

Relativer Freisetzungsaufwand:

$$FA_{rel} = \frac{I}{AK_{Frel}} = \frac{I}{AK_0 \cdot p' - AK_1} \qquad [M/AK]$$

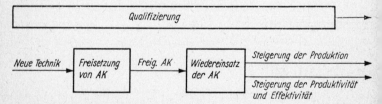

Schematische Darstellung der Bedingungen und Wirkungen des Freisetzungs-Wiedereinsatzprozesses der Arbeitskräfte bei deren ständiger allseitiger Qualifizierung für anspruchsvollere Aufgaben

[77 – 78 ff.; 21 – 54 f.]

Vorstehende Formeln liefern stark abweichende Ergebnisse, ihre strenge begriffliche Abgrenzung ist daher für ihre richtige Anwendung unterläßlich. Zusammenhang zwischen Freisetzungsaufwand und Nutzkoeffizient:

$$y = \frac{72}{0,11x + 1}$$

y   Freisetzungsaufwand (M)
x   Nutzkoeffizient (Prozent)

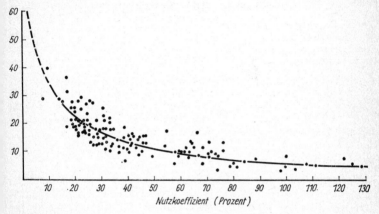

Graphische Darstellung des Zusammenhangs von Nutzkoeffizient und Freisetzungsaufwand je Arbeitskraft (anhand einer praktischen Untersuchung, aus der auch obige Funktion abgeleitet wurde)

[76 – 191 ff., 239 – F 17]

Der Freisetzungsaufwand an Grundfonds je Arbeitskraft bestimmt sich nach:

$$F_{GA} = \frac{GFI \cdot \Delta P}{\dfrac{\Delta P}{AP} (\pm \Delta AK)} \qquad [M/AK]$$

GFI Grundfondsintensität
ΔP   Produktionszuwachs
AP   Arbeitsproduktivität
ΔAK Veränderung der Anzahl der Arbeitskräfte (+ Abnahme, − Zunahme)

[70 – 242 f.]

Arbeitskräfte, Gesamtzahl der – die anhand der → Besetzungsnorm und der geplanten Ausfallzeiten ermittelte, für einen kontinuierlichen Arbeitsablauf im jeweiligen Produktionsabschnitt notwendige Anzahl der Arbeitskräfte im gegebenen Planzeitraum.

$$AK_{pl} = \frac{BN \cdot Sch_{pl}}{Sch_{AK}}$$

BN   Wissenschaftlich begründete Besetzungsnorm des Produktionsabschnittes für eine Schicht (Pers.)

Sch_{pl} Anzahl der Schichten im Planzeitraum

Sch_{AK} Durchschnittliche Anzahl der Schichten je Arbeiter im Planzeitraum

$$Sch_{AK} = K - (SF_{pl} + AF_{pl})$$

K   Anzahl der Kalendertage im Planzeitraum

SF_{pl} Anzahl der Sonn- und Feiertage im Planzeitraum

AF_{pl} Durchschnittliche geplante Ausfallzeiten je Arbeiter im Planzeitraum (Tage)

→ Besetzungsnorm

[2 – 18]

Arbeitskräfte, Koeffizient der Abgänge und Zugänge an – Verhältniszahl, die die Höhe des Zugangs und Abgangs an Arbeitskräften in einem bestimmten Zeitraum erkennen läßt. Der Gesamtkoeffizient k_G sagt aus, wieviel von 100 Arbeitskräften im betreffenden Zeitraum ab- und zugegangen sind, zum Unterschied vom → Fluktuationskoeffizienten, der nur die Bewegung durch die sonstigen Abgänge erfaßt. Der Gesamtkoeffizient setzt sich aus dem Koeffizienten der Abgänge k_A und dem Koeffizienten der Zugänge k_Z zusammen:

$$k_A = \frac{A}{\varnothing\,GB}$$

In Prozent:

$$k_A = \frac{A}{\varnothing\,GB} \cdot 100 \qquad\qquad [\%]$$

A   Anzahl der Abgänge während des Zeitraumes (ohne Lehrlinge)

∅ GB Durchschnittliche Gesamtzahl der Beschäftigten im gleichen Zeitraum (ohne Lehrlinge)

$$k_Z = \frac{Z}{\varnothing\,GB}$$

In Prozent:

$$k_Z = \frac{Z}{\varnothing\,GB} \cdot 100 \qquad [\%]$$

Z   Anzahl der Zugänge während eines Zeitraumes (ohne Lehrlinge)

$$k_G = k_Z + k_A \qquad \text{[als Koeff. oder in \%]}$$

[306a – 78f.]

Arbeitskräfte für die Montage, Anzahl der → Montageorganisation

Arbeitskräfte je Arbeitsplatz bei Fließfertigung → Fließfertigung

Arbeitsmittelzahl bei Mehrmaschinenbedienung, kostengünstige normative → Mehrmaschinenbedienung

Arbeitsmittelzeit → Arbeitsgegenstandszeit

Arbeitsnormung – Bestimmung der notwendigen Zeitaufwände für die Ausführung bestimmter Arbeiten (Operationen) auf der Basis der optimalen Gestaltung des Produktionsprozesses einschl. der erforderlichen Qualifikation der Arbeitskräfte.

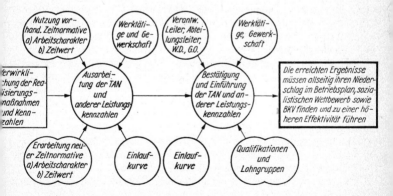

Schematische Darstellung der Arbeitsnormung und ihrer Einflußfaktoren

[266 – 327]

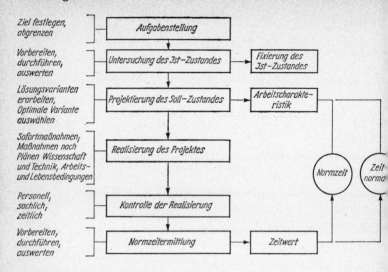

Schema der analytischen Methode der Arbeitsnormung
[32 – 87]

Arbeitsplätze der Fließstraße → Fließfertigung

Arbeitsorganisation, wissenschaftliche, Abk. WAO – System und Ergebnis aller durch die Leitungsorgane des Betriebes bzw. Kombinats und die Werktätigen selbst getroffenen Regelungen für die Art und Weise des Zusammenwirkens der Menschen mit den Arbeitsmitteln und Arbeitsgegenständen im Arbeitsprozeß sowie des wechselseitigen Zusammenwirkens der Menschen während der Arbeit. Die wissenschaftliche Arbeitsorganisation mit ihrem Instrumentarium wertet die Erkenntnisse der sozialistischen Arbeitswissenschaften aus und läßt sie im Reproduktionsprozeß der Betriebe und Kombinate und in allen übrigen Bereichen des gesellschaftlichen Lebens wirksam werden. Sie erfüllt ihre Aufgaben mit den Methoden des → Arbeitsstudiums, der → Arbeitsgestaltung und der → Arbeitsnormung. In diesem Zusammenhang spielen *Niveaukennzahlen der wissenschaftlichen Arbeitsorganisation* (siehe Tabelle auf Seite 47 bis 49) eine wesentliche Rolle.
Die wissenschaftliche Arbeitsorganisation ist Bestandteil der sozialistischen Rationalisierung und geht von den Veränderungen in den Arbeitsanforderungen an die Werktätigen im → Arbeitsprozeß aus. Diese resultieren einerseits aus der Entwicklung der Werktätigen zu sozialistischen Persönlichkeiten, das heißt zu Menschen mit hoher gesellschaftlicher Verantwortung und hohem

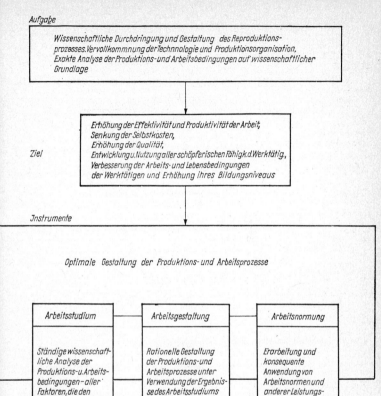

Aufgabe

Wissenschaftliche Durchdringung und Gestaltung des Reproduktionsprozesses. Vervollkommnung der Technnologie und Produktionsorganisation. Exakte Analyse der Produktions- und Arbeitsbedingungen auf wissenschaftlicher Grundlage

Ziel

Erhöhung der Effektivität und Produktivität der Arbeit; Senkung der Selbstkosten, Erhöhung der Qualität, Entwicklung u. Nutzung aller schöpferischen Fähigk. d. Werktätig., Verbesserung der Arbeits- und Lebensbedingungen der Werktätigen und Erhöhung ihres Bildungsniveaus

Instrumente

Optimale Gestaltung der Produktions- und Arbeitsprozesse

Arbeitsstudium	Arbeitsgestaltung	Arbeitsnormung
Ständige wissenschaftliche Analyse der Produktions- u. Arbeitsbedingungen – aller Faktoren, die den Wirkungsgrad der Arbeit beeinflussen – verknüpft mit technischen, technologischen und betriebswirtschaftlichen Analysen; Aufdeckung von vorhandenen u. potentiellen Produktionsreserven	Rationelle Gestaltung der Produktions- und Arbeitsprozesse unter Verwendung der Ergebnisse des Arbeitsstudiums und der arbeitswissenschaftlichen Erkenntnisse (Empfehlungen, Richtwerte, Typenlösungen u.a.) Durchführung von Sofort- und perspektivisch orientierten Maßnahmen der sozialistischen Rationalisierung	Erarbeitung und konsequente Anwendung von Arbeitsnormen und anderer Leistungskennziffern sowie exakter Aufwandsgrößen für die Leitung und Planung

Wissenschaftliche Arbeitsorganisation als Bestandteil sozialistischer Rationalisierung

[341 – 5/24]

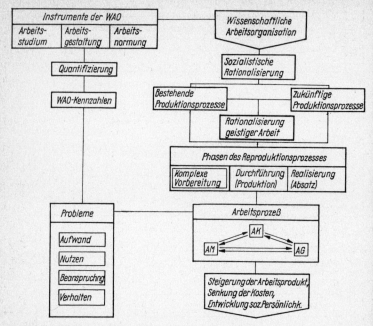

Das Wirkungsfeld der wissenschaftlichen Arbeitsorganisation

Bildungsniveau, wodurch ihre schöpferischen Potenzen zunehmen. Andererseits sind sie Ergebnis der qualitativen Entwicklung der materiell-technischen Grundlagen der Produktion, woraus sich neue Bedingungen und Erfordernisse ergeben, die schöpferischen Potenzen der Menschen voll zu nutzen.

Niveau und Qualität der wissenschaftlichen Arbeitsorganisation sowie ihre jeweilige konkrete Form hängen vom Leitungssystem, vom Niveau der Technik und Technologie und von der herrschenden gesamten Organisation im Betrieb sowie von der Qualifikation der Arbeitskräfte ab, beeinflussen aber diese Faktoren selbst wesentlich.

Grundsätze für die wissenschaftliche Arbeitsorganisation sind:

Die Arbeit ist so zu organisieren, daß

a) der Werktätige sein Arbeitsvermögen voll und zweckmäßig einsetzen und mit seiner Arbeit bei physiologisch optimalem Aufwand an Arbeitskraft einen maximalen ökonomischen Nutzen erzielen kann;

b) beim Werktätigen ein reges Interesse an der Arbeit entsteht und erhalten wird;

c) sie unter günstigsten Bedingungen, bei einem Maximum an Sicherheit und in bequemer Körperstellung verrichtet werden kann.

[36 – 161 ff.; 313a – 15]

Niveaukennzahlen der wissenschaftlichen Arbeitsorganisation – Beispielübersicht

Kennzahlenart	Benennung der Kennzahl	Mathematische Formulierung	Zeichenerklärung	Erfassung	EDV-Unterlagen
Zustandskennzahl	Niveau der arbeitshygienischen Bedingungen k_{AH}	$$k_{AH_G} = \frac{\sum\limits_{I=1}^{11} k_{E_I} \cdot G_I}{\sum\limits_{I=1}^{11} G_I}$$ $$k_{AH_B} = \frac{\sum\limits_{I=1}^{11} k_{E_I} \cdot G_I}{\sum\limits_{I=1}^{11} G_I}$$	k_{AH_G}: Niveaukennzahl der Gesundheitsgefährdung k_{AH_B}: Niveaukennzahl der Belästigung und Behinderung k_{E_I}: Niveaustufe des i-ten Einflußfaktors nach der Gesundheitsgefährdung bzw. der Belästigung und Behinderung G_I: Wichtigkeitsfaktor des i-ten Einflußfaktors i: Index des Einflußfaktors (i = 1 … 11)	alle 2 Jahre	–
Zustandskennzahl	Niveau der Unfallsicherheit k_U	$$k_U = \frac{\sum\limits_{I=1}^{10} k_{E_I} \cdot G_I}{\sum\limits_{I=1}^{10} G_I}$$	k_{E_I}: Niveaustufe des i-ten Einflußfaktors G_I: Wichtungsfaktor des i-ten Einflußfaktors i: Index des Einflußfaktors (i = 1 … 10)	alle 2 Jahre	–
Zustandskennzahl	Niveau der Übereinstimmung von tatsächlich übertragenen und vertraglich vereinbarten Arbeitsaufgaben $k_{ÜA}$	$$K_{ÜA} = \frac{PG_{ÜA}}{PG}$$ Weitere Formeln zur Berechnung des Grades der Übereinstimmung für jeden Produktionsgrundarbeiter	$PG_{ÜA}$: Anzahl der Produktionsgrundarbeiter, bei denen die für die tatsächlich übertragenen Arbeitsaufgaben zutreffenden Qualifikationsgruppen und die den vertraglich vereinbarten Arbeitsaufgaben entsprechenden Qualifikationsgruppen bei mindestens 90 % der geleisteten Arbeitsstunden übereinstimmen PG: Anzahl der Produktionsgrundarbeiter	monatlich	Programmablaufplan

Niveaukennzahlen der wissenschaftlichen Arbeitsorganisation – Beispielübersicht (2)

Kennzahlenart	Benennung der Kennzahl	Mathematische Formulierung	Zeichenerklärung	Erfassung	EDV-Unterlagen
Zustands-kennzahl	Niveau der Qualifikation des ingenieur-technischen und ökonomischen Personals k_{QP}	$k_{QP_1} = \dfrac{P_Q}{P}$ $k_{QP_2} = \dfrac{P_{QA}}{P}$	k_{QP_1}: Niveaukennzahl der Grundqualifikation k_{QP_2}: Niveaukennzahl der arbeitswissenschaftlichen Qualifikation P_Q: qualifiziertes Personal (Hoch- bzw. Fachschulabschluß) in Personen P_{QA}: arbeitswissenschaftlich qualifiziertes Personal in Personen P: ing.-technisches und ökonomisches Personal insgesamt in Personen	jährlich	–
Wirkungs-kennzahl	Niveau der Auslastung des Maschinen- und Anlagenzeitfonds k_{AMA}	$k_{AMA} = \dfrac{t_n}{MZF_n}$ Weitere Formeln zur Berechnung von t_n	t_n: Nutzungszeit in Stunden MZF_n: Nomineller Maschinen- und Anlagenzeitfonds in Stunden	monatlich	Programmablaufplan
Wirkungs-kennzahl	Niveau der Nutzung der Arbeitszeit k_{NA}	$k_{NA} = 1 - \dfrac{\sum t_v}{AZ}$	$\sum t_v$: Summe aller angefallenen Zeitverluste in Stunden AZ: tatsächlich geleistete Arbeitszeit in Stunden	in festzulegenden größeren Zeitabständen	–
Wirkungs-kennzahl	Niveau der Kontinuität der Planerfüllung k_{KP}	$k_{KP} = \dfrac{T_{KP}}{T}$	T_{KP}: Anzahl der Arbeitstage, an denen die Planerfüllung mit einer festzulegenden zulässigen Streubreite der Kontinuitätslinie entspricht T: Anzahl der Arbeitstage	monatlich	–

Niveaukennzahlen der wissenschaftlichen Arbeitsorganisation – Beispielübersicht (3)

Kennzahlenart	Benennung der Kennzahl	Mathematische Formulierung	Zeichenerklärung	Erfassung	EDV-Unterlagen
Wirkungskennzahl	Niveau der Qualitätsarbeit k_Q	$k_{Q_1} = 1 - \dfrac{\Sigma A_{WAO} + \Sigma N_{WAO}}{AZ_{PG}}$ $k_{Q_2} = 1 - \dfrac{\Sigma A_{WAO} + \Sigma N_{WAO}}{\Sigma F}$	k_{Q_1}: Niveaukennzahl des absoluten Volumens WAO-bedingter Fehlleistungen k_{Q_2}: Niveaukennzahl des Anteils WAO-bedingter Fehlleistungen ΣA_{WAO}: gesamter durch mangelhafte Arbeitsorganisation bedingter Ausschuß in Stunden ΣN_{WAO}: gesamte durch mangelhafte Arbeitsorganisation bedingte Nacharbeit in Stunden AZ_{PG}: tatsächlich geleistete Arbeitszeit der Produktionsgrundarbeiter in Stunden ΣF: gesamte Fehlleistung in Stunden	monatlich	
Wirkungskennzahl	Niveau der Stabilität der Kader k_F	$k_F = 1 - \dfrac{AK_F}{AK}$	AK_F: Anzahl der Abgänge, ohne natürliche und gesellschaftlich notwendige, in Personen AK: Durchschnittliche Beschäftigtenzahl in Personen	jährlich	Programmablaufplan
Planungskennzahl	Niveau der Vorbereitung und Durchführung von Maßnahmen zur Arbeitszeiteinsparung k_{AZ}	$k_{AZ_1} = \dfrac{\Delta AZ_M}{\Delta AZ_{P_1}}$ $k_{AZ_2} = \dfrac{\Delta AZ_E}{\Delta AZ_{P_2}}$	ΔAZ_M: Senkung des Arbeitszeitaufwandes, die im Erfassungszeitpunkt mit geplanten Maßnahmen belegt ist, in Stunden ΔAZ_{P_1}: geplante Senkung des Arbeitszeitaufwandes für das Planjahr insgesamt in Stunden ΔAZ_E: tatsächliche Senkung des Arbeitszeitaufwandes, die im Erfassungszeitpunkt bilanzierbar ist, in Stunden ΔAZ_{P_2}: Senkung des Arbeitszeitaufwandes, die für den Zeitraum Jahresanfang bis Erfassungszeitpunkt geplant war, in Stunden	monatlich	Programmablaufplan

Arbeitsproduktivität, *Produktivkraft der Arbeit* – Nutzeffekt der produktiven konkreten Arbeit in einem gegebenen Zeitraum; Kategorie des Arbeitsprozesses. Die Größe der Arbeitsproduktivität kennzeichnet die Ergiebigkeit der lebendigen Arbeit an Gebrauchswerten. Ihre Steigerung ist der entscheidende qualitative Wachstumsfaktor der gesellschaftlichen Reproduktion und damit ihres Nutzeffekts für die Höherentwicklung aller Bereiche des gesellschaftlichen Lebens, für die Festigung und Entwicklung der sozialistischen Gesellschaft und damit für die ständige Verbesserung der Arbeits- und Lebensbedingungen der Werktätigen.

[40 – 628; 333 – 57]

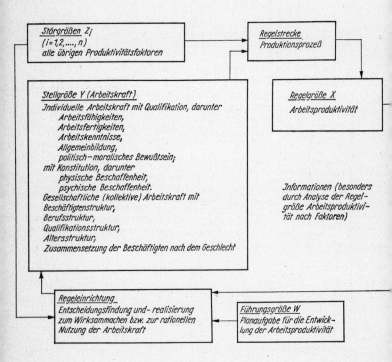

Die Arbeitskraft und ihr Wirken auf die Arbeitsproduktivität (Versuch der Darstellung im Regelkreis)

[153 – 553]

1. *Grundformeln für das Niveau und die Entwicklung der Arbeitsproduktivität (Index der Arbeitsproduktivität)*

a) Niveau der Arbeitsproduktivität

$$A = \frac{Q}{T_1}$$

Q   Hergestellte Menge an Erzeugnissen

T_1 Aufwand an lebendiger Arbeit

Folglich:

$$\frac{1}{A} = \frac{T_1}{Q} = t_1$$

t_1 Spezifischer Arbeitsaufwand (lebendige Arbeit) je hergestellte Erzeugniseinheit

Das Niveau der Arbeitsproduktivität bei gleichen Erzeugnissen ist dem spezifischen Arbeitsaufwand umgekehrt proportional.

b) Entwicklung der Arbeitsproduktivität

$$A' = \frac{A^n}{A^0} = \frac{Q^n}{T_1^n} : \frac{Q^0}{T_1^0} = \frac{Q^n}{Q^0} : \frac{T_1^n}{T_1^0} = \frac{Q'}{T_1'} = \frac{Q^n T_1^0}{T_1^n}$$

A'   Index der Arbeitsproduktivität

o, n   Kennzeichnung des Basis- bzw. Berichtszeitraums.

Die Entwicklung der Arbeitsproduktivität ergibt sich aus der Gegenüberstellung des Niveaus der Arbeitsproduktivität in verschiedenen Zeiträumen oder – was damit identisch ist – aus der Gegenüberstellung des Index des physischen Produktionsvolumens in diesen Zeiträumen mit dem entsprechenden Index des Aufwands an lebendiger Arbeit.

c) Der Niveauvergleich kann in Indexform auch als zwischenbetrieblicher bzw. internationaler Vergleich geführt werden. Als Basiswert fungiert das Vergleichsniveau A^v, als Berichtswert das zu bestimmende Niveau A^m:

$$A' = \frac{A^m}{A^v} = \frac{Q^m}{T_1^m} : \frac{Q^v}{T_1^v} = \frac{Q^m}{Q^v} : \frac{T_1^m}{T_1^v} = \frac{Q'}{T'} = \frac{Q^m T_1^v}{Q^v T_1^m}$$

Als Vergleichsniveau kann der Höchststand, ein bestimmter Betrieb bzw. ein bestimmtes Land oder ein Durchschnittswert dienen.

Auf diese Grundformeln lassen sich alle Methoden der Bestimmung des Niveaus und der Entwicklung der Arbeitsproduktivität zurückführen. Sie unterscheiden sich durch unterschiedliche Verfahren zur Ermittlung der hergestellten Menge von Erzeugnissen sowie durch unterschiedliche Zeitkategorien.

[**34** – 289 ff; **54** – 31 f.]

2. Bruttoproduktivität und Nettoproduktivität

Während die Bruttoproduktivität Veränderungen im physischen Verbrauch an vergegenständlichter Arbeit (vor allem Material) nicht berücksichtigt, gehen diese Veränderungen in die Nettoproduktivität ein. Die Nettoproduktivität steigt – wie es dem marxistisch-leninistischen Begriff der Arbeitsproduktivität entspricht – nur dann, wenn auf die Erzeugniseinheit bezogen die lebendige Arbeit um mehr abnimmt als gegebenenfalls der Verbrauch an vergangener Arbeit steigt.

Bedingung für gestiegene Bruttoproduktivität:

$$A'_b > 1, \quad \text{wenn} \quad t_1^n < t_1^0$$

$$A'_b = \frac{t_1^0}{t_1^n}$$

A'_b Index der Bruttoproduktivität

Bedingung für gestiegene Nettoproduktivität:

$$A'_n > 1, \quad \text{wenn} \quad t_1^n - t_1^0 > t_v^n - t_v^0$$

$$A'_n = \frac{t_1^0 + t_v^0 - t_v^n}{t_1^n} = \frac{t_1^0}{t_1^n} + \frac{t_v^0 - t_v^n}{t_1^n}$$

A'_n Index der Nettoproduktivität

t_v Spezifischer Arbeitsaufwand (vergangene Arbeit) je hergestellte Erzeugniseinheit

[34 – 289 ff.; 54 – 82 ff.]

3. Stufenproduktivität und komplexe Produktivität

Entsprechend der gesellschaftlichen Arbeitsteilung ist die Herstellung eines Enderzeugnisses Ergebnis der vielfältig verflochtenen Arbeit mehrerer Betriebe. Auf die Erzeugniseinheit bezogen, ist die Veränderung der Arbeitsproduktivität bei der Gesamtherstellung (komplexe Produktivität) abhängig von den Veränderungen in den Stufen und dem Anteil (als Nettoproduktivität berechnet) jeder Stufe am Gesamtaufwand.

a) Stufenproduktivität:

$$A'_{s,n} = \frac{t_1^0 + \Sigma q^0 t_v^0 - \Sigma q^n t_v^0}{t_1^n}$$

q   Verbrauchte Menge eines Erzeugnisses

In den Stufen können nur die physischen Veränderungen im Verbrauch an vergegenständlichter Arbeit berücksichtigt werden, während die Bewertung einer Erzeugniseinheit der verbrauchten vergegenständlichten Arbeit gleichbleiben muß, daher

$$\Sigma q^0 t_v^0 \quad \text{bzw.} \quad \Sigma q^n t_v^0$$

b) Komplexe Produktivität:

$$A'_k = \frac{\sum A'_{s,n} \cdot t_1^n}{\sum t_1^n}$$

Durch diese Zusammenfassung und Wichtung wird dem vollen Arbeitsaufwand der Basisperiode der volle Arbeitsaufwand der Berichtsperiode (in Reproduktionszeit) gegenübergestellt, also die Gesamtquanten an Arbeit.

c) Voller Arbeitsaufwand:

$$A_k = (E - A^T)^{-1} \cdot t_1 = t$$

$(E - A^T)^{-1}$ Matrix der Koeffizienten des vollen Produktionsverbrauchs

t   Voller Arbeitsaufwand je produzierte Einheit.

Aussage:

Aus der Kenntnis der verbrauchten lebendigen Arbeit je produzierte Einheit und der Koeffizienten des direkten Produktionsverbrauches wird der volle Arbeitsaufwand je produzierte Einheit berechnet (in Reproduktionszeit). Er entspricht dem Niveau der komplexen Produktivität.

Die Gegenüberstellung des vollen Arbeitsaufwands in Basis- und Berichtsperiode (bei Mengenänderungen im Produktionsverbrauch mit veränderter Koeffizientenmatrix) für eine Erzeugnisart (bzw. Mengen vergleichbarer Erzeugnisse) ergibt die Entwicklung der komplexen Produktivität.

[54 – 59 ff., 82 ff.; 333 – 56]

4. *Hauptmethoden zur Ermittlung der Bruttoproduktivität*

Ausgehend von der Form, in der die hergestellte Menge ausgedrückt wird, wendet man folgende Hauptmethoden für die Ermittlung der Bruttoproduktivität an:

a) Naturalmethode
Sie entspricht der dargestellten Grundformel.

Niveau:

$$A_b = \frac{Q}{T_1}$$

Aussage:

Gefertigte Menge je Einheit lebendiger Arbeit, dargestellt in Arbeitszeiteinheiten (Stunden, Tage) oder auch je Arbeitskraft (Personen oder Vollbeschäftigteneinheiten, in der Regel im Monat oder Jahr)

Reziprok:

$$\frac{1}{A_p} = \frac{T_1}{Q} = t_1$$

Aussage:

Benötigte Menge an lebendiger Arbeit je hergestellte Erzeugniseinheit

Entwicklung:

$$A_b' = \frac{Q^n}{T_1^n} : \frac{Q^0}{T_1^0} = \frac{T_1^0}{Q^0} : \frac{T_1^n}{Q^n} = \frac{t_1^0}{t_1^n}$$

Aussage:

Die Entwicklung der Arbeitsproduktivität ist der Veränderung des spezifischen Arbeitsaufwands (lebendige Arbeit) umgekehrt proportional.

Die Naturalmethode ist nur für je eine Erzeugnisart sinnvoll anwendbar. Bei Vorliegen mehrerer Erzeugnisarten ist eine einfache Addition der Mengen nicht möglich. Die Erzeugnisarten müssen über einen Koeffizienten vergleichbar gemacht werden, der beim Ausweis von Entwicklungen im Basis- und Berichtszeitraum konstant sein muß. Je nach Wahl dieses Vergleichskoeffizienten werden unterschieden:

b) Bedingte Naturalmethode (Äquivalenzmethode)

Als Vergleichskoeffizient der Erzeugnisarten dient ein in der Regel aus Gebrauchswertdifferenzierungen abgeleitetes Gewicht für jede Erzeugniseinheit (z. B. aus Kaloriengehalt bei Brennstoffen, aus PS-Zahlen bei Traktoren).

Niveau:

$$A_b = \frac{\sum Q_1 k_1}{\sum T_{11}}$$

k   Äquivalenzziffer

Aussage:

Auf das Erzeugnis mit dem Koeffizienten 1 bezogene gefertigte Menge je Einheit lebendiger Arbeit

$$\frac{1}{A_b} = \frac{\sum T_{11}}{\sum Q_1 \cdot k_1} = t_1^{\bullet}$$

Aussage:

Benötigte Menge an lebendiger Arbeit je Vergleichserzeugnis mit dem Koeffizienten 1

Entwicklung:

$$A_b' = \frac{\sum Q_1^n k_1}{\sum T_{11}^n} : \frac{\sum Q_1^0 k_1}{\sum T_{11}^0} = \frac{\sum Q_1^n k_1}{\sum Q_1^0 k_1} : \frac{\sum T_{11}^n}{\sum T_{11}^0} = \frac{t_1^{0\bullet}}{t_1^{n\bullet}}$$

Aussage:

Die ausgewiesene Entwicklung der Arbeitsproduktivität ist bei verändertem Anteil der Erzeugnisarten in Basis- und Berichtsperiode von der Vorteilhaftigkeit der Erzeugnisarten abhängig. Der Index enthält einen Struktureffekt.

c) Preismethode (Bruttoproduktionsmethode)

Als Vergleichskoeffizient der Erzeugnisarten dient der Preis für jede Erzeugniseinheit.

Niveau:

$$A_b = \frac{\sum Q_i p_i}{\sum T_{li}}$$

p   Preis je Erzeugniseinheit

Aussage:

Das als Preissumme ausgedrückte Produktionsvolumen je Einheit lebendiger Arbeit

Entwicklung:

$$A_b' = \frac{\sum Q_i^n p_i}{\sum T_{li}^n} : \frac{\sum Q_i^0 p_i}{\sum T_{li}^0} = \frac{\sum Q_i^n p_i}{\sum Q_i^0 p_i} : \frac{\sum T_{li}^n}{\sum T_{li}^0}$$

Aussage:

Die Entwicklung der Arbeitsproduktivität wird an Hand der Veränderungen der je Einheit lebendiger Arbeit erzielten Preissummen der Produktion ausgewiesen. Die Entwicklung der Ergiebigkeit der Arbeit wird dabei weitgehend überdeckt von den Einflüssen der Sortimentsveränderungen. Das wirkt sich besonders auf der Ebene der Betriebe aus. Erzeugnisse, die viel vergegenständlichte Arbeit enthalten, erscheinen bei dieser Methode außerordentlich vorteilhaft.

d) Zeitsummenmethode

Als Vergleichskoeffizient der Erzeugnisarten dient der Zeitaufwand der Basisperiode (lebendige Arbeit) je Erzeugniseinheit.

Niveau:

$$A_b = \frac{\sum Q_i t_{li}^0}{\sum T_{li}}$$

Aussage:

Eine selbständige Aussage kommt dieser Kennziffer nicht zu. Die Bedeutung der Zeitsumme ergibt sich aus der Gegenüberstellung des Niveaus zu verschiedenen Zeiträumen bzw. beim Verfahrens- und Betriebsvergleich.

Entwicklung:

$$A_b' = \frac{\sum Q_i^n t_{li}^0}{\sum T_{li}^n} : \frac{\sum Q_i^0 t_{li}^0}{\sum T_{li}^0} = \frac{\sum Q_i^n t_{li}^0}{\sum Q_i^0 t_{li}^0} : \frac{\sum T_{li}^n}{\sum T_{li}^0}$$

Aussage:

Der Index des physischen Produktionsvolumens mit den Aufwänden an lebendiger Arbeit als Gewichte ist für die Produktivitätsmessung besonders gut geeignet, weil der verfälschende Einfluß bei Sortimentsänderungen weitgehend ausgeschaltet ist. Daß hier nur Veränderungen der Stückzeiten Einfluß haben, zeigt sich bei der – unter Beachtung der erforderlichen Bedingungen – möglichen Gleichsetzung $T_I = Qt_1$, wodurch die verkürzte Form der Zeitsummenmethode gebildet werden kann:

$$A_b' = \frac{\sum Q_I^n t_{II}^0}{\sum Q_I^n t_{II}^0} : \frac{\sum Q_I^n t_{II}^n}{\sum Q_I^0 t_{II}^0} = \frac{\sum Q_I^n t_{II}^0}{\sum Q_I^n t_{II}^n}$$

Der fiktiven Zeitsumme aus Menge der Berichtsperiode und Zeitaufwänden der Basisperiode wird die tatsächliche Zeitsumme gegenübergestellt.

Entsprechend beträgt die durch Steigerung der Arbeitsproduktivität eingesparte Zeitsumme:

$$\sum \Delta T_I = \sum Q_I^n t_{II}^0 - \sum Q_I^n t_{II}^n$$

Die Zeitsummenmethode entspricht in ihrer theoretischen Exaktheit der Naturalmethode. Der Index der Arbeitsproduktivität nach der Zeitsummenmethode ist identisch mit einem gewogenen Index aus Einzelindizes nach der Naturalmethode:

$$\frac{\sum \frac{Q_I^n}{Q_I^0} : \frac{T_{II}^n}{T_{II}^0} \cdot T_{II}^n}{\sum T_{II}^n} = \frac{\sum Q_I^n \frac{T_{II}^0}{Q_I^0}}{\sum T_{II}^n} = \frac{\sum Q_I^n t_{II}^0}{\sum Q_I^n t_{II}^n}$$

[**34** – 291 ff.; **251** – 56 ff.; **53** – 24 ff.]

5. *Die Eigenleistungsmethode* als Hauptmethode der Ermittlung der Nettoproduktivität

a) Praktische Berechnung

Niveau:

$$A_n = \frac{\sum Q_i p_i - \sum q_k p_k}{\sum T_i^I}$$

Q   Hergestellte Menge eines Erzeugnisses
q   Verbrauchte Menge eines Erzeugnisses
i, k   Kennzeichnung, die zum Ausdruck bringt, daß hergestellte und verbrauchte Erzeugnisse unterschiedlich sind, ebenso die zugehörigen Preise

Aussage:

Betriebliches Nettoprodukt je Einheit lebendiger Arbeit.

Entwicklung:

$$A_n' = \frac{\sum Q_i^n p_i - \sum q_k^n p_k}{\sum T_{II}^n} : \frac{\sum Q_i^0 p_i - \sum q_k^0 p_k}{\sum T_{II}^0}$$

$$= \frac{\sum Q_i^n p_i - \sum q_k^n p_k}{\sum Q_i^0 p_i - \sum q_k^0 p_k} : \frac{\sum T_{II}^n}{\sum T_{II}^0}$$

Aussage:

Die Arbeitsproduktivität wird als Entwicklung des betrieblichen Netto-produkts (zu konstanten Preisen) je Einheit lebendiger Arbeit ausgewiesen. In der Regel werden Amortisationen nicht abgesetzt, so daß das Netto-produkt in Zähler *und* Nenner um diesen Betrag zu hoch ausgewiesen wird. Dadurch erfolgt jedoch weitgehend ein Ausgleich dieses Fehlers.

b) Theoretische Ableitung der praktischen Berechnung

Theoretischer Ausgangspunkt ist die Stufenproduktivität unter 3a.

$$A'_{s,n} = \frac{t_1^0 + \Sigma\, q^0 t_v^0 - \Sigma\, q^n t_v^0}{t_1^n}$$

Diese Form ist nach einem in Preisen und einem in Zeiten ausgedrückten Index zu entwickeln und dann für mehrere Erzeugnisarten anzugeben.

$$A'_{s,n} = \frac{t_1^0 + \Sigma\, q^0 t_v^0 - \Sigma\, q^n t_v^0}{t_1^0} : \frac{t_1^n}{t_1^0}$$

$$= \frac{t_1^0 + \Sigma\, q^0 t_v^0 - \Sigma\, q^n t_v^0}{t_1^0 + \Sigma\, q^0 t_v^0 - \Sigma\, q^0 t_v^0} : \frac{t_1^n}{t_1^0}$$

Bei Preisen proportional der gesellschaftlichen Arbeitszeit in der Basisperiode gilt:

$$t_1^0 + \Sigma\, q^0 t_v^0 = cp$$

c   Proportionalitätsfaktor

Der linke Quotient wird in Zähler und Nenner mit c multipliziert. Entsprechend erscheint auch die verbrauchte vergangene Arbeit als Summe der Produkte aus verbrauchten Mengen mal Preis:

$$A'_{s,n} = \frac{p_1 - \Sigma\, q_k^n p_k}{p_1 - \Sigma\, q_k^0 p_k} : \frac{t_1^n}{t_1^0}$$

Daraus ergibt sich für mehrere Erzeugnisarten und unterschiedliche Mengen in Basis- und Berichtsperiode:

$$A'_{s,n} = \frac{\Sigma\, Q_i^n p_1 - \Sigma\, q_k^n p_k}{\Sigma\, Q_i^0 p_1 - \Sigma\, q_k^0 p_k} : \frac{\Sigma\, Q_i^n t_1^n}{\Sigma\, Q_i^0 t_1^0}$$

c) Zusammenhang mit dem Nationaleinkommen pro Beschäftigten

Die Addition aller betrieblichen $\Sigma\, Q_i p_1$ ergibt das gesellschaftliche Gesamt-produkt (zu konstanten Preisen), aller betrieblichen $\Sigma\, q_k p_k$ die produktive Konsumtion der Volkswirtschaft; die Differenz N ist das Nationaleinkommen. Als Einheit der lebendigen Arbeit fungiert der Beschäftigte B.

Niveau:

$$\frac{N}{B} = \frac{\Sigma(\Sigma\, Q_i p_i) - \Sigma(\Sigma\, q_k p_k)}{B}$$

Aussage:

Nationaleinkommen je Beschäftigten, die grundlegende Effektivitätskennziffer.

Entwicklung:

$$\left(\frac{N}{B}\right)' = \frac{\Sigma(\Sigma\, Q_i^n p_i) - \Sigma(\Sigma\, q_k^n p_k)}{B^n} : \frac{\Sigma(\Sigma\, Q_i^0 p_i) - \Sigma(\Sigma\, q_k^0 p_k)}{B^0}$$

$$= \frac{\Sigma(\Sigma\, Q_i^n p_i) - \Sigma(\Sigma\, q_k^n p_k)}{\Sigma(\Sigma\, Q_i^0 p_i) - \Sigma(\Sigma\, Q_k^0 p_k)} : \frac{B^n}{B^0} = \frac{N'}{B'}$$

Aussage:

Die unter Nutzung der Struktureffekte zu optimierende Zielgröße zur Sicherung eines langfristig und stabil steigenden Lebensstandards.

[**54** – 86ff., 110ff.; **249** – 42ff.]

6. *Schema der differenzierten Kennziffern der Arbeitsproduktivität aus unterschiedlichen Merkmalskombinationen*

Merkmal der Differenzierung	Merkmalsvariation bzw. differenzierte Bezeichnung
Form des Ausweises	Stand Entwicklung
Gesellschaftliche Arbeitsteilung	Stufe der Herstellung = Stufenproduktivität Gesamtherstellung = komplexe Produktivität
Vergegenständlichte Arbeit	Bruttoproduktivität Nettoproduktivität
Zeit	Produktiv genutzte Zeit – tatsächliche Anwesenheitszeit – listenmäßige Anwesenheitszeit – Kalenderarbeitszeit
Zeitraum	Stunde – Schicht – Tag – Woche – Monat – Jahr
Beschäftigtenkategorie	Produktionsgrundarbeiter – Produktionsarbeiter – Beschäftigte für wirtschaftsbereichstypische Leistungen – Gesamtbeschäftigte
Bereich	Arbeitsplatz – Brigade – Abteilung – Betrieb – Kombinat – Industriezweig – Volkswirtschaftsbereich – Volkswirtschaft

[**250** – 37]

7. Faktoranalyse der Arbeitsproduktivität

a) Ausweis des Einflusses unterschiedlicher Zeit- und Beschäftigtenkategorien

Ausgegangen wird vom Index des physischen Produktionsvolumens Q', unabhängig von seiner Berechnungsweise. Durch Erweiterung des Zeitindex von der tatsächlich geleisteten Arbeitszeit ohne Zeit für Fehlleistungen bis zu den Beschäftigten für wirtschaftsbereichstypische Leistungen ergibt sich der Einfluß von Veränderungen des Anteils der untersuchten an der erweiterten Kategorie. Die Zunahme des Anteils bewirkt eine Erhöhung des erweiterten Index.

$$A'_a = Q' : \frac{\Sigma\, T^n_1(PGA) - f}{\Sigma\, T^0_1(PGA) - f} = \text{Ausgangsindex}$$

$\Sigma\, T^n_1(PGA) - f$ Tatsächlich geleistete Arbeitszeit für Produktionsgrundarbeiten ohne Zeit für Fehlleistungen

$$F_1 = \frac{\Sigma\, T^n_1(PGA) - f}{\Sigma\, T^n_1(PGA)} : \frac{\Sigma\, T^0_1(PGA) - f}{\Sigma\, T^0_1(PGA)}$$

F_1 Einfluß der Veränderung des Anteils der Zeit für qualitätsgerechte Arbeit an der tatsächlich geleisteten Arbeitszeit für Produktionsgrundarbeiten auf die Arbeitsproduktivität

$$A'_{11} = A'_a \cdot F_1 = Q' : \frac{\Sigma\, T^n_1(PGA) - f}{\Sigma\, T^0_1(PGA) - f} \cdot F_1 = Q' : \frac{\Sigma\, T^n_1(PGA)}{\Sigma\, T^0_1(PGA)}$$

A'_{11} Um den Faktor F_1 erweiterter Ausgangsindex

$$F_2 = \frac{\Sigma\, T^n_1(PGA)}{\Sigma\, T^n_1(PA)} : \frac{\Sigma\, T^0_1(PGA)}{\Sigma\, T^0_1(PA)}$$

F_2 Einfluß der Veränderung des Anteils der tatsächlich geleisteten Arbeitszeit für Produktionsgrundarbeiten an der tatsächlich geleisteten Arbeitszeit der Produktionsarbeiter auf die Arbeitsproduktivität

$$F_3 = \frac{\Sigma\, T^n_1(PA)}{\Sigma\, T^n_{1nom}(PA)} : \frac{\Sigma\, T^0_1(PA)}{\Sigma\, T^0_{1nom}(PA)}$$

F_3 Einfluß der Veränderung des Anteils der tatsächlich geleisteten Arbeitszeit der Produktionsarbeiter an der nominellen Arbeitszeit der Produktionsarbeiter auf die Arbeitsproduktivität

$$F_4 = \frac{\Sigma\, T^n_{1nom}(PA)}{\Sigma\, T^n_{1nom}(DPT)} : \frac{\Sigma\, T^0_{1nom}(PA)}{\Sigma\, T^0_{1nom}(DPT)}$$

F_4 Einfluß der Veränderung des Anteils der nominellen Arbeitszeit der Produktionsarbeiter an der nominellen Arbeitszeit der direkt in der Produktion Tätigen auf die Arbeitsproduktivität

$$F_5 = \frac{\Sigma\, T_{1nom}^n(DPT)}{\Sigma\, T_{1nom}^n(WTL)} : \frac{\Sigma\, T_{1nom}^0(DPT)}{\Sigma\, T_{1nom}^0(WTL)}$$

F_5 Einfluß der Veränderung des Anteils der nominellen Arbeitszeit der direkt in der Produktion Tätigen an der nominellen Arbeitszeit der Beschäftigten für wirtschaftsbereichstypische Leistungen auf die Arbeitsproduktivität

Damit kann der Index der Arbeitsproduktivität der Beschäftigten für wirtschaftsbereichstypische Leistungen schrittweise unter Verwendung der Einflußfaktoren gebildet werden.

$$A_{WTL}' = A_{11-5}' = A_a' \cdot F_1 \cdot F_2 \cdot F_3 \cdot F_4 \cdot F_5$$

$$= Q' : \frac{\Sigma\, T_{1nom}^n(WTL)}{\Sigma\, T_{1nom}^0(WTL)}$$

Es kann auch von A_{WTL}' ausgegangen werden und durch Multiplikation mit den reziproken Werten von F_5, F_4 usw. der Index der Arbeitsproduktivität für Produktionsgrundarbeiten ohne Zeit für Fehlleistungen gebildet werden. Ebenso können den analytischen Bedürfnissen entsprechend weitere Aufgliederungen (z. B. für beeinflußbare Ausfallzeiten) gebildet werden.

[53 – 113 ff.]

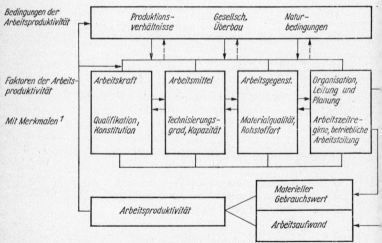

Bedingungen der Arbeitsproduktivität

Produktionsverhältnisse   Gesellsch. Überbau   Naturbedingungen

Faktoren der Arbeitsproduktivität

Mit Merkmalen [1]

Arbeitskraft   Arbeitsmittel   Arbeitsgegenst.   Organisation, Leitung und Planung

Qualifikation, Konstitution   Technisierungsgrad, Kapazität   Materialqualität, Rohstoffart   Arbeitszeitregime, betriebliche Arbeitsteilung

Materieller Gebrauchswert

Arbeitsproduktivität

Arbeitsaufwand

[1] Die Merkmale (bzw. Eigenschaften, Komponenten) sind nur beispielsweise angeführt.

Bedingungen und Faktoren der Arbeitsproduktivität
(schematische Darstellung der Beziehungen)   [153 – 550]

Beispiele für Merkmale (und Kennziffern) von Faktoren der Arbeitsproduktivität

Faktorengruppe: Arbeitsmittel

Faktoren	Umfang der Arbeitsmittel		Technisches Niveau	Technische Nutzung
	absolut	relativ		
Merkmale (Kennziffern)	Anzahl der Arbeitsmittel (Naturaleinheiten: Stück; Bezugseinheiten: z. B. 20 PS-Traktoren; Werteinheiten: M Grundmittel)	Techn. Ausstattung der Arbeitskraft – Ausstattung einer Arbeitskraft mit Arbeitsmitteln (Naturaleinheiten: M Grundmittel/ Arbeitskraft usw.)	Automatisierungs- u. Mechanisierungsgrad (Anteil d. automatisierten und mechanisierten Arbeitsmittel) Installierte Leistung (kW oder PS/Stück, kW oder PS/1000 M Grundmittel u. ä.) Moralischer Verschleiß (Alter der Arbeitsmittel, Anteil der Arbeitsmittel mit Weltniveau, Anteil veralteter Arbeitsmittel) Physischer Verschleiß (Verschleißquote)	Nutzung der installierten Leistung (Verhältnis der verbr. Leistung während der Laufzeit zur installierten Leistung) Nutzung der Arbeitsgeschwindigkeit (Verhältnis der tatsächlichen zur theoretischen Arbeitsgeschwindigkeit)

Faktorengruppe: Arbeitskraft

Faktoren:	Anzahl	Qualifikation	Nutzung
Merkmale (Kennziffern)	Anzahl der Beschäftigten (Personen) Anzahl der Produktionsarbeiter (Personen) Anzahl der Arbeiter an hochproduktiven Arbeitsmitteln (Personen) Anzahl der Arbeitskräfte in den Schichten (Schichtkoeffizient) Arbeitszeitfonds (Stunden)	Arbeitskenntnisse (durchschn. Qualifikationsstufe, mittlere Ausbildungszeit, durchschn. Lohngruppe) Arbeitsfertigkeiten (durchschn. Berufserfahrung, Normerfüllung u. ä.) Einstellung zur Arbeit und zum Kollektiv (durchschn. Normerfüllung, Beteiligung am Wettbewerb und an der Neuererbewegung, Fluktuationsquote u. ä.)	Nutzung der Arbeitszeit (Anteil der Ausfallzeiten) Nutzung der Qualifikation (Verhältnis der mittleren Arbeitsanforderungen zur durchschn. Qualifikationsstufe oder durchschn. Lohngruppe)

[34 – 310]

b) Mathematische Analyse der Arbeitsproduktivität

Dabei gilt es, einen analytischen Ausdruck für die Abhängigkeit der Arbeitsproduktivität von ihren Bestimmungsfaktoren zu finden. Das heißt, es ist eine Funktion zu suchen:

$$y = f(x_1, x_2, \ldots, x_n)$$

Das Ziel der Untersuchung besteht darin, Charakter und Grad des Einflusses der Argumente auf die Funktion zu ermitteln. Bei der mathematischen Analyse der Arbeitsproduktivität bedient man sich vorwiegend der Korrelations- und Repressionsanalyse. Die Abbildung zeigt das aggregierte Blockschaltbild für den Algorithmus der Mehrstufen-Regressionsanalyse.

Aggregiertes Blockschaltbild für den Algorithmus der Mehrstufen-Regressionsanalyse

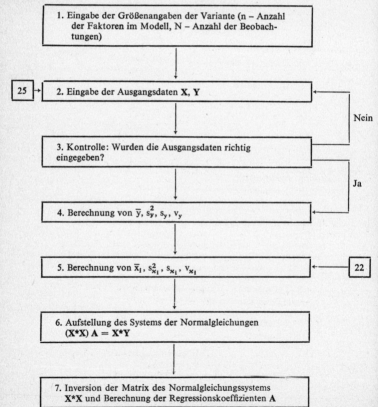

8. Ermittlung der theoretischen Werte der abhängigen Variablen $\hat{y}_j$

9. Ermittlung der Abweichungen ε_j der empirischen Werte der abhängigen Variablen von den theoretischen Werten

10. Ermittlung der Summe der Quadrate der Abweichungen der empirischen Werte der abhängigen Variablen von den theoretischen Werten $\sum\limits_{j=1}^{N} \varepsilon_j^2$

11. Berechnung von s_{Rest}^2, s_{Rest}, F, s_{a_1}, t_{a_1}, $s_{\hat{y}_1}^2$, $s_{\hat{y}_1}$

12. Berechnung von R^2, R, s_R, t_r, F_R, $\overline{R^2}$, $\overline{R}$, $s_{\overline{R}}$, $t_{\overline{R}}$

13. Ermittlung der Vertrauensintervalle für die Regressionskoeffizienten

14. Ermittlung der Vertrauensintervalle für die theoretischen Werte der abhängigen Variablen

15. Ausgabe der in den Operatoren 4–14 errechneten Größen

16. Kontrolle: Ist es notwendig, die einfachen Korrelationskoeffizienten zu ermitteln?

Nein

Ja

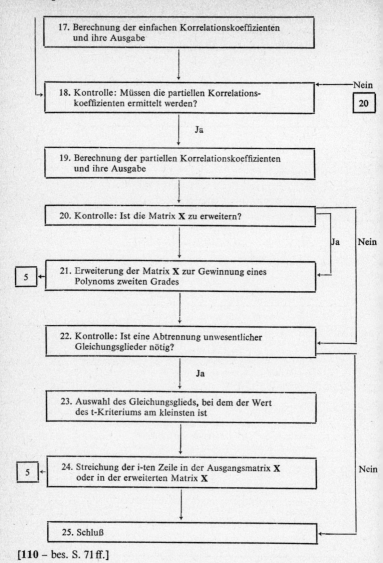

17. Berechnung der einfachen Korrelationskoeffizienten und ihre Ausgabe

18. Kontrolle: Müssen die partiellen Korrelationskoeffizienten ermittelt werden? — Nein → 20

Ja

19. Berechnung der partiellen Korrelationskoeffizienten und ihre Ausgabe

20. Kontrolle: Ist die Matrix **X** zu erweitern?

Ja — Nein

21. Erweiterung der Matrix **X** zur Gewinnung eines Polynoms zweiten Grades — 5

22. Kontrolle: Ist eine Abtrennung unwesentlicher Gleichungsglieder nötig?

Ja

23. Auswahl des Gleichungsglieds, bei dem der Wert des t-Kriteriums am kleinsten ist

24. Streichung der i-ten Zeile in der Ausgangsmatrix **X** oder in der erweiterten Matrix **X** — 5

Nein

25. Schluß

[110 – bes. S. 71 ff.]

Arbeitsprozeß – sich unter den gegebenen gesellschaftlichen Bedingungen (Produktionsverhältnissen) vollziehende zielbestimmte Tätigkeit der Menschen zur Herstellung von Gebrauchswerten. Der Arbeitsprozeß ist gleichzeitig

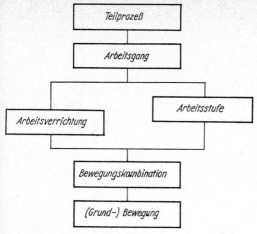

Gliederung des Arbeitsprozesses

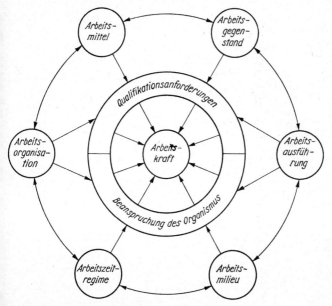

Die Anforderungen des Arbeitsprozesses an den Menschen

[**32** – 101 f.; **34** – 460 ff., 152 ff.; **16** – 135]

natürlich-stofflicher Prozeß der Auseinandersetzung des Menschen mit der Natur und gesellschaftlicher Prozeß des Zusammenwirkens der Menschen.

Die *Bedingungen des Arbeitsprozesses* sind die Sachverhalte, die objektiv das Stattfinden von Arbeitsprozessen ermöglichen. Man unterscheidet spezifische und nichtspezifische Bedingungen. Spezifische sind solche, die Wesen, Inhalt und Struktur des jeweiligen Sachverhalts bestimmen; nichtspezifische sind solche, die für die Existenz eines Sachverhalts erforderlich sind, jedoch weder sein Wesen und seinen Inhalt, noch seine Struktur bestimmen.

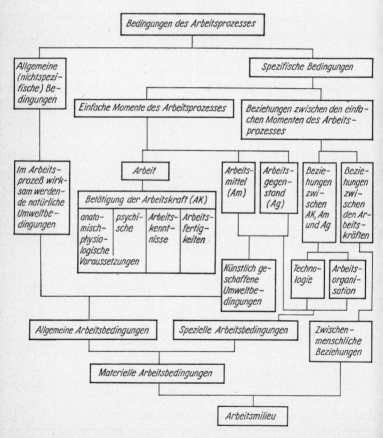

Die Bedingungen des Arbeitsprozesses

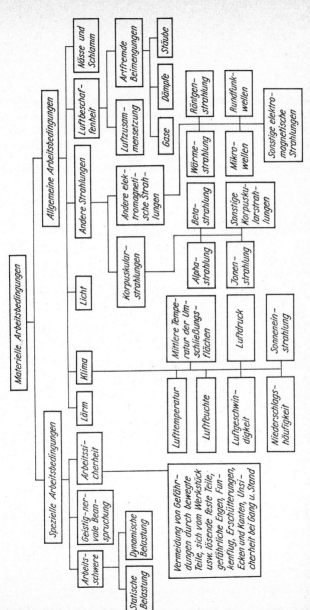

Die Struktur der materiellen Arbeitsbedingungen
[205 – 191 f.]

Arbeitssicherheit → Arbeitsunfall

Arbeitsstudien im Verwaltungsbereich, funktionsbezogene → Kostenanalyse im Verwaltungsbereich, funktionsbezogene

Arbeitsstudium – systematische analytische Untersuchung der beim Zusammenwirken von Arbeitskraft, Arbeitsmittel und Arbeitsgegenstand im → Arbeitsprozeß gegebenen bzw. entstehenden Sachverhalte und Einflußgrößen, um den Aufwand an lebendiger und vergegenständlichter Arbeit bei gleichzeitiger Verbesserung der Arbeitsbedingungen ständig zu senken. Das Arbeitsstudium bildet mit der → Arbeitsgestaltung und → Arbeitsnormung einen einheitlichen Prozeß, in dem alle drei Faktoren einander bedingen und sich wechselseitig beeinflussen. Es dient dazu, die Produktions- und Arbeitsprozesse wissenschaftlich zu analysieren und damit die notwendigen präzisen Kenntnisse für begründete Veränderungen der Prozesse, d. h. Informationen über vollständige Prozesse oder auch ausgewählte Einflußgrößen in räumlicher, zeitlicher, methodischer und kostenmäßiger Hinsicht sowie bezüglich ihrer Wirkung auf den arbeitenden Menschen, zu gewinnen.

Das Arbeitsstudium ist auf *bereits existierende* und auf *geplante* (künftige) Arbeitsprozesse anwendbar. Methodisch umfaßt eine Untersuchung im allgemeinen folgende Schritte:

1. Untersuchungsziel festlegen,
2. Untersuchung vorbereiten,
3. Untersuchung durchführen,
4. Untersuchung auswerten,
5. Schlußfolgerungen formulieren.

Die folgenden Abbildungen verdeutlichen Zusammenhänge auf dem Gebiet des Arbeitsstudiums.

[**32** – 111 ff.; **34** – 449 ff.)

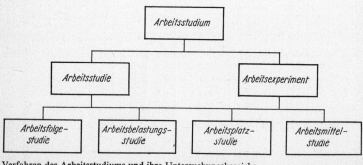

Verfahren des Arbeitsstudiums und ihre Untersuchungsbereiche

[**10** – 73]

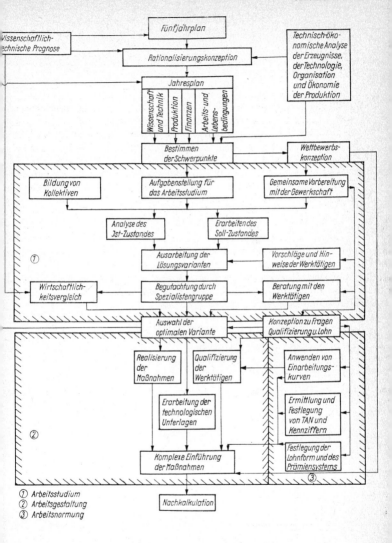

① Arbeitsstudium
② Arbeitsgestaltung
③ Arbeitsnormung

Die Einheit von Arbeitsstudium, Arbeitsgestaltung und Arbeitsnormung

[32 – 113]

Detailliertes Modell
des Arbeitsstudiums

[266 – 326]

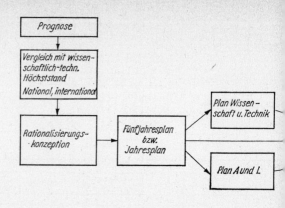

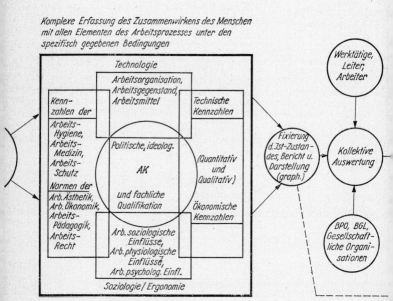

Komplexe Erfassung des Zusammenwirkens des Menschen mit allen Elementen des Arbeitsprozesses unter den spezifisch gegebenen Bedingungen

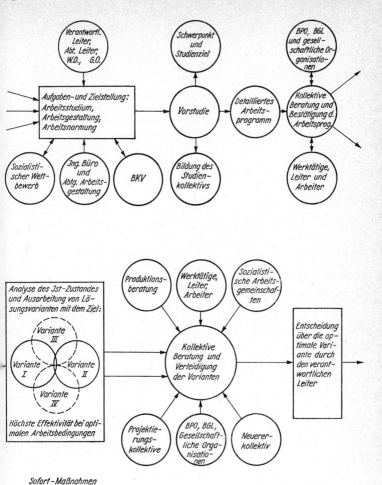

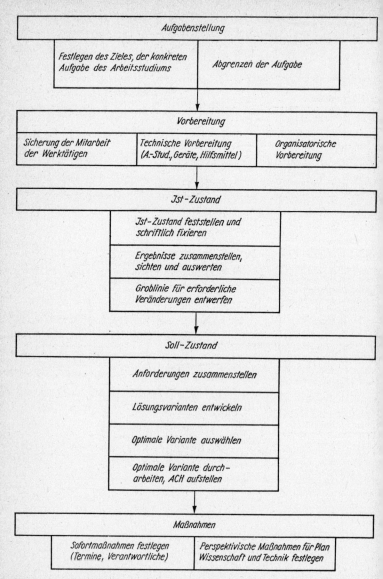

Ablaufschema des Arbeitsstudiums

[34 – 514]

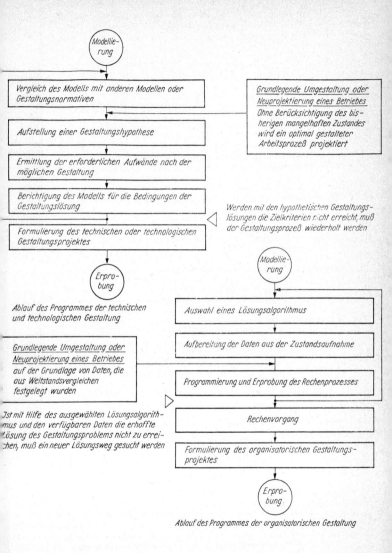

Das unterschiedliche methodische Vorgehen beim Arbeitsstudium nach einem Programm der technisch-technologischen und organisatorischen Gestaltung

[270 – 602]

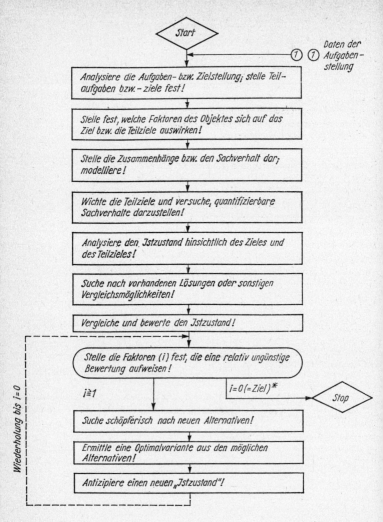

Ablaufschema für Aufgabenlösungen im Arbeitsstudium, die sich auf reale Objekte beziehen

Das Ziel entspricht dem der Aufgabenstellung und kann z. B. entweder dem Weltstand oder einer vorher festgelegten praktikablen Annäherung an denselben entsprechen bzw. über ihn hinausgehen.

[135 – 48 ff.]

Symbolik für das Arbeitsstudienwesen (Vorschlag)

Forderungen an die Symbolik:

1. Die Symbole müssen anzahlbegrenzt sein
2. Die Symbole müssen eindeutig sein
3. Die Symbole müssen sinnfällig sein
4. Die Symbole müssen einfach sein
5. Die Symbole müssen kombinationsfähig sein
6. Die Symbole müssen universell anwendbar sein
7. Die Symbole müssen ergänzbar sein.

Jeweils in den linken Spalten der Abbildungen I–III (76 bis 80) sind Symbole bzw. Symbolelemente für bestimmte Sachverhalte dargestellt (27 Grundsymbole). In den mittleren und rechten Spalten sind jeweils Beispiele aufgeführt. Die Grundsymbole entsprechen den genannten Anforderungen und sind – auf spezifische betriebliche Belange bezogen – äußerst variabel und kombinationsfähig.

Der Vorschlag geht von dem Versuch aus, die Symbole so zu gestalten, daß sie möglichst *eindeutig* und *einprägsam* die mit dem Tätigkeitsvollzug verbundenen *Arbeitsbedingungen* und *-anforderungen* hinsichtlich ihrer *Wirksamkeit auf den Menschen* darstellen. Deshalb wurde folgender Aufbau gewählt:

1. Symbole für Arbeitsbedingungen und -anforderungen, die *primär allgemein physiologisch* wirken;
2. Symbole für Arbeitsbedingungen und -anforderungen, die *primär sinnlich-nervlich* wirken;
3. Symbole für Arbeitsbedingungen und -anforderungen, die *primär Körperhaltung und -bewegung* betreffen.

Die vorgeschlagene Symbolik bietet sich auch zur Anwendung auf anderen Gebieten an, so in Statistiken, technologischen Karten, Grundrissen von Produktionsstätten usw., in denen bestimmte Umwelt- und Arbeitsbedingungen bzw. -anforderungen zu fixieren sind.

[156 – 684ff.]

Symbol	Verfahrensweise, Fakt, Zustand → Sachverhalt		Varianten		Beispiele für Kombinationen
1. + ÷	Temperatur im Sinne von „zu warm" bzw. „zu kalt"	⇅ +÷	Strahlungstemperatur im Sinne des Vorhandenseins von Wärme- bzw. Kältestrahlung	[Symbol]	Schwüle
2. [Wolke]	hohe Luftfeuchtigkeit	[Wolke]	Dampf oder sichtbehindernder Nebel	[Symbol]	kalte Feuchtigkeit
3. [Symbol]	Nässe/Flüssigkeit (Bodennässe, Tropfwasser, Spritzwasser")	+÷	heiße Flüssigkeit	[Symbol]	chemikalienhaltige Bodennässe
4. [Symbol]	Chemikalien mit belästigender, belastender und gefährdender Wirkung	[Symbol]	flüssige Chemikalien		
5. [Kreis]	Strahlen (α-, β-, γ- Strahlen)	[Symbol]	feste Chemikalien	[Symbol]	chemikalienhaltige hohe Luftfeuchtigkeit
6. °°	Staub in belästigender, belastender und gefährdender Dichte	[Symbol]	gasförmige Chemikalien		
7. [Symbol]	Zugluft	⌐m/s	hohe Luftbewegung	[Symbol]	radioaktiver Staub
8. ~	Vibration	△	Erschütterungen		

I. Arbeitsbedingungen und -anforderungen
– primär allgemein physiologisch *wirksam*

Symbol-element	Erläuterungen	Symbol	Verfahrensweise, Fakt Zustand → Sachverhalt	Beispiele für Kombinationen
1.	Kopf mit entsprechenden Sinnesorganen in dieser Gesamtheit werden die Symbolelemente nur selten darzustellen sein. Vielmehr wird in Verbindung mit den folgenden Symbolelementen stets nur das Organ eingezeichnet, das einer Belastung oder erhöhten Anforderung unterliegt		Blendung	erhöhte Sehanforderungen bei gleichzeitig hoher Verantwortung
			erhöhte Sehanforderung	
			Geruchsbelästigung	Geruchsbelästigung durch gasförmige Chemikalien
			erhöhte Anforderungen an das Geruchsorgan	
			Geschmacksbelästigung	Geruchs- und Geschmacksbelästigung
			erhöhte Anforderungen an das Geschmacksorgan	
			Lärmbelästigung	Lärmbelästigung bei gleichzeitig erhöhten Anforderungen an die Konzentration
			erhöhte Anforderungen an das Gehör	
2.	Richtung bestimmter Wirkungsgrößen		hohe Verantwortung	hohe Verantwortung und hohe Sehanforderungen (z.B. infolge Präzisionsarbeit)
3.	Belastung		erhöhte Anforderungen an Aufmerksamkeit, Konzentration, Reaktion	
4.	erhöhte Anforderungen			

II. Arbeitsbedingungen und -anforderungen
- primär sinnlich-nervlich wirksam

Symbol	Verfahrensweise, Fakt Zustand → Sachverhalt	Varianten	Beispiele für Kombinationen
1.	senkrechte Körperhaltung	Oberkörper nach vorn geneigt	Oberkörper über flüssige Chemikalien stark gebeugt
		Oberkörper nach hinten geneigt (z.B. bei Montage- und Reparaturarbeiten)	
2.	liegende Körperhaltung	Oberkörper stark gebeugt, Arbeiten im Bücken	auf dem Rücken liegend, Körperunterlage zu kalt
		auf dem Rücken liegend	
		auf dem Bauch liegend	
		liegend mit mit angehobenem Oberkörper	lfd. Körperdrehung nach links bei von dort kommender Wärmestrahlung
3.	Körperdrehung	auf dem Boden sitzend	
		lfd. Körperdrehung nach rechts	
		lfd. Körperdrehung nach links	bei stark gebeugtem Oberkörper lfd. diesen nach beiden Seiten verdrehen
		lfd. Körperdrehung nach rechts u. links	
4.	Kopfhaltung	Kopfhaltung nach vorn	Kopf lfd. auf und ab bewegen
		Kopfhaltung nach hinten	
		Kopfhaltung lfd. beiderseitig zu verdrehen	bei nach vorm gebeugtem Kopf Blendung

III. Arbeitsbedingungen und -anforderungen -primär Körperhaltung und -bewegung betreffend

III₁ Rumpf und Kopf (Folgende Hinweise gelten: a) Der Kopf wird nur bei Zwangshaltung desselben und beim Liegen gezeichnet
b) Kopf und Rumpf sind immer getrennt darzustellen)

Symbol-element	Erläuterungen	Symbol	Verfahrensweise, Fakt, Zustand → Sachverhalt		Beispiele für Kombinationen
A) Armdarstellung					
1.	Einarmbeanspruchung				
2.	Zweiarmbeanspruchung				
B) Richtung, Größe und Weg von Kräften der Armbeanspruchung			einarmig ziehen/halten	$7kp$ $\lceil 0.5m$	beidarmig von oben ziehend; Zugkraft $7kp$, Weg $0.5m$
			zweiarmig senken (wird zukünftig nicht mehr gesondert dargestellt)	$10kp$ $\lceil 2m$	beidarmig von über Kopf senken
			drücken/stützen nach oben		
			drücken, horizontal	$10kp$	einarmige Haltearbeit von $10kp$
			drücken, nach unten	$5kp$	einarmiges Stützen von $5kp$
3. $\frac{kp}{m^2}$	Zug- und/oder Druckkraft, geradlinig verlaufend; Zugkraft = Pfeil zum Körper Druckkraft = Pfeil vom Körper $\lceil m \rceil$ = Weg; Angabe entfällt bei statischer Arbeit		horizontale Kreisbewegung		
			vertikale Kreisbewegung	$5kp$ $\vdash 1m$	einarmig ziehen und drücken
4. m $\bigcirc$ kp	Zug- und/oder Druckkraft, kreisförmig verlaufend, Pfeil entspricht Bewegungsrichtung geschl. Kreis = geschl. Kreisbewegung Teilkreis = Schwenkbewegung	$\uparrow$	vertikale Schwenkbewegung	$5kp$	beidarmiges Drücken; Druck-kraft $5kp$, bei Erschütterungen
					gegenläufige Kreisbewegung beider Arme horizontal
6. kp $\diagup m$	Zug- und/oder Druckkraft, zick-zack-förmig verlaufend, Pfeil entspricht Bewegungsrichtung	$\diagup\!\!\diagup$	Zick-zack-Bewegung nach rechts verlaufend		beidarmige Schwenkbewegung, horizontal überkreuz fassend

III. Arbeitsbedingungen und -anforderungen - primär Körperhaltung und -bewegung betreffend
III. 2 Arme

Symbol	Verfahrensweise, Fakt, Zustand → Sachverhalt	Varianten		Beispiele für Kombinationen
1. ⊥	stehen			stehen auf vibrierender Unterlage
			⊥	sitzen in schwüler Umgebung bei gleichzeitig bestehender hoher Verantwortung sowie erhöhter Anforderung an Konzentration und Reaktion
2. ↳	hocken	⊥ kp	drücken im Sitzen	
		kp ↳½m	treten im Sitzen (auch Frequenzangabe möglich)	beidarmiges Tragen von 10kp, ebene Fläche, 100m
3. ⅃	knien	kp ⅃	drücken im Stehen	10kp ⟋⟍ 100m
4. ↳	sitzen	⊥m	treten im Stehen (auch Frequenzangabe möglich)	Tragen von Last auf dem Rücken 20kp
5. ⟋⟍/m	gehen	kp ⟋⟍/m; %	gehen auf Steigung	wechselweise stehen und gehen ⊥ ⟋
		⌐⌐/m; %	Treppe steigen	

III. Arbeitsbedingungen und -anforderungen - primär Körperhaltung und -bewegung betreffend

III₃ _Beine_

Arbeitstag je Beschäftigten, tatsächliche Dauer des → Arbeitszeit, durchschnittlich tatsächlich geleistete tägliche

Arbeitstakt → Taktzeit

Arbeits- und Lebensbedingungen – Gesamtheit der ökonomischen, politischen, sozialen, rechtlichen, moralischen, geistigen und kulturellen Existenzbedingungen der ganzen Gesellschaft oder einzelner Klassen, Schichten usw. Ein Hauptbestandteil sind die Arbeitsbedingungen im engeren Sinne, d. h. die Gesamtheit aller unmittelbaren (betrieblichen) und mittelbaren Bedingungen der Arbeit, unter denen der Werktätige im Arbeitsprozeß tätig ist, sowie deren Rückwirkungen auf ihn. Den Arbeits- und Lebensbedingungen aller Werktätigen und ihrer ständigen planmäßigen Verbesserung wird unter sozialistischen Verhältnissen größte Aufmerksamkeit beigemessen. Hervorzuheben ist die *Komplexität ihrer Entwicklung*, da im sozialistischen Staat stets die *Allseitigkeit der Persönlichkeitsentwicklung* im Mittelpunkt steht. So sind Maßnahmen des Staates auf dem Gebiete der Kultur, der Wissenschaft, der Bildung, des Sports, im Handel und im Wohnungsbau, zur Erweiterung der Einrichtungen für die Kinderbetreuung, zur Verbesserung der gesundheitlichen Versorgung und viele andere Maßnahmen ebenso wie betriebliche Maßnahmen auf diesen Gebieten und zur unmittelbaren Erleichterung der Arbeitsbedingungen im Betrieb und am Arbeitsplatz stets als Einheit und in ihrer Wechselwirkung zu sehen. Alle diese Maßnahmen zielen darauf ab, das Leben im Sozialismus stets schöner und reicher zu machen und allen Menschen ausreichende Möglichkeiten zu bieten, sich immer mehr zu sozialistischen Persönlichkeiten zu entwickeln, die ihr Leben in der sozialistischen Gesellschaft und im eigenen Arbeitskollektiv bewußt und aktiv gestalten.
Mit der Abbildung auf S. 82 wird der Versuch unternommen, diese Zusammenhänge bildhaft zu erfassen und anschaulich vor Augen zu führen.

[**36** – 133; **37** – 35]

Arbeitsunfall – zeitlich begrenztes, von außen einwirkendes schädigendes Ereignis, das mit der Betriebstätigkeit in ursächlichem Zusammenhang steht und eine Körperschädigung oder den Tod eines oder mehrerer Werktätiger zur Folge hat. Als Arbeitsunfall gilt auch ein Unfall auf einem mit der Tätigkeit im Betrieb zusammenhängenden Weg nach und von der Arbeitsstelle (Wegeunfall). Ferner gelten Unfälle, die bei einer mit der Tätigkeit im Betrieb zusammenhängenden Verwahrung, Beförderung, Instandhaltung und Erneuerung des Arbeitsgerätes (auch vom Werktätigen selbst gestelltes) eintreten, als Arbeitsunfälle.
Unfälle bei bestimmten gesellschaftlichen Tätigkeiten sind dem Arbeitsunfall gleichgestellt.

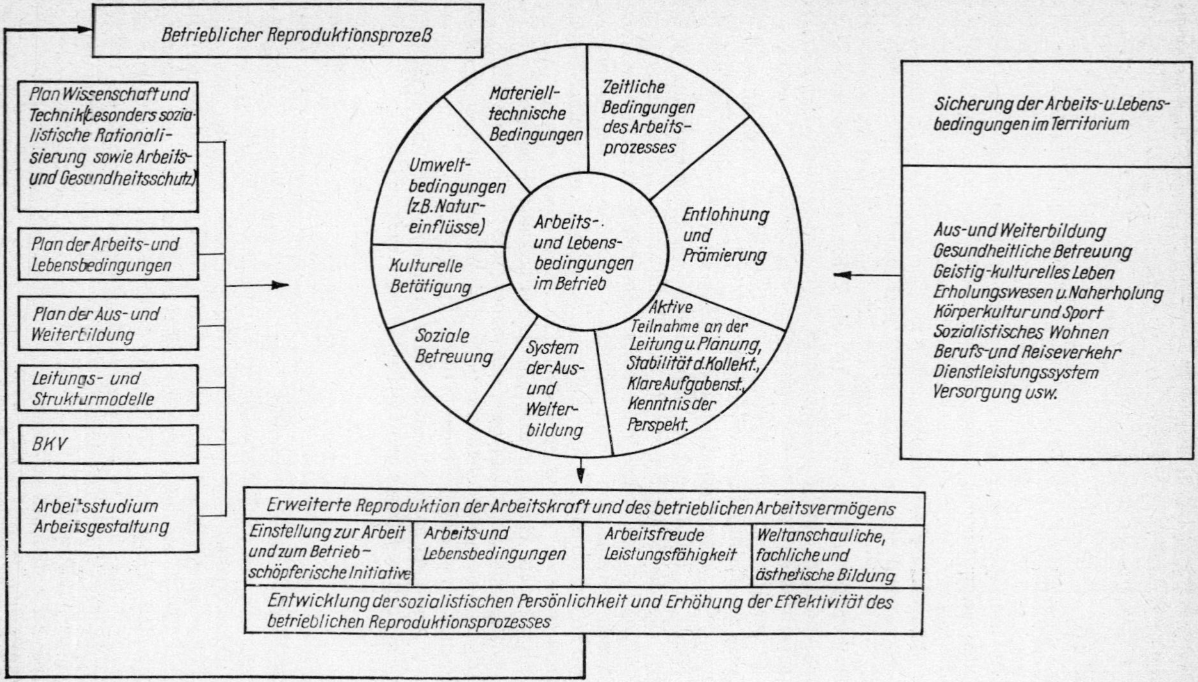

Die Arbeits- und Lebensbedingungen der Werktätigen

Content within the diagram:

Betrieblicher Reproduktionsprozeß

Left column boxes:
- Plan Wissenschaft und Technik, besonders sozialistische Rationalisierung sowie Arbeits- und Gesundheitsschutz
- Plan der Arbeits- und Lebensbedingungen
- Plan der Aus- und Weiterbildung
- Leitungs- und Strukturmodelle
- BKV
- Arbeitsstudium Arbeitsgestaltung

Sicherung der Arbeits- u. Lebensbedingungen im Territorium

- Aus- und Weiterbildung
- Gesundheitliche Betreuung
- Geistig-kulturelles Leben
- Erholungswesen u. Naherholung
- Körperkultur und Sport
- Sozialistisches Wohnen
- Berufs- und Reiseverkehr
- Dienstleistungssystem
- Versorgung usw.

Central wheel — **Arbeits- und Lebensbedingungen im Betrieb**:
- Zeitliche Bedingungen des Arbeitsprozesses
- Entlohnung und Prämierung
- Aktive Teilnahme an der Leitung u. Planung, Stabilität d. Kollekt., klare Aufgabenst., Kenntnis der Perspekt.
- System der Aus- und Weiterbildung
- Soziale Betreuung
- Kulturelle Betätigung
- Umweltbedingungen (z.B. Natureinflüsse)
- Materiell-technische Bedingungen

Bottom table:

Erweiterte Reproduktion der Arbeitskraft und des betrieblichen Arbeitsvermögens

Einstellung zur Arbeit und zum Betrieb — schöpferische Initiative	Arbeits- und Lebensbedingungen	Arbeitsfreude Leistungsfähigkeit	Weltanschauliche, fachliche und ästhetische Bildung

Entwicklung der sozialistischen Persönlichkeit und Erhöhung der Effektivität des betrieblichen Reproduktionsprozesses

Ein Arbeitsunfall, der mehr als drei Tage Arbeitsunfähigkeit des betreffenden Werktätigen zur Folge hat, ist *meldepflichtig*. Er ist innerhalb von vier Tagen der zuständigen Arbeitsschutzinspektion auf Unfallanzeige-Vordruck zu melden.

Die *Unfallquote* (Ausweis der Unfallhäufigkeit) für einen bestimmten Zeitraum wird wie folgt berechnet:

$$U = \frac{U_m}{B} \cdot 100 \qquad\qquad\qquad [\%]$$

U_m Meldepflichtige Unfälle im Zeitraum

B Durchschnittliche Anzahl der Arbeiter und Angestellten im gleichen Zeitraum

Eine große Rolle zur Einschränkung und Vermeidung von Arbeitsunfällen spielt die *Unfallgefahrenforschung*, d. h. die Ermittlung typischer Unfallgefahren und die Festlegung von Maßnahmen zu deren Beseitigung (vgl. die Abbildung auf Seite 84). In diesem Zusammenhang ist auch die *Unfallursachenkette* (vgl. das Beispiel in der Abbildung auf Seite 85) zu untersuchen, um eine hohe *Arbeitssicherheit*, besonders durch gefahrlose Technik, zu erzielen. Das soll die folgende Abbildung verdeutlichen.

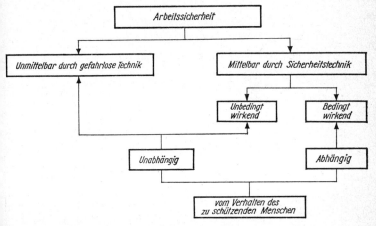

Übersicht über die Zusammenhänge bezüglich der Arbeitssicherheit

Die arbeitsschutztechnischen Gestaltungsgrundsätze bezüglich der Arbeitssicherheit lauten (in der Rangfolge):
a) Die objektiven Arbeitsbedingungen sind so zu gestalten, daß keine Gefährdung eintreten kann;
b) ist gefahrlose Technik nicht möglich, so sind sicherheitstechnische Mittel vorzusehen;
c) die Sicherheitstechnik soll unbedingt wirken.

Die *retrospektive* Unfallgefahrenforschung geht aus von der Analyse bereits eingetretener Unfälle

Die *prospektive* Unfallgefahrenforschung geht aus von der Gefahrenerkenntnis

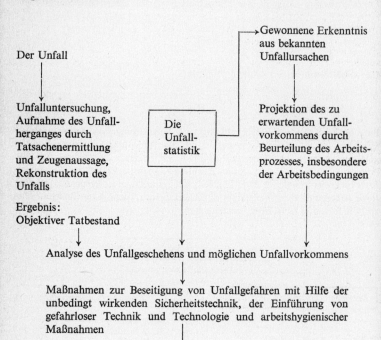

Der Unfall

→ Gewonnene Erkenntnis aus bekannten Unfallursachen

Unfalluntersuchung, Aufnahme des Unfallherganges durch Tatsachenermittlung und Zeugenaussage, Rekonstruktion des Unfalls

Die Unfallstatistik

Projektion des zu erwartenden Unfallvorkommens durch Beurteilung des Arbeitsprozesses, insbesondere der Arbeitsbedingungen

Ergebnis: Objektiver Tatbestand

Analyse des Unfallgeschehens und möglichen Unfallvorkommens

Maßnahmen zur Beseitigung von Unfallgefahren mit Hilfe der unbedingt wirkenden Sicherheitstechnik, der Einführung von gefahrloser Technik und Technologie und arbeitshygienischer Maßnahmen

Weisung des Leiters zur Durchführung dieser Maßnahmen und Kontrolle durch den Leiter

Kontrolle durch die Betriebsgewerkschaftsleitung in Form der Betriebsbegehung usw. und bei Rechenschaftslegungen über den Plan der Arbeits- und Lebensbedingungen

Methodik der Unfallgefahrenforschung

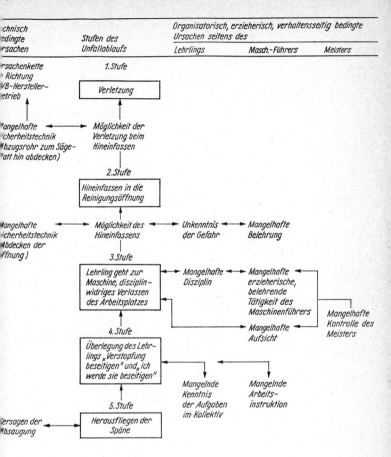

Beispiel einer Unfallursachenkette

[**32** – 119, 606; **34** – 235 ff.; **306a** – 61; **226** – 667]

Arbeitszeit, Ausnutzungsgrad der – Kennziffer, die aus verschiedener Sicht die Ausnutzung der Gesamtarbeitszeit bzw. die Anteile der einzelnen Zeitkategorien (→ Arbeitszeitgliederung) an der Gesamtarbeitszeit ausdrückt. Je höher der Anteil der Summe von Vorbereitungs- und Abschlußzeit sowie Grundzeit an der Gesamtarbeitszeit ist, um so produktiver wird die Arbeitszeit genutzt.

$$K_{AZ1} = \frac{t_A + t_G}{AZ} \cdot 100 \qquad [\%]$$

$$K_{AZ2} = \frac{t_H + t_W}{AZ} \cdot 100 \qquad [\%]$$

$$K_{AZ3} = \frac{t_{Uu} + t_{Ua}}{AZ} \cdot 100 \qquad [\%]$$

t_A Vorbereitungs- und Abschlußzeit (min)

t_G Grundzeit (min)

t_H Hilfszeit (min)

t_W Wartungszeit (min)

t_{Uu} Vom Arbeiter unabhängige Unterbrechungszeit (min)

t_{Ua} Vom Arbeiter abhängige Unterbrechungszeit (min)

AZ   Gesamtarbeitszeit (min)

[2 – 100]

Arbeitszeit, durchschnittlich tatsächlich geleistete tägliche – Kennziffer zur Widerspiegelung der effektiven Ausnutzung des Arbeitstages. Sie wird oft auch als „Tatsächliche Dauer des Arbeitstages je Beschäftigten" bezeichnet. Die Angaben im Zähler und Nenner beziehen sich auf den gleichen Zeitraum.

$$AZ_t = \frac{H}{T \cdot B} \qquad [h/d]$$

H   Summe der tatsächlich geleisteten Stunden einschließlich Überstunden

T   Anzahl der Arbeitstage

B   Durchschnittliche Anzahl der Beschäftigten (Vollbeschäftigteneinheiten)

[333 – 50]

Arbeitszeitfonds/Arbeitszeitaufwand-Bilanz – zum Zwecke der Vergleichbarkeit auf eine Basismaschine bezogene Bilanzierung des Maschinenzeitfonds mit dem zur Durchführung der Operationen erforderlichen Arbeitszeitaufwand. Die Grundformel lautet:

$$\sum_{j=1}^{m} x_{ij}\eta_{ij}MZF_{ij}x_{ij} \geq AZA_i$$

MZF_{ij} Maschinenzeitfonds

x_{ij} Anzahl der Maschinen der i-ten Hauptmaschinengruppe und j-ten Maschinengruppe

AZA_i Auf eine Basismaschine bezogener Arbeitsaufwand

$\varkappa_{ij}$ Normierungsfaktor

η_{ij} Koeffizient der Normerfüllung

i Hauptmaschinengruppe

j Maschinengruppe

Da gewöhnlich nicht alle Bearbeitungsaufgaben auf allen Maschinen ausgeführt werden, ist es notwendig, die der vorstehenden Ungleichung zugrundegelegte vollkommene Austauschbarkeit einzuschränken. Das geschieht in Form weiterer *Nebenbedingungen*, die ausdrücken, wieviel Arbeitszeitaufwand maximal und minimal jeder Maschine zugeordnet werden kann:

$$\varkappa_{ij}\eta_{ij}\text{MZF}_{ij}x_{ij} \leqq \text{AZA}_{ij\,max}$$

$$\varkappa_{ij}\eta_{ij}\text{MZF}_{ij}x_{ij} \geqq \text{AZA}_{ij\,min}$$

Die parametrische Form der Gleichungen lautet entsprechend:

$$\sum_{j=1}^{m} \varkappa_{ij}\eta_{ij}\text{MZF}_{ij} \geqq \text{AZA}_i + \lambda\alpha_i$$

$$\varkappa_{ij}\eta_{ij}\text{MZF}_{ij}x_{ij} \leqq \text{AZA}_{ij\,max} + \lambda\beta_{ij}$$

$$\varkappa_{ij}\eta_{ij}\text{MZF}_{ij}x_{ij} \geqq \text{AZA}_{ij\,min} + \lambda\gamma_{ij}$$

$\alpha_i, \beta_{ij}, \gamma_{ij}$ Konstanten, die als Produkt mit λ einen bestimmten Unsicherheitsgrad der Arbeitszeitaufwandsbegrenzungen ausdrücken

[141 – 651]

Arbeitszeitgliederung – Zerlegung von Zeitaufwänden in qualitativ unterschiedliche Teilzeiten (Zeitkategorien). Der verbindliche Standard TGL 2860-56 sichert eine einheitliche Gliederung der Arbeitszeit in der DDR und vermittelt die Definitionen des Inhalts der einzelnen Zeitkategorien.

Arbeitszeit	AZ	Hilfszeit — Hand	t_{Hh}
Normzeit	t_N	Wartungszeit des Arbeits-	
Vorbereitungs- und		platzes	t_W
Abschlußzeit	t_A	Wartungszeit, organisatorisch	t_{Wo}
Stückzeit	t_S	Wartungszeit, technisch	t_{Wt}
Operative Zeit	t_O	Zeit für natürliche Bedürfnisse	
Grundzeit	t_G	und arbeitsbedingte Erholungs-	
		pausen	t_E
Grundzeit – Maschine	t_{Gm}	Zeitverluste	t_V
Grundzeit – Maschine/Hand	t_{Gmh}	Zeitverluste, abhängig vom	
Grundzeit – Hand	t_{Gh}	Arbeiter	t_{Va}
Hilfszeit	t_H	Zeitverluste, unabhängig vom	
Hilfszeit – Maschine/Hand	t_{Hmh}	Arbeiter	t_{Vu}

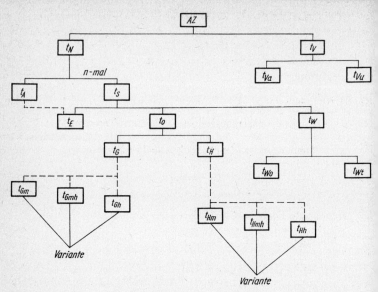

Zeitgliederungsschema nach TGL 2860-56

Der hinter dem Kleinbuchstaben t folgende tiefgestellte *Großbuchstabe* weist auf die *Zeitkategorie* hin.

Der hinter dem Großbuchstaben folgende und mit diesem auf gleicher Höhe stehende *Kleinbuchstabe gliedert* die Zeitkategorie.

$$AZ = t_N + t_V$$

$$t_N = t_A + n \cdot t_S$$

n   Anzahl der zu bearbeitenden Werkstücke

$$t_V = t_{Va} + t_{Vu}$$

$$t_S = t_O + t_W + t_E$$

$$t_O = t_G + t_H$$

$$t_W = t_{Wo} + t_{Wt}$$

$$t_G = t_{Gm} \text{ oder } t_{Gmh} \text{ oder } t_{Gh}$$

$$t_H = t_{Hm} \text{ oder } t_{Hmh} \text{ oder } t_{Hh}$$

→ Grundzeit-Maschine (für die einzelnen Bearbeitungsarten)

[342]

Operative Zeit bei programmgesteuerten Werkzeugmaschinen

Hier ist die operative Zeit t_0 eine Funktion von qualitativen und quantitativen Parametern (x) des Werkstücks.

$$t_O = f(x) = mx^n + c$$

m, n, c Konstante Werte für die betrachtete Teilegruppe

Bei programmgesteuerten Maschinen gilt:

$$t_O = t_{Gm} + t_{Hm} = mx^n + k$$

und

$$t_S = 1,15(mx^n + k + t_{Hh})$$

t_S	Stückzeit
t_{Gm}	Grundzeit – Maschine
t_{Hm}	Hilfszeit – Maschine
t_{Hh}	Hilfszeit – Hand
k	Konstanter Wert

Zur Berechnung der Potenzfunktion $t_0' = mx^n + k$ müssen drei Funktionspunkte $(x_1, t_{01}'; x_2, t_{02}'; x_3, t_{03}')$ bekannt sein. Damit ergeben sich drei Gleichungen mit drei Unbekannten:

$$t_{01}' = mx_1^n + k$$
$$t_{02}' = mx_2^n + k$$
$$t_{03}' = mx_3^n + k$$

Daraus resultieren die Formeln für die 3 Konstanten:

$$k = \frac{t_{01}' \cdot t_{02}' - t_{03}'^2}{t_{01}' + t_{02}' - 2 \cdot t_{03}'}$$

$$n = \frac{\lg(t_{02}' - k) - \lg(t_{01}' - k)}{\lg x_2 - \lg x_1}$$

$$\lg m = \frac{\lg(t_{01}' - k) \cdot \lg x_2 - \lg(t_{02}' - k) \cdot \lg x_1}{\lg x_2 - \lg x_1}$$

Als Randbedingung für die Auflösung des Gleichungssystems gilt:

$$x_3 = \sqrt{x_1 \cdot x_2}$$

[177 – 66f.]

Attributprüfung → Qualitätskontrolle

Auftraggeber-Auftragnehmer-Beziehungen bei Investitionen – Prozeß der Kooperationsbeziehungen zwischen der Investitionsvorbereitung (Auftraggeber – AG) und Investitionsdurchführung (Auftragnehmer – AN).

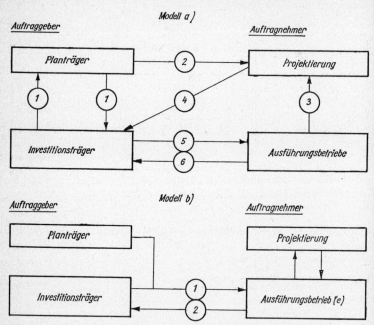

Modelle der AG-AN-Beziehungen ohne Generalauftragnehmer (GAN)

Modell a)

1 Die Auftraggeber-Seite wird repräsentiert durch den Plan- und den Investitionsträger. Hier bestehen eindeutige Unterstellungsverhältnisse.
2 Übergabe der bestätigten Vorbereitungsdokumentation an die Projektierung.
3 Ausarbeitung der Projektdokumentation in der Projektierung. Dazu sind verbindliche Lieferangebote von den Ausführungsbetrieben einzuholen.
4 Übergabe der Projektdokumentation an den Investitionsträger.
5 Aufträge des Investitionsträgers über entsprechende Lieferungen und Leistungen an die Ausführungsbetriebe.
6 Übergabe der fertiggestellten Investitionen durch den Ausführungsbetrieb (oder die Ausführungsbetriebe) an den Investitionsträger.

Modell b)

1 Übergabe der Vorbereitungsdokumentation an Auftragnehmer.
2 Übergabe des fertiggestellten Vorhabens, Teilvorhabens oder Objekts an den Investitionsträger.

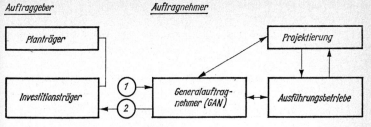

Modell der AG-AN-Beziehungen mit GAN

1 Übergabe der Vorbereitungsdokumentation an GAN.
2 Übergabe der funktions- und nutzungsfähigen Anlagen an Investitionsträger.

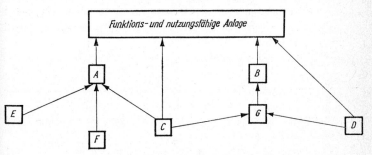

Modell der Beziehungen innerhalb der AN-Seite (Kooperationssystem)

A, B   – Es erfolgen ausschließlich direkte Lieferungen und Leistungen zur Errichtung der Anlage (als GAN geeignet)

E, F, G – Es erfolgen ausschließlich indirekte Lieferungen und Leistungen zur Errichtung der Anlage (als GAN nicht geeignet)

C, D   – Es erfolgen direkte und indirekte Lieferungen und Leistungen zur Errichtung der Anlage, darunter auch an vorstufige Kooperationspartner (G) (als GAN bedingt geeignet)

[324 – 160 ff.]

Aufwand, direkter → Aufwand, spezifischer

Aufwand, spezifischer – auf die Mengen- (Natural-)Einheit des hergestellten Produktes bezogene laufende Betriebsaufwendungen, auch als direkter Aufwand bezeichnet. Zur Messung dient der Koeffizient des spezifischen (direkten) Aufwandes, der verschieden errechnet werden kann.

Im Naturalausdruck:

$$a_{k1} = \sum_{p=1}^{m} \sum_{q=1}^{n} a_{pq} d_q + \sum_{p=1}^{m} S_{p1}$$

m   Anzahl der Erzeugnisse p in der Position k

n   Anzahl der Erzeugnisse q in der Position l

a_{pq} Individuelle Verbrauchsnorm des Produktes p

d_q Spezifischer Anteil des Produkts q im Produkt l

S_{p1} Spezifischer Verbrauch an Produkt p für Produkt l im Teil der Produktionsgemeinkosten

Im Wertausdruck:

Wenn das Produkt k für das Produkt l nicht nur direkt, sondern auch über das Produkt r verbraucht wird, das man im gleichen Betrieb herstellt wie das Produkt l, so gilt:

$$\bar{a}_{k1} = a_{k1} + a_{kr} a_{r1} (1 - w_{r1})$$

$\bar{a}_{k1}$ Koeffizient des Aufwandes an Produkt k für das Produkt l, der zur Berechnung des entsprechenden Wertkoeffizienten angewandt wird

a_{k1} Koeffizient des direkten Aufwandes an Produkt k für das Produkt l

a_{r1} Koeffizient des direkten Aufwandes an Produkt r für Produkt l

a_{kr} Koeffizient des direkten Aufwandes an Produkt k für Produkt r

w_{r1} Spezifischer Anteil des Produkts r, das für die Produktion des Produkts l von außen bezogen wird

Aufwand an gesellschaftlicher Arbeit für Investitionen, jährlicher – unter Berücksichtigung des Zeitfaktors ermittelter Jahres-Gesamtaufwand an gesellschaftlicher Arbeit für Investitionen in einem bestimmten Bereich der gesellschaftlichen Produktion.

$$E = S + \sum_{i=1}^{n} \left\{ k_{in} I_1 + k_{in} \sum_{j=1}^{t'_i} I_{1j} [(1 + k_u)^{t'_i - j + 0,5} - 1] + \right.$$

$$\left. + k_{in} I_{1o} + k_{in} R_{1w} + k_{in} \cdot C_{1b} \right\} \qquad \text{[M/a]}$$

S   Durchschnittliche Gesamtselbstkosten bis zum endgültigen Verbrauchsort (einschließlich Kosten für Instandhaltung und laufende Reparaturen), verringert um die eventuelle durchschnittliche und auf die Gesamtproduktion verteilte Kosteneinsparung infolge Aussonderung von Grundfonds

I_1 Im betreffenden Produktionsabschnitt, Bereich, Zweig usw., aufgewandte einmalige Investitionskosten einschließlich der Kosten für Generalreparaturen

I_{1j} Im betreffenden Produktionsabschnitt im j-ten Baujahr aufgewandte einmalige Investitionskosten

k_u Einheitlicher Koeffizient für den Ausdruck der Verluste aus unproduktiver Bindung von Mitteln

t_1' Bauzeit in dem betreffenden Produktionsabschnitt

j Baujahrindex ($j = 1, 2, \dots t'$)

I_{1o} Einmalige Kosten für das primäre (durchschnittlich bleibende) Volumen der Umlaufmittel im betreffenden Produktionsabschnitt

R_{1w} Restwert (noch nicht abgeschriebener Wert) der ausgesonderten, in anderen Gebieten der Volkswirtschaft nicht verwendbaren Grundfonds des betreffenden Produktionsabschnitts

C_{1b} Wert des Bodens entsprechend dem Bauumfang

k_{1n} Für den betreffenden Produktionsabschnitt, Bereich, Zweig festgelegter Normativkoeffizient des Nutzeffekts

i Index des Produktionsabschnitts, Volkswirtschaftszweiges ($i = 1, 2, \dots, n$)

[254 – 90 ff.]

Wechselbeziehung zwischen den Koeffizienten des direkten Aufwandes im Naturalausdruck und den Koeffizienten im Wertausdruck:

$$a_{1j} = \frac{k_1}{k_j} \sum_{k=1}^{m} \sum_{1=1}^{n} \bar{a}_{k1} \frac{pk}{pl} w_{k1} d_{1j}$$

a_{1j} Koeffizient des direkten Aufwandes der Produktion des Zweiges i für 1 Mark Bruttoproduktion des Zweiges j im Wertausdruck

$\bar{a}_{k1}$ Koeffizient des direkten Aufwandes an Produkt k für das Produkt l im Naturalausdruck unter Berücksichtigung des Aufwandes an Produkt k für das Produkt l über die Produkte aus eigener Produktion

pk Preis der Einheit des Produkts k

pl Preis der Einheit des Produkts l

w_{k1} Anteil des von außen gelieferten Produkts k am Gesamtaufwand des Produkts k für das Produkt l

d_{1j} Anteil des Produkts l an der Bruttoproduktion des Zweiges j

m Anzahl der Produkte k, die in den Zweig i eingehen

n Anzahl der Produkte l, die in den Zweig j eingehen

k_1, k_j Koeffizienten zur Umrechnung der Großhandelspreise in Endverbraucherpreise

Geht das Produkt k nicht unmittelbar in das Produkt l ein, sondern über ein anderes Produkt des gleichen Zweiges (c), das nur in Betrieben dieses Zweiges hergestellt wird, so kann man zur Berechnung des Wertkoeffizienten die Naturalkoeffizienten des direkten Aufwands an Produkt k für das Zwischenprodukt c verwenden. Oben stehende Formel erhält dann die Form:

$$a_{1j} = \frac{k_1}{k_j} \sum_{k=1}^{m} \sum_{1=1}^{n} \bar{a}_{k1} \frac{pk}{pl} w_{k1} g_{1j}$$

$\bar{a}_{k1}$ Koeffizient des direkten Aufwands an Produkt k für das Produkt l
g_{1j} Verhältnis des Bruttoausstoßes an Produkt l zur Bruttoproduktion des Zweiges j

[158 – 267 ff.; 36 – 201 ff.]

Aufwandsbewertung → Zyklenmethode

Aufwandsdegression je erzeugte Einheit – in Abhängigkeit vom Produktionsfortschritt des Gesamtloses degressiv fallender Verlauf der Aufwände (Arbeitszeit, Kosten) je erzeugte Einheit bei Anlauflosen. Gegenüber dem Bereich der laufenden Fertigung sind die Aufwände im Anlaufbereich erhöht. Der Anlaufbereich wird beendet, wenn die Aufwandsdegression je erzeugte Einheit eine unbedeutende Größe erreicht.

$$\varepsilon = \frac{y_{E-1} - y_E}{y_{E-1}} \cdot 100 \qquad [\%]$$

y_E Aufwand je Mengeneinheit des Loses bei der Anlaufstückzahl des Loses (M)

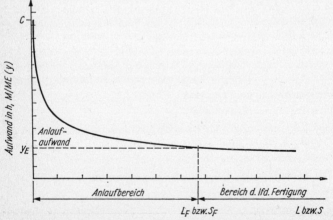

Die Aufwandsentwicklung als Funktion des Produktionsfortschritts

Für ε sind folgende Normative zu empfehlen:

  Kleinserienfertigung $\varepsilon = 1{,}0\%$
  Mittelserienfertigung $\varepsilon = 0{,}5\%$
  Großserienfertigung $\varepsilon = 0{,}05\%$

→ Anlaufstückzahl, → Anlaufexponent, → Anlaufkonstante

[168 – 26f.]

Aufwandskennziffer → Investitionsaufwand

Aufwandskennziffern des Gesundheits- und Arbeitsschutzes → Gesundheits- und
Arbeitsschutz, Kennziffernsystem des

Aufwand zur Freisetzung einer Arbeitskraft, einmaliger → Arbeitskräfte, Freisetzung von

Aufwendungen, einmalige – Summe der mit der Vorbereitung und Realisierung
von Aufgaben des wissenschaftlich-technischen Fortschritts verbundenen und
zur Berechnung der → Rückflußdauer sowie des ökonomischen → Nutzeffekts
der Maßnahmen dienenden einmaligen Aufwendungen. Dazu zählen:

– Kosten für Forschung und Entwicklung, Standardisierung, Lizenzen
– Kosten für Projektierung
– Investitionskosten
– Kosten für Umlaufmittelausstattung
– Anlaufkosten
– Restbuchwerte für auszusondernde Grundmittel

[329 – 65]

Aufzinsungsfaktor → Zinseszinsrechnung

Ausbeutequote – Verhältnis zwischen der aus einem Verarbeitungsprozeß
hervorgegangenen Fertigmenge an Erzeugnissen und der in die Verarbeitung
eingegebenen (Einsatz-)Menge.

$$q_a = \frac{F}{E}$$

F   Fertigmenge (ME)
E   Einsatzmenge (ME)

Eng verbunden mit der Ausbeutequote ist die *Materialverlustquote*, die das Verhältnis zwischen der Differenz Einsatzmenge minus Fertigmenge und der Einsatzmenge zeigt:

$$q_{mv} = \frac{E - F}{E}$$

Je geringer die Differenz zwischen Einsatzmenge und Fertigmenge, um so größer die Ausbeutequote (Ideal: 1) und um so geringer die Materialverlustquote (Ideal: 0).

Im Maschinenbau spielt die *Verschnittquote* eine bedeutende Rolle:

$$q_v = \frac{S + N}{G}$$

S   Schrottanfall (ME)

N   Nutzstahlverkauf (ME)

G   Gesamtverkauf (ME)

[106 – 117ff.]

Ausbildung – planmäßig organisierter, systematischer Prozeß, in dessen Verlauf den Werktätigen des betreffenden Verantwortungsbereiches die für die jeweilige gesellschaftlich notwendige Tätigkeit die erforderlichen Kenntnisse, Fertigkeiten und Fähigkeiten vermittelt werden.

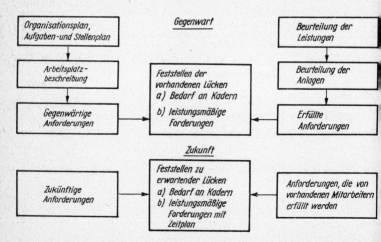

Vereinfachtes Prinzipschema zur Festlegung der gegenwärtigen und künftigen Ausbildungserfordernisse

Vereinfachtes Prinzipschema der durchzuführenden Ausbildung und der Kontrolle ihrer Ergebnisse – ausgehend von den Erfordernissen

[**315** – 126 ff.; **32** – 135 ff.]

Ausfallkosten für automatische Maschinenfließstraßen → Fließfertigung

Ausfallrate → Zuverlässigkeit von Anlagen

Ausgleichpuffer, Fassungsvermögen des → Fließfertigung

Auslandspreisindex, regionaler → Auslandspreisstatistik

Auslandspreisstatistik – statistische Ermittlung der zeitlichen Entwicklung oder des Niveaus eines Auslandspreises für den Export und Import.
In den *kapitalistischen* Ländern werden die Indizes in der Regel als Index der Entwicklung der Durchschnittspreise von einer Basis- zu einer Berichtsperiode für eine Anzahl ausgewählter Positionen berechnet. Meist angewandte Methode:

$$I_{(0,n)} = \frac{\sum p_n q_n}{\sum p_0 q_n}$$

$p_{0,n}$　　Preis je Mengeneinheit in der Basis- bzw. Berichtsperiode
q_n　　Menge der Berichtsperiode

In den *sozialistischen* Ländern werden Indizes auf zeitlicher Basis bei Anwendung des Prinzips des Warenvertreters errechnet. Einheitliche Methode in den RGW-Ländern:

$$I_{(0,n)} = \frac{\sum p_n \cdot q_n}{\sum p_0 \cdot q_n}$$

$p_{0,n}$ Preis je Mengeneinheit in der Basis- und Berichtsperiode
q_n Menge des durch einen Warenvertreter repräsentierten Volumens

Ermittlung des Nenners:

$$\sum_{g=1}^{n} p_{n,g}q_{n,g} : \frac{p_{n,e}}{p_{0,e}} = \sum_{g=1}^{n} p_{0,g}q_{n,g} = p_0 q_n$$

unter der Bedingung, daß $p_{n,e} : p_{0,e}$ für alle Waren in der Gruppe $\sum p_{n,g}q_{n,g}$ gleich ist.

$g = 1, ..., n$ Vertretene Waren (einschließlich des Warenvertreters)
e Warenvertreter

Die Gegenüberstellung individueller Preise ergibt die *Preisniveaukennziffer*:

$$p_N = \frac{p_{kr}}{p_{kw}}$$

p_{kr} Preis der Ware k im Land r
p_{kw} Weltmarktpreis oder vom jeweiligen Land erzielter Durchschnittspreis der Ware k usw.

Die ausgewählten Warenvertreter der zeitlichen Preisindices werden zu einem Index für ausgewählte Waren je Land verdichtet:

$$I_{(w,r)} = \frac{\sum\limits_{k} p_{kr}q_{kr}}{\sum\limits_{k} p_{kw}q_{kr}} \qquad\qquad \text{(Index je Land)}$$

[36 – 215f.]

Der *regionale Auslandspreisindex* P_r (Preisniveaukennziffer des Wirtschaftsgebietes) ist der Quotient aus dem Export- bzw. Importpreis je Ware und Land und dem durchschnittlichen Export- bzw. Importpreis je Wirtschaftsgebiet; der durchschnittliche Export- bzw. Importpreis wird als gewogenes Mittel aller Umsätze einer Ware im Wirtschaftsgebiet errechnet.

$$P_r = \frac{\sum p_1 q_1}{\sum \bar{p} q_1}$$

p_1 Valutapreis im Berichtszeitraum
$\bar{p}$ Durchschnittlicher Valutapreis je Wirtschaftsgebiet im Berichtszeitraum
q_1 Menge im Berichtszeitraum

Die Austauschverhältnisse im Außenhandel auf der Basis internationaler Preise, d. h. die quantitativen Proportionen, zu denen sich die Export- und Importwaren gegeneinander austauschen, werden wie folgt errechnet:

a) Das *regionale Austauschverhältnis*, d. h. der Quotient aus dem Exportverhältnis (gewogener Durchschnitt der regionalen Auslandspreisindizes aller Exportwaren) und Importverhältnis (gewogener Durchschnitt der Auslandspreisindizes aller Importwaren) je Land:

$$AV_r = \frac{\dfrac{\sum p_1 q_1(E)}{\sum \overline{p} q_1(E)}}{\dfrac{\sum p_1 q_1(I)}{\sum \overline{p} q_1(I)}}$$

p_1 Valutapreis im Berichtszeitraum
$\overline{p}$ Durchschnittlicher Valutapreis je Wirtschaftsgebiet im Berichtszeitraum
q_1 Menge im Berichtszeitraum
E, I   Kennzeichnung des Exports bzw. Imports

b) Das *zeitliche Austauschverhältnis*, d. h. der Quotient aus Exportpreisindizes und Importpreisindizes im Berichtszeitraum gegenüber dem Basiszeitraum für den Außenhandel insgesamt sowie für den Handel mit einzelnen Wirtschaftsgebieten und Ländern (terms of trade, trade terms):

$$AV_z = \frac{\dfrac{\sum p_1 q_1(E)}{\sum p_0 q_1(E)}}{\dfrac{\sum p_1 q_1(I)}{\sum p_0 q_1(I)}}$$

$p_{0,1}$ Valutapreis im Basis- bzw. Berichtszeitraum
q_1 Menge im Berichtszeitraum
E,I   Kennzeichnung des Exports bzw. Imports

Exportpreisindex:

$$I_{p(E)} = \frac{\sum p_1 \cdot q_1(E)}{\sum p_0 \cdot q_1(E)}$$

Importpreisindex:

$$I_{p(I)} = \frac{\sum p_1 \cdot q_1(I)}{\sum p_0 \cdot q_1(I)}$$

→ Erzeugerpreisindex Industrie

[330 – 52ff.; 37 – 817]

Auslastung eines Lastkraftwagens, tonnenmäßige – Kennziffer, die im Zusammenhang mit der Bestimmung optimaler Einsatzvarianten des betrieblichen

Fuhrparks und der für dieses Ziel notwendigen optimalen Fahrstrecken für die einzelnen Lastkraftwagen ermittelt wird.

$$Q = \frac{T \cdot v \cdot \beta \cdot q \cdot \gamma}{K_e + t_{st} \cdot v \cdot \beta}$$

T	Einsatzzeit (h)
v	Mittlere Geschwindigkeit (km/h)
q	Nominale Ladefähigkeit (t)
γ	Ausnutzungskoeffizient der Ladefähigkeit
β	Ausnutzungskoeffizient der Strecke
K_e	Mittlere Fahrstrecke mit Last während einer Tour je Lastwagen (km)
t_{st}	Stillstandszeit für Be- und Entladearbeiten während einer Tour (h)

Es sei

$$T \cdot v \cdot g \cdot \gamma = a$$
$$K_e = b$$
$$t_{st} \cdot v = f$$
$$\beta = x,$$

wobei a, b, f = konstant und x das Argument, dann ist Q eine Funktion des Argumentes x:

$$Q = \frac{ax}{b + fx}$$

Ist β → max, so ist auch Q → max.

Da

$$S_Q = \frac{\Sigma Z}{Q}$$

S_Q	Transportkosten je Tonne Fracht (M/t)
ΣZ	Summe der Transportkosten (M),

ist für Q → max jeweils S_Q → min, und für β → max ebenfalls S_Q → min, da ΣZ bei steigendem β langsamer wächst als dieses.

$$\beta = \frac{K_F}{K_{ges}} = \frac{K_F}{K_F + K_L + K_0}$$

K_F	Mit Fracht gefahrene Strecke eines Lastkraftwagens (km)
K_{ges}	Insgesamt gefahrene Strecke eines Lastkraftwagens (km)
K_L	Leerfahrtstrecke eines Lastkraftwagens in der Tour (km)
K_0	An- und Abfahrtstrecke des Lastkraftwagens (km)

Damit ergeben sich folgende Beziehungen:

$$\beta \to max, \text{ wenn a) } K_F \to max; (K_L + K_0) \to min$$
$$\text{b) } K_F \to max; (K_L + K_0) = konstant$$

c) K_F = konstant; $(K_L + K_0) \rightarrow$ min
d) $K_F \rightarrow$ min; $(K_L + K_0) \rightarrow 0$

Die Bedingung d) bestimmt vom transportorganisatorischen Standpunkt (Maximum an Transportleistungen bei minimalen Kosten) die optimale Einsatzvariante des Fuhrparks. Für dieses Ziel sind für die einzelnen Lastkraftwagen optimale Fahrstrecken auszuarbeiten.

[181 – 79 ff.]

Auslastungsgrad der Arbeitsplätze bei Fließfertigung → Fließfertigung

Auslastungsgrad der Maschinen in der Fließfertigung → Fließfertigung

Auslastungsgrad des Maschinenzeitfonds → Maschinenzeitfondsausnutzung, Kennziffern der

Auslastungskoeffizient der Fließstraße → Fließfertigung

Ausnutzung der Anlagen, zeitliche – Kennziffer, die grundsätzlich das Verhältnis zwischen der Zeit, in der die betreffende technische Ausrüstung in Betrieb war, und der Zeit, in der sie hätte in Betrieb sein können, ausdrückt. Die zeitliche Ausnutzung der Anlagen wird je nach dem Zweck der Untersuchung in verschiedenen Varianten ermittelt. Ihre Kenntnis ist für den optimalen Einsatz der vorhandenen technischen Ausrüstungen wichtig.

$$\eta = \frac{T_i}{T_m}$$

T_i Ist-Arbeitszeit (h)
T_m Mögliche Arbeitszeit (h)

Die mögliche Arbeitszeit kann berechnet werden:

a) auf Grund der Kalenderzeit (T_k): 360 Tage mal 24 h = 8640 h je Maschine/a;
b) auf Grund der nominellen Arbeitszeit (T_n): Anzahl der Arbeitstage mal Anzahl der Arbeitsstunden je Tag
c) auf Grund der geplanten Arbeitszeit (T_p): Anzahl der Arbeitstage mal Anzahl der Arbeitsstunden je Tag minus geplanter Prozentsatz der Ausfallzeiten von der Gesamtzahl der ermittelten Stunden.

Ausnutzung der Kalenderzeit der Anlagen

Geplante Ausnutzung der nominellen Arbeitszeit der Anlagen – A_{np}:

$$A_{np} = \frac{T_p}{T_n} \cdot 100 \qquad\qquad [\%]$$

Tatsächliche Ausnutzung der nominellen Arbeitszeit der Anlagen – A_{nt}:

$$A_{nt} = \frac{T_i}{T_n} \cdot 100 \qquad\qquad [\%]$$

Ausnutzung der geplanten Arbeitszeit der Anlagen – A_p:

$$A_p = \frac{T_i}{T_p} \cdot 100 \qquad\qquad [\%]$$

Ausnutzung der Kalenderzeit der Anlagen – A_k:

$$A_k = \frac{T_i}{T_k} \cdot 100$$

$$\frac{T_k - T_i}{T_k} = \frac{T_k - T_n}{T_k} + \frac{T_n - T_p}{T_k} + \frac{T_p - T_i}{T_k} \qquad\qquad [\%]$$

$\dfrac{T_k - T_i}{T_k}$ Anteil der Stillstände durch Sonn- und Feiertage sowie planmäßige und außerplanmäßige Ausfälle

$\dfrac{T_k - T_n}{T_k}$ Anteil der Stillstände durch Sonn- und Feiertage bzw. Nichtausnutzung der vollen Tagesstundenzahl

$\dfrac{T_n - T_p}{T_k}$ Anteil der planmäßigen Ausfälle

$\dfrac{T_p - T_i}{T_k}$ Anteil der außerplanmäßigen Ausfälle

Ausnutzung der Leistung der Anlagen – A_l

a) $\quad A_l = \dfrac{q_i}{q_m} \cdot 100 \qquad\qquad [\%]$

q_i Tatsächliche Leistung der Anlage (ME/h)
q_m Mögliche Leistung der Anlage (ME/h)

b) $\quad A_l = \dfrac{t_m}{t_i} \cdot 100 \qquad\qquad [\%]$

t_m Mögliche Zeit je Mengeneinheit (Maschinenstunden)
t_i Tatsächliche Zeit je Mengeneinheit (Maschinenstunden)

Die mögliche Zeit je ME kann ermittelt werden:

a) nach der von den besten Arbeitern erreichten maximalen Leistung,

b) nach der durchschnittlichen fortschrittlichen Leistung,

c) nach der geplanten Leistung, die um einen bestimmten Prozentsatz über der durchschnittlichen liegt,

d) nach der durchschnittlichen Leistung der Maschine anhand der Ergebnisse aus vorangegangenen Zeiträumen,

e) nach der theoretischen, technisch festgelegten Leistung der Maschine.

Einzelkennziffern zur detaillierten Analyse:

a) Anteil der Maschinenlaufzeit T_l an der Arbeitszeit der Maschine T_a:

$$\frac{T_l}{T_a}$$

b) Anteil der produktiven Maschinenlaufzeit T_{pr} (Maschinenlaufzeit, in der qualitätsgerechte Produktion gefertigt wird) an der Maschinenlaufzeit T_l:

$$\frac{T_{pr}}{T_l}$$

Gesamtausnutzung der Produktionsanlagen – A_g:

$$A_g = \frac{T_l}{T_k} \cdot \frac{T_{pr}}{T_a}$$

T_l Ist-Arbeitszeit der Maschinen (h)

T_k Kalender-Arbeitszeit der Maschinen (h)

T_{pr} Produktive Laufzeit der Maschinen (h)

T_a Arbeitszeit der Maschinen (h)

$$T_a = T_{pr} + T_{ap} + T_{ll}$$

T_{ap} Maschinenlaufzeit, in der Ausschuß produziert wird (h)

T_{ll} Leerlaufzeit der Maschinen (h)

[106 – 49 ff.; siehe ferner: **214** – 40]

Ausnutzung der Investitionsmittel → Investitionsmittel, Ausnutzung der

Ausnutzung der Maschinenstunden, intensive → Produktionsleistung je Maschinenstunde

Ausnutzung der Maschinenzeitfonds → Maschinenzeitfondsausnutzung, Kennziffern der

Ausnutzungsgrad der Arbeitsplätze → Schichtkoeffizient

Ausnutzungsgrad der Arbeitszeit → Arbeitszeit, Ausnutzungsgrad der

Ausschußquote – Verhältnis des Ausschusses zur Gesamtproduktion eines Verantwortungsbereiches in einem bestimmten Produktionszeitraum; Ausdruck der Qualität der Arbeit im betreffenden Bereich, jedoch nicht der Erzeugnisqualität.

a) Mengenmäßige Ausschußquote q_m:

$$q_m = \frac{P_b}{P_g} \cdot 100 \qquad [\%]$$

P_b Beanstandete Produktion (ME)
P_g Gute Produktion (ME)

b) Wertmäßige Ausschußquote q_w:

$$q_w = \frac{S_{pb}}{S_{pg}} \cdot 100 \qquad [\%]$$

S_{pb} Produktionsselbstkosten der beanstandeten Produktion (M)
S_{pg} Produktionsselbstkosten der guten Produktion (M)

c) Quote der Ausschußverluste q_a:

$$q_a = \frac{A_v}{S_{pg}} \cdot 100 \qquad [\%]$$

A_v Ausschußverluste (M)
S_{pg} Produktionsselbstkosten der guten Produktion (M)

[105 – 106f.]

Außenstand → Forderung

Außenwirtschaftstätigkeit des Betriebes bzw. Kombinates – in engem Wechselverhältnis zur zentralen staatlichen Planung und Leitung der Außenwirtschaftsprozesse vollzogene eigenverantwortliche Wirtschaftstätigkeit der Betriebe oder Kombinate im Rahmen der internationalen Arbeitsteilung, vor allem mit den sozialistischen Ländern und den RGW-Ländern im Prozeß der internationalen sozialistischen ökonomischen Integration. Dabei stehen folgende Hauptaufgaben im Vordergrund:

1. Einbeziehung der Erfordernisse des Weltmarktes und der Außenwirtschaftstätigkeit in den betrieblichen Reproduktionsprozeß;
2. größte außenwirtschaftliche Aktivität der Kombinate und Betriebe;
3. enge arbeitsteilige und kooperative Beziehungen der Kombinate und Betriebe mit den Außenhandelsbetrieben.

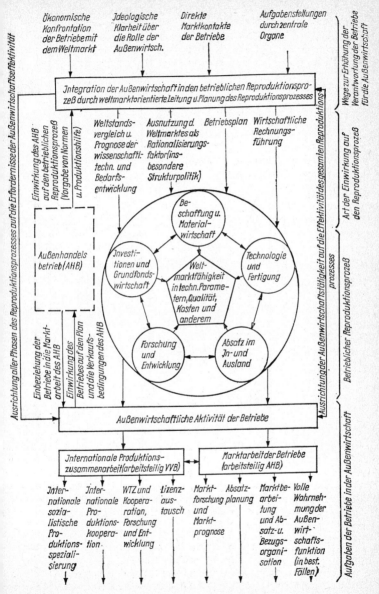

Wechselbeziehungen zwischen Produktionsbetrieb und Außenwirtschaft [**100** – 1971 ff.]

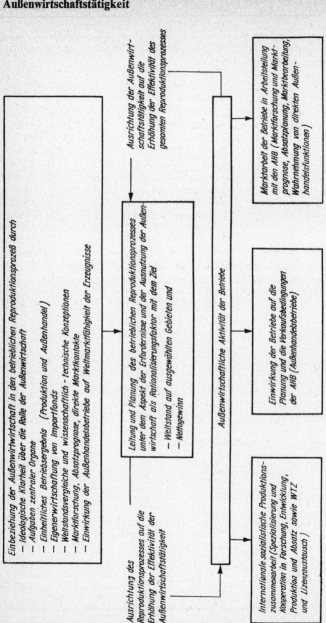

Einbeziehung der Außenwirtschaft in den betrieblichen Reproduktionsprozeß durch

- Ideologische Klarheit über die Rolle der Außenwirtschaft
- Aufgaben zentraler Organe
- Einheitliches Betriebsergebnis (Produktion und Außenhandel)
- Eigenerwirtschaftung von Importfonds
- Weltstandsvergleiche und wissenschaftlich - technische Konzeptionen
- Marktforschung, Absatzprognose, direkte Marktkontakte
- Einwirkung der Außenhandelsbetriebe auf Weltmarktfähigkeit der Erzeugnisse

Ausrichtung der Außenwirtschaftstätigkeit auf die Erhöhung der Effektivität des gesamten Reproduktionsprozesses

Leitung und Planung des betrieblichen Reproduktionsprozesses unter dem Aspekt der Erfordernisse und der Ausnutzung der Außenwirtschaft als Rationalisierungsfaktor mit dem Ziel

- Weltstand auf ausgewählten Gebieten und
- Nettogewinn

Ausrichtung des Reproduktionsprozesses auf die Erhöhung der Effektivität der Außenwirtschaftstätigkeit

Außenwirtschaftliche Aktivität der Betriebe

Internationale sozialistische Produktionszusammenarbeit (Spezialisierung und Kooperation in Forschung, Entwicklung, Produktion und Absatz sowie WTZ und Lizenzaustausch)

Einwirkung der Betriebe auf die Planung und die Verkaufsbedingungen der AHB (Außenhandelsbetriebe)

Marktarbeit der Betriebe in Arbeitsteilung mit den AHB (Marktforschung und Marktprognose, Absatzplanung, Marktbearbeitung, Wahrnehmung von direkten Außenhandelsfunktionen)

[197 – 2 f.]

Die Rolle der Außenwirtschaft im betrieblichen Reproduktionsprozeß

*Bei der Einbeziehung der Außenwirtschaft in den betrieblichen Reproduktions-
prozeß* als Ausdruck der erhöhten Verantwortung der volkseigenen Betriebe
und Kombinate sind zwei Hauptaufgaben zu lösen:

1. Ausgehend von zentralen Entscheidungen müssen sich die Betriebe kon-
sequent darauf orientieren, den wissenschaftlich-technischen Höchststand bei
bestimmten festgelegten Erzeugnissen zu erreichen und mitzubestimmen und
dabei die Möglichkeiten und Erfordernisse der Außenwirtschaftsbeziehungen,
insbesondere zur Sowjetunion und den anderen sozialistischen Staaten, zu
einem wesentlichen Ausgangspunkt der betrieblichen Planung zu machen. Das
schließt eine aktive Einschaltung der Betriebe in die nationale und internationale
Forschungs- und Produktionskooperation ein. Auf lange Sicht bietet dies die
Grundlage, die Außenwirtschaftsbeziehungen für die Rationalisierung des
betrieblichen Reproduktionsprozesses, insbesondere für eine kostengünstige
Fertigung und eine planmäßige Erhöhung des betrieblichen Nettogewinns, auszunutzen.

2. Die aktive Teilnahme der Betriebe an der Marktbearbeitung ist zu sichern.
Die Konzentration auf devisenrentable Erzeugnisse setzt voraus, daß die
Betriebe unter Berücksichtigung rationeller arbeitsteiliger Beziehungen zu den
Außenhandelsbetrieben selbst aktive Marktarbeit leisten, vor allem in bezug
auf den Auf- und Ausbau der → Marktforschung, des → Kundendienstes, der
Werbung sowie einer konkurrenzfähigen Absatzorganisation.

Aussonderung von Grundmitteln – Maßnahme, gerichtet auf das Ausscheiden
von Grundmitteln aus dem Arbeits- und Wertbildungsprozeß in ihrer Funktion als Grundmittel, verbunden mit wesentlichen ökonomischen Wirkungen
auf den Aussonderungsbereich (Abteilung, Betrieb, Kombinat, Zweig) und
auf die ausgesonderten Grundmittel selbst.

Aussonderungsgrad (Aussonderungskoeffizient)

a) Allgemeiner Aussonderungsgrad A_a:

$$A_a = \frac{AV}{GV}$$

AV   Aussonderungsvolumen (M)
GV   Grundmittelvolumen (durchschnittlicher Grundmittelbestand zum
      Bruttowert) im betreffenden Zeitraum (M)

$$GV = \frac{G_a + G_e}{2} \qquad\qquad [M]$$

G_a Anfangsbestand an Grundmitteln im Zeitraum (M)
G_e Endbestand an Grundmitteln im Zeitraum (M)

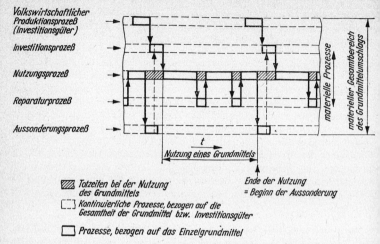

Balkenflußdiagramm des materiellen Grundmittelumschlags einschließlich Aussonderung (Prinzipschema)

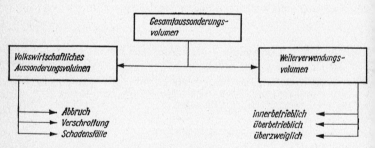

Schema der Zusammensetzung des Aussonderungsvolumens

Da im Verlauf *kürzerer Zeiträume* (beispielsweise eines Jahres) in der Regel nur Grundmittel ausgesondert werden, die bereits zu Beginn des Zeitraumes vorhanden waren, gilt hierfür vereinfacht:

$$A_a = \frac{AV}{G_a}$$

b) Volkswirtschaftlicher Aussonderungsgrad A_v:

$$A_v = \frac{AV_v}{GV}$$

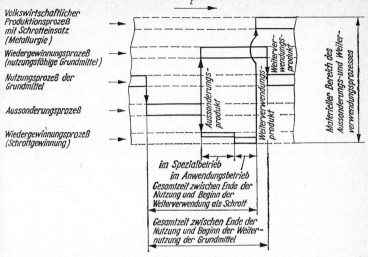

Balkenflußdiagramm des Aussonderungs-Wiedergewinnungsprozesses (Prinzipschema)

AV$_v$ Volkswirtschaftliches Aussonderungsvolumen (Abbrüche, Verschrot·
tungen) (M)

Aussonderungsvolumen AV:

$$AV = AV_v + AV_w$$

AV$_w$ Weiterverwendungsvolumen (innerbetriebliche, überbetriebliche und
überzweigliche Weiterverwendung ausgesonderter Grundmittel)

Weiterverwendungsgrad ausgesonderter Grundmittel A_w:

$$A_w = \frac{AV_w}{GV}$$

In Prozent ausgedrückt erhält man jeweils die *Aussonderungsquote* bzw.
Weiterverwendungsquote.

[230 – 17 ff., 31 ff.]

Es sei der Aufwand eines Erzeugnisses $k_{i,j}$ mittels eines Ausrüstungswertes j_1
gegeben. Die Aussonderung eines moralisch verschlissenen Ausrüstungsteils
ist ökonomisch gerechtfertigt, sobald die Industriezweig- bzw. betriebs-
typischen Rentabilitätserfordernisse nicht unterschritten werden. Dafür gilt
die Bedingung:

$$\frac{Q(k_{i,j1} - k_{i,j2})}{A_{u2} + A_{u1} \text{ (Restwert)}} \geqq E_k$$

Q   Jahresproduktion (ME)
A_u Einmaliger Aufwand (M)
$k_{i,j}$ Kosten für das Erzeugnis i bei Benutzung der Ausrüstung j

Werden die moralisch verschlissenen Teile nicht über den Ersatzfonds abgelöst, so ergeben sich aus j_2 für $k_{i,j2}$ modifizierte Erzeugniskosten $k'_{i,j2}$:

$$k'_{i,j2} = \frac{K_{i,j2} + Z_{i,j2} + Kr_{i,j2}}{\Sigma\, i_2}$$

$k'_{i,j2}$ Modifizierte Kosten für das Erzeugnis i über Arbeitsmittel j
$K_{i,j}$ Kosten für alle Erzeugnisse i über Arbeitsmittel j
$Z_{i,j}$ Durchschnittliche Zinsbelastung für alle Erzeugnisse i aus Arbeitsmittel j
$Kr_{i,j}$ Durchschnittliche Belastung aus Kreditrückzahlung für alle Erzeugnisse i aus Arbeitsmittel j

[104 – 72f.]

Aussonderungsgrad → Aussonderung von Grundmitteln

Aussonderungsquote → Aussonderung von Grundmitteln

Aussonderungsvolumen → Aussonderung von Grundmitteln

Ausstattung der Arbeit, energetische – Verhältnis zwischen der installierten Leistung bzw. der verbrauchten Energie in einem Produktionsbereich zur Anzahl der dort tätigen Arbeitskräfte.

$$e_A = \frac{E}{A} \qquad\qquad [kW/Ak;\ kWh/Ak]$$

E   Installierte Leistung (kW) bzw. verbrauchte Energie (kWh)
A   Anzahl der Arbeitskräfte

Die Kennziffer kW/Ak charakterisiert lediglich die potentielle energetische Ausstattung. Dagegen bringt die Kennziffer kWh/Ak (unter bestimmten Voraussetzungen) die tatsächlich ausgenutzte energetische Ausstattung zum Ausdruck. Zwischen der energetischen Ausstattung der Arbeit und der Arbeitsproduktivität gibt es enge Wechselbeziehungen. Das gleiche gilt für die Beleuchtungsstärke (→ Beleuchtungsstärke, mittlere, in Räumen).

[144 – 109ff.]

Ausstattung der Arbeit, technische – Verhältnis des Umfangs der aufgewandten technischen Mittel zum Aufwand an Arbeit. Die Grundbeziehung lautet:

$$t_A = \frac{T}{A}$$

T   Umfang der angewandten technischen Mittel (M)
A   Arbeitsaufwand (h)

Der technischen Ausstattung der Arbeit entspricht im wertmäßigen Ausdruck die *Fondsausstattung* der Arbeit:

$$f_L = \frac{F}{L}$$

F   Vom Arbeiter in Bewegung gesetzte Produktionsfonds (M)
L   Lohnfonds (M)

Es gilt die Beziehung:

$$f'_L < t'_A$$

t_L Index der Entwicklung der Fondsausstattung
f'_A Index der Entwicklung der technischen Ausstattung der Arbeit

Das heißt, die Fondsausstattung wächst im Prinzip langsamer als die technische Ausstattung der Arbeit.

Eine weitere Kennziffer, die die technische Ausstattung der Arbeit widerspiegelt, ist die *organische Zusammensetzung der Fonds*:

$$c_v = \frac{c}{v}$$

c   Anteil der vergegenständlichten Arbeit am Wert des Produkts (M)
v   Anteil der lebendigen Arbeit am Wert des Produkts (M)

Der wesentlichste Teil der Fondsausstattung ist die *Grundfondsausstattung*:

$$g_A = \frac{G}{A}$$

G   Grundfonds
A   Arbeit

Es gibt verschiedene Varianten dieser Kennziffer. Beispielsweise können verwendet werden:

Für G:

Laufende Preise	G_{LW}
Feste Vergleichspreise	G_{FW}
Mengen	G_{NA}
Anhand des Gebrauchswerts korrigierte Mengen- oder Festpreisreihen	G_q

Für A:

Anzahl der Arbeitskräfte	A_B

Anzahl der Produktionsarbeiter A_{PA}
Lohnsummen L

Es können in der Praxis folgende Relationen auftreten:

$G'_{FW} > G'_{LW}$ Bei zunehmender Verbilligung der Arbeitsmittel durch Steigerung der Produktivität in den Herstellerbetrieben

$G'_q > G'_{LW} > G'_{FW}$ Bei Qualitätsverbesserung der Arbeitsmittel

[144 – 37 ff.]

Ausstoßvermögen der Fließstrecke → Fließfertigung

Austauschverhältnisse im Außenhandel → Auslandspreisstatistik

Auswahl, geschichtete ⇢ Stichprobe

Auswahl, uneingeschränkte → Stichprobe

Auswahlsatz → Stichprobe

Automatisierungseffekt – Verhältnis des wirtschaftlichen Nutzens der Automatisierung eines Prozesses, Bereiches oder einer Maschine zu dem mit der Automatisierung verbundenen Aufwand. Der Automatisierungseffekt wird in verschiedenen Kennziffern gemessen, zum Beispiel:

a) Nutzeffekt des Ausstoßes je 1 M Investitionskosten:

$$N = \frac{A}{K}$$

A   Projektierter Ausstoß im Jahr (ME, M)
K   Investitionskosten (M)

b) Rentabilität der Investition:

$$R = \frac{R_E}{K}$$

R_E Jährliches Reineinkommen (M)

[36 – 250]

Automatisierungsgrad – Kennziffer zur Messung des Anteils der Automatisierung in Produktionsprozessen. Es gibt im Prinzip drei Grundvarianten des Automatisierungsgrades:

a) Automatisierungsgrad auf Zeitbasis:

$$A_Z = \frac{t_{aut}}{t_N} \cdot 100 \qquad [\%]$$

t_{aut} Zeitaufwand für automatisierte Arbeiten (h)
T_N Technisch begründete Normzeit (Gesamtzeitaufwand) (h)

b) Automatisierungsgrad der Produktion:

$$A_P = \frac{Q_{aut}}{Q_{ges}} \cdot 100 \qquad [\%]$$

Q_{aut} Erzeugnismenge aus automatisierter Produktion (ME, M)
Q_{ges} Erzeugnismenge aus der Gesamtproduktion (ME, M)

c) Automatisierungsgrad der Arbeit:

$$A_A = \frac{A_{aut}}{A_{ges}} \cdot 100 \qquad [\%]$$

A_{aut} Anzahl der Arbeitskräfte, die automatisierte Arbeitsgänge verrichten
A_{ges} Gesamtzahl der Arbeitskräfte

Sinngemäß wird auch der *Mechanisierungsgrad* in diesen drei Varianten berechnet.

[36 – 250; analog Mechanisierungsgrad: 37 – 169]

B

Bankbeziehungen des Betriebes – Beziehungen des Betriebes (Kombinates) zur Industrie- und Handelsbank der DDR, die sozialistische *Geschäftsbeziehungen* zu den Betrieben entwickelt, den planmäßigen Verlauf ihres *Reproduktionsprozesses* kontrolliert und durch eine aktive *Kreditpolitik* die Erfüllung der (kurz- und langfristigen) betrieblichen Planaufgaben fördert und sichert. Die Industrie- und Handelsbank hat entsprechend den Prinzipien der durchgängigen Finanzierung und Kontrolle des Reproduktionsprozesses in den Betrieben – die Aufgaben der ehemaligen Deutschen Notenbank (als Kreditierungs- und Kontrollorgan für Industrie, Handel und Verkehr im Bereich der Umlaufmittel, des Zahlungsverkehrs und der Rationalisierung) sowie der Deutschen Investitionsbank (als Finanzierungs- und Kontrollorgan für Investitionen der Industrie, des Handels und des Verkehrs sowie als Spezialbank für das Bauwesen) übernommen. Die Industriebankfilialen sind für die Geschäftsbeziehungen zur VVB (Zentrale) bzw. zu den Großkombinaten verantwortlich, Kreisfilialen unterhalten die unmittelbaren Geschäftsbeziehungen zu den Betrieben. Das Prinzipschema der Geschäftsabwicklung zeigt die Abbildung auf S. 114.

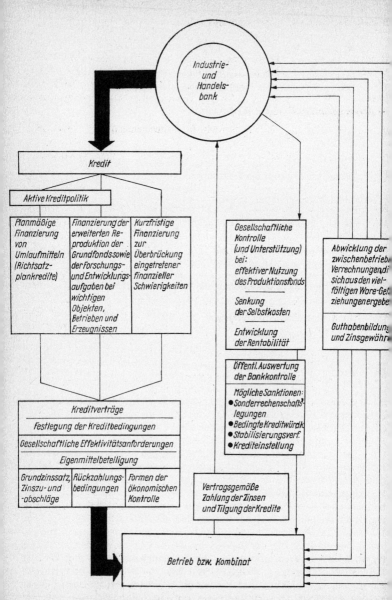

Die Beziehungen zwischen Bank und Betrieb   [**36** – 952, 772, 1171; **341** – 5/29]

Barwert der Zeitrente → Rentenrechnung

Bauabgabepreis- bzw. Baupreisindex – Kennziffer, die die durchschnittlichen Veränderungen der Bauabgabepreise bzw. Baupreise fertiggestellter Bauwerke von Zeitraum zu Zeitraum, gemessen an der Struktur der Fertigprodukte im Basis- bzw. Berichtszeitraum, ausdrückt. Die Berechnung erfolgt analog zum → Index der Industrieabgabe bzw. Betriebspreise, wobei

p   Bauabgabepreis bzw. Baupreis je Naturaleinheit (m^2 Nutzfläche, m^3 umbauter Raum usw.)

q   Menge von Fertigerzeugnissen der Bauwirtschaft in Naturaleinheiten

[330 – 50]

Baugruppenaustauschreparatur – Methode der Arbeitsorganisation in Reparaturwesen und Instandhaltung, die auch hier den Übergang zur Serienfertigung ermöglicht. Bei dieser Methode werden verschlissene Teile oder Baugruppen komplett ausgebaut und sofort gegen regenerierte ersetzt. Dadurch wird die Stillstandszeit der betreffenden Maschinen im Prinzip auf die Dauer der Montagearbeiten reduziert. Die verschlissenen Teile bzw. Baugruppen können gesammelt und serienmäßig aufgearbeitet werden.

Die durch Verminderung der Stillstandszeiten und serienmäßige Aufarbeitung zu erzielenden Einsparungen müssen größer sein als der zusätzliche Aufwand für Beschaffung und Lagerung der Ersatzbaugruppen. Daher gilt die Kostenbeziehung:

$$(N_u - U_c)\, m > (t_c - t_n)\, A$$

N_u Stillstandszeit bei üblicher Reparatur (Tage)
U_c Stillstandszeit bei Austauschreparatur (Tage)
m   Verlust je Stillstandstag (M)
t_c Lagerzeit der Ersatzbaugruppen (Tage)
t_n Richttage für Umlaufmittel im Betrieb (Tage)
A   Preis der zu lagernden Ersatzbaugruppen (M)

$$t_c = \frac{T}{N}$$

T   Kalendertage je Jahr
N   Anzahl der Reparaturen bei Maschinen gleichen Typs

[189 – 95 f.]

Bayessche Entscheidungsfunktionen – Funktionen, die jedem möglichen Wert der Entscheidungsveränderlichen x einen bestimmten Verlust s zuordnen. s(x, p) bedeutet, daß der Verlust abhängig ist von einem Parameter p mit bekannter Wahrscheinlichkeitsverteilung. Nach der Festlegung der möglichen Zusammensetzung der Probe werden alle möglichen Entscheidungsfunktionen bestimmt, wobei jeder möglichen Zusammensetzung ein bestimmter Wert der Entscheidungsveränderlichen zugeordnet wird.

$$x = h_i(b)$$

h_i Entscheidungsfunktion
b   Probe

Jeder Entscheidungsfunktion h_i ist ein gewisser erwarteter Verlust s_i zugeordnet. Als optimale Entscheidungsfunktion wird eine solche ausgewählt, für die der erwartete Verlust s_i am geringsten ist. Die so ausgewählte Funktion wird (optimale) Bayessche Entscheidungsfunktion genannt.

Beispiel

Eine Urne enthält 100 Kugeln zweier Arten: weiße und schwarze. Es ist bekannt, daß der Anteilkoeffizient der weißen Kugeln, d. h. das Verhältnis der Anzahl der weißen Kugeln zur Gesamtzahl der Kugeln in der Urne, eine von drei Zahlen sein kann: 0,25, 0,50 oder 0,75. Weiterhin ist die Wahrscheinlichkeit bekannt, mit der die Urne einen der drei genannten Anteile weißer Kugeln enthält.

$$P(p = 0,25) = 0,1$$
$$P(p = 0,5) \ = 0,4$$
$$P(p = 0,75) = 0,5$$

P   Wahrscheinlichkeit

Wird die Zusammensetzung der Kugeln nicht untersucht, dann ist zu entscheiden, welche Anzahl weißer Kugeln zusätzlich benötigt wird, damit die Gesamtzahl der weißen Kugeln in der Urne (plus zusätzliche Kugeln) 75 beträgt. Bei den zusätzlich vorbereiteten Kugeln steht eine begrenzte Auswahl zur Verfügung und zwar 0; 20; 40 oder 60. Verluste entstehen nur, wenn die Anzahl der weißen Kugeln ≤ 75 ist. Die zusätzlich vorbereiteten Kugeln werden als Entscheidungsveränderliche x bezeichnet.

x \ p	0,25		0,50		0,75	
0	25		50		75	
		100		50		0
20	45		70		95	
		60		10		20
40	65		90		115	
		20		15		40
60	85		110		135	
		10		35		60

Wäre der Wert des Parameters p bekannt, dann wäre auch die Bestimmung einer optimalen Entscheidung einfach, da in der Urne 100 Kugeln enthalten sind. Zum Beispiel: p = 25, d. h. x = 60. In diesem Fall läge ein *determiniertes Modell* vor.

Ist p eine Losveränderliche mit einer bekannten Verteilung, so erhält man ein *probabilistisches Modell*. Es ist der Verlust auszurechnen, der jeder Entscheidung entspricht. Die optimale Entscheidung liegt beim geringsten Verlust.

$x = 0$ $100 \cdot 0,1 + 50 \cdot 0,4 + 0 \cdot 0,5 = 30$

$x = 20$ $60 \cdot 0,1 + 10 \cdot 0,4 + 20 \cdot 0,5 = 20$ geringster Verlust

$x = 40$ $20 \cdot 0,1 + 15 \cdot 0,4 + 40 \cdot 0,5 = 28$

$x = 60$ $10 \cdot 0,1 + 35 \cdot 0,4 + 60 \cdot 0,5 = 45$

Statistisches Modell:

Wenn nun die Möglichkeit gegeben wird, vor der Entscheidung eine Probe (Stichprobe) zu entnehmen, so kann man Schlußfolgerungen auf die Größe des Parameters p ziehen. Das Problem reduziert sich auf die Frage, welche Entscheidung den einzelnen Proben zugeordnet wird, und damit auf das Finden der optimalen Entscheidungsfunktion.

Zum Beispiel: Probe mit 4 Kugeln

a) 0 weiße   4 schwarze

b) 1 weiße   3 schwarze

c) 2 weiße   2 schwarze

d) 3 weiße   1 schwarze

e) 4 weiße   0 schwarze

$n^k = 4^5 = 1024$ Entscheidungen

b_i Probe

$i = 0, 1, 2, 3, 4$ weiße Kugeln

Probe h_i	b_0	b_1	b_2	b_3	b_4
h_1	0	0	0	0	0
h_2	20	20	20	20	20
h_3	60	40	40	20	0
h_4	40	40	20	20	0
h_5	60	40	40	20	20
h_6	0	20	40	60	60
$\vdots$	$\vdots$	$\vdots$	$\vdots$	$\vdots$	$\vdots$
h_{1024}	60	60	60	60	60

Bei der Annahme einer Entscheidungsfunktion muß untersucht werden, welche Konsequenzen die Errechnung der Wahrscheinlichkeit für das Erhalten der verschiedenen Proben in Abhängigkeit vom Parameter p nach sich zieht. Die Wahrscheinlichkeit wird nach der Bernoullischen → Verteilung berechnet.

Zum Beispiel:

$$P(b_i|0,25) = \binom{4}{i} \cdot 0,25^i (1 - 0,25)^{4-i}$$

Die Wahrscheinlichkeit kann man aus speziellen Tabellen der Binomialverteilung (→ Verteilung) entnehmen.

Es sind die Wahrscheinlichkeiten auszurechnen, eine der möglichen Proben in Abhängigkeit vom Wert des Parameters p zu erhalten. Mit den Wahrscheinlichkeiten können die Verluste in Verbindung mit der einen oder anderen Entscheidungsfunktion ermittelt werden.

Wahrscheinlichkeit der einzelnen möglichen Proben

p $\diagdown$ b_i	0,25	0,50	0,75
b_0	0,3164	0,0625	0,0039
b_1	0,4219	0,2500	0,0469
b_2	0,2109	0,3750	0,2109
b_3	0,0469	0,2500	0,4219
b_4	0,0039	0,0625	0,3164

Berechnung der Verluste für die Entscheidungsfunktion h_3

Annahme p = 0,25. Es ergeben sich folgende Wahrscheinlichkeiten:

$$P(x = 60) = 0,3164$$
$$P(x = 40) = 0,4219 + 0,2109 = 0,6328$$
$$P(x = 20) = 0,0469$$
$$P(x = 0) = 0,0039$$

Der erwartete Verlust s_3 beträgt:

$$s_3(0,25) = 10 \cdot 0,3164 + 20 \cdot 0,6328 + 60 \cdot 0,0469 + 100 \cdot 0,0039$$
$$= 18,824$$

Ähnlich wird auch bei der Berechnung der anderen Verluste herangegangen.

Damit ergibt sich folgende Tabelle:

p $\diagdown$ h_i	h_3	h_1	h_2	h_4	h_5
0,25	18,824	100	60	30,624	18,868
0,5	17,4875	50	10	14,0625	14,6875
0,75	19,004	0	20	14,688	25,3120

Da der Parameter p eine durch folgende Wahrscheinlichkeit bestimmte Losgröße ist:

$$P(p = 0,25) = 0,1$$
$$P(p = 0,50) = 0,4$$
$$P(p = 0,75) = 0,5,$$

kann man schon jetzt jeder möglichen Entscheidungsfunktion einen erwarteten Verlust zuschreiben, ohne für jede der 1024 möglichen Entscheidungsfunktionen die erwarteten Verluste auszurechnen:

$$s_3(h_3) = 18,8240 \cdot 0,1 + 17,4875 \cdot 0,4 + 19,004 \cdot 0,5 = 18,3794$$
$$s_1(h_1) = 100 \cdot 0,1 + 50 \cdot 0,4 + 0 \cdot 0,5 = 30$$
$$s_2(h_2) = 60 \cdot 0,1 + 10 \cdot 0,4 + 20 \cdot 0,5 = 20$$

Als optimal ist die Funktion anzusehen, für die der erwartete Verlust am niedrigsten ist.

[261 – 245 ff.]

Bearbeitungsdauer → Durchlaufzeit

Bearbeitungszeitaufwand je Erzeugnis – der innerhalb einer Losgröße bzw. Serie auf ein Stück entfallende Zeitaufwand.

$$T_b = t_s + \frac{t_A}{L}$$

t_s Stückzeit (min)
t_A Vorbereitungs- und Abschlußzeit (min)
L   Wirtschaftliche Losgröße (Stück)

[146 – 19]

Bedarf an Produktionsfonds → Produktionsfondseffektivität

Bedarf an Fertigungsmitteln – der für einen bestimmten Planzeitraum für die gegebene Erzeugnisgruppe zu ermittelnde Bedarf an Fertigungsmitteln (Vorrichtungen, Werkzeuge und Lehren – VWL), der einen kontinuierlichen Produktionsablauf gewährleistet.

$$B_{Fl} = P_l \cdot K_l \cdot k_l \cdot s_l \cdot r_l \qquad\qquad [M]$$

B_F Bedarf an Fertigungsmitteln für die Erzeugnisgruppe (M)
P   Bruttoproduktion der Erzeugnisgruppe zu Betriebspreisen (M)
K   Koeffizient der für die Erzeugnisgruppe insgesamt benötigten Fertigungsmittel
k   Koeffizient der für eine Erzeugnisgruppe neu benötigten Fertigungsmittel

s   Senkungsfaktor für den Übergang zu höheren Fertigungsarten und für die Einengung des Sortiments in der Hauptproduktion

r   Steigerungsfaktor für die Erhöhung des Kompliziertheitsgrades der Erzeugnisse

i   Zeichen für die i-te Erzeugnisgruppe

[9 – 190]

Bedarfsvorhersage mit Exponential Smoothing – Vorhersage des Einzelteil- und Baugruppenbedarfs nach Methoden der exponentiellen Glättung. Als Verbraucher sind alle Stellen anzusehen, die Einzelteile und Baugruppen vom Lager beziehen; als Zulieferer fungieren alle Stellen, die das Lager beliefern. Man geht hierbei von der Annahme aus, daß die Regelmäßigkeit im Ablauf der bisherigen Entwicklung sich auch in Zukunft fortsetzen wird. Der vorhergesagte Bedarf für den Planabschnitt n ergibt sich aus:

$$\overline{B}_n = \overline{B}_{n-1} + \alpha(B_n - \overline{B}_{n-1}) \quad \text{mit} \quad 0 < \alpha < 1$$

B   Effektiver Bedarf (ME oder Wert)

α Reaktionsparameter oder Glättungskonstante

n   Planabschnitt (Tage)

α ist eine Funktion der Zahl der bisher beobachteten Nachfragedaten, d. h. eine Zahl, die die Anpassung des Mittelwertes an die jüngste Nachfrage bewirkt. Kleine Werte von α machen die Bedarfsvorhersage „träge", zu große Werte reagieren „nervös" auf zufällige Schwankungen.

→ Bestellpunkt, wirtschaftlicher

[49 – 21 ff.]

Bedienungsgrad, mittlerer → Warteschlangenproblem

Bedienungsproblem – Aufgabenstellung aus dem Gebiet der Bedienungstheorie, einem Anwendungsgebiet der Wahrscheinlichkeitsrechnung, in dem die Funktion von Bedienungssystemen untersucht wird. Die Lösung eines Bedienungsproblems besteht in der Herleitung von Relationen zwischen den ein Bedienungssystem charakterisierenden Parametern. Die Kenntnis dieser Relationen gestattet eine bestimmte Regelung des Bedienungssystems, indem die Parameter entsprechend verändert werden. Der einfachste Fall eines Bedienungsproblems ist die → Mehrmaschinenbedienung. Allgemein gilt:

a) Verteilung der Ankünfte:

$$p_k = P(X = k) = \frac{(a \cdot t)^k}{k!} \cdot e^{-at} \quad k = 0, 1, 2, \ldots$$

t   Länge des Zeitraumes (d, h)

a   Proportionalitätsfaktor; gibt an, wieviel Einheiten durchschnittlich je Zeiteinheit ankommen

X   Zufallsveränderliche; gibt an, wieviel Ankünfte im Zeitraum t erfolgen

Die Anzahl der Ankünfte während des Zeitraumes der Länge t gehorcht einer Poissonverteilung (→ Verteilung) mit dem Parameter a · t,

$$f(t) = a \cdot e^{-at}$$

f(t)   Wahrscheinlichkeitsdichtefunktion

Die Zeiten, die von einer Ankunft bis zur nächsten verstreichen (Zwischenankunftszeiten), unterliegen einer Exponentialverteilung (→ Verteilung).

b) Verteilung der Bedienungszeit:

Für die Wahrscheinlichkeiten

$$p_k = P(X = k) \qquad k = 0, 1, 2 \ldots$$

erhält man zunächst ein zeitabhängiges Verhalten, das heißt

$$p_k = p_k^{(t)}.$$

Später gehen die Wahrscheinlichkeiten asymptotisch in konstante Werte p_k über.

c) Auswertung der Ergebnisse aus Gleichungssystemen für den Ausdruck der Wahrscheinlichkeiten:

$$p_k = r^k(1 - r)$$

r   Quotient zur Berechnung der Wahrscheinlichkeit

$$r = \frac{a}{b}$$

a   Ausfallrate

b   Bedienungsrate

$$m = \frac{r}{1 - r}$$

m   Mittelwert der in dem System befindlichen Einheiten

[**36** – 290f.; **113a** – 18ff.]

Bedienungsrate → Krankapazität, optimale

Bedienungszeit → Krankapazität, optimale

Bedienungszeit, mittlere → Warteschlangenproblem

Befehlsabarbeitung → Datenverarbeitung

Beitragsmethode – Methode der linearen Optimierung zur Ermittlung des Effekts neuer Produktionsverfahren in bestehenden ökonomischen Systemen (Betrieb, Kombinat, Kooperationsbereich). Im Gegensatz zur *Vergleichsmethode*, die auf der Berechnung von zwei sich nicht wesentlich unterscheidenden linearen Optimierungsmodellen beruht, wobei in das eine das neue Produktionsverfahren aufgenommen wird und in das andere nicht, wird bei der Beitragsmethode das neue Produktionsverfahren – wie alle im zu untersuchenden System vorhandenen Verfahren – in das Modell aufgenommen, aber durch eine programmtechnische Maßnahme bzw. durch bestimmte Formulierungen im Modell nicht zur Auswahl zugelassen.

a) Realer Beitrag – B_r:

$$B_r = \pm B_u + B_z - B_e$$

oder

$$B_r = B_u - B_z - B_e$$

wobei $B_u \gtreqless 0$, $B_z \lesseqgtr 0$, $B_e \geqq 0$

B_u Ursprünglicher Beitrag
B_z Zusätzlicher Beitrag
B_e Entgangener Beitrag

b) Realer Umfang benötigter, beschränkt verfügbarer Produktivkräfte des neu einzuführenden Produktionsverfahrens je technische Einheit (Bezugsbasis) – P_r:

$$P_r = P_u - P_e + P_z$$

P_u Ursprünglich benötigter Umfang von Produktivkräften je technische Einheit des neuen Verfahrens
P_e Freigesetzte Produktivkräfte durch Einschränkung von Produktionsverfahren
P_z Zusätzlich benötigte Produktivkräfte für Ausdehnung oder Neuaufbau von Produktionsverfahren

c) Verdrängungsumfang – D:

$$D = \frac{a_{lk}}{a_{lg}}$$

a_{lk}, a_{lg} Produktivkrafteinheiten der Art l, die das neue Verfahren k bzw. der Zweig g je technische Einheit benötigen.

D gibt die Verdrängung des Zweiges g durch das neue Verfahren k an.

[46 – 1818 ff.]

Belastungsgrad – Inanspruchnahme des verfügbaren Maschinenzeit- und Arbeitszeitfonds einzelner Abteilungen, Abschnitte oder Maschinengruppen entsprechend der zeitlichen Verteilung des Arbeitsaufwandes für die Erzeugnisse.

$$B = n \cdot \frac{t}{t'_D} \qquad \text{[h/Monat]}$$

n   Produktionsvolumen (ME)
t   Arbeitszeitaufwand je Mengeneinheit (h/ME)
t'_D Technologische Durchlaufzeit (z. B. Monate)

[36 – 298]

Beleuchtungsstärke – Quotient aus Lichtmenge bzw. Lichtstrom, gemessen in Lumen (lm), und der beleuchteten Fläche, gemessen in Quadratmetern (m²). Die gesetzliche Einheit ist das Lux (lx). $1\,lx = 1\,lm/m^2$. (→ Tafel der gesetzlichen Einheiten, Seite 1075). Richtige Beleuchtungsstärke ist ein Kriterium für den optimal gestalteten Arbeitsplatz und hat nicht zu unterschätzenden Einfluß auf die → Arbeitsproduktivität.

Für praktische Maßnahmen ist die Ermittlung der *mittleren Beleuchtungsstärke* E_m in Räumen (bei künstlichem Licht) von Bedeutung:

a) Bei regelmäßiger Anordnung der Leuchten im Raum oder in Raumzonen, ohne Eck- und Randwerte:

$$E_m = \frac{\sum\limits_{i-1}^{n} E_i}{n},$$

unter der Bedingung, daß $n \geqq 9$.

E_i Beleuchtungsstärke-Werte laut Abbildung
n   Anzahl der Meßpunkte

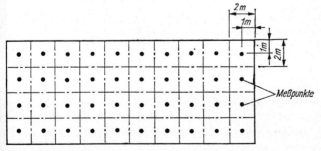

Meßpunkte bei regelmäßiger Anordnung, ohne Eck- und Randpunkte

b) Bei regelmäßiger Anordnung in den Raumzonen, unter Einbeziehung der Meßwerte an Ecken und Rändern:

$$E_m = \frac{1/4 \, \Sigma \, \text{Eckwerte} + 1/2 \, \Sigma \, \text{Randwerte} + \Sigma \, \text{Innenwerte}}{\text{Anzahl der Teilfelder}}$$

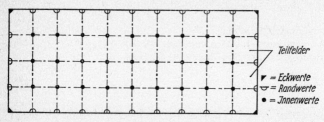

Meßpunkte bei regelmäßiger Anordnung, einschließlich der Eck- und Randpunkte

c) Bei bandförmiger Anordnung der Leuchten im Raum:
Es gilt die unter a) dargestellte Formel. Die Meßwerte sind auf den Meßlinien A, B und C aufzunehmen (siehe unten). Der 1. Meßpunkt befindet sich 1 m von der Wandfläche. Der Abstand aller nachfolgenden Meßpunkte beträgt ebenfalls ≤ 1 m. Je Meßlinie sind mindestens 9 Meßpunkte aufzunehmen. Der letzte Meßpunkt muß wieder 1 m von der Wandfläche entfernt sein.

Ist die Länge l des Lichtbandes $\dfrac{l \cdot \cos \alpha}{h_N} > 4$, braucht nur auf Meßlinie C gemessen zu werden.

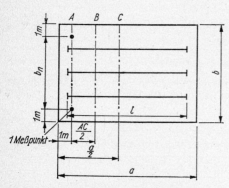

Meßpunkte bei bandförmiger Anordnung

[343 – 3 ff.; vgl. auch: **290a** – 273 ff.]

Erforderliche Beleuchtungsstärken:

Straßen und Plätze	2 ... 10 lx
Grobe Arbeiten	60 lx

Mittelfeine Arbeiten	120 lx
Lesen und Schreiben	250 lx
Technisches Zeichnen	250 ... 600 lx

Zum Vergleich:

Sonnenlicht im Sommer	etwa	100000 lx
Nachtlicht bei Vollmond	etwa	0,2 lx
Nachtlicht bei mondloser klarer Nacht	etwa	0,0003 lx

[204 – 188]

Benutzungsfähigkeit von Neuerungen, Quote der → Neuerungen, Quote der Benutzungsfähigkeit von

Beobachtungen, Anzahl der notwendigen → Multimomentverfahren

Bereich, kritischer → Test, statistischer

Bereichsgrenzen → Kontrollkarten

Bernouillische Verteilung → Verteilung

Beschäftigtengrad → Beschäftigungsgrad

Beschäftigtengruppe, *Beschäftigtenkategorie* – Untergliederung (Gruppierung) der Arbeiter und Angestellten nach ihrer durch die Arbeitsteilung im Betrieb bedingten Stellung. (Vgl. Abbildung auf S. 126.)

Beschäftigtenkategorie → Beschäftigtengruppe

Beschäftigungsgrad, *Beschäftigtengrad* – Kennziffer, die den Grad der Nutzung des gesellschaftlichen Arbeitsvermögens durch Berufstätigkeit sowie Aus- und Weiterbildung ausdrückt. Je nach dem Zweck der Untersuchung werden verschiedene Beschäftigungsgrade ermittelt:

a) Beschäftigungsgrad der arbeitsfähigen Bevölkerung:

$$B = \frac{Ber + Ler}{Bev_a}$$

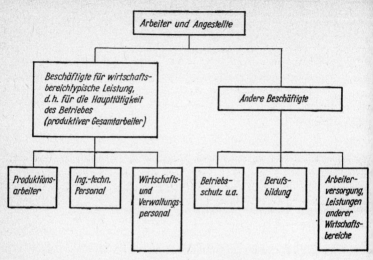

Gliederung der Arbeiter und Angestellten in Beschäftigtengruppen

[54 – 23; 32 – 161]

Ber   Berufstätige gesamt
Ler   Lernende der arbeitsfähigen Bevölkerung gesamt
Bev_a Arbeitsfähige Bevölkerung gesamt

b) Beschäftigungsgrad der Bevölkerung im arbeitsfähigen Alter (z. B. für die weibliche Bevölkerung):

$$B = \frac{Ber_w + Ler_w}{Bev_{aw}}$$

Ber_w Weibliche Berufstätige im arbeitsfähigen Alter
Ler_w Weibliche Lernende im arbeitsfähigen Alter
Bev_{aw} Weibliche Bevölkerung im arbeitsfähigen Alter

c) Weitere Beschäftigungsgrade für spezielle Untersuchungen, z. B.:

Beschäftigungsgrad der Wohnbevölkerung:

$$B = \frac{Ber + Ler}{Bev_w}$$

Bev_w Wohnbevölkerung

Altersspezifische Beschäftigungsgrade:

$$B = \frac{Ber_{AG}}{Bev_{AG}}$$

Ber_{AG} Berufstätige einer bestimmten Altersgruppe
Bev_{AG} Bevölkerung in der betreffenden Altersgruppe

Anhand dieser volkswirtschaftlich orientierten Kennziffern können für den jeweiligen Betrieb Vergleiche angestellt und bestimmte Maßnahmen abgeleitet werden.

[333 – 26f.]

Besetzungsgrad des Apparates – Verhältnis des durchschnittlichen Arbeitszeitaufwandes für die Durchführung der Arbeitsverrichtungen zur durchschnittlichen Betriebszeit plus der durchschnittlichen Zeit für technologisch bedingte Unterbrechungen an einem Apparat.

$$B_{AP} = \frac{t_{AV}}{t_B + t_{Ut}} \cdot 100 \qquad\qquad [\%]$$

t_{AV} Durchschnittlicher Arbeitszeitaufwand eines Arbeiters für die Durchführung der Arbeitsverrichtungen an dem Apparat (min)
t_B Durchschnittliche Betriebszeit des Apparates (min)
t_{Ut} Durchschnittliche Dauer der technologisch bedingten Unterbrechungen des Apparates (min)

Bei gleichzeitiger Ausführung der Arbeitsverrichtungen durch mehrere Arbeiter muß die Zeit für die Arbeitsverrichtungen, die von mehreren Arbeitern ausgeführt werden, durch die Anzahl der beteiligten Arbeiter dividiert und das Ergebnis in den Zähler der Formel eingefügt werden.

$$B_{Ap} = \frac{t_{AV} + \dfrac{t_{AV}}{AK_{AV}}}{t_B + t_{Ut}} \cdot 100 \qquad\qquad [\%]$$

AK_{AV} Anzahl der an den Arbeitsverrichtungen beteiligten Arbeitskräfte

Der Besetzungsgrad ist also davon abhängig, wie lange ein Apparat für die Durchführung einer bestimmten Operation benutzt wird und von welcher Dauer die dabei zu verrichtenden Arbeiten sind.

[2 – 28f.]

Besetzungsnorm – Variante der technisch begründeten → Arbeitsnorm, berechnet nach der Anzahl der für ein Arbeitsmittel (einen Apparat) oder einen Produktions- bzw. Verwaltungsbereich in der Arbeits- bzw. Schichtzeit oder in der Einsatzzeit des betreffenden Arbeitsmittels erforderlichen Arbeitskräfte einer vorherbestimmten Qualifikation. Die Besetzungsnorm drückt den ökonomisch optimalen Aufwand an lebendiger Arbeit für die Ausführung der betreffenden Arbeit oder Operation aus und kann entsprechend den herrschenden Bedingungen nach verschiedenen Gesichtspunkten und in verschiedenen Varianten berechnet werden.

1. *Besetzungsnorm für einen Apparat* – BN_{Ap}

a) Auf Basis von Zeitnormativen für einzelne Arbeitsverrichtungen:

$$BN_{Ap} = \frac{\sum\limits_{i=1}^{m} (t_{AV} \cdot AK_{AV} \cdot AV_H)_i + t_{0AV}}{t_S - t_{UP} - t_{Uu}} \qquad [AK]$$

$$i = 1, 2, 3, ..., m$$

m	Anzahl der verschiedenartigen Arbeitsverrichtungen je Schicht
t_{AV}	Durchschnittlicher Arbeitszeitaufwand für die einmalige Durchführung der Arbeitsverrichtung (ein oder mehrere Arbeiter) (min)
AK_{AV}	Anzahl der Arbeitskräfte je Verrichtung (Pers.)
AV_H	Häufigkeit der jeweiligen Arbeitsverrichtung
t_{0AV}	Zeit für übrige Verrichtungen (min)
t_S	Stückzeit (min)
t_{UP}	Pausen für Erholung und natürliche Bedürfnisse (min)
t_{Uu}	Vom Arbeiter unabhängige Unterbrechungszeit (min)

b) Auf Basis von Kennzahlen der Arbeitstagausnutzung:

$$BN_{Ap} = \frac{\sum\limits_{i=1}^{n} t_{Ai} + \sum\limits_{i=1}^{n} t_{Gi} + \sum\limits_{i=1}^{n} t_{Hi} + \sum\limits_{i=1}^{n} t_{Wi}}{t_S - t_{UP} - t_{Uu}}$$

$$i = 1, 2, 3, ..., n$$

n	Anzahl der Zeitanteile mehrerer Arbeiter am gleichen Apparat oder im gleichen Arbeitsbereich
t_A	Vorbereitungs- und Abschlußzeit (min)
t_G	Grundzeit (min)
t_H	Hilfszeit (min)
t_W	Wartungszeit (min)

c) Unter Berücksichtigung, wieviel Arbeitskräfte für die jeweiligen Arbeitsverrichtungen benötigt werden:

$$BN_{Ap} = \frac{\sum\limits_{i=1}^{m} (t_{AV} \cdot AK_{AV} \cdot AV_H)_i + Z_{tUP}}{t_{Bt} + t_{Lt} + t_{Ut}}$$

Z_{tUP} Anteiliger Zeitzuschlag für Erholung und persönliche Bedürfnisse (min)

$$Z_{tUP} - \sum\limits_{i=1}^{m} (t_{AV} \quad AK_{AV} \cdot AV_H)_i \cdot K$$

K Koeffizient des Schichtzuschlages für Erholung und persönliche Bedürfnisse

$$K = \frac{t_{UP}}{t_S - t_{UP}}$$

t_{Bt} Technologische Betriebszeit des Apparates (min)

t_{Lt} Technologische Leerlaufzeit des Apparates (min)

t_{Ut} Durchschnittliche Dauer der technologisch bedingten Unterbrechungen des Apparates (min)

2. Besetzungsnorm für einen Arbeitsbereich – BN_{AB}

a) Auf Basis von Apparatebesetzungsnormen: (wie 1a)

b) Auf Basis von Kennzahlen der Arbeitszeitausnutzung: (wie 1b)

c) Auf Basis von technisch-wirtschaftlichen Kennzahlen:

$$BN_{AB} = \frac{\sum (t_{AV} \cdot AK_{AV} \cdot n)}{t_S - t_{UP}}$$

n   Anzahl der Arbeitsstellen, an denen in einer Schicht gearbeitet werden muß.

3. Besetzungsnorm für eine Produktionsstätte – BN_{PS}

$$BN_{PS} = \sum_{i=1}^{k} AK_{AB}$$

$$i = 1, 2, 3, ..., k$$

k   Anzahl der Arbeitsbereiche

AK_{AB} Anzahl der Arbeitskräfte je Arbeitsbereich

[2 – 127 ff.]

Ermittlung der Arbeitskräfteanzahl einer Produktionsstätte auf Grundlage der Besetzungsnorm

Erster Schritt:

$$Z_A = \left(1 - \frac{AZ_{mögl}}{AZ_{nom}}\right) \cdot 100 \qquad [\%]$$

Z_A Faktor für die zu planenden Ausfallzeiten (%)

$AZ_{mögl}$ Mögliche Arbeitszeit eines Arbeiters (h)

AZ_{nom} Nominelle Arbeitszeit eines Arbeiters (h)

Zweiter Schritt:

$$AK_{pl} = \frac{BN_{w1} + BN_{w2} + BN_{w3} + BN_T}{100 - Z_{MA}}$$

AK_{pl} Zu planende Arbeitskräfte für ununterbrochenen Schichtbetrieb (Pers.)

BN_w Besetzungsnormen der Wechselschichten

BN_T Besetzungsnorm der Tagesschicht

Z_{MA} Gewogenes arithmetisches Mittel der Ausfallzeiten der Produktionsabschnitte einer Produktionsstätte (h)

Bei durchgängigem Schichtbetrieb:

$$AK_{pl} = \frac{(BN_{w1} + BN_{w2} + BN_{w3}) \cdot K + BN_T}{100 - Z_{MA}} \cdot 100$$

K Faktor entsprechend dem jeweiligen Arbeitszeitregime

$$K = \frac{ZB_{Anl}}{AZ_{nom} \cdot 3}$$

ZB_{Anl} Zeitliche Besetzung der Anlage im Jahr (h)
AZ_{nom} Nominelle Arbeitszeit eines Arbeiters (h)

[**2** – 139 ff.]

4. Kostengünstigste Besetzungsnorm für spezialisierte Reparaturprozesse

Die Zielfunktion lautet:

$$K_W + K_L \rightarrow Min!$$

K_W Kosten der Werkstatt
K_L Kosten der Lagerwirtschaft

$$K_W = (l_k \cdot A_k \cdot t + a_k) n \qquad\qquad [M]$$

l_k Lohnstundensatz je Arbeitskraft
A_k Anzahl der Arbeitskräfte je Reparaturkollektiv
t Zeitliche Bezugsbasis der Optimierung, z. B. Schicht, Tag usw.
a_k Abschreibungskosten der je Reparaturkollektiv benötigten Arbeitsmittel in der Werkstatt je Zeiteinheit
n Anzahl der eingesetzten Reparaturkollektive

$$K_L = (L_k + P) \cdot (m + r)$$

L_k Lagerkosten je Arbeitsmittel und Zeiteinheit
P Produktionsfondsabgabe je Arbeitsmittel und Zeiteinheit als Ausdruck der Umlaufmittelbindung
m Anzahl der durchschnittlichen „vor" der Werkstatt auf Reparatur wartenden Arbeitsmittel
r Erforderliche Anzahl der Arbeitsmittel im Pufferlager „hinter" der Werkstatt

Somit lautet die obengenannte Zielfunktion:

$$[(l_k \cdot A_k \cdot t + a_k) n] + [(L_k + P) \cdot (m + r)] \rightarrow Min!$$

Als Besetzungsnorm wird eine solche Arbeitskräftezahl festgelegt, die dieser Zielfunktion genügt.

Die nachfolgende Abbildung zeigt die Bereiche für die jeweils kostengünstigste Kanalzahl n (Anzahl der Reparaturkollektive).

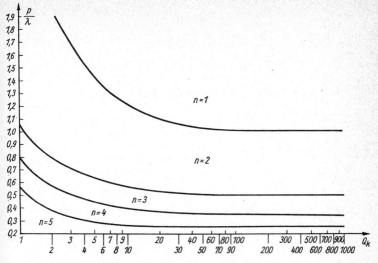

Bereiche für die kostengünstigste Anzahl von Reparaturkanälen

Q_k Kostenverhältnis

$\dfrac{\mu}{\lambda}$ Verhältnis von Reparaturrate μ zur Ankunftsrate λ

$$Q_k = \frac{Ak \cdot l_k \cdot t + a_k}{L_k + P}$$

Besetzungsnorm:

$$BN = Ak \cdot n$$

[194 – 330 ff.]

5. Besetzungsnorm für Verwaltungsbereiche

a) Ermittlung nach Regressionsgleichungen. Beispiel aus der Braunkohlen-industrie:

$$BN = 17{,}038 + 0{,}0245 \cdot x_1 + 0{,}0000824 x_2^2 \qquad \text{[AK]}$$

x_1 Geplante Anzahl der Produktionsarbeiter
x_2 Geplantes Grundmittelvolumen (Bruttowert) (Mill. M)

b) Ermittlung mit Hilfe analytisch-experimenteller Verfahren:

$$BN = \frac{\sum\limits_{i=1}^{m}(H_{AV_i} \cdot t_{AV_i})}{AZ - t_E} \qquad \text{[AK]}$$

m   Art und Anzahl der je Arbeitstag auszuführenden verschiedenartigen Arbeitsverrichtungen

H_{AV_i} Häufigkeit des Anfalls gleichartiger Arbeitsverrichtungen je Arbeitstag

t_{AV_i} Zeitaufwand je verschiedenartige Arbeitsverrichtung (min)

AZ   Nominelle Arbeitszeit einer Arbeitskraft je Tag (min)

t_E Zeit für natürliche Bedürfnisse und arbeitsbedingte Erholungspausen je Arbeitskraft und Tag (min)

Weitere Möglichkeiten zur Ermittlung von Besetzungsnormen in produktionsvorbereitenden Bereichen siehe Literaturquelle.

[4 – 711 ff.]

Bestand an Forderungen, durchschnittlicher → Forderung

Bestand an Produktionsvorräten, mittlerer → Produktionsvorrat

Bestand an unvollendeter Produktion → Produktion, unvollendete

Bestand an Verbindlichkeiten, durchschnittlicher → Verbindlichkeit

Bestandsabnahme, Koeffizient der – Kennziffer, die den der Bedarfsentwicklung entsprechenden Bestandsabbau während der Verbrauchsdauer der Lose ausdrückt. Sie beträgt bei konstantem Verbrauch je Zeiteinheit:

$$v' = \frac{L - L_v}{2L} = 0,5 - \frac{L_v}{2L}$$

L   Losgröße (ME)

L_v Verbrauchslosgröße (ME)

Ist der Quotient $\frac{L_v}{2L}$ sehr klein, so folgt $v' = 0,5$.

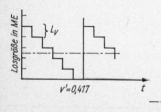 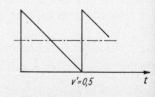

Beispiele differenzierter Verbrauchsabnahme und Ermittlung des Koeffizienten v′

Die mittlere Umlaufmittelbindung während der Verbrauchsdauer beträgt
somit:

$$U_m = B_{max} \cdot v'$$

B_{max} Maximale Bestandshöhe (M)

[168 – 77 f.]

Bestandskorrekturzuschlag – in der Planung von Durchschnittsvorratsnormen
angewandter Zuschlagsprozentsatz, der den gesetzmäßigen Unterschied
zwischen dem einfachen und gewogenen Bestandsmittel der laufenden Vorräte
ausgleicht. Mit dem Bestandskorrekturzuschlag wird unter der Bedingung
eines gleichmäßigen Entnahmeverlaufs das einfache arithmetische Mittel A_e
zum gewogenen arithmetischen Mittel A_g der laufenden Vorräte umgebildet
(erhöht):

$$A_e + \mu v = A_g$$

oder: $\dfrac{Lm}{2} + \mu v + Mv = Vrn$

Eine weitere Möglichkeit ist die Umrechnung mit dem → Korrekturkoeffizien-
ten der laufenden Vorräte.

Der Bestandskorrekturzuschlag als Zuschlagsprozentsatz und als Koeffizient

Relatives quadratisches Streuungsmaß der Lieferzyklen	Zuschlagsprozentsatz auf Basis $\dfrac{Lm}{2}$	auf Basis $\dfrac{Lm}{1}$	Koeffizient von $\dfrac{Lm}{2}$
(%)	(%)	(%)	(k)
5	0,25	0,125	1,0025
10	1,00	0,500	1,0100
15	2,25	1,125	1,0225
20	4,00	2,000	1,0400
25	6,25	3,125	1,0625
30	9,00	4,500	1,0900
35	12,25	6,125	1,1225
40	16,00	8,000	1,1600
45	20,25	10,125	1,2025
50	25,00	12,500	1,2500
55	30,25	15,125	1,3025
60	36,00	18,000	1,3600
65	42,25	21,125	1,4225
70	49,00	24,500	1,4900
75	56,25	28,125	1,5625
80	64,00	32,000	1,6400
85	72,25	36,125	1,7225
90	81,00	40,500	1,8100
95	90,25	45,125	1,9025
100	100,00	50,000	2,0000

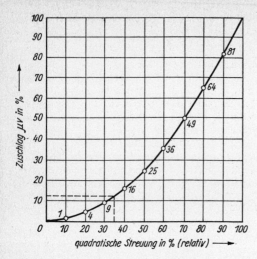

Entwicklung des Bestandskorrekturzuschlags μv

→ Vorratsnorm

[85 – 47 ff.]

Bestandsrelationen, optimale – optimales Verhältnis der jeweils im Betrieb vorhandenen Materialbestände, das eine geringstmögliche Umlaufmittelbindung gewährleistet und damit starken Einfluß auf die Selbstkostensenkung ausübt. Die Ermittlung optimaler Bestandsrelationen ist darüber hinaus auch unter anderen Gesichtspunkten äußerst bedeutsam, z. B. für die Bestimmung optimaler Lagerkapazitäten. Im folgenden ist ein mögliches Verfahren zur Ermittlung optimaler Bestandsrelationen dargestellt.

Verwendete Symbole:

s_i Anzahl der Schichten, in denen das Fertigerzeugnis i hergestellt wird

m_j Vorhandene Menge der Materialart j(t)

a_{ij} Verbrauch der Materialart j für das Fertigerzeugnis i in einer Schichtproduktion (t)

b_j Anlieferungsmenge der Materialart j (t/ZE)

v_j Wert der Anlieferungsmenge der Materialart j (M/ZE)

f   Durchschnittlicher Wert der ausgelieferten Fertigerzeugnisse je Schicht (M/ZE)

T   Planungszeitraum mit r Intervallen (Zeit – beliebig)

t   Zeitpunkte im Planungszeitraum T

w_i Betriebskostensatz einer Schichtproduktion des i-ten Erzeugnisses je Schicht (M/ZE)

w_t Höhe der bis zur Stufe k im Betrieb lagernden Bestände (M/ZE)
w_0 Gesamtwert der im Betrieb bereits lagernden Bestände bei $t = 0$
          (Anfangsbestand)

Der *Anfangsbestand* w_0 umfaßt alle jene Materialien mit den Anlieferungs-
mengen b_j, für die die Summe der Anlieferungswerte v_j zur Herstellung eines
der i Fertigerzeugnisse für eine Schicht ein Minimum annimmt.
Ist i^* das Fertigerzeugnis, für das der Gesamteinkaufswert für die dazugehöri-
gen j Materialien ein Minimum ist, dann gilt allgemein:

$$w_0 = \min_i \sum_j v_{j(i)} = \sum_{j^*} v_{j^*(i^*)},$$

$v_{j(i)} > 0$ für die j, die zu i gehören,
$v_{j(i)} = 0$ für die j, die nicht zu i gehören.

Im weiteren werden nur Fertigerzeugnisse betrachtet, für die $s_i > 0$ ist.
Ist $t = t_k$ und der Bestand an j-tem Material am Anfang des Zeitpunktes (t_k)
gleich $m_j^{(t_k)}$, dann ist

$$m_j^{(t_k)} - \sum_i a_{ij} = c_{j(i)}^{(t_k)}.$$

$c_{j(i)}^{(t_k)}$ Bestand des j-ten Materials am Ende der Schicht t_k

Ist $c_{j(i)}^{(t_k)}$

    $< a_{ij}$, besteht Mangel an j-tem Material

    $\geqq a_{ij}$, besteht kein Mangel an j-tem Material

Somit muß bei $c_{j(i)}^{(t_k)} < a_{ij}$ die Materialart j in Höhe von b_j angeliefert werden.
Folglich ist b_j

    > 0 für $c_{j(i)}^{(t_k)} < a_{ij}$

    $= 0$ für $c_{j(i)}^{(t_k)} \geqq a_{ij}$

Damit ergibt sich für die Schicht t_k ein bestimmter Wertzuwachs, der sich
aus dem Wert des angelieferten Materials v_j und dem Wert des Fertigerzeug-
nisses w_i zusammensetzt:

$$w_i^{(t_k)} + \sum_j v_{j(i)}^{(t_k)}$$

Gesucht wird das i', für das gilt:

$$w_{i'}^{(t_k)} + \sum_j v_{j(i')}^{(t_k)} = \min_i \left(w_i^{(t_k)} + \sum_j v_{j(i)}^{(t_k)} \right)$$

Der Wert der in der Zeit t_k vom Lager gehenden durchschnittlichen Aus-
lieferungsmenge sei f. Dann beträgt der im Betrieb lagernde Gesamtwert am
Ende der Zeit t_k:

$$w_{t_k} = w_{t_{k-1}} + w_i^{(t_k)} + \sum_j v_{j(i)}^{(t_k)} - f$$

Für die durchschnittliche Umlaufmittelbindung über den Planzeitraum T
gilt:

$$\overline{F}_\emptyset = \frac{1}{r} \sum_{\lambda=1}^{n} F_\lambda$$

F_λ Umlaufmittelbindung für das jeweilige Intervall λ

Die Umlaufmittelbindung über den gesamten Planzeitraum nimmt ein Minimum an.

[56 – 1146 ff.]

Bestandswirtschaft → Materialwirtschaft

Bestellmenge, optimale → Liefermenge, optimale

Bestellpunkt, wirtschaftlicher – jener Zeitpunkt für die Aufgabe einer neuen Materialbestellung, der unter Berücksichtigung der vorhandenen → Produktionsvorräte, des Bedarfs sowie der Durchlauf- und Dispositionszeiten der Lose eine minimale Umlaufmittelbindung gewährleistet.

a) Bei bekanntem Bedarf:

$$BP = (DZD + t_D) \cdot \frac{B}{t}$$

b) Bei vorhergesagtem Bedarf:

$$BP = (DZD + t_D) \cdot \frac{\overline{B}}{t_v}$$

DZD   Direkte Durchlaufzeit eines Loses
t_D Dispositionszeit je Los
t_v Vorhersagezeit (Planabschnitte)
B   Effektiver Bedarf
$\overline{B}$ Vorhergesagter Bedarf

c) Unter Einbeziehung eines Sicherheitsbestandes SB, der Vorhersage-ungenauigkeiten abfangen soll:

$$BP = (DZD + t_D) \cdot \frac{\overline{B}}{t_v} + SB$$

$$SB = k \cdot MAD$$

k   Sicherheitsfaktor
MAD   Mittlere absolute Abweichung

$$MAD = \frac{1}{n} \sum_{i=1}^{n} |B_i - \overline{B}_i|$$

n   Anzahl der Beobachtungen

Vorhergesagte MAD mittels der Methode der exponentiellen Glättung:

$$MAD_n = MAD_{n-1} + \alpha(|B_n - \bar{B}_{n-1}| - MAD_{n-1})$$

d) Gleitender Bestellpunkt mit gleitendem Sicherheitsabstand für den Planabschnitt n:

$$BP_n = (DZD + t_D) \cdot \frac{1}{t_v} \cdot [\bar{B}_{n-1} + \alpha(B_n - \bar{B}_{n-1})]$$

$$+ k[MAD_{n-1} + \alpha(|B_n - \bar{B}_{n-1}| - MAD_{n-1})]$$

α Glättungsfaktor

Rechnerisches Kriterium für das Auslösen eines Sollauftrages:

$$BP \geq LD_n$$

Tatsächliches Kriterium für das Auslösen eines Sollauftrages:

$$LD_n - BP_n \leq VZ_{UPA}$$

VZ_{UPA} Vorhersagezeit der Bestellpunktunterschreitung
LD_n Disponibler Lagerbestand im Planabschnitt n

[49 – 22f.]

Bestimmtheitsmaß – Kennziffer zur Messung der Streuung des Zusammenhangs; ihr Wert kann zwischen 1 und 0 liegen (totale Abhängigkeit bis totale Unabhängigkeit der betrachteten Größen). Das Bestimmtheitsmaß wird in der Korrelationsanalyse angewandt.

$$B = 1 - \frac{\sum\limits_{i=1}^{n} [y_i - f(x_i)]^2}{\sum\limits_{i=1}^{n} (y_i - \bar{y})^2}$$

Das *Unbestimmtheitsmaß* ist:

$$U = 1 - B$$

y_i Empirische Werte der Wirkungserscheinung
$f(x_i)$ Regressionswerte
$\bar{y}$ Durchschnitt der y_i-Werte

[36 – 320, 1142f.]

Betriebsabrechnung → Kostenrechnung

Betriebsarten von Rechnern → Prozeßrechnersystem

Betriebsbuchführung → Kostenrechnung

Betriebsergebnis → Ergebnis des Betriebes, einheitliches finanzielles

Betriebskosten automatischer Maschinenfließreihen – die mit dem Betrieb automatischer Maschinenfließreihen verbundenen Gesamtkosten. Da die Produktivität automatischer Maschinenfließreihen gegenüber Einzelmaschinen – bedingt durch die Überlagerung der Grundzeiten und die Automatisierung der Hilfsarbeiten – wesentlich höher ist, Abschreibungs- und andere Kosten aber ebenfalls steigen, wird die Auslastung dieser Maschinensysteme zum entscheidenden Wirtschaftlichkeitskriterium. Zwischen den Betriebskosten, den Ausfallkosten und den Produktionsselbstkosten automatischer Maschinenfließreihen herrschen folgende Beziehungen:

a) Betriebskosten – k_b:

$$k_b = k_L + k_A + k_I + kp + k_W + k_E + k_{RG} \qquad \text{[M/min]}$$

k_L Lohnkosten (M/min)
k_A Abschreibungskosten (M/min)
k_I Instandhaltungskosten (M/min)
kp Platzkosten (M/min)
k_W Werkzeugkosten (M/min)
k_E Energiekosten (M/min)
k_{RG} Restgemeinkosten (M/min)

b) Ausfallkosten – k_a:

$$k_a = k_L + k_A + k_P + k_{RG} \qquad \text{[M/min]}$$

c) Produktionsselbstkosten – K_S:

$$K_S = \frac{AZF_t}{n_t} [\eta_{ges} \cdot k_b + (1 - \eta_{ges}) k_a] + K_M \qquad \text{[M/Stück]}$$

AZF   Nomineller Arbeitszeitfonds im Bezugszeitraum t (min)
n_t Gefertigte Stückzahl im Bezugszeitraum t (Stück)
η_{ges} Auslastungskoeffizient
K_M Materialkosten (M/Stück)

Untersuchungen ergaben folgende Mittelwerte der Auslastung:

Ausfälle infolge Werkzeugwechsels $\nu_{WZW} \approx 7\%$
Ausfälle infolge Wartung $\nu_W \approx 10\%$
Sonstige Ausfälle aus anderen Gründen $\nu_{WA} \approx 15–20\%$
Mittlerer Auslastungskoeffizient $\eta_m \approx 60–70\%$

[91 – 564f.]

Betriebsmittelkoeffizient → Fertigungsmittelkoeffizient

Betriebssoziologie, marxistisch-leninistische – Teildisziplin der marxistisch-leninistischen Soziologie, die die Wirkung der Arbeit oder der mit der Arbeit

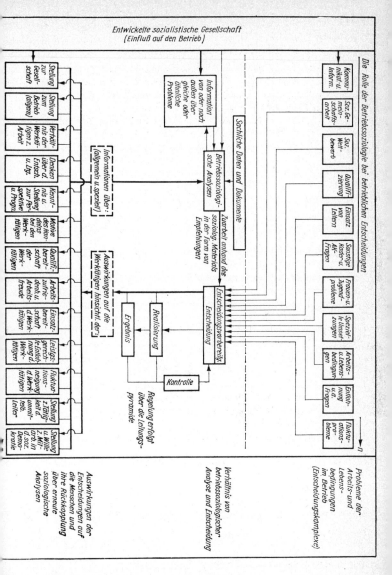

Die Rolle der Betriebssoziologie bei betrieblichen Entscheidungen

zusammenhängenden Probleme auf die Werktätigen hinsichtlich ihrer Einstellungen, Interessen, Motive und ihres Handelns im sozialistischen Betrieb erforscht, um sozialistische Verhaltensweisen herauszubilden und die Leitungstätigkeit ständig verbessern zu helfen.

[48 – 23]

Betriebsstruktur → Organisationsstruktur des Industriebetriebes

Betrieb und Bank → Bankbeziehungen des Betriebes

Betriebsverbrauch → Materialeinsatz, spezifischer

Bezugskosten, gesamte → Vorratsoptimierung

Bilanz, buchhalterische – stichtagbezogene, zweiseitig geführte wertmäßige Rechnung, in der die materiellen und finanziellen Mittel in ihrer gebrauchswertmäßigen Zusammensetzung ihren Quellen gegenübergestellt werden. Die Summe der Aktiva (linke Seite) muß nach der Zusammensetzung und der Funktion im Reproduktionsprozeß mit der Summe der Passiva (rechte Seite) nach der Herkunft der Mittel (Finanzierungsquellen) übereinstimmen.
Die Bilanz muß mindestens folgende Gruppen differenziert zum Ausdruck bringen:

Aktiva	Passiva
Grundmittel mit ihrem Bruttowert, Verschleiß und Nettowert	Eigene und fremde finanzielle Fonds
Umlaufmittel	Posten der Rechnungsabgrenzung
Posten der Rechnungsabgrenzung	Gewinn
Verlust	Verluststützung
Gewinnverwendung	

[330 – 24]

Bilanz des Arbeitszeitfonds und des Arbeitszeitaufwands → Arbeitszeitfonds/Arbeitszeitaufwand – Bilanz

Binomialstreuung → Verteilung

Binomialverteilung → Verteilung

Blockschaltbild, kybernetisches – graphisches dynamisches strukturorientiertes Modell, mit dessen Hilfe komplizierte organisatorische Sachverhalte konzentriert, präzise und anschaulich dargestellt werden können. Kybernetische Blockschaltbilder werden für die Erarbeitung organisatorischer Projekte zunehmend genutzt. Auch für die Einsatzvorbereitung der elektronischen Datenverarbeitung haben sie große Bedeutung. Mit ihrer Hilfe können organisatorische Sachverhalte leicht überschaubar gemacht und unter verschiedenartigen kybernetischen Aspekten betrachtet werden.

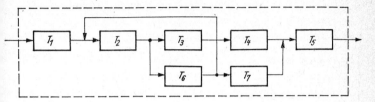

Beispiel eines Blockschaltbildes

Dieses Blockschaltbild stellt ein kybernetisches System dar, das aus den sieben Teilsystemen T1 ... T7 besteht. Jedes Teilsystem hat den Charakter eines Black-box (schwarzer Kasten); sie sind zum Teil in mehrfacher Weise miteinander verknüpft. Der Output (Ausgang) eines jeden Black-box bildet gleichzeitig den Input (Eingang) für einen anderen oder für mehrere Black-boxes (wobei der Output von T5 den Anschluß zu einem anderen kybernetischen System herstellt, das in dem Beispiel nicht dargestellt ist). Umgekehrt ist der Input eines jeden Black-boxes gleichzeitig Output eines anderen oder mehrerer anderer Black-boxes (und der Input T1 ist gleichzeitig Output eines anderen, in diesem Beispiel ebenfalls nicht dargestellten kybernetischen Systems).

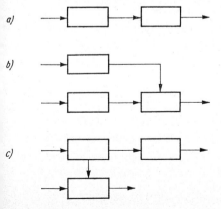

Grundschaltung von Aktivitäten

Fall 1: Verknüpfung, bei der der Output einer Aktivität gleichzeitig der Input einer einzigen folgenden Aktivität ist.

Fall 2: Die Outputs zweier vorgeschalteter Aktivitäten sind die Inputs einer folgenden Aktivität.

Fall 3: Eine Aktivität hat zwei Outputs, die gleichzeitig Inputs zweier nachgeschalteter Aktivitäten sind.

In dynamischen Organisationssystemen kommt es häufig vor, daß die Inputs einer Aktivität den Outputs einer ganzen Anzahl vorgeschalteter Aktivitäten entsprechen (Grundschema 2) oder eine Aktivität mehr als zwei Outputs besitzt, die in mehr als zwei nachgeschaltete Aktivitäten als Inputs eingehen (Grundschema 3).

[80a – 12, 43 ff.]

Bausteine von Blockschaltbildern

Grundaktivitäten

1	2
3	
4	5

Symbol für Grundaktivitäten

(Dieses Symbol entsprach der „Variante B" im Entwurf zur TGL 22452 „Kybernetische Blockschaltbilder zur Modellierung von Organisationssystemen – Koordinatendarstellung" vom August 1967. Die „Variante B" liegt auch den weiteren Darstellungen zugrunde. Aus technischen Gründen war es nicht mehr möglich, die inzwischen bestätigte TGL zu berücksichtigen. Dennoch sind diese Ausführungen verwendbar, da sie der bestätigten TGL nicht prinzipiell widersprechen und einen guten allgemeinverständlichen Überblick über die Anwendung von Blockschaltbildern vermitteln.)

Feld 1: „Eingangsfeld" – Angabe der Symbole der für die jeweilige Grundaktivität benötigten Informationsträger bzw. Stoffe.

Feld 2: „Entstehungs- bzw. Umwandlungsfeld" – Symbolische Darstellung von Veränderungen an den Stoffen im Zuge der jeweiligen Grundaktivität.

Feld 3: „Textfeld" – Kurze textliche Beschreibung der Grundaktivität.

Feld 4: „Ausgangsfeld" – Angabe der Symbole der Informationsträger bzw. Stoffe, die nach Durchführung der jeweiligen Grundaktivität zur Verfügung stehen.

Feld 5: „Verdeckte Anschlußstelle", „verdeckter Output" – Angabe der Symbole von Informationsträgern bzw. Stoffen, die

1. innerhalb des modellierten Systems nicht mehr benötigt werden, oder
2. nicht mehr existieren.

Komplexaktivitäten

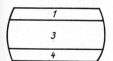

Symbol für Komplexaktivitäten

Feld 1-5: Die Felder 1-5 haben die gleiche Bedeutung wie bei den Grundaktivitäten.

Feld 6: Kurzbezeichnung der Modellkategorie.

Feld 7: Angabe der Klassifikationsnummer des Organisationsgebietes, zu dem die Komplexaktivität gehört.

Logische Bausteine

Symbol für logische Bausteine

Feld 1, 3, 4: Die Felder werden sinngemäß in der gleichen Weise verwendet wie bei den Symbolen für Grundaktivitäten und Komplexaktivitäten.

Um eine „Vermischung" logischer Bausteine mit den Inhalten anderer Aktivitäten von vornherein auszuschließen, werden die Felder 2 und 5 in logischen Bausteinen nicht mehr dargestellt.

Konnektoren

a) Externe Konnektoren

Man unterscheidet bei den externen Konnektoren:

1. solche, die ein Blockschaltbild eingangsseitig gegenüber sachlich vorgelagerten,
2. solche, die ein Blockschaltbild ausgangsseitig gegenüber sachlich nachgelagerten

dynamischen Organisationssystemen bzw. Teilsystemen abgrenzen (Eingangskonnektoren und Ausgangskonnektoren).

Symbol für Eingangskonnektoren

Feld 3: „Textfeld" – Kurze textliche Beschreibung des Systems.

Feld 7: Angabe der Klassifikationsnummer des Systems, von dem die für die Durchführung des zu modellierenden Systems benötigten Informationsträger bzw. Stoffe geliefert werden.

Feld 8: Dieses Feld ist ausschließlich mit den Eingangsfeldern (Feld 1) der Aktivitätssymbole desselben Blockschaltbildes verknüpft.

Symbol für Ausgangskonnektoren

Feld 3: „Textfeld" – Kurze textliche Beschreibung des benachbarten Systems, in das die Informationsträger bzw. Stoffe fließen, deren Symbole in Feld 9 enthalten sind.

Feld 7: Angabe der Klassifikationsnummer des benachbarten Systems.

Feld 9: Angabe der Symbole der Informationsträger bzw. Stoffe, die von dem modellierten System kommen und für die Durchführung der ausgangsseitig angrenzenden Systeme benötigt werden.

b) Interne Konnektoren

Symbol für interne Konnektoren

Feld 10: Angabe von laufenden Nummern.

Speicher

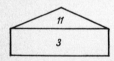

Symbol für Speicher

Feld 11: Angabe der Symbole der Informationsträger bzw. Stoffe, die der Speicher entweder enthält oder darstellt.

Feld 3: Textliche Kurzbeschreibung des Speichers.

[80a – 47 bis 62]

Informationsträger

Um alle für ein Blockschaltbild benötigten Informationsträger in kurzer und übersichtlicher Form darstellen zu können, müssen diese symbolisiert werden. Es bieten sich folgende Arten der Symbolisierung an: Numerische,

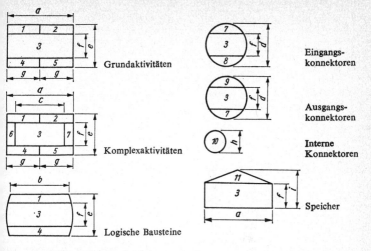

Grundaktivitäten

Komplexaktivitäten

Logische Bausteine

Eingangskonnektoren

Ausgangskonnektoren

Interne Konnektoren

Speicher

Vorzugsmaße für die Bausteine

Größe	a	b	c	d	e			f	g	h	i
I	27	24	21	20	20	18	16	10	13,5	8	15
II	39	36	30	27	27	25	23	14	19,5	11	21

Bausteinformate   [80a – 108]

geometrische, alphabetische und kombinierte Symbolisierung. Jede dieser Symbolisierungsarten besitzt bestimmte, mehr oder weniger große Vor- und Nachteile, die in der Literaturquelle ausführlich behandelt sind. (Bevorzugt werden die alphabetischen und kombinierten Symbole.)

Übertragungssymbole

Beim sonstigen Informationsfluß

Beim Stofffluß

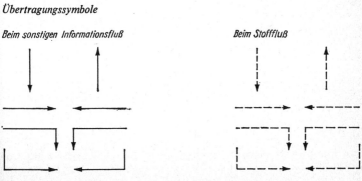

Übertragungssymbole bei der Verknüpfung von zwei Bausteinen

Beim sonstigen Informationsfluß　　　　　*Beim Stofffluß*

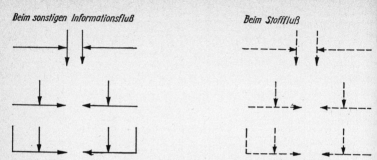

Übertragungssymbole bei der Zusammenführung mehrerer Informationsflüsse

Beim sonstigen Informationsfluß　　　　　*Beim Stofffluß*

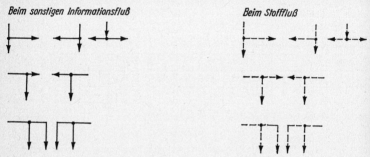

Übertragungssymbole bei der Verzweigung von Informationsflüssen

Übertragungssymbole bei der Kreuzung von Informationsflüssen

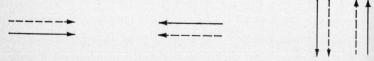

Übertragungssymbole bei Parallelverläufen von Stoffflüssen und sonstigen Informationsflüssen

[80a – 62 bis 75]

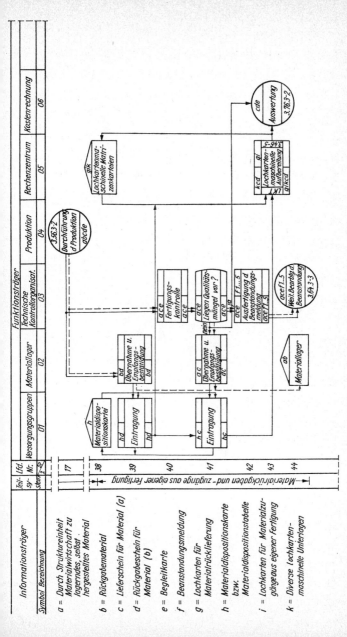

[80a – 102]

Beispiel eines systemtechnisch geschlossenen Modellausschnitts

Informationsträger

Symbol Bezeichnung

a = Durch Struktureinheit Materialwirtschaft zu lagerndes, selbst hergestelltes Material
b = Rückgabematerial
c = Lieferschein für Material (a)
d = Rückgabeschein für Material (b)
e = Begleitkarte
f = Beanstandungsmeldung
g = Lochkarten für Materialrücklieferung
h = Materialdispositionskarte bzw. Materialdispositionstabelle
i = Lochkarten für Materialzugänge aus eigener Fertigung
k = Diverse lochkartenmaschinelle Unterlagen

Blockschaltbild der EDVA → Datenverarbeitung

Bohren → Grundzeit-Maschine

Brandig and Bounding → Rundfahrtproblem

Brauchbarkeitskoeffizient → Verschleißkoeffizient

Brauchbarkeitsquote → Verschleißkoeffizient

Brennstoffmischung, kostenminimale – jene Zusammensetzung einer Brennstoffmischung für betriebliche Zwecke, die nach Mengen und Heizwerten der einzelnen Brennstoffe das Kostenminimum ergibt; sie wird nach der Methode der linearen Optimierung ermittelt.

Beispiel eines mathematischen Modells:

1. Zielfunktion

$$2x_1 + 1x_2 + 1{,}2x_3 + 1{,}6x_4 \rightarrow \min$$

2. Einschränkende Bedingungen

$$7x_1 + 4x_2 + 5x_3 + 6x_4 \geqq 14000$$
$$2x_1 \quad\quad + 3x_3 \quad\quad \geqq \;\; 2000$$
$$x_4 \geqq \;\; 5000$$

3. Nichtnegativitätsbedingung

$$x_1 \geqq 0, ..., x_4 \geqq 0$$

$x_1, ..., x_4$ Mengen, mit denen die einzelnen Brennstoffe in der Mischung enthalten sind
2; 1; 1,2; 1,6 Kosten der Brennstoffe
7; 4; 5; 6 Heizwert der Brennstoffe [Tkcal]

Mathematisches Modell der dualen Aufgabe:

$$7u_1 + 2u_2 \quad\quad + x_1 \quad\quad\quad\quad = 2$$
$$4u_1 \quad\quad\quad\quad + x_2 \quad\quad\quad = 1$$
$$5u_1 + \;u_2 \quad\quad\quad\quad + x_3 \quad = 1{,}2$$
$$6u_1 \quad\quad + u_3 \quad\quad\quad\quad + x_4 = 1{,}6$$
$$14000u_1 + 2000u_2 + 5000u_3 + 0x_1 + 0x_2 + 0x_3 + 0x_4 \rightarrow \max$$

u Echte Variable der dualen Aufgabe
x Schlupfvariable

Berechnung einer kostenminimalen Brennstoffmischung nach der
→ Simplexmethode:

		u_1	u_2	u_3	x_1	x_2	x_3	x_4	
BV	0	14000	2000	500	0	0	0	0	
x_1	2	7	2	0	1	0	0	0	$\frac{2}{7}$
x_2	1	4	0	0	0	1	0	0	$\frac{1}{4}$
←x_3	1,2	$\boxed{5}$	1	0	0	0	1	0	$\frac{1,2}{5}$
x_4	1,6	6	0	1	0	0	0	1	$\frac{1,6}{6}$
	−3360	0	−800	500	0	0	−2800	0	
x_1	$\frac{1,6}{5}$	0	$\frac{3}{5}$	0	1	0	$-\frac{7}{5}$	0	−
x_2	$\frac{0,2}{5}$	0	$-\frac{4}{5}$	0	0	1	$-\frac{4}{5}$	0	−
→u_1	$\frac{1,2}{5}$	1	$\frac{1}{5}$	0	0	0	$\frac{1}{5}$	0	−
←x_4	$\frac{0,8}{5}$	0	$-\frac{6}{5}$	$\boxed{1}$	0	0	$-\frac{6}{5}$	1	$\frac{0,8}{5}$
	−3440	0	−200	0	$\boxed{0}$	$\boxed{0}$	$\boxed{-2200}$	$\boxed{-500}$	
x_1	$\frac{1,6}{5}$	0	$\frac{3}{5}$	0	1	0	$-\frac{7}{5}$	0	
x_2	$\frac{0,2}{5}$	0	$-\frac{4}{5}$	0	0	1	$-\frac{4}{5}$	0	
u_1	$\frac{1,2}{5}$	1	$\frac{1}{5}$	0	0	0	$\frac{1}{5}$	0	
→u_3	$\frac{0,8}{5}$	0	$-\frac{6}{5}$	1	0	0	$-\frac{6}{5}$	1	

Optimale Lösung für die primale Minimumaufgabe:

$$x_1 = 0 \quad x_3 = 2200$$
$$x_2 = 0 \quad x_4 = 500$$

[252 − 128]

Bruttogewinn → Eigenerwirtschaftung

Bruttoproduktionsmethode → Arbeitsproduktivität

Bruttoproduktivität → Arbeitsproduktivität

Bruttowert der Grundmittel – Basis für die Ermittlung der → Abschreibungen in Verbindung mit der Normativnutzungsdauer der Grundmittel. Als Bruttowert gilt:

für umbewertete Grundmittel der Wiederbeschaffungspreis;
für nicht umbewertete Grundmittel der Anschaffungspreis (Neuwert);
für nach der Umbewertung angeschaffte Grundmittel der Anschaffungspreis (Neuwert);
für umgesetzte bewegliche Grundmittel der Wiederbeschaffungspreis bzw. der ursprüngliche Anschaffungspreis (Neuwert);
für umgesetzte sowie durch Kauf erworbene gebrauchte unbewegliche Grundmittel der Wiederbeschaffungspreis bzw. der ursprüngliche Anschaffungspreis (Neuwert);
für Eigen- und Solidaritätsleistungen sowie Leistungen im Rahmen der Wettbewerbsbewegung der Nationalen Front des demokratischen Deutschland usw. grundsätzlich der Industrieabgabepreis bzw. Wiederbeschaffungspreis gemäß den Bestimmungen über die Bewertung der Eigenleistungen.

[329 – 14]

Buchwert der Grundmittel → Nettowert der Grundmittel

In übersichtlicher Gegenüberstellung:

Art der Grundmittel:	*Als Bruttowert gilt:*
Umbewertete Grundmittel	Wiederbeschaffungspreis
Nicht umbewertete Grundmittel	Anschaffungspreis (Neuwert)
Nach der Umbewertung angeschaffte Grundmittel	Anschaffungspreis (Neuwert)
Umgesetzte bewegliche Grundmittel	Wiederbeschaffungspreis bzw. ursprünglicher Anschaffungspreis (Neuwert)
Umgesetzte sowie durch Kauf erworbene gebrauchte unbewegliche Grundmittel	Wiederbeschaffungspreis bzw. ursprünglicher Anschaffungspreis (Neuwert)
Eigen- und Solidaritätsleistungen sowie Leistungen im Rahmen der Wettbewerbsbewegung usw.	Grundsätzlich Industrieabgabepreis bzw. Wiederbeschaffungspreis gemäß Bestimmungen über Bewertung der Eigenleistungen

C

Chiquadrat-Test – statistischer Test zur Prüfung von Häufigkeitsziffern. Die *berechnete* Testgröße χ^2 gehorcht der *theoretischen* χ^2-Verteilung.

$$\chi^2 = \sum_{i=1}^{r \cdot s} \frac{(n_i - n \cdot p_i)^2}{n \cdot p_i}$$

n_i Tatsächlich beobachtete Häufigkeit in der i-ten Gruppe
p_i Erwartete relative $\rightarrow$ Häufigkeit (Wahrscheinlichkeit) für die i-te Gruppe
$n \cdot p_i$ Erwartete absolute Häufigkeit in der i-ten Gruppe

Die Anzahl der Freiheitsgrade ist $(r - 1) \cdot (s - 1)$, wenn das Material nach 2 Faktoren in r und s Gruppen gegliedert ist.

[36 – 417]

c-Karte $\rightarrow$ Kontrollkarten

closed loop $\rightarrow$ Prozeßrechnersystem

Codierung $\rightarrow$ Datenverarbeitung

Compiler $\rightarrow$ Datenverarbeitung

Container – Transportgefäß, das für die wiederholte Verwendung bestimmt ist, den Transport von Waren durch ein oder mehrere Verkehrsmittel ohne Umladung ermöglicht, leicht be- und entladen werden kann und einen Rauminhalt von mindestens 1 m³ besitzt. Der Container erfüllt neben seiner Funktion als *Transporteinheit* gleichzeitig die Funktion der *Umschlageinheit* und ist somit als Bestandteil der geschlossenen Transportkette sowohl im innerbetrieblichen als auch im zwischenbetrieblichen Transport als *Lagereinheit* zu betrachten. Dadurch entstehen beim Einsatz von Containern große Vorteile bei der Rationalisierung im inner- und zwischenbetrieblichen Transport, die sich in der Einsparung an vergegenständlichter und lebendiger Arbeit, in der Senkung der Transportkosten, in der Erleichterung der Arbeit, in der Verkürzung der Transportzeiten vom Hersteller zum Verbraucher und in der schonenden Behandlung des Transportgutes zeigen. Ein Prinzipbeispiel für den Einsatz von Containern im Produktionsmittelhandel zeigt die Abbildung auf S. 152.

CPM $\rightarrow$ Netzplantechnik

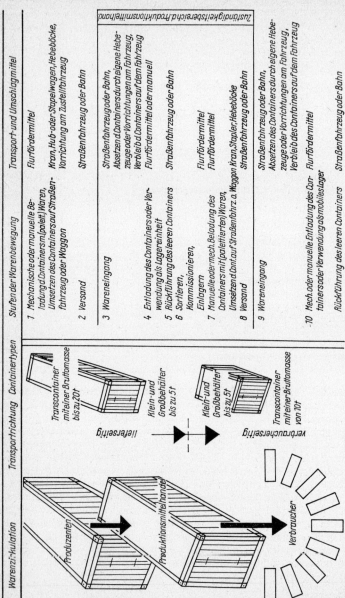

Warenzirkulation	Transportrichtung	Containertypen	Stufen der Warenbewegung	Transport- und Umschlagmittel	Zuständigkeitsbereich d. Produktionsmittelhandel
Produzenten	lieferseitig	Transcontainer mit einer Bruttomasse bis zu 20t	1 Mechanische oder manuelle Beladung d. Containers m. (palet.) Waren, Umsetzen des Containers auf Straßenfahrzeug oder Waggon	Flurfördermittel / Kran, Hub- oder Stapelwagen, Hebeböcke, Vorrichtung am Zustellfahrzeug	
			2 Versand	Straßenfahrzeug oder Bahn	
Produktionsmittelhandel		Klein- und Großbehälter bis zu 5t	3 Wareneingang	Straßenfahrzeug oder Bahn, Absetzen d. Containers durch eigene Hebezeuge oder Vorrichtungen am Fahrzeug, Verbleib d. Containers auf dem Fahrzeug	
			4 Entladung des Containers oder Verwendung als Lagereinheit	Flurfördermittel oder manuell	
			5 Rückführung des leeren Containers	Straßenfahrzeug oder Bahn	
			6 Sortieren, Kommissionieren, Einlagern	Flurfördermittel / Flurfördermittel	
	verbrauchseitig	Klein- und Großbehälter bis 5t	7 Manuelle oder mech. Beladung des Containers mit (palettierten) Waren, Umsetzen d. Cont. auf Straßenfahrz. o. Wagon	Kran, Stapler, Hebeböcke	
			8 Versand	Straßenfahrzeug oder Bahn	
Verbraucher		Transcontainer mit einer Bruttomasse von 10t	9 Wareneingang	Straßenfahrzeug oder Bahn, Absetzen des Containers durch eigene Hebezeuge oder Vorrichtungen am Fahrzeug, Verbleib des Containers auf dem Fahrzeug	
			10 Mech. oder manuelle Entladung des Containers oder Verwendung als Immobilienlager	Flurfördermittel	
			Rückführung des leeren Containers	Straßenfahrzeug oder Bahn	

[141a – 9; 33 – 204]

Prinzipbeispiel für den Einsatz von Containern (Produktionsmittelhandel)

D

Dämpfung → Regelungstheorie

Datenträger – Mittel zur Aufnahme von Daten.

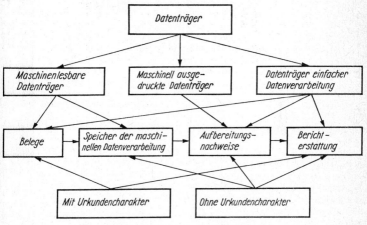

Die Datenträgergruppen nach ihrer Verarbeitungsform, ihrer Art und ihrem juristischen Charakter sowie die zwischen ihnen bestehenden Verbindungen

[27 – 44]

Datenverarbeitung – Verarbeitung von vorwiegend numerischen Informationen mit Hilfe von elektronischen Datenverarbeitungsanlagen (EDVA) oder herkömmlichen Datenverarbeitungsmaschinen (meist Lochkartenmaschinen).

Bei der konventionellen Datenverarbeitung (*Lochkartentechnik*) dient als → Datenträger die Lochkarte, auf der zum Zwecke der eindeutigen Darstellung von Informationen eine Zeilen- und Spalteneinteilung (12 Zeilen, in der Regel 80 Spalten) festgelegt wurde. In jeder Spalte kann eine Ziffer oder ein Buchstabe (alphanumerische Zeichen) dargestellt werden. Die Verschlüsselung der Zeichen – die *Codierung* – erfolgt mit Hilfe eines Magnet- oder Motorschrittlochers.

Die wichtigsten *Lochkartenmaschinen* sind:

– Sortiermaschinen   – Summenlocher
– Kartendoppler   – Rechenzusatzgeräte
– Kartenmischer   – Tabelliermaschinen

Die elektronische Datenverarbeitung (EDV) überwindet die von der technischen Konzeption her vorhandenen Einschränkungen der Lochkartenmaschinen. Damit werden die technischen Möglichkeiten für die Lösung qualitativ neuer Probleme grundlegend verändert. Es entwickeln sich Systeme integrierter Daten- und Informationsverarbeitung. (Vgl. Abbildungen auf S. 155 bis 157.) Eine wesentliche Grundlage für die Wirkungsweise der Datenverarbeitungsanlagen sind die *Zahlensysteme*.

Das vorherrschende Zahlensystem ist das *Dezimalsystem*.

Beispiel: 3124; hierbei wird nicht die Ziffer allein bewertet, sondern auch ihre Stellung innerhalb der Zahl, d. h. Einer, Zehner, Hunderter usw., woraus auch die Bezeichnung *Stellenwertsystem* resultiert.

Summendarstellung dieser Zahl:

$3124 = 4 \times 1 + 2 \times 10 + 1 \times 100 + 3 \times 1000 = 4 \times 10^0 + 2 \times 10^1 + 1 \times 10^2 + 3 \times 10^3$. Die Zahl 10 wird als *Basis* des Dezimalsystems bezeichnet.

Allgemeine Formel für eine ganze Dezimalzahl Z:

$$Z = a_i \cdot 10^{i-1}$$

a_i eine der zehn Ziffern des Dezimalsystems
n   Anzahl der Stellen der Zahl

Für die Zahl 10 kann auch jede andere Zahl als Basis eines Stellenwertsystems eingeführt werden, z. B. die Zahl 2. Daraus folgt das *Dualsystem*. Hier werden nur die Ziffern 0 und 1 benötigt, wobei für die duale „1" ein „L" geschrieben wird. Als Stellenwerte werden hier Einer, Zweier, Vierer usw. – immer Potenzen von 2 – unterschieden.

Beispiele:

$LOL = 5 = 1 \times 2^0 + 0 \times 2^1 + 1 \times 2^2$
$ = 1 \times 1 + 0 \times 2 + 1 \times 4$
$LLOLO = 26 = 0 \times 2^0 + 1 \times 2^1 + 0 \times 2^2 + 1 \times 2^3 + 1 \times 2^4$
$ = 0 + 2 + 0 + 1 \times 8 + 1 \times 16 = 26$

Darstellung der Dualzahlen von 0 bis 9:

	8	4	2	1			8	4	2	1
0				0		5		L	O	L
1				L		6		L	L	O
2			L	O		7		L	L	L
3			L	L		8	L	O	O	O
4		L	O	O		9	L	O	O	L

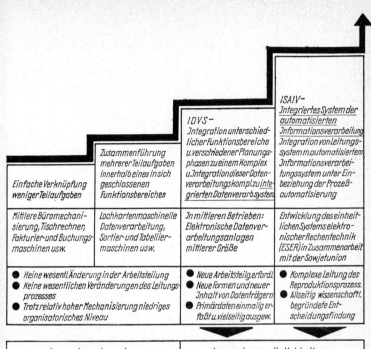

Einfache Verknüpfung weniger Teilaufgaben	*Zusammenführung mehrerer Teilaufgaben innerhalb eines in sich geschlossenen Funktionsbereiches*	*IDVS – Jntegration unterschied- licher Funktionsbereiche u. verschiedener Planungs- phasen zu einem Komplex u. Jntegration dieser Daten- verarbeitungskompl. zu inte- grierten Datenverarb. system.*	*ISAIV – Jntegriertes System der automatisierten Jnformationsverarbeitung Jntegration von Leitungs- system m. automatisiertem Jnformationsverarbei- tungssystem unter Ein- beziehung der Prozeß- automatisierung*
Mittlere Büromechani- sierung, Tischrechner, Fakturier-und Buchungs- maschinen usw.	*Lochkartenmaschinelle Datenverarbeitung, Sortier-und Tabellier- maschinen usw.*	*In mittleren Betrieben: Elektronische Datenver- arbeitungsanlagen mittlerer Größe*	*Entwicklung des einheit- lichen Systems elektro- nischer Rechentechnik (ESER) in Zusammenarbeit mit der Sowjetunion*
● *Keine wesentl. Änderung in der Arbeitsteilung* ● *Keine wesentlichen Veränderungen des Leitungs- prozesses* ● *Trotz relativ hoher Mechanisierung niedriges organisatorisches Niveau*		● *Neue Arbeitsteilg. erford l.* ● *Neue Formen und neuer Jnhalt von Datenträgern* ● *Primärdaten einmalig er- faßt u. vielseitig ausgew.*	● *Komplexe Leitung des Reproduktionsprozesses.* ● *Allseitig wissenschaftl. begründete Ent- scheidungsfindung*

Anwendungskomplexe	*Anwendungsmöglichkeiten*	
● *Forschung, Entwicklung u. Konstruktion*	*gering*	*weitgehend*
● *Prognose, Fünfjahrplan*		*weitgehend*
● *Mittelfristige Planung*	*voll*	*voll*
● *Kurzfristige Planung*	*voll*	*voll*
● *Technologie u. Fertigungsvorbereitung*	*teilweise*	*weitgehend*
● *Produktionslenkung*	*teilweise*	*voll*
● *Prozeßsteuerung*		*voll*
● *Rechnungsführung und Statistik*	*voll*	*voll*
● *Taktische Entscheidungen*	*gering*	*weitgehend*
● *Strategische Entscheidungen*		*teilweise*

	Höchste Effektivität des Reproduktionsprozesses als Zielstellung
Vor- teile:	● *Höhere Qualität der Jnformationsverarbeitung. Umfassende Jnformationsmengen werden schneller, sicherer, verlustloser, aufgabenbezogener, zeitgerecht verarbeitet* ● *Objektivierung der Entscheidung durch Überschaubarkeit der Prozesse und Minimierung des Risikos* ● *Schnelle und zielgerichtete Jnformation der Werktätigen* ● *Rationalisierung der Leitung – bessere Konzentration auf entscheidende Probleme – hohes Reaktionsvermögen der Leitung*

Die Entwicklung zum System integrierter Daten- und Informationsverarbeitung

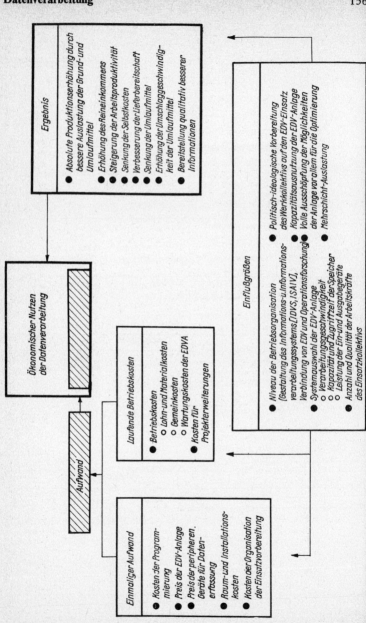

Ergebnis

- Absolute Produktionserhöhung durch bessere Auslastung der Grund- und Umlaufmittel
- Erhöhung des Reineinkommens
- Steigerung der Arbeitsproduktivität
- Senkung der Selbstkosten
- Verbesserung der Lieferbereitschaft
- Senkung der Umlaufmittel
- Erhöhung der Umschlaggeschwindigkeit der Umlaufmittel
- Bereitstellung qualitativ besserer Informationen

Ökonomischer Nutzen der Datenverarbeitung

Aufwand

Einflußgrößen

- Niveau der Betriebsorganisation (Gestaltung des Informations-u. Informationsverarbeitungssystems [DVS, ISAIV], Verbindung von EDV und Operationsforschung)
- Systemauswahl der EDV-Anlage
  - ○ Verarbeitungsgeschwindigkeit
  - ○ Kapazität und Zugriffzeit der Speicher
  - ○ Leistung der Ein-und Ausgabegeräte
- Anzahl und Qualität der Arbeitskräfte des Einsatzkollektivs

- Politisch-ideologische Vorbereitung des Werkkollektivs auf den EDV-Einsatz
- Kapazitätsausnutzung der EDV-Anlage
- Volle Ausschöpfung der Möglichkeiten der Anlage vorallem für die Optimierung
- Mehrschicht-Auslastung

Laufende Betriebskosten

- Betriebskosten
  - ○ Lohn-und Materialkosten
  - ○ Gemeinkosten
  - ○ Wartungskosten der EDVA
- Kosten für Projekterweiterungen

Einmaliger Aufwand

- Kosten der Programmierung
- Preis der EDV-Anlage
- Preis der peripheren Geräte für Datenerfassung
- Raum-und Installationskosten
- Kosten der Organisation der Einsatzvorbereitung

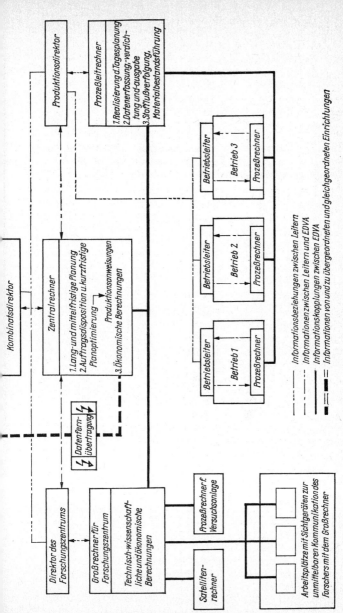

Rechnersystem eines integrierten Systems automatisierter Informationsverarbeitung

Kombinatsdirektor

Produktionsdirektor

ProzeßleitrechneR
1. Realisierung d. Tagesplanung
2. Datenerfassung, -verdichtung und -ausgabe
3. Stoffflußverfolgung, Materialbestandsführung

Zentralrechner
1. Lang- und mittelfristige Planung
2. Auftragsdisposition u. kurzfristige Planoptimierung
   Produktionsanweisungen
3. Ökonomische Berechnungen

Betriebsleiter — Betrieb 3 — ProzeßRechner

Betriebsleiter — Betrieb 2 — ProzeßRechner

Betriebsleiter — Betrieb 1 — ProzeßRechner

Datenfernübertragung

Direktor des Forschungszentrums

Großrechner für Forschungszentrum
Technisch-wissenschaftliche und ökonomische Berechnungen

Satellitenrechner

Prozeßrechner f. Versuchsanlage

Arbeitsplätze mit Sichtgeräten zur unmittelbaren Kommunikation des Forschers mit dem Großrechner

Informationsbeziehungen zwischen Leitern

Informationen zwischen Leitern und EDVA

Informationskopplungen zwischen EDVA

Informationen von und zu übergeordneten und gleichgeordneten Einrichtungen

Bei Umwandlung der Dezimalzahl in eine Dualzahl ist die Dezimalzahl in eine Summe von Potenzen von 2 zu zerlegen.

Beispiel:

$$46 = 32 + 14 = 32 + 8 + 6 = 32 + 8 + 4 + 2$$
$$= 1 \times 2^5 + 0 \times 2^4 + 1 \times 2^3 + 1 \times 2^2$$
$$+ 1 \times 2^1 + 0 \times 2^0$$

$$46 = \text{L0LLL0}$$

Die Grundrechenarten werden nach den gleichen Methoden wie im Dezimalsystem durchgeführt, es ist lediglich zu beachten, daß bei der Addition der Übertrag bereits erfolgt, wenn der Wert 1 überschritten wird.

Beispiel: 10 + 15 im Dualsystem

```
      L0L0
   + LLLL
   ───────
    LL00L
   ═══════
```

Zahl- und Befehlswort

Die von elektronischen Datenverarbeitungsanlagen zu verarbeitenden und zu speichernden Informationen werden im allgemeinen in dualen Zahlensystemen dargestellt. Eine wichtige Kenngröße der Anlage ist die *Wortlänge*. Sie gibt an, wieviel duale Informationen, auch Bits genannt, zur Darstellung von Zahlen oder Befehlen zur Verfügung stehen. Entsprechend der logischen Konzeption unterscheidet man Datenverarbeitungsanlagen mit *fester und variabler Wortlänge*. Bei der festen Wortlänge steht für alle zu verarbeitenden Informationen stets eine konstante Anzahl von Dualstellen zur Verfügung. Rechenanlagen mit konstanter Wortlänge sind z. B. der ZRA 1 und der C 8201 (D 4a), wobei die Wortlänge 48 Bits bzw. 33 Bits beträgt. Bei der variablen Wortlänge ist es üblich, eine kleinere Speicher- und Verarbeitungseinheit – das Zeichen – einzuführen.

Das *Zeichen* besteht z. B. bei der Anlage R 300, die über variable Wortlänge verfügt, aus 8 Bits und kann jeweils eine Ziffer oder einen Buchstaben enthalten.

Bei der Verschlüsselung von Dezimalzahlen in Dualzahlen unterscheidet man Datenverarbeitungsanlagen mit *rein-dualer und ziffernweise-dualer Darstellung*. Betrachtet man die Zahl 25 und verwandelt diese in das Dualsystem, so ergibt sich LL00L (rein-duale Darstellung). Verschlüsselt man aber jede Ziffer einzeln in das Dualsystem, so erhält man folgendes Bitmuster: $|00\text{L}0|0\text{L}0\text{L}|$ (ziffernweise-duale Darstellung). Im Hinblick auf eine universelle Bearbeitung von Aufgaben verfügen die meisten EDVA über eine *Fest-* und eine *Gleitkomma*arithmetik. Neben der Verarbeitung und Speicherung von alphanumerischen Informationen müssen in der EDVA auch *Programme* gespeichert und abgearbeitet werden. Programme enthalten die Verarbeitungsvorschriften für die Lösung der jeweiligen Aufgabe und setzen sich aus einer Anzahl von Einzelbefehlen zusammen. Ein Befehl wird innerhalb der Anlage in einem Wort, dem *Befehlswort*, dargestellt. Das Befehlswort besteht, genau wie das Zahlwort, aus einer bestimmten Anzahl von Bits. Bei EDVA mit fester Wortlänge ist es oft so, daß für das Befehlswort die gleiche Bitzahl wie für die Zahlendarstellung zur Verfügung steht. Der einfachste Befehl besteht aus zwei Teilen, dem *Operationsteil* und dem *Adressenteil*:

Op.-Teil	Adresse

Im Operationsteil wird die jeweils auszuführende Tätigkeit, zum Beispiel Addieren, Multiplizieren, Lesen, Speichern u. a., und im Adressenteil die Nummer des Speicherplatzes der zu verarbeitenden Information verschlüsselt. Eine EDVA, deren Befehl nur eine Adresse enthält, nennt man auch Einadressmaschine, im Gegensatz zur Mehradreßmaschine, bei der im Befehl mehrere Adressen angegeben werden können.

Aufbau und Arbeitsweise einer EDVA (vgl. hierzu die Abbildung auf S. 160)

Zentraleinheit

Die Zentraleinheit, auch Grundeinheit genannt, umfaßt im allgemeinen das Rechenwerk, den Hauptspeicher, das Leitwerk, die Ein- und Ausgabemöglichkeit und die Stromversorgung.

Aufgabe des *Rechenwerkes* ist es, die arithmetischen Operationen sowie einige zusätzliche Operationen, z. B. Verschiebe- und logische Operationen, durchzuführen. Die Bereitstellung der zu verknüpfenden Operanten für das Rechenwerk erfolgt in einem *Register*. Ein Register ist eine Speichereinheit, die genau ein Wort (Zahl- oder Befehlswort) aufnehmen kann. Das Ausgangsregister wird im Gegensatz zum Eingangsregister auch Resultatregister oder Akkumulator genannt.

Eine Rechenoperation erfolgt im wesentlichen in drei Schritten:

1. Bereitstellung der beiden Operanten (Eingangsregister),
2. Durchführung der Rechenoperation (Rechenwerk),
3. Bereitstellung des Ergebnisses (Ausgangsregister).

Die Informationen (alphanumerische Informationen oder Befehle) werden im *Hauptspeicher* (Magnettrommelspeicher und Ferritkernmatrixspeicher) aufbewahrt.

Der Arbeitsablauf in der EDVA wird durch das *Leitwerk* gesteuert. Das Programm befindet sich in verschlüsselter Form auf dem Hauptspeicher. Das Leitwerk hat die Aufgabe, die Einzelbefehle dem Speicher zu entnehmen, sie zu entschlüsseln und die Abarbeitung des Befehls, d. h. die Durchführung der geforderten Operation im Rechenwerk, zu veranlassen.

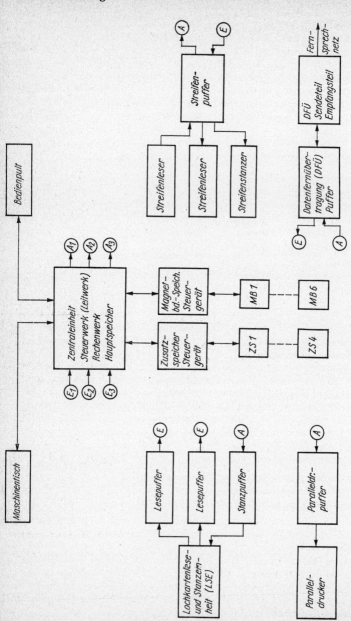

Damit die Zentraleinheit arbeiten kann, muß sie in der Lage sein, Informationen aufzunehmen und auszugeben. Als *Ein- und Ausgabegerät* benutzt man Schreibmaschinen, Lochkartenleser und -stanzer, Lochstreifenleser und -stanzer, Schnelldrucker und neuerdings auch optische Leser und Bildröhrenausgaben. Da die zum großen Teil noch auf elektromechanischer Grundlage arbeitenden Ein- und Ausgabeeinheiten wesentlich geringere Arbeitsgeschwindigkeiten haben als die interne Arbeitsgeschwindigkeit, verfügen sie meist über *Pufferspeicher.*

Periphere Geräte

An die Zentraleinheit werden, im allgemeinen über eine Reihe von Informationskanälen, zusätzliche Geräte angeschlossen (*erste Peripherie*), wie zum Beispiel zusätzliche Speichereinrichtungen sowie zusätzliche Ein- und Ausgabeeinheiten. Zur *zweiten Peripherie* gehören die Geräte zur Vorbereitung der Datenträger. Zur *dritten Peripherie* zählt man die Aufbewahrungseinrichtungen für Datenträger, Vervielfältigungsgeräte und andere.

Befehlsabarbeitung

Beispiel: Die Zahlen a und b seien in den Speicherzellen 100 und 101. Sie sollen multipliziert werden. Für die Lösung dieser Aufgabe muß zunächst ein kleines Programm entworfen werden:

Nr.	Operation	Adresse
10	Lies	100
11	×	101
12	Speichere	102
13	Drucke	103

Die Abarbeitung des Programms erfolgt in folgenden Schritten:

1. Der erste Befehl des Programms, d. h. der Inhalt der Zelle 10, wird nach dem Leitwerk gebracht und dort entschlüsselt. Die auszuführende Operation „Lies" (Transportoperation) sorgt dafür, daß der Inhalt der angegebenen Adresse, also die Zahl a der Zelle 100, nach dem Akkumulator gebracht wird. Ist dieser Transport beendet, so wird an das Leitwerk ein Signal gegeben, und der 2. Befehl kann abgearbeitet werden.
2. Der zweite Befehl wird nach dem Leitwerk gebracht und entschlüsselt. Die auszuführende Operation „ × " (arithmetische Operation) multipliziert den Inhalt des Akkumulators, also die Zahl a, mit dem Inhalt der Speicherzelle 101 im Rechenwerk und übergibt das Ergebnis dem Akkumulator.
3. Der dritte Befehl wird ebenfalls nach dem Leitwerk gebracht und veranlaßt, daß der Inhalt des Akkumulators, also das Produkt a × b, nach der Zelle 102 gespeichert wird.

4. Der vierte Befehl wird im Leitwerk entschlüsselt und der Inhalt der Zelle 102 auf dem Ausgabegerät gedruckt.

Programmierung

Die Abarbeitung in einer EDVA wird durch ein Programm gesteuert. Die Aufstellung derartiger Programme nennt man Programmierung.

Entsprechend der logischen Struktur einer Anlage verfügt jede EDVA über ein definiertes Befehlssystem. Die Gesamtheit dieses Befehlssystems bezeichnet man auch als *Maschinensprache bzw. als Maschinencode.*

Die Bestrebungen zur Vereinfachung der Programmierung haben zu den *symbolischen Programmierungssprachen* geführt. Der Grundgedanke dafür beruht auf der von Goldstein eingeführten symbolischen Adresse. Die symbolische Adressierung verzichtet auf die Angabe der Nummer der Speicherzelle. Sie gestattet, daß die Adresse durch Namen angegeben werden kann, wobei der gleiche Name stets die gleiche Zelle bedeutet. Damit entfällt während der Programmierung die Angabe der absoluten Adressen durch Nummern sowie der absoluten Adressen der Befehle. Ihre Übersetzung in die jeweilige Maschinensprache kann vom Rechenautomaten mit Hilfe eines speziellen Programms, dem *Assembler*, selbst vorgenommen werden. Da der Operationsteil und das Zerlegen der Aufgabe in Einzelbefehle beibehalten wird, spricht man hier auch von einer *maschinenorientierten Programmierungssprache.*

Die Bemühungen zur Automatisierung der Programmierungsarbeit führten zur Schaffung von *problemorientierten Programmierungssprachen.* Diese Programmierungssprachen sind von den Anlagen unabhängig und gestatten die Notierung der Aufgaben in einer dem Problem angepaßten Sprache. Für die Lösung von wissenschaftlich-technischen Aufgaben haben die Sprachen FORTRAN und ALGOL und für kommerzielle und ökonomische Aufgaben die Sprache COBOL große Verbreitung gefunden. Bei Benutzung dieser Sprachen ist ein Zerlegen bis auf Einzelbefehle nicht mehr notwendig, sondern es können komplizierte Ausdrücke notiert werden. Die Übersetzung dieser Programme in die Einzelbefehle des Maschinencodes erfolgt mit einem Übersetzerprogramm, dem *Compiler.*

Da eine Reihe von Programmen universell verwendbar ist, werden die Programme in Form einer *Programmbibliothek* erfaßt.

Grundsätzlicher Ablauf der Einsatzvorbereitung der EDV:

1. Aufstellen eines Arbeitsplanes und Schaffung personeller Voraussetzungen der Einsatzvorbereitung
2. Durchführung der Istzustandsuntersuchung
3. Ausarbeitung des Grobprojekts
4. Ausarbeitung des Feinprojekts einschließlich problemorientierter Programmablaufpläne
5. Programmierung
6. Umstellung auf EDV

[20 – 9 ff.]

Determinante – einer quadratischen → Matrix zugeordnete Zahl. Die Determinante wird durch zwei senkrechte Striche links und rechts von den Matrixelementen bezeichnet. Der Wert einer *zweireihigen* Determinante ergibt sich aus der Differenz der Produkte der Hauptdiagonale (von links oben nach rechts unten) und der Nebendiagonale (von links unten nach rechts oben), z. B.

$$\mathfrak{A} = \begin{pmatrix} 5 & 7 \\ 3 & 8 \end{pmatrix}, \quad D = \begin{vmatrix} 5 & 7 \\ 3 & 8 \end{vmatrix} = 5 \cdot 8 - 3 \cdot 7 = 40 - 21 = 19$$

Bei Determinanten mit mehr als drei Reihen (Zeilen oder Spalten) wird die Zerlegung in Unterdeterminanten angewandt.

Die *n-reihige* Determinante (Determinante n-ter Ordnung) ist ein quadratisches Schema von n^2 Elementen a_{ik}, die in n Zeilen und n Spalten angeordnet sind:

$$D = \begin{vmatrix} a_{11} & a_{12} & \cdots & a_{1n} \\ a_{21} & a_{22} & \cdots & a_{2n} \\ \cdots\cdots\cdots\cdots \\ a_{n1} & a_{n2} & \cdots & a_{nn} \end{vmatrix}$$

Entwicklung nach den Elementen der i-ten Zeile:

$$D = \sum_{k=1}^{n} a_{ik} \cdot A_{ik} = a_{i1} \cdot A_{i1} + a_{i2} \cdot A_{i2} + \cdots + a_{in} \cdot A_{in}$$

Die Adjunkten A_{ik} sind die mit dem Vorzeichen $(-1)^{i+k}$ versehenen Unterdeterminanten $(n-1)$-ter Ordnung, die sich durch Streichen der i-ten Zeile und k-ten Spalte ergeben.

[36 – 458f.; 17 – 7]

Devisenertrag der Arbeit – spezielle Kennziffer zur Beurteilung des Nutzeffekts des wissenschaftlich-technischen Fortschritts in bezug auf die Außenwirtschaftsbeziehungen. Es handelt sich um die Kennziffer der Exportrentabilität (→ Exportäquivalent), wobei der Wert der importierten Rohstoffe usw. und andere Komponenten aus der Berechnung eliminiert wurden:

$$D = \frac{P_a - M_{l(repr)}}{P_l - A_p - M_l + S_k + G_a} \qquad [M]$$

P_a Erzielter Preis franko Landesgrenze (Verkaufspreis im paritätischen Wert, vermindert um die ausländischen Devisenaufwendungen); der erzielte Preis wird in Devisen – Mark ausgedrückt, also in ausländischen Preisen, umgerechnet auf Inlandswährung zum amtlichen Wechselkurs.

M_l Materialien und Rohstoffe, die vom Ausland importiert werden; im Zähler der durchschnittliche Reproduktionspreis, zu dem die Materialien gekauft wurden, im Nenner der Inlands-Großhandelspreis.

P_l Staatliche Großhandelspreise, zu denen die Waren im Inland für den Export übernommen wurden.

A_p Von den Produktionsbetrieben errechnete Akkumulation; sollte der Preis aus dem Staatshaushalt subventioniert sein, wird A_p mit negativen Vorzeichen eingesetzt.

S_k Sonstige Kosten, die im Inland gedeckt werden, zum Beispiel die inländischen Transportkosten bis zur Grenze, Versicherungen usw.

G_a Gemeinkosten der Außenhandelsbetriebe.

Wenn die Produktion von Exportartikeln den Einsatz von Rohstoffen und Materialien verlangt, die auch selbständig exportiert werden könnten, so ist die Kennziffer des Devisenertrags der Arbeit weiter um den Wert dieser Rohstoffe zu vermindern. Man erhält dann die Kennziffer des *Devisenertrags der reduzierten Arbeit*:

$$D_r = \frac{P_a - M_{i(repr)} - M_{e(repr)}}{P_l - A_p - M_i - M_e + S_k + G_a} \qquad [M]$$

M_e Wert der Materialien und Rohstoffe, die selbständig exportiert werden könnten; im Zähler der durchschnittliche Reproduktionspreis, zu dem die Materialien verkauft werden, im Nenner der Inlands-Großhandelspreis.

[254 – 275f.]

Devisenrentabilität von Investitionen – Verhältnis zwischen → Investitionsaufwand und Devisenerlösen bzw. Deviseneinsparungen, die eine Investition ermöglicht; neben der Fondsrentabilität (→ Produktionsfondseffektivität) ein wichtiges Entscheidungskriterium für Investitionsvorhaben.

$$Rd = \frac{VE(1 + k)}{P_{ex} + Z}$$

VE   Valutaerlös bzw. Valutaeinsparung durch die Investition

k   Umrechnungskoeffizient der Valutaerlöse

$$k = \frac{\text{Exportprämie in } \%}{100}$$

P_{ex} Exportproduktion zu IAP (Selbstkosten plus Gewinn)

Z   Zirkulationskosten für Außenhandelsfunktion

[36 – 478; 179 – F 7]

Dezimalsystem → Datenverarbeitung

Diagonalmatrix → Matrix

Dichtemittel → Wert, häufigster

Differentialkosten – auf die Einheit einer zusätzlichen (oder wegfallenden) Produktions- oder anderen Leistungsmenge bezogene Kostendifferenz. Die Differentialkosten sind ein zentraler Begriff der bürgerlichen Grenzkostenlehre. Ihre Bedeutung leitet sich aus dem unterschiedlichen Verhalten der Kosten zur Veränderung der Leistung ab.

a) *Einheitsdifferentialkosten* – EDK:

$$EDK = \frac{\Delta K}{\Delta x} = \frac{K_2 - K_1}{x_2 - x_1}$$

ΔK Gesamter Kostenzuwachs vom Basiszeitraum (K_1) zum Berichtszeitraum (K_2)

Δx Zusätzliche Produktionsmenge im Berichtszeitraum gegenüber dem Basiszeitraum (x_1)

x_2 Gesamte Produktionsmenge im Berichtszeitraum ($x_1 + \Delta x$)

b) *Gesamtdifferentialkosten* – GDK:

$$GDK = EDK \cdot x_2$$

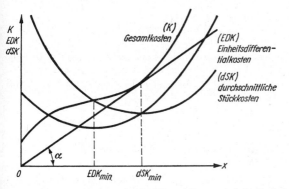

Verlauf der Gesamtkosten, Einheitsdifferentialkosten und durchschnittlichen Stückkosten und die entsprechenden Durchschnitte

[36 – 484]

Differentialrechnung zur Losgrößenbestimmung → Losgröße, wirtschaftliche

Differenzschätzung → Stichprobe

Diskont – Zinsabzug bei Ankauf noch nicht fälliger Schuldtitel; am gebräuchlichsten beim Ankauf von Wechseln vor deren Fälligkeit. Der Diskont ist der Ersatz für den Zinsverlust, den der Käufer in der Zeit vom Kauf bis zur Fälligkeit erleidet. Der mathematische Diskont ist der Betrag, der aufgezinst den nachschüssig (postnumerando) fälligen Zinsertrag ergibt:

$$d = \frac{i}{1 + i} = \frac{p}{100 + p}$$

i   Zinsertrag (Zinsrate für den Geldbetrag 1)
p   Zinssatz

$$i = \frac{p}{100}$$

→ Zinseszinsrechnung

[**36** – 490f.]

Dispersion → Streuung

Distributionsmethode, modifizierte (Abk. MODI) – exakte Methode, mit deren Hilfe das durch eine Approximationsmethode gewonnene Ergebnis überprüft bzw. verbessert wird. Die Methode besteht darin, daß eine Aufwandsbewertung der einzelnen unbesetzten Felder durchgeführt und jene Felder bestimmt werden, durch deren Besetzung eine Verbesserung des bisherigen Ergebnisses erreicht werden kann sowie sukzessive Verschiebungen in den Zyklen zwischen den unbesetzten Feldern mit der günstigsten Bewertung und den besetzten Feldern vorgenommen werden, durch welche die mögliche Verbesserung realisiert wird.

Berechnungsablauf:

1. Für die mit Hilfe einer Approximationsmethode gewonnene Ausgangstabelle werden die sogenannten Koeffizienten U_i (für die Zeilen) und K_j (für die Spalten) ausgerechnet, und zwar so, daß

a) für die Berechnung der Koeffizienten U_i und K_j einer dieser Koeffizienten gleich Null gesetzt wird;

b) die Koeffizienten durch sukzessives Einsetzen schon bestimmter Koeffizienten U_i und K_j in die Gleichung $U_i + K_j = c_{ij}$ ausgerechnet werden, wobei jede Gleichung durch den Satz des *besetzten* Feldes und die zuständigen Koeffizienten U_i und K_j bestimmt wird. (Die Koeffizienten U_i und K_j können nicht mit Hilfe der Sätze in unbesetzten Feldern berechnet werden.)

2. Die ausgerechneten Koeffizienten U_i und K_j werden in die Tabelle eingetragen (vor die Zeilen und über die Spalten). Die Vorzeichen der Koeffizienten können sowohl in den Zeilen und den Spalten unterschiedlich sein.

3. Die Aufwandsbewertung der unbesetzten Felder erfolgt durch sukzessives Vergleichen der Summe von U_i und K_j mit dem Satz c_{ij} des betreffenden unbesetzten Feldes, d. h. $U_i + K_j - c_{ij} = ?$

Tabelle 1
Ausgangstabelle

Lieferbetrieb	Abnehmer / Koeffizienten	1 $K_1 = 30$	2 $K_2 = 23$	3 $K_3 = 45$	4 $K_4 = 53$	5 $K_5 = 30$	6 $K_6 = 62$	Aufkommen
A	$U_1 = -19$	24	6	26 680	40	46	16	680
B	$U_2 = -34$	9	25	48	19 320	42	28 300	620
C	$U_3 = -12$	44	37	54	57	18 240	50 320	560
D	$U_4 = 0$	30 450	23 640	45 70	49	72	62 140	1300
Bedarf		450	640	750	320	240	760	3160

a) Ist das Ergebnis *negativ* oder *gleich Null*, dann kann durch Belastung dieses unbesetzten Feldes die Lösung nicht verbessert werden;

b) Ist das Ergebnis *positiv*, dann kann durch Belastung dieses unbesetzten Feldes eine Aufwandsverringerung erreicht werden. Für die zyklische Verschiebung wird jenes unbesetzte Feld als Ausgangsfeld ausgewählt, für das sich bei der Aufwandsbewertung *der höchste positive Wert* ergeben hat;

Tabelle 2
Bewertung der freien Felder

Lieferbetrieb	Abnehmer / Koeffizienten	1 $K_1 = 30$	2 $K_2 = 23$	3 $K_3 = 45$	4 $K_4 = 53$	5 $K_5 = 30$	6 $K_6 = 62$	Aufkommen
A	$U_1 = -19$	24 [−]	6 [−]	26 680	40 [−]	46 [−]	16 [27]	680
B	$U_2 = -34$	9 [−]	25 [−]	48 [−]	19 320	42 [−]	28 300	620
C	$U_3 = -12$	44 [−]	37 [−]	54 [−]	57 [−]	18 240	50 320	560
D	$U_4 = 0$	30 450	23 640	45 70	49 [4]	72 [−]	62 140	1300
Bedarf		450	640	750	320	240	760	3160

Tabelle 3
Belegung des Feldes 16 (verbesserte Lösung)

Lieferbetrieb	Abnehmer	1	2	3	4	5	6	Aufkommen
	Koeffizienten	$K_1 = 30$	$K_2 = 23$	$K_3 = 45$	$K_4 = 26$	$K_5 = 3$	$K_6 = 35$	
A	$U_1 = -19$	24	6	26 540	40	46	16 140	680
B	$U_2 = -7$	9 [14]	25	48	19 320	42	28 300	620
C	$U_3 = 15$	44 [1]	37 [1]	54 [6]	57	18 240	50 320	560
D	$U_4 = 0$	30 450	23 640	45 210	49	72	62	1300
Bedarf		450	640	750	320	240	760	3160

c) Von diesem Feld aus wird der Zyklus der Verschiebungen begonnen. Die einzelnen Felder des Zyklus werden der Reihe nach abwechselnd mit positiven und negativen Vorzeichen bezeichnet, beginnend mit einem positiven Vorzeichen in dem unbesetzten Feld, von dem der Zyklus ausgeht.

4. Zwischen den Feldern eines Zyklus wird *die kleinste Menge der zu transportierenden Einheiten* verschoben, die sich in jenen Feldern befinden, die ent-

Tabelle 4
Optimale Lösung

Lieferbetrieb	Abnehmer	1	2	3	4	5	6	Aufkommen
	Koeffizienten	$K_1 = 30$	$K_2 = 23$	$K_3 = 45$	$K_4 = 40$	$K_5 = 9$	$K_6 = 41$	
A	$U_1 = -25$	24	6	26	40	46	16 680	680
B	$U_2 = -21$	9 300	25	48	19 320	42	28	620
C	$U_3 = 9$	44	37	54 240	57	18 240	50 80	560
D	$U_4 = 0$	30 150	23 640	45 510	49	72	62	1300
Bedarf		450	640	750	320	240	760	3160

lastet werden (mit einem Minuszeichen bezeichnete Felder). Diese Menge wird in allen mit einem Minuszeichen bezeichneten Feldern des Zyklus subtrahiert und in allen mit einem positiven Vorzeichen versehenen Feldern des Zyklus addiert. Nach Durchlauf des Zyklus darf kein Feld der Tabelle eine negative Menge von Transporteinheiten enthalten.

Damit ist der erste Schritt der Berechnungen abgeschlossen.

5. Die Höhe der Aufwandsverringerung wird durch das Produkt aus der auf das ursprünglich unbesetzte Feld gesetzten Menge von Transporteinheiten und der Bewertung dieses Feldes bestimmt.

6. Durch das angeführte Verfahren gewinnt man eine *verbesserte Lösung*. Das weitere Vorgehen besteht in der Wiederholung des beschriebenen Verfahrens, wobei das Ergebnis des vorangegangenen Schritts die neue Ausgangslösung bildet.

7. Die *optimale Lösung* ist dann erreicht, wenn durch die Bewertung aller unbesetzten Felder kein positives Ergebnis mehr entsteht ($U_i + K_j = c_{ij} < 0$).

Der Vorteil dieser Methode besteht darin, daß sie eine übersichtliche ökonomische Analyse der jeweiligen Lösung ermöglicht, und zwar sowohl unter dem Gesichtspunkt suboptimaler Varianten als auch unter dem einer möglichen weiteren Verbesserung dieser Lösung.

[161 – 33 ff.]

Doppelstichprobenverfahren → Qualitätskontrolle

Drehen → Grundzeit-Maschine

Dreieckmatrix → Matrix

Dringlichkeitsquotient für Maschinenbelegung – Kennziffer, nach der in der Einzelfertigung nach Einführung der elektronischen Datenverarbeitung die Maschinenbelegung vorgenommen werden kann. Die Dringlichkeitsquotienten stellen die zur Fertigung des betreffenden Teiles benötigte Zeit der noch vorhandenen Zeit gegenüber.

$$D_i = \frac{t_{M_k} + t_{T_k}}{T_n - T_i}$$

D_i Dringlichkeitskoeffizient für den nächsten durchzuführenden Arbeitsgang

i   Nächster durchzuführender Arbeitsgang am Teil

n   Letzter durchzuführender Arbeitsgang am Teil

t_M Maschinenlaufzeit (einschl. Rüstzeit) (min)
t_T Minimale Totzeit (min)
T_n Endtermin für den letzten Arbeitsgang
T_1 Gegenwärtiger Termin für den vorzugebenden Arbeitsgang

[190 – 9]

Drücken → Grundzeit-Maschine

Dualsystem → Datenverarbeitung

Durchlaßkoeffizient der Maschinengruppe – Kennziffer, die anzeigt, wieweit der geplante Zeitaufwand für die Herstellung bestimmter Erzeugnisse den verfügbaren Zeitfonds der betreffenden Maschinengruppen in Anspruch nimmt ($K_D \leq 1$) bzw. ihn übersteigt ($K_D > 1$).

$$K_D = \frac{Z_{vP1}}{A_{P1}}$$

Z_{vP1} Verfügbarer Zeitfonds der Maschinengruppe laut Plan (min)
A_{P1} Planarbeitsaufwand für die auf der Maschinengruppe herzustellenden Erzeugnisse, nach Normerfüllung korrigiert (min)

[35 – 288]

Durchlaufzeit – Zeitdauer des Durchlaufes eines Erzeugnisses, einer Baugruppe oder eines Einzelteils durch die Produktionsabschnitte. Die Durchlaufzeit wird beeinflußt von der → Losgröße, den Fertigungsprinzipien und der Fertigungsorganisation. Allgemein gilt:

$$T = \sum_{i=1}^{m} (t_{ei} + t_{ni} + t_{Ti} + t_{Ki} + t_{Li}) \qquad [min]$$

t_e Effektiv technologisch bedingter Zeitanteil
t_n Zeit für natürliche Prozesse
t_T Zeitanteil für Transport
t_K Zeitanteil für Kontrolle
t_L Liegezeit (am Arbeitsplatz und im Lager)
$i =$ 1 ... m

[3 – 604 ff.; 36 – 512]

Die nachfolgenden Formeln beziehen sich auf ein Los. Für die Berechnung der Durchlaufzeit T werden die *Bearbeitungsdauer* B und die Anzahl der *Unterbrechungstage* U benötigt.

Bearbeitungsdauer – B:

$$B = \frac{t_n}{450 \cdot s} = \frac{t_A + n \cdot t_s}{450 \cdot s} \qquad [d]$$

t_A	Vorbereitungs- und Abschlußzeit (min)
t_S	Stückzeit (min)
n	Losgröße (Stück)
s	Anzahl der Schichten
450	Minuten je Schicht
t_N	Normzeit (min)

Die Unterbrechungszeiten U (Tage) sind entsprechend den Bedingungen zu erfassen.

a) Durchlaufzeit bei Reihenverlauf – T_R:

$$T_R = \sum_{i=1}^{m} (U_i + B_i)$$

$$T_R = \sum_{i=1}^{m} \left(U_i + \frac{t_{Ai} + n \cdot t_{Si}}{450 \cdot s_i} \right) \qquad [d]$$

$$T_R = \frac{1}{3} \sum_{i=1}^{m} (U_i + B_i) \qquad [\text{Planabschnitte}]$$

1   Planabschnitt = 3 Tage
m   Anzahl der Arbeitsgänge

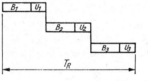

Reihenverlauf

b) Durchlaufzeit bei kombiniertem Verlauf – T_K:

$$T_K = T_R - \sum_{i=1}^{m-1} \frac{t'_{Ni\,kurz} \cdot (n - n_T)}{450 \cdot s_i} \qquad [d]$$

$$T_K = \frac{1}{3} T_R - \sum_{i=1}^{m-1} \frac{t'_{Ni\,kurz} \cdot (n - n_T)}{450 \cdot s_i} \qquad [\text{Planabschnitte}]$$

$t'_{Ni\,kurz}$ Kalkulationszeit des kürzeren der zu vergleichenden Arbeitsgänge (min)
n_T Transportlosgröße (Stück)

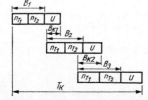

Kombinierter Verlauf

c) Durchlaufzeit bei parallelem Verlauf – T_p:

$$T_P = (n - n_T) \cdot t'_{Nmax} + n_T \sum_{i=1}^{m} t'_{Ni}$$

t'_{Nmax} Kalkulationszeit des längsten Arbeitsganges (min)

$$t'_N = \frac{t_A}{n} + t_S$$

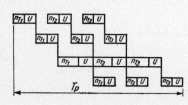

Paralleler Verlauf

Bezüglich möglicher und notwendiger Vereinfachungen siehe Literaturhinweis.

Algorithmen zur Berechnung der Durchlaufzeit auf Rechenautomaten

a) $n \cdot t_S$

b) $n \cdot t_S + t_A \rightarrow$ Zwischenspeicher

c) $450 \cdot s$

d) $B = \dfrac{n \cdot t_S + t_A}{450 \cdot s}$

e) $U + B$

f) $V_A = \dfrac{1}{3}(U + B)$

g) $T_R = \dfrac{1}{3} \sum_{i=1}^{m} (U_i + B_i)$

h) $n_K = n - n_T \rightarrow$ Zwischenspeicher

i) $B_K = \dfrac{n_K \cdot t_{SK} + t_{AK}}{450 \cdot s} \rightarrow$ Zwischenspeicher

j) $\sum_{i=1}^{m-1} B_{Ki}$

k) $T_K = \dfrac{1}{3} \left[T_R - \sum_{i=1}^{m-1} B_K \right]$

l) $(U + B_M)$

m) $\sum_{i=1}^{m} (U_i + B_{Ti})$

n) $T_P = \frac{1}{3}\left[(U_i + B_M) + \sum\limits_{i=1}^{m}(U_i + B_{Ti})\right]$

Vorlaufabschnitt – V_A:

Die Ermittlung erfolgt unabhängig von der Art des Durchlaufs für jeden Arbeitsgang.

$1\,V_A \triangleq 3$ Tage

$$V_A = \frac{1}{3}\left(U + \frac{t_A + n \cdot t_s}{450 \cdot s}\right)$$

$$V_A = \frac{1}{3}(U + B)$$

→ Liegezeit, losorganisatorische

[263 – 71 ff.]

Durchlaufzeit bei Fließstraßen

$$T_s = \sum\limits_{k=1}^{m-1} D_{pk,(k+1)} + \sum\limits_{j'=1'}^{n'} t'_{j,m} \qquad\qquad [\text{min}]$$

T_s Gesamtdurchlaufzeit bei der s-ten Reihenfolge der Eingabe von Einzelteilen in die Fertigung (min)

$D_{pk,(k+1)}$ Vorsprung zwischen den Arbeitsplätzen k und $k + 1$ (min)

$t_{j',m}$ Fertigungszeit des j'-ten Einzelteils auf dem letzten Arbeitsplatz (min)

$$D_{pk,(k+1)} = \max\limits_{1' \leqq r' \leqq n'}\left\{\sum\limits_{j'=1'}^{r'}\left[t_{(j-1)',k} - t_{(j-1)',(k+1)}\right] + r'_{Dpk,(k+1)}\right\}$$

Der Ausdruck

$$\sum\limits_{j'=1'}^{r'} t_{(j-1)',k} - t_{(j-1)',(k+1)}$$

ist gleich der Summe der Differenzen der Fertigungszeiten der Einzelteile $1', 2', ..., (r-1)'$ auf den Arbeitsplätzen k und $k + 1$.

Der Ausdruck

$$r'_{Dpk,(k+1)}$$

gibt die kleinstmögliche Zeit zwischen der Arbeitsaufnahme an den Arbeitsplätzen k und $k + 1$ für das Einzelteil r' an.

Die Formel für $D_{pk,(k+1)}$ gilt für den allgemeinen Fall, daß das Fertigungslos aus mehreren Transportlosen besteht. Ist das Fertigungslos gleich dem Transportlos, gilt:

$$D_{pk,(k+1)} = \max\limits_{1' \leqq r' \leqq n'}\left\{\sum\limits_{j'=1'}^{r'}\left[t_{(j-1)'} - t_{(j-1)',(k+1)}\right] + t_{r',k}\right\}$$

bzw.

$$D_{pk,(k+1)} = \max_{1' \leq r' \leq n'} \left\{ \sum_{j'=1'}^{r'} \left[t_{j',k} - t_{(j-1)',(k+1)} \right] \right\}$$

[182 – 89]

Durchlaufzeit bei Fließbandfertigung → Fließfertigung

Durchlaufzeit des Loses → Losgröße, wirtschaftliche

Durchschnitt – besondere Form des Mittelwertes, der die wesentliche Quantität aller einzelnen Erscheinungen darstellt, um die sich die einzelnen unterschiedlichen Quantitäten scharen. Der Durchschnitt kennzeichnet das allgemeine, alle einzelnen Größen x_i charakterisierende Niveau, in dem das Wirken der die Erscheinungen bestimmenden wesentlichen Faktoren zum Ausdruck kommt. Der Durchschnitt hat stets Beziehungen zweier Erscheinungen zum Inhalt. Seine Quantität ergibt sich aus der Gegenüberstellung der Gesamtgrößen der beiden Erscheinungen.

$$\bar{x} = \frac{\sum\limits_{i=1}^{k} m_i}{\sum\limits_{i=1}^{k} n_i}$$

i   Bezeichnung der Einheit
k   Anzahl der Einheiten
m   Merkmalsgröße
n   Bezugsgröße

Meist werden die Summierungsgrenzen fortgelassen. Falls sie nicht angegeben werden, heißt dies, daß stets alle Einheiten in die Summe einbezogen sind. Die Grundform des Durchschnitts lautet dann:

$$\bar{x} = \frac{\sum m_i}{\sum n_i}$$

Bei bestimmten Untersuchungen ist die Bezugserscheinung mit der einzelnen Einheit der Gruppe identisch. Dann ist n_i für alle Einheiten jeweils gleich 1. In diesen Fällen gilt vereinfacht:

$$\bar{x} = \frac{\sum m_i}{N}$$

N   Zahl der Einheiten der Gruppe

In diesem Falle ist x_i zahlenmäßig gleich m_i. Die Größe des Durchschnitts ist dann auch gleich:

$$\bar{x} = \frac{\sum x_i}{N}$$

Eigenschaften des Durchschnitts

1. Die Gesamtgröße der Merkmalserscheinung ist gleich dem Produkt des Durchschnitts mit der Gesamtgröße der Bezugserscheinung:

$$\bar{x} \cdot \Sigma\, n_i = \Sigma\, m_i$$

Setzt man also bei jeder Einheit der Bezugserscheinung als Merkmalsgröße den Durchschnitt ein, so ist die Summe gleich der tatsächlichen Summe der Merkmalsgrößen. Der Durchschnitt kann praktisch als Vertreter oder Ersatz für die einzelnen unterschiedlich großen Merkmalsgrößen eintreten.

2. Die Summe der Abweichungen der Größen x_i zum Durchschnitt ist gleich Null:

Es ist

$$x_i = \frac{m_i}{n_i}$$

also auch

$$x_i \cdot n_i = m_i$$

und daher

$$\Sigma\, x_i \cdot n_i = \Sigma\, m_i$$

oder

$$\Sigma\, x_i n_i = \bar{x} \cdot \Sigma\, n_i = \Sigma\, \bar{x} n_i$$

und schließlich

$$\Sigma\, (x_i - \bar{x})\, n_i = 0$$

Da $\Sigma\, x_i n_i = \Sigma\, m_i$, gilt auch

$$\bar{x} = \frac{\Sigma\, x_i n_i}{\Sigma\, n_i} = \Sigma\, x_i \frac{n_i}{\Sigma\, n_i} \quad \text{(arithmetisches Mittel)}$$

oder

$$\bar{x} = \Sigma\, x_i h_i$$

h_i Häufigkeit des Auftretens der Größen x_i

Berechnung des Durchschnitts

Drei Gruppen von Varianten treten in der praktischen Berechnung auf:

1. Die Summen lassen sich durch einfache Addition bilden: Die Größen n_i und m_i sind bekannt.
2. Die Merkmalsgrößen liegen nicht vor: Die Größen n_i und x_i sind bekannt.
3. Die Bezugsgrößen liegen nicht vor: Die Größen m_i und x_i sind bekannt.

Zu 1.
Berechnung siehe oben.

Zu 2.

Fehlen die Größen m_l, so müssen die Größen n_l mit den Größen x_l multipliziert werden, um die Größen m_l zu erhalten.

Da $x_l = \dfrac{m_l}{n_l}$, ist $m_l = x_l n_l$, und folglich:

$$\bar{x} = \frac{\sum x_l n_l}{n_l} \quad \text{(gewogenes arithmetisches Mittel)}$$

Zu 3.

Fehlen die Größen n_l, so müssen die Größen m_l durch die Größen x_l dividiert werden, um die Größen n_l zu erhalten.

Da $x_l = \dfrac{m_l}{n_l}$, ist $n_l = \dfrac{m_l}{x_l}$, und folglich:

$$\bar{x} = \frac{\sum m_l}{\sum \dfrac{m_l}{x_l}} \quad \text{(gewogenes harmonisches Mittel)}$$

Weitere Untervarianten siehe Literaturhinweis.

[15 – 232 ff.; 36 – 512]

Einige weitere wichtige Grundlagen und Besonderheiten der Durchschnittsberechnung

1. Analyse der Faktoren des Durchschnitts

Der Vergleichsdurchschnitt oder *standardisierte Durchschnitt* setzt sich aus den Größen x_s und n_s zusammen:

$$\bar{x}_s = \frac{\sum x_s n_s}{\sum n_s}$$

Durchschnitt der Wirkung der Größe x:

$$\bar{x}_{s,1} = \frac{\sum x_1 \cdot n_s}{\sum n_s}$$

Tatsächlicher Durchschnitt, bei dem beide Faktoren x und n wirksam sind:

$$\bar{x} = \frac{\sum x_1 \cdot n_1}{\sum n_1}$$

Zusammenfassend ergibt sich:

Wirkung der Größen x · Wirkung der Struktur von n

absolut

$$\bar{x}_{s,1} - \bar{x}_s + \bar{x} - \bar{x}_{s,1} = \bar{x} - \bar{x}_s$$

relativ

$$\frac{\bar{x}_{s,1}}{\bar{x}_s} \cdot \frac{\bar{x}}{\bar{x}_{s,1}} = \frac{\bar{x}}{\bar{x}_s}$$

2. Änderung des Durchschnitts bei Transformation der Einzelgrößen

In manchen Fällen setzen sich die Größen x_i aus der Summe einer Konstanten a und dem Produkt einer zweiten Konstanten b mit einer Variablen x_i' zusammen oder lassen sich auf eine derartige Summe zurückführen. Mathematisch findet eine Transformation zwischen den Variablen x_i und x_i' statt. Es ist dann – nach verschiedenen Umwandlungsstufen:

$$\bar{x} = a + b\bar{x}'$$

$$\bar{x}' = \frac{\bar{x} - a}{b}$$

3. Die Momente und die allgemeine Mittelwertformel

Der Mittelwert der k-ten Potenz von x wird als *k-tes Moment* oder *Moment k-ter Ordnung* bezeichnet:

$$m_k = \Sigma\, x^k h = \frac{\Sigma\, x^k h}{\Sigma\, n}$$

Allgemeine Mittelwertformel (k-te Wurzel aus dem k-ten Moment):

$$M_k = \sqrt[k]{m_k} = \left(\frac{\Sigma\, x^k n}{\Sigma\, n}\right)^{\frac{1}{k}}$$

Für $k = 1$ erhält man das arithmetische Mittel,
für $k = -1$ erhält man das harmonische Mittel,
für $k = 0$ erhält man das geometrische Mittel bei $\lim k \to 0$.

Die Momente der Abweichungen der Größen x_i von ihrem Mittelwert $\bar{x}$ werden als *zentrale Momente* μ_k bezeichnet:

$$\mu_k = \Sigma\, (x - \bar{x})^k\, h = \frac{\Sigma\, (x - \bar{x})^k\, n}{\Sigma\, n}$$

und bei stetigen Merkmalen:

$$\mu_k = \int (x - \bar{x})^k\, f(x)\, dx$$

[15 – 251 ff.]

Durchschnitte zahlenmäßiger Merkmale, Schätzung von → Stichprobe

Durchschnittsbestand – als Planbestände durch Normen begründete durchschnittliche Höhe der Bestände; mittlere Bestandshöhe eines Zeitraumes, die die produktions- bzw. zufallsbedingten Schwankungen der Stichtagsbestände eliminiert. Der Durchschnittsbestand wird mit Hilfe von chronologischen Mitteln berechnet. Im Industrie- bzw. Produktionsmittelhandelsbetrieb:

$$B_{\emptyset} = \frac{\frac{1}{2}(A + St_l) + \Sigma\,St_z}{n_{St}}$$

A   Anfangsbestand (M)
St_l Stichtagsbestand des letzten Monats (M)
$\Sigma\,St_z$ Summe der Stichtagsbestände der Zwischenmonate (M)
n_{St} Anzahl der Stichtagsbestände

[331 – 75]

Durchschnittslohnvergleich – Vergleich, wie sich das Verhältnis zwischen Lohnfonds und Anzahl der Arbeitskräfte vom Basis- zum Berichtszeitraum entwickelt. Dafür dient der Index:

$$i_l = \frac{L_l}{Z_l} : \frac{L_0}{Z_0}$$

$L_{0,1}$ Lohnfonds im Basis- bzw. Berichtszeitraum
$Z_{0,1}$ Anzahl der Arbeitskräfte im Basis- bzw. Berichtszeitraum

[105 – 221 f.]

Durchschnittspreis – durchschnittlicher Preis je Mengeneinheit einer Erzeugnisgruppe in einem bestimmten Zeitraum.

$$P_{\emptyset} = \frac{\Sigma\,p \cdot q}{\Sigma\,q}$$

p   Preis je Erzeugniseinheit (M)
q   Erzeugnismenge (ME)

Die Durchschnittspreisveränderung von Zeitraum zu Zeitraum wird durch den Index der Durchschnittspreise ausgedrückt:

$$I_{P\emptyset} = \frac{\Sigma\,p_1 \cdot q_1}{\Sigma\,q_1} : \frac{\Sigma\,p_0 \cdot q_0}{\Sigma\,q_0}$$

0, 1 Kennzeichnung des Basis- bzw. Berichtszeitraums

[330 – 46]

Durchschnittsvorratsnormen → Vorratsnorm

E

Effektivität, wirtschaftliche → Fertigungsanalyse, intervariationale

Effektivitätskennziffern – quantifizierter synthetischer Ausdruck des Nutzeffekts der gesellschaftlichen Arbeit. In den Effektivitätskennziffern sollen alle Seiten, alle Faktoren des ökonomischen Nutzeffekts ihren Niederschlag finden. Durch diese komplexen Kennziffern kann die wirtschaftliche Tätigkeit der betreffenden Bereiche zusammenfassend analysiert, beurteilt und normiert werden.

1. Niveaukennziffern:

Fondseffektivität

$$E_F = \frac{\sqrt{N \cdot R}}{F} = \sqrt{n_f \cdot r_f}$$

Arbeitseffektivität

$$E_A = \frac{\sqrt{N \cdot R}}{L} = \sqrt{n_l \cdot r_l}$$

Produktionseffektivität

$$E_P = \frac{\sqrt{N \cdot R}}{\sqrt{F \cdot L}} = \sqrt{n_f \cdot r_l}$$

2. Entwicklungskennziffern (Beispiel Produktionseffektivität):

$$E_P' = \left(\frac{\sqrt{N \cdot R}}{\sqrt{F \cdot L}}\right)' = \frac{E_{P_0}}{E_{P_n}}$$

oder

$$E_P' = \frac{\sqrt{N' \cdot R'}}{\sqrt{F' \cdot L'}}$$

oder

$$E_P' = \sqrt{n_f' \cdot r_l'}$$

Dabei gilt allgemein:

$$x' = \frac{x_n}{x_0}$$

Die Entwicklungskennziffer ist zu errechnen, indem man entweder den Quotienten aus den Niveaukennziffern der Vergleichs- und der Basisperiode (oder -variante) bildet, oder indem man die Entwicklungszahlen der einzelnen Ausgangskennziffern in die Formel einsetzt.

N   Nettoprodukt

R   Reineinkommen

L   Lohnfonds

F   Produktionsfonds

r_l Arbeitsrentabilität $\left(\dfrac{R}{L}\right)$

r_f Fondsrentabilität $\left(\dfrac{R}{F}\right)$

n_f Fondsintensität des Nettoprodukts $\left(\dfrac{N}{F}\right)$

n_l Arbeits(Lohn-)intensität des Nettoprodukts $\left(\dfrac{N}{L}\right)$

Wie die Effektivitätsfaktoren im sozialistischen Betrieb wirken, zeigt nebenstehende Abbildung.

[304 – 37 ff.; 40 – 624 ff.]

Effektivitätsrechnung → Quotientenbildung für die Effektivitätsrechnung

Eigenanalyse, funktionsbezogene – in Anlehnung an die → Gebrauchswert-Kosten-Analyse entwickelte Analysemethode, die darauf gerichtet ist, den Mitarbeiter anzuregen, eigene Gedanken zur besseren Erfüllung der ihm übertragenen Funktionen, zur Minimierung der Verwaltungskosten zu entwickeln und Disproportionen zwischen Aufgabenstellung (Funktionen), Entscheidungsfeld, Informationsfluß, Informationsverarbeitung und -wirksamkeit (Grad der Erfüllung der Aufgaben) sichtbar zu machen. Die funktionsbezogene Eigenanalyse ist eine wichtige Grundlage der funktionsbezogenen → Kostenanalyse des Verwaltungsbereichs. Testfragen zur funktionsbezogenen Eigenanalyse vgl. Abbildung auf S. 182.

[22 – 125 ff.]

Eigenerwirtschaftung – Deckung des Bedarfs an Mitteln für die planmäßige erweiterte Reproduktion der Produktionsfonds (Investitionen und Umlaufmittelerhöhungen) aus erwirtschafteten Gewinnen und Amortisationen des Betriebes, Kombinats bzw. der VVB.

Anmerkung zur Abbildung auf S. 183: Die Mittel für Wissenschaft und Technik sowie für den Kultur- und Sozialfonds sind hier nicht berücksichtigt, da diese aus den Selbstkosten finanziert werden.

[36 – 519; 341 – 5/13]

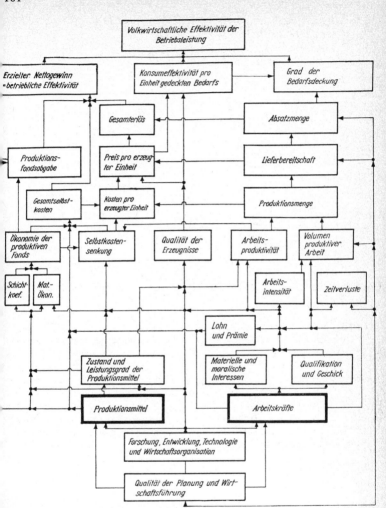

Zusammenhang der Effektivitätsfaktoren
im sozialistischen Betrieb

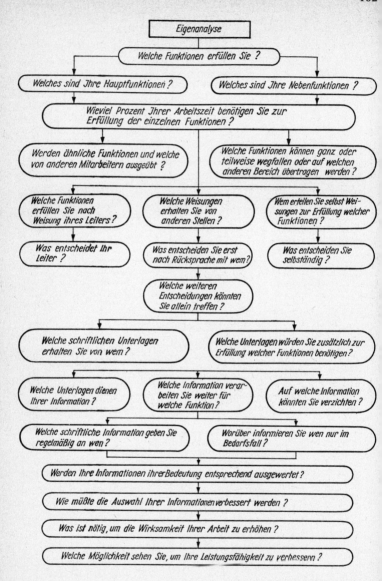

Eigenanalyse

Welche Funktionen erfüllen Sie?

Welches sind Jhre Hauptfunktionen? — Welches sind Jhre Nebenfunktionen?

Wieviel Prozent Jhrer Arbeitszeit benötigen Sie zur Erfüllung der einzelnen Funktionen?

Werden ähnliche Funktionen und welche von anderen Mitarbeitern ausgeübt?

Welche Funktionen können ganz oder teilweise wegfallen oder auf welchen anderen Bereich übertragen werden?

Welche Funktionen erfüllen Sie nach Weisung ihres Leiters?

Welche Weisungen erhalten Sie von anderen Stellen?

Wem erteilen Sie selbst Weisungen zur Erfüllung welcher Funktionen?

Was entscheidet Jhr Leiter?

Was entscheiden Sie erst nach Rücksprache mit wem?

Was entscheiden Sie selbständig?

Welche weiteren Entscheidungen könnten Sie allein treffen?

Welche schriftlichen Unterlagen erhalten Sie von wem?

Welche Unterlagen würden Sie zusätzlich zur Erfüllung welcher Funktionen benötigen?

Welche Unterlagen dienen Jhrer Information?

Welche Information verarbeiten Sie weiter für welche Funktion?

Auf welche Information könnten Sie verzichten?

Welche schriftliche Information geben Sie regelmäßig an wen?

Worüber informieren Sie wen nur im Bedarfsfall?

Werden Jhre Informationen ihrer Bedeutung entsprechend ausgewertet?

Wie müßte die Auswahl Jhrer Informationen verbessert werden?

Was ist nötig, um die Wirksamkeit Jhrer Arbeit zu erhöhen?

Welche Möglichkeit sehen Sie, um Jhre Leistungsfähigkeit zu verbessern?

Testfragen für eine funktionsbezogene Eigenanalyse

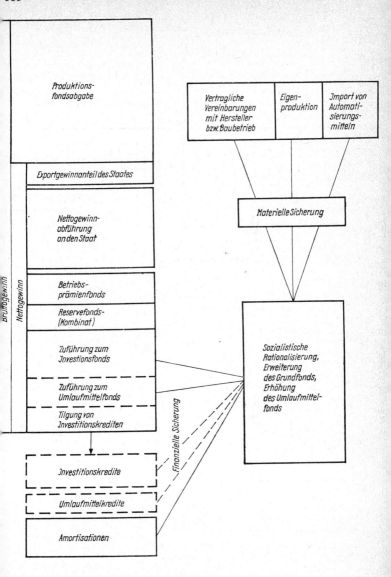

Die Eigenerwirtschaftung der Mittel durch den Betrieb

Eigenleistung des Betriebes – betriebliche Kennziffer, die den innerhalb eines bestimmten Zeitabschnittes im Betrieb geschaffenen Neuwert widerspiegelt. Sie wird wie folgt errechnet:

   Industrielle und nichtindustrielle Warenproduktion zu geplanten Betriebspreisen
+ Bestandszunahme an unfertigen Erzeugnissen bzw. Leistungen
− Bestandsabnahme an unfertigen Erzeugnissen bzw. Leistungen
− Grundmaterial
− Verbrauch produktiver Leistungen
+ diejenigen Bestandteile des innerbetrieblichen Umsatzes, die als Grundmaterial bzw. als produktive Leistungen verbraucht werden
− Produktionsabgaben für Eigenverbrauch

= Eigenleistung des Betriebes

[36 – 520; 331 – 16]

Eigenleistungsmethode → Arbeitsproduktivität

Eigenmittelbeteiligung zur Kredittilgung → Kredittilgung

Eigenmitteleinsatz für die Kredittilgung → Kredittilgung

Einarbeitungsnorm – wissenschaftlich begründete Arbeitsnorm für Produktionsarbeiter, die neue Arbeitsaufgaben übernehmen. Die Einarbeitungsnorm gilt für die gesamte Einarbeitungszeit.
Während des Einarbeitungsprozesses läßt sich die Entwicklung des Zeitaufwandes für einen Arbeitsgang durch eine Hyperbel höherer Ordnung (Potenzfunktion) beschreiben, die folgende allgemeine Form hat:

$$a = \frac{C}{Z^b}$$

oder

$$a = C \cdot Z^{-b}$$

a   Zeitaufwand bei einer bestimmten, innerhalb des Einarbeitungsbereiches liegenden Stückzahl Z
C   Konstante; sie entspricht der Zeitvorgabe bei Beginn des Einarbeitungsprozesses
Z   Fortschrittsstückzahl bei einem bestimmten Zeitaufwand a
b   Anstiegs- oder Einarbeitungsexponent; er gibt die Steigung der Kurve an

Der Einarbeitungsprozeß ist als beendet anzusehen, wenn der Arbeitszeitaufwand je Arbeitsgang oder je Stück mit zunehmenden Stückzahlen relativ konstant bleibt. Dieser Zeitpunkt ist dann erreicht, wenn der betreffende Werktätige in der Lage ist, nach den allgemein angewandten wissenschaftlich begründeten Arbeitsnormen zu arbeiten.

Zur Berechnung der Werte für b und C wird die Funktion

$$a = C \cdot Z^{-b}$$

logarithmiert und damit in eine Geradengleichung der Form

$$\lg a = \lg C - b \lg Z$$

überführt. Die Logarithmen werden durch andere Symbole ersetzt, so daß die Geradenfunktion

$$y = K - bx$$

lautet.

Anhand der Tabellen mit den ermittelten Meßwerten bestimmt man die arithmetischen Mittelwerte $\bar{x}$ und $\bar{y}$:

$$x = \frac{\sum\limits_{1} l_g Z_i}{N} = \frac{\sum\limits_{1} x_i}{N}$$

$$\bar{y} = \frac{\sum\limits_{1} l_g a_i}{N} = \frac{\sum\limits_{1} y_i}{N}$$

N   Anzahl der Meßwerte

Dann gilt:

$$-b = \frac{\sum\limits_{1} x_i y_i - \bar{y} \sum\limits_{1} x_i}{\sum\limits_{1} x_i^2 - \bar{x} \sum\limits_{1} x_i}$$

Die Bestimmung der Konstanten erfolgt als Rückrechnung, von den Grenzwerten Z_E (Grenzstückzahl = Z am Ende der Einarbeitungszeit) und a_E (Grenzarbeitszeitaufwand = Fertigungszeit bei Z_E) ausgehend, durch Umstellung der Gleichung

$$y = K - bx$$

nach K:

$$K = y + bx$$

Für die Werte x und y werden die Grenzwerte x_E und y_E eingesetzt, und man erhält:

$$K = y_E + bx_E$$

Durch Delogarithmieren von K ist die Konstante C ermittelt. Mit Hilfe der Gleichung

$$a = C \cdot Z^{-b}$$

kann man für jeden Z-Wert den entsprechenden a-Wert ermitteln. Sie gilt für alle Z-Werte in den Grenzen:

$$1 \leq Z \leq Z_E$$

[157 – 451 ff.]

Einfachstichprobenverfahren → Qualitätskontrolle

Eingangsstrom → Krankapazität, optimale

Einheiten, Tafel der gesetzlichen → Anhang, S. 1063

Einheiten, Umrechnung von → Anhang, S. 1062

Einheitsmatrix → Matrix

Einheitsselbstkosten – Kosten je hergestellte Einheit in Abhängigkeit von der Losgröße. Damit sind die Einheitsselbstkosten eine Funktion der Losgröße und bestimmen sich wie folgt:

$$K = f(L) = \frac{K_k}{L} + K_v \qquad \text{[M/ME]}$$

L   Losgröße (ME)
K_k Gesamtkosten, die mit der Auflegung eines Loses verbunden und von der Losgröße unabhängig sind (M/Los)
K_v Von der Losgröße nicht beeinflußte Stückkosten (M/ME)

Aus der Überführung der → Umlaufmittelbindung je Einheit des Loses

$$U = f(L) = \frac{LK}{2m} \qquad \left[\frac{M \cdot ZE}{ME} \right]$$

in die fiktive Kostenform des → „Umlaufmittelbindungsverlustes"

$$UV = f(L) = U \frac{P_n}{100} \qquad \text{[M/ME]}$$

folgt:

$$K = (K + UV) = f(L) = \frac{K_k}{L} + K_v + \left(\frac{K_k}{L} + K_v \right) \frac{L \cdot P_n}{200 \, m} \qquad \text{[M/ME]}$$

P_n Normativer Nutzkoeffizient (→ Nutzkoeffizient, normativer, des Umlaufmitteleinsatzes zur Rationalisierung) der Umlaufmittel (%/ZE)
m   Menge in der gewählten Zeiteinheit (ME/ZE)

Daraus ist das Stückkostenminimum (= ökonomisches Optimum) als Extremalwert zu bestimmen:

$$\frac{d(K + UV)}{dL} = \frac{-K_k}{L^2} + \frac{K_v \cdot p_n}{200m} = 0$$

Und die wirtschaftliche Seriengröße (→ Losgröße) ist dann:

$$L = L_{opt} = \sqrt{\frac{200 \cdot K_k \cdot m}{K_v \cdot p_n}}$$

[**169** – 527; **168** – 74f.]

Einlaufkurve → Anlaufkurve

Einsatzkoeffizient der technisch einsatzbereiten Fahrzeuge → Fahrzeuge, Einsatzkoeffizient der technisch einsatzbereiten

Einsparung an Kosten → Kosteneinsparung, absolute und relative

Einzelfertigung → Fertigungsart

Einzelhandelspreisindex – Kennziffer der durchschnittlichen relativen Veränderung der Einzelhandelspreise.

a) Üblicher Index (bezogen auf Mengen der Basisperiode):

$$I_{P_E} = \frac{\Sigma \frac{p_n}{p_0} \cdot p_0 \cdot q_0}{\Sigma \, p_0 q_0}$$

$\frac{p_n}{p_0}$ Individueller Preisindex je Ware bzw. Warengruppe

$p_0 q_0$ Umsatz der Basisperiode, gegliedert nach Warengruppen

b) Für umfassende Analysen (bezogen auf Mengen der Berichtsperiode):

$$I_{P_E} = \frac{\Sigma \, p_n \cdot q_n}{\Sigma \frac{p_0}{p_n} \cdot p_n \cdot q_n}$$

$p_{0,\,n}$ Einzelhandelspreis in der Basis- und Berichtsperiode
$q_{0,\,n}$ Umgesetzte Warenmenge in der Basis- und Berichtsperiode

→ Erzeugerpreisindex Industrie

[**36** – 539]

Einzelwertkarte → Kontrollkarten

Elastizitätsgrad der Ausrüstungen → Gleichmäßigkeitsmaß der Ausrüstungen

Elastizitätskoeffizient – Meßzahl der Elastizität, d. h. des Verhältnisses der Entwicklungstempi einer abhängigen Größe (Wirkung) und einer unabhängigen Größe (Ursache, Einflußfaktor).

$$E = \frac{\Delta y}{\Delta x} \cdot \frac{x_{(n-1)}}{y_{(n-1)}}$$

y   Abhängige Größe
x   Unabhängige Größe

$$\Delta y = y_n - y_{(n-1)}$$

$$\Delta x = x_n - x_{(n-1)}$$

Ist der Zusammenhang zwischen x und y in Form einer Funktion y = f(x) bekannt, so geht der Koeffizient über in

$$E = \frac{dy}{dx} \cdot \frac{x}{y} = f'(x) \cdot \frac{x}{y}$$

[36 – 558]

Endwert der Zeitrente → Rentenrechnung

Energiekostenanteil je Arbeitsgang → Kostenanteile je Arbeitsgang

Entscheidungsfunktionen, Bayessche → Bayessche Entscheidungsfunktionen

Entscheidungsmodell für Investitionen → Investitionen, Entscheidungsmodell für

Entscheidungsprozeß – Gesamtheit der auf die Lösung eines Entscheidungsproblems gerichteten Arbeiten, von der Formulierung des Problems bis zur Analyse der Ergebnisse getroffener Maßnahmen. Den Prinzipablauf zeigt nebenstehende Abbildung.

[36 – 576; **152** – 95]

Entwertung durch moralischen Verschleiß – die durch moralischen Verschleiß eines Grundmittels bewirkte Wertminderung, die sich als Differenz zwischen dem Anschaffungswert des Grundmittels und seinem Wert nach Ablauf eines bestimmten Zeitraumes ergibt. Der Wert des Grundmittels nach t Jahren beträgt:

$$K_t = \frac{K_0}{(1 + p)^T} \qquad [M]$$

K_0 Anschaffungswert des Grundmittels (M)
T → Nutzungsdauer des Grundmittels (a)
p Jährlicher Steigerungssatz der Arbeitsproduktivität (%)

[214 – 17]

Entwicklernutzen → Reineinkommenszuwachs durch Neuentwicklung, gesamter

Entwicklung, Nutzeffektskoeffizient der technischen → Nutzeffektskoeffizient der technischen Entwicklung

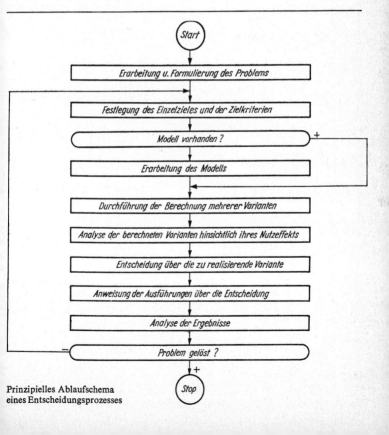

Prinzipielles Ablaufschema
eines Entscheidungsprozesses

Entwicklungsqualität → Qualität, optimale

Entwicklungsstufe, technische – Zeitraum, in dem eine (rasche) Verbesserung der Effektivität bei der Herstellung gleicher Gebrauchswerte auf der Grundlage gleicher technologischer Verfahren möglich ist. Die technische Entwicklungsstufe ist stets gegenstandsbezogen und konkretisiert einen bestimmten Produktionsprozeß. Die folgende Abbildung verdeutlicht das Verhältnis zwischen der Leistungssteigerung technologischer Ausrüstungen und dem ökonomischen Nutzen in Form der Rückflußdauer sowie das Effektivitätsfaktors für drei Annahmen. Das *Gemeinsame* aller drei Annahmen besteht darin, daß sich die Materialkosten proportional zur Leistungssteigerung erhöhen, Lohn- und Gemeinkosten aber gleich bleiben. Das *Unterschiedliche*

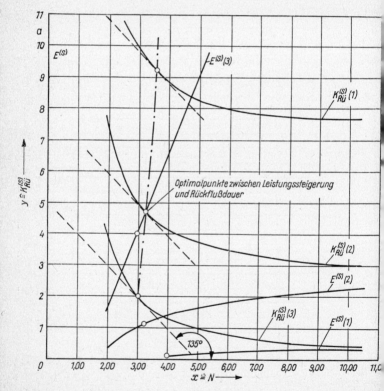

Rückflußdauer und Effektivitätsfaktor in Abhängigkeit von der Leistungssteigerung der technologischen Ausrüstungen (Maschinen und Anlagen) bei gleichen technologischen Verfahren

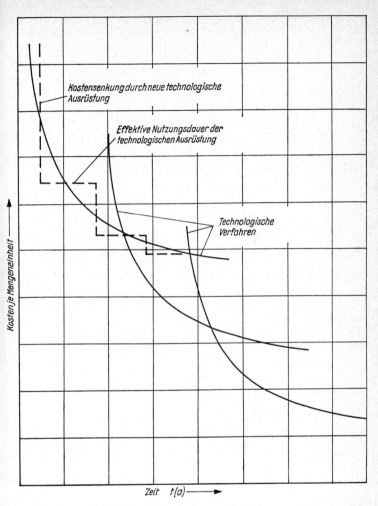

Kosten je Erzeugnis- oder Leistungseinheit in Abhängigkeit von der Art und der zeitlichen Entwicklung der technologischen Verfahren (Prinzipdarstellung)

besteht darin, daß *erstens* in der Kurve (1) die Abschreibungen proportional zur Leistung ansteigen (Elastizitätskoeffizient = 1), *zweitens* in der Kurve (2) die Abschreibungen sich um die Hälfte der Leistungen erhöhen (Elastizitätskoeffizient = 0,5), und *drittens* in der Kurve (3) die Abschreibungen unabhängig von der Leistungserhöhung konstant bleiben (Elastizitätskoeffizient = 0).

Wie sich die Kosten je Erzeugnis- oder Leistungseinheit in Abhängigkeit von der Art und der zeitlichen Entwicklung der technologischen Verfahren entwickeln, zeigt in einer Prinzipdarstellung die vorstehende Abbildung auf S. 191. Die Formel für die Rückflußdauer auf Basis Selbstkostensenkung:

$$K_{Rü}^{(S)} = \frac{V_{ges}}{S_S} \qquad\qquad (a)$$

lautet in Abhängigkeit von der Leistungssteigerung:

$$K_{Rü}^{(S)} = \frac{V_{ges}(1 + fx - f)}{(S_K + S_E - S_E f)(x - 1)} \qquad\qquad (a)$$

$K_{Rü}^{(S)} = y$ Rückflußdauer auf Basis Selbstkostensenkung (a)
V_{ges} Gesamtaufwendungen (TM)
S_S Selbstkostensenkung absolut (TM/a)
S_K Konstante Kosten (TM)
S_E Kosten mit Elastizität (TM)
f   Elastizitätskoeffizient
$x = N$ Leistungssteigerung

Für die getroffenen Annahmen erhält man damit folgende Kurvenpunkte für die Rückflußdauer:

N = x	2,0	4,0	7,0	10,0
(1) y	13 1/3	8 8/9	7 7/9	7 11/27
(2) y	7 1/2	4 1/6	3 1/3	3 1/8
(3) y	4	1 1/3	2/3	4/9

[300a – 130 ff.]

Erdmassenausgleich – spezielle Aufgabe der Transportoptimierung, die darauf gerichtet ist, ein Minimum an Transportaufwand in Tonnenkilometern (tkm) oder ein Minimum an Transportaufwand in Kubikmeterkilometern (m³km) oder ein Minimum an Transportkosten in Mark zu erzielen. Als Berechnungsverfahren kommen alle exakten Methoden der Transportoptimierung in Frage; besonders geeignet ist die → Potentialmethode, ein verkürztes Simplexverfahren. Das Problem ist allgemeiner Natur und daher auf beliebige analoge Fälle anwendbar.

Lieferer sind beispielsweise bestimmte Punkte einer Trasse (Eisenbahn oder Straße), von denen nach durchgeführten Erdarbeiten Erdmassen abzutransportieren sind. *Abnehmer* sind Orte, an denen diese Erdmassen wieder aufgeschüttet werden.

Beispiel:

Auf einer geplanten Trasse sollen entsprechend der Tabelle von den Punkten I, II, III, IV, V und VI insgesamt 45000 m³ Erdmassen (nämlich: 5000,

11000, 4000, 8000, 11000 und 6000 m³) ausgebaggert und abgefahren werden. An den Punkten a, b, c, d, e, f, g, h und i sollen demgegenüber insgesamt 50000 m³ Erdmassen (nämlich: 7000, 3000, 3000, 2000, 16000, 1000, 7000, 2000 und 9000 m³) aufgeschüttet werden.

Die fehlenden 5000 m³ sind von Orten herbeizuschaffen, die außerhalb der Trasse liegen, nämlich von Punkt VII mit der Kapazität von 7000 m³ und (oder) von Punkt VIII mit der Kapazität von 8000 m³. Diese Aufgabe ist in der Abbildung dargestellt.

Die Entfernungen der Orte I bis VIII von den Orten a bis i sind in der Tabelle in der rechten Ecke der einzelnen Felder angeführt. Die Tabelle enthält gleichzeitig die mit Hilfe der → Vogelschen Approximationsmethode und der modifizierten → Distributionsmethode ausgerechnete optimale Lösung.

Als Minimum sind 284000 $m^3 km$ erforderlich. Gleichzeitig existieren mehrere gleichwertige optimale Lösungen (in der Tabelle sind in drei unbesetzten Feldern Null-Bewertungen enthalten). Diese gleichwertigen optimalen Lösungen und ihre Berechnung sind aus der Tabelle zu ersehen, sobald die minimale

	a	b	c	d	e	f	g	h	i	F*)	Aufkommen
	3 **5**	5	8	14	21	23	31	32	34	M	5
	8 **2**	6 **3**	3 **3**	4 **(0)**	11 **3**	13	21	22	24	M	11
	9	7	4	2 **2**	9 **2**	11	19	20	22	M	4
	12	10	7	1	6 **8**	8	16	17	19	M	8
	22	20	17	11	4 **1**	2 **5**	6 **2**	7 **(0)**	9	M	11
	32	30	27	21	14	12	4	3	1 **6**	M	6
	14	12	9	3	10	12	20	21	23	0 **7**	7
I	38	36	33	27	20	18 **2**	10 **(0)**	11	13	0	8
	7	3	3	2	16	1	7	2	9	10	60

*) fiktiver Abnehmer

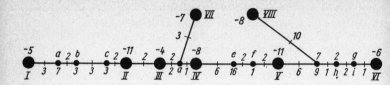

● *Orte des Aufkommens*

● *Orte des Bedarfs*

Erdmassenausgleich einer geplanten Trasse

Lademenge je Fahrzeug festgelegt ist. In allen optimalen Lösungen wird von Punkt VII keine Erde abtransportiert, von Punkt VIII werden jeweils nur 5000 m³ verwendet.

[161 – 82ff.]

Erfolgsstern – aus der → ZIS-Erfolgsspinne weiterentwickeltes graphisches Verfahren zur quantitativen Leistungsbewertung von Vergleichsobjekten (Erzeugnisse, Verfahren usw.). Im Gegensatz zur ZIS-Erfolgsspinne ist dieses Verfahren, wie auch das → Spinnennomogramm, so angelegt, daß das Vergleichsobjekt mit dem *größeren* Flächenwert vorgezogen wird. Die Fläche des Erfolgssterns ergibt sich aus:

$$F_s = r \left(f_n \cdot r + g_n \cdot \sum_{i=1}^{n} b_i \right)$$

wobei

$$f_n = n \left(\frac{1}{2} \sin \frac{360°}{n} + \sin^2 \frac{180°}{n} \right)$$

$$g_n = \sin \frac{180°}{n}$$

b_i Belegter Skalenabschnitt i
r   Radius des Innenkreises
n   Anzahl der in den Vergleich einbezogenen Parameter

Alle erreichten Leistungswerte müssen außerhalb des Kreises mit dem Radius r liegen. Dieser ist so zu wählen, daß eine gute Anschaulichkeit gewährleistet ist (r = 0,25 ... 0,40 der Skalenlänge – vgl. nebenstehende Abbildung).

[260 – 12ff.]

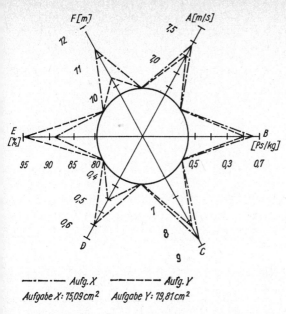

--·--·-- Aufg. X   ------- Aufg. Y

Aufgabe X: 75,09 cm²   Aufgabe Y: 79,81 cm²

Erfolgsstern

Ergebnis des Betriebes, einheitliches finanzielles – Gewinn oder Verlust als zusammenfassender Ausdruck des Gesamtergebnisses der wirtschaftlichen Tätigkeit der volkseigenen Betriebe, Kombinate und VVB der zentralgeleiteten Industrie und des zentralgeleiteten Bauwesens. Das einheitliche Betriebsergebnis umfaßt: a) das Ergebnis aus abgesetzter Warenproduktion und sonstigen Umsätzen, b) das Ergebnis aus Export, c) die Erlöse aus Exportstimulierungsmitteln. Nach Abzug der Produktionsfondsabgabe und des Exportgewinnanteils des Staates vom einheitlichen Betriebsergebnis ergibt sich der → Nettogewinn.

Die *Ergebnisentwicklung* (Ergebnis aus Absatz) kann wie folgt berechnet werden:

Geplantes Ergebnis

$$E_{pl} = U_{pl} \cdot K_{pl} \qquad \qquad [M]$$

Ist-Ergebnis

$$E_1 = U_1 - K_1 \qquad \qquad [M]$$

$U_{pl, 1}$ Geplante und Ist-Erlöse (M)

$K_{pl, 1}$ Geplante und Ist-Selbstkosten (M)

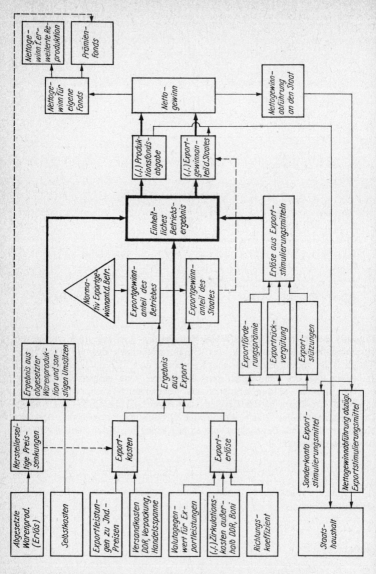

Modellmäßige Darstellung der Bildung des einheitlichen Betriebsergebnisses

[**345** – 175; **338** – 202 f.]

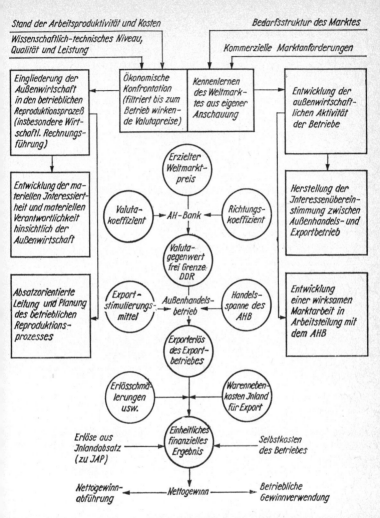

Anforderungen und Faktoren, die auf das einheitliche finanzielle Ergebnis des Betriebes wirken

[118 – 17]

Entwicklungsindex:

$$i = \frac{E_1}{E_{p1}} \cdot 100 \qquad [\%]$$

oder

$$i = \frac{U_1 - K_1}{U_{p1} - K_{p1}} \cdot 100 \qquad [\%]$$

Andere Wege:

a) Getrennte Meßzahlen der Planerfüllung für Erlöse und Kosten:

$$i_U = \frac{U_1}{U_{p1}} \qquad\qquad i_K = \frac{K_1}{K_{p1}}$$

b) Erlöse und Selbstkosten werden durch einfache Verhältniszahlen in Zusammenhang gebracht:

$$v_{p1} = \frac{U_{p1}}{K_{p1}} \qquad\qquad v_1 = \frac{U_1}{K_1}$$

$$i = \frac{v_1}{v_{p1}} \cdot 100 \qquad [\%]$$

Zusammengefaßt:

$$i = \frac{\dfrac{U_1}{K_1}}{\dfrac{U_{p1}}{K_{p1}}}$$

[106 – 210 ff.]

Erneuerungskoeffizient, *Erneuerungsgrad* – Kennziffer, die den Grad der Einführung neuer Erkenntnisse aus Wissenschaft und Technik in die Produktion, bezogen auf einen bestimmten Zeitraum, ausdrückt. Als neu sind in diesem Zusammenhang nur solche Erzeugnisse und Technologien zu betrachten, die in bezug auf ihre technischen und ökonomischen Daten die früher produzierten Erzeugnisse bzw. die früher angewandte Technologie oder Ausrüstung wesentlich übertreffen.

a) Erneuerungskoeffizient der Produktion – K_p:

$$K_P = \frac{V_n + V_m}{V}$$

V_n Volumen der Produktion neuer Erzeugnisse in vergleichbaren Preisen oder im Naturalausdruck (M, ME)

V_m Volumen der Produktion modernisierter Erzeugnisse in vergleichbaren Preisen oder im Naturalausdruck (M, ME)

V   Volumen der Bruttoproduktion in vergleichbaren Preisen oder im Naturalausdruck (M, ME)

b) Erneuerungskoeffizient der Technologie – K_T:

$$K_T = \frac{V_{nT}}{V}$$

V_{nT} Produktionsvolumen der nach neuer Technologie hergestellten Erzeugnisse (M, ME)

c) Erneuerungskoeffizient der Ausrüstung – K_A:

$$K_A = \frac{A_n}{GF}$$

A_n Während des Jahres in Betrieb genommene neue Technik (Maschinen, Geräte, Ausrüstungen usw.) (M)
GF   Wert des aktiven Teils der Produktionsgrundfonds (M)

[**294** – 140f.; **144** – 193f.; **329** – 61]

Erneuerungsproblem – Problem der Operationsforschung, das die Bestimmung des wirtschaftlichsten *Ersatzzeitpunktes* für ein Arbeitsmittel bzw. eine Arbeitsmittelgruppe zum Inhalt hat. Der Ersatzzeitpunkt wird im allgemeinen durch physischen und moralischen Verschleiß, Gebrauchswert, Pflege, Wartung, Reparaturaufwand usw. bestimmt. Bei einem Erneuerungsproblem ist zwischen reparaturwürdigen und nichtreparaturwürdigen Arbeitsmitteln zu unterscheiden.

Beispiel für den zweitgenannten Fall:

Es sind 1000 Röhren eines bestimmten Typs (z. B. Elektronenröhren) in Betrieb.

Zeitraum	Wahrscheinlichkeit, daß die Röhre in diesem Zeitraum unbrauchbar wird
1	0,01
2	0,15
3	0,50
4	0,20
5	0,09
6	0,05

Die Erneuerungsmaßnahmen sind im betrachteten Beispiel so festzulegen, daß die während der Arbeit unbrauchbar werdenden Röhren sofort ersetzt werden und darüber hinaus alle Röhren, die bereits k Zeiträume in Betrieb sind, ebenfalls durch neue ersetzt werden. Es ist also eine optimale Anzahl k von Zeiträumen zu bestimmen, nach denen die Röhre durch eine neue zu ersetzen ist.

Zu diesem Zweck sind für verschiedene Werte von k die entsprechenden Kosten zu untersuchen. Zunächst soll k = 6 sein, was bedeutet, daß die Röhren nur dann ausgewechselt werden, wenn sie unbrauchbar werden. Dazu ist die erwartete Anzahl der in k Zeiträumen unbrauchbaren Röhren zu errechnen. Da angenommen wird, daß zu Beginn der Folge von Zeiträumen alle 1000 Röhren neu waren und daß danach in jedem Zeitraum die unbrauchbaren Röhren durch neue ersetzt werden, beträgt die erwartete Anzahl unbrauchbarer Röhren im ersten Zeitabschnitt (k = 1):

$$n_1 = 1000 \cdot 0{,}01 = 10 \tag{1}$$

Beim Übergang zum nächsten Zeitabschnitt haben wir somit 990 Röhren, die einen Zeitraum im Betrieb sind, 10 Röhren, die neu sind (Ersatz der im ersten Zeitraum unbrauchbar gewordenen Röhren).

Errechnung der im 2. Teilabschnitt unbrauchbar werdenden Röhren:

Die 10 neu installierten Röhren können im zweiten Zeitraum ebenfalls mit einer Wahrscheinlichkeit von 0,01 unbrauchbar werden. Von den restlichen am Anfang installierten Röhren werden laut Wahrscheinlichkeitsverteilung im 2. Teilabschnitt 1000 · 0,15 Röhren unbrauchbar. Daraus folgt:

$$n_2 = 1000 \cdot 0{,}15 + 10 \cdot 0{,}01 = 150{,}1 \tag{2}$$

Für die folgenden Zeiträume gilt entsprechend:

$$n_3 = 1000 \cdot 0{,}50 + 10 \cdot 0{,}15 + 150{,}1 \cdot 0{,}01 = 503 \tag{3}$$

$$n_4 = 1000 \cdot 0{,}20 + 10 \cdot 0{,}50 + 150{,}1 \cdot 0{,}15 + 503 \cdot 0{,}01 = 232{,}5 \tag{4}$$

$$n_5 = 1000 \cdot 0{,}09 + 10 \cdot 0{,}20 + 150{,}1 \cdot 0{,}50 + 503 \cdot 0{,}15 + 232{,}5 \cdot 0{,}01$$
$$= 244{,}8 \tag{5}$$

$$n_6 = 1000 \cdot 0{,}05 + 10 \cdot 0{,}09 + 150{,}1 \cdot 0{,}20 + 503 \cdot 0{,}50 + 232{,}5 \cdot 0{,}15$$
$$+ 244{,}8 \cdot 0{,}01 = 369{,}7 \tag{6}$$

Im nächsten Zeitraum, dem siebenten, ist keine der am Anfang installierten Röhren mehr vorhanden, da die Wahrscheinlichkeit gleich Null ist, daß eine Röhre länger als sechs Zeitabschnitte funktioniert.

Die ältesten Röhren im 7. Zeitraum müssen also im 1. Zeitraum installiert worden sein. Die erwartete Anzahl der unbrauchbaren Röhren beträgt somit:

$$n_7 = 10 \cdot 0{,}05 + 150{,}1 \cdot 0{,}09 + 503 \cdot 0{,}20 + 232{,}5 \cdot 0{,}50 + 244{,}8 \cdot 0{,}15$$
$$+ 369{,}7 \cdot 0{,}01 = 271{,}3 \tag{7}$$

Im achten Zeitabschnitt gibt es keine Röhre mehr, die am Anfang oder im 1. Zeitabschnitt installiert wurde. Es können aber Röhren vorhanden sein bzw. ausfallen, die im 2., 3., usw. Zeitraum installiert wurden:

$$n_8 = 150{,}1 \cdot 0{,}05 + 503 \cdot 0{,}09 + 232{,}5 \cdot 0{,}20 + 244{,}8 \cdot 0{,}50 + 369{,}7 \cdot 0{,}15$$
$$+ 271{,}3 \cdot 0{,}01 = 279{,}8 \tag{8}$$

Wenn die Wahrscheinlichkeiten aus der Tabelle entsprechend mit p_1, p_2, p_3, p_4, p_5 und p_6 bezeichnet werden, wobei p_i bedeutet, daß die Röhre im i-ten

Zeitabschnitt ihrer Benutzung unbrauchbar wird, dann lauten die allgemeinen Formeln für die oben errechneten erwarteten Anzahlen der unbrauchbaren Röhren in den einzelnen Zeiträumen:

$$n_1 = n_0 p_1$$

$$n_2 = n_0 p_2 + n_1 p_1$$

$$n_3 = n_0 p_3 + n_1 p_2 + n_2 p_1$$

$$n_4 = n_0 p_4 + n_1 p_3 + n_2 p_2 + n_3 p_1$$

$$n_5 = n_0 p_5 + n_1 p_4 + n_2 p_3 + n_3 p_3 + n_4 p_2 + n_3 p_1$$

$$n_6 = n_0 p_6 + n_1 p_5 + n_2 p_4 + n_3 p_3 + n_4 p_2 + n_5 p_1$$

$$n_7 = n_1 p_6 + n_2 p_5 + n_3 p_4 + n_4 p_3 + n_5 p_2 + n_6 p_1$$

$$n_8 = n_2 p_6 + n_3 p_5 + n_4 p_4 + n_5 p_3 + n_6 p_2 + n_7 p_1$$

Die Zahl n_0 bezeichnet die am Anfang installierte Anzahl neuer Röhren ($n_0 = 1000$).

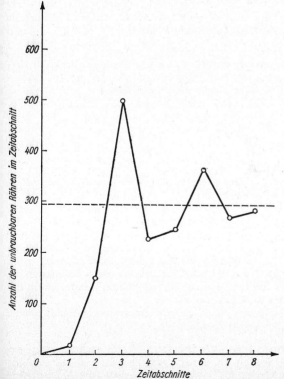

Schwankungen der unbrauchbar gewordenen Röhren

Die Schwankungen, denen die erwartete Anzahl der unbrauchbar gewordenen Röhren in den aufeinanderfolgenden Zeitabschnitten unterliegt, zeigt die Abbildung auf S. 201.

Die Anzahl der durchschnittlich unbrauchbar werdenden Röhren ist umgekehrt proportional zu ihrer *erwarteten Lebensdauer*. Diese beträgt anhand der Tabelle (Zeitraum nach Wahrscheinlichkeit des Ausfalls):

$$1 \cdot 0,01 + 2 \cdot 0,15 + 3 \cdot 0,50 + 4 \cdot 0,20 + 5 \cdot 0,09 + 6 \cdot 0,05 = 3,36$$

Die erwartete Anzahl der in einem Zeitraum unbrauchbar werdenden Röhren beträgt demnach:

$$100 \cdot \frac{1}{3,36} = 298$$

Die erwarteten Kosten bei $k = 6$, d. h. bei Erneuerung lediglich der unbrauchbaren Röhren im Verlaufe eines Zeitraumes, betragen somit

$$(400 + 10 + 500) \cdot 298 = 271\,180 \text{ Mark.}$$

(Jede unbrauchbar gewordene Röhre verursacht folgende Kosten: 400 Mark, die aus den Folgen ihres Ausfalls während der Arbeit resultieren, 10 Mark für das Auswechseln und 500 M für eine neue Röhre.)

Die allgemeinen Formeln für die erwartete Anzahl der in den einzelnen Zeiträumen auszuwechselnden Röhren (unbrauchbare Röhren und jene brauchbare, die schon fünf Zeitabschnitte in Betrieb sind) lauten:

$$n_1 = n_0 p_1$$

$$n_2 = n_0 p_2 + n_1 p_1$$

$$n_3 = n_0 p_3 + n_1 p_2 + n_2 p_1$$

$$n_4 = n_0 p_4 + n_1 p_3 + n_2 p_2 + n_3 p_1$$

$$n_5' = n_0 p_5 + n_1 p_4 + n_2 p_3 + n_3 p_2 + n_4 p_1 + n_0 p_6$$

$$n_6' = n_1 p_5 + n_2 p_4 + n_3 p_3 + n_4 p_2 + n_5' p_1 + n_1 p_6$$

$$n_7' = n_2 p_5 + n_3 p_4 + n_4 p_3 + n_5' p_2 + n_6' p_1 + n_2 p_6$$

Der Wert $n_5' = 294,8$ unterscheidet sich vom Ausdruck (5) nur durch $(1000 \cdot 0,05)$. Das sind die Röhren, die fünf Zeitabschnitte gearbeitet haben und für die weitere Arbeit noch brauchbar sind. Bei diesen Bedingungen ist das gleich der Zahl der im 6. und den darauffolgenden Zeitabschnitten unbrauchbar werdenden Röhren.

Im Beispiel betragen die erwarteten Anzahlen der auszuwechselnden Röhren für einige aufeinanderfolgende Zeitabschnitte:

$$n_6' = 10 \cdot 0,09 + 150,1 \cdot 0,20 + 503 \cdot 0,50 + 232,5 \cdot 0,15 + 294,8 \cdot 0,01$$
$$+ 10 \cdot 0,05 = 320,7$$

$$n_7' = 150{,}1 \cdot 0{,}09 + 503 \cdot 0{,}20 + 232{,}5 \cdot 0{,}50 + 294{,}8 \cdot 0{,}15 + 320{,}7 \cdot 0{,}01$$
$$+ 150{,}1 \cdot 0{,}05 = 285{,}3$$

$$n_8' = 503 \cdot 0{,}09 + 232{,}5 \cdot 0{,}20 + 294{,}8 \cdot 0{,}50 + 320{,}7 \cdot 0{,}15 + 285{,}3 \cdot 0{,}01$$
$$+ 503 \cdot 0{,}05 = 315$$

Auch diese Zahlenfolge strebt trotz der beobachteten Schwankungen zu einer Grenze, die umgekehrt proportional zur erwarteten Lebensdauer der Röhren ist. Diese ist jetzt kürzer, da sie nicht länger als 5 Zeitabschnitte beträgt. Die Lebensdauer der Röhren beträgt anhand der Tabelle:

$$p_5' = p_5 + p_6, \text{ also } p_5' = 0{,}09 + 0{,}05 = 14 \tag{10}$$

(p_5' Unbrauchbarwerden entweder im fünften oder im sechsten Zeitabschnitt)
Die erwartete Lebensdauer:

$$1 \cdot 0{,}01 + 2 \cdot 0{,}15 + 3 \cdot 0{,}50 + 4 \cdot 0{,}20 + 5 \cdot 0{,}14 = 1{,}31$$

Die erwartete Anzahl der Röhren, die im Laufe eines Zeitabschnittes ausgewechselt werden müssen, beträgt somit:

$$1000 \cdot \frac{1}{3{,}31} = 302$$

Das ist zwar eine größere Anzahl von Röhren als vorher (bei $k = 6$ waren es 298), aber die Kosten für das Auswechseln der Röhren, die nach einem fünf Zeitabschnitte währenden Gebrauch noch verwendungsfähig sind, liegen bedeutend niedriger als die Kosten für das Auswechseln der Röhren, die während der Arbeit unbrauchbar werden. Deshalb muß man die erwartete Anzahl der Röhren ausrechnen, die nur deshalb ausgewechselt werden, weil sie bereits fünf Zeitabschnitte in Betrieb sind. Nach Formel (10) beträgt die Zahlenfolge der brauchbaren Röhren, die fünf Zeitabschnitte überdauerten:

$$n_0 p_6, \; n_1 p_6, \; n_2 p_6, \; n_3 p_6, \; ... \tag{11}$$

Da die Folge $n_0, n_1, n_2, n_3, ...$ zur Zahl 302 strebt, wird die Folge (11) zur Grenze $302 \cdot p_6 = 302 \cdot 0{,}05 = 15$ streben. Das bedeutet, daß von den im Laufe eines Zeitabschnittes durchschnittlich 302 ausgewechselten Röhren nur $302 - 15 = 287$ eine Erneuerung von unbrauchbaren Röhren darstellen, während 15 die Erneuerung der brauchbaren Röhren darstellen, die bereits fünf Zeiträume im Gebrauch sind. Die Kosten dieser Erneuerung betragen:

$$(400 + 10 + 500) \cdot 287 + (10 + 500) - 15 = 268\,820 \text{ Mark.}$$

Es ist also vorteilhafter, brauchbare Röhren, die bereits fünf Zeiträume in Betrieb sind, durch neue auszuwechseln, als zu warten, bis sie unbrauchbar werden.
Analoge Berechnungen sind für $k = 4, 3, 2, 1$ auszuführen und daraus der optimale (wirtschaftlichste) Ersatzzeitpunkt zu bestimmen.

[261 – 207 ff.]

Erneuerungsquote der Grundmittel – Kennziffer, die das Verhältnis der während eines Zeitraums in den Grundmittelbereich übernommenen neuen → Grundmittel zum Bestand an Grundmitteln zu Beginn des Zeitraums ausdrückt. Unter Neuzugängen sind dabei die neuen, noch nicht benutzten Grundmittel zu verstehen.

$$Q_E = \frac{B_N}{B_A} \cdot 100 \qquad [\%]$$

B_N Bruttowert der Neuzugänge (M)
B_A Bruttowert des Anfangsbestandes (M)

[329 – 16]

Ersatzbedarf an Arbeitskräften – Anzahl der Arbeitskräfte zur Aufrecht erhaltung des Bestandes, der auf Grund des natürlichen Abgangs (Erreichen des Rentenalters, Invalidität, Sterblichkeit u. a.) reduziert wird.

$$S_i = B_{i-1} \cdot S_z$$

B   Bedarf an Arbeitskräften
i   Kennzeichnung des Planjahres
S_z Ersatzrate

Folglich ist der gesamte Ersatzbedarf während einer Planperiode:

$$S^n = \sum_{i=1}^{n} (B_{i-1} \cdot S_z)$$

n   Anzahl der Jahre in der Planperiode

[34 – 667f.]

Ersatzteilbedarf pro Jahr – erforderliche Menge an Einzelteilen bzw. Baugruppen für die Reparatur und Instandhaltung der in Betrieb befindlichen und im betreffenden Jahr auszustoßenden Erzeugnisse der betreffenden Typen.

$$Q = n_0 \cdot n_x \cdot v_k \qquad [\text{Stück/a}]$$

n_0 Im Einsatz befindliche Fertigerzeugnisse und Anzahl der auszustoßenden Erzeugnisse im jeweiligen Planjahr (Stück)
n_x Häufigkeit, mit der das betreffende Ersatz- bzw. Verschleißteil je Fertigerzeugnis auftritt
v_k Technischer → Verschleißkoeffizient, z. B.

$$V_k = \frac{h_B}{h_V}$$

h_B Geplante Anzahl der Betriebsstunden pro Jahr des im Einsatz befindlichen Erzeugnisses
h_V Durchschnittliche Verschleißdauer des Teiles in Betriebsstunden

[225 – 9]

Ersatzzeitpunkt → Erneuerungsproblem

Erschöpfung – als Folge von Überforderung auftretende, durch Entmüdung nicht reversible Hemmung der Leistungsfähigkeit. Die Kompensation der Erschöpfung erfolgt durch aktive und passive Erholung.

Symptome	Erschöpfungsgrade			
	I– beginnende E.	II – leichte E.	III – mittlere E.	IV – äußerste E.
Verringerung der Arbeitsfähigkeit	gering	sichtlich	ausgeprägt	stark
Auftreten eines früher nicht wirkenden Ermüdungsgefühls bei Beanspruchungen	bei stärkerer Beanspruchung	bei geringer Beanspruchung	ohne Beanspruchung	ohne Beanspruchung
Kompensation der verringerten Arbeitsfähigkeit durch Willensanstrengung	nicht erforderlich	vollkommen	unvollkommen	geringfügig
Emotionale Schwankungen	zeitweilige Verringerung des Interesses an der Arbeit	zeitweilige labile Stimmung	Gereiztheit	Bedrücktheit, ausgesprochene Gereiztheit
Schlafstörungen	schweres Einschlafen und Erwachen	schwereres Einschlafen als Erwachen	Verschlafenheit am Tage	Schlaflosigkeit
Verringerung der Fähigkeit zu geistiger Arbeit	keine	Konzentration fällt schwerer	zeitweilige Vergeßlichkeit	ausgeprägtes Nachlassen der Aufmerksamkeit und des Gedächtnisses
Psychohygienische Maßnahmen	Korrektur des Pausenregimes, sportliche und kulturelle Betätigung	Urlaub und Erholung	notwendiger zusätzlicher Urlaub, organisierte Erholung	Heilverfahren

Schematische Darstellung der Erschöpfungsgrade und ihrer Auswirkungen

[32 – 247; 213 – 62]

Erwartungswert → Stichprobe, → Warteschlangenproblem, → Netzplantechnik

Erzeugerpreisindex Industrie – Kennziffer, die die durchschnittliche Veränderung der Betriebs- bzw. Industrieabgabepreise für die gesamte Warenproduktion zwischen zwei Zeiträumen, gemessen an der Struktur der Warenproduktion im Berichts- bzw. Basiszeitraum, ausdrückt.

a) Auf Grundlage der Menge (Struktur) der Warenproduktion des Berichtszeitraumes:

$$I_p = \frac{\sum p_1 \cdot q_1}{\sum p_0 \cdot q_1}$$

b) Auf Grundlage der Menge (Struktur) der Warenproduktion des Basiszeitraumes:

$$I_p = \frac{\sum p_1 \cdot q_0}{\sum p_0 \cdot q_0}$$

p   Betriebs- bzw. Industrieabgabepreis je Position (M)
q   Menge der Warenproduktion je Position
0, 1   Kennzeichnung des Basis- (0) bzw. Berichtszeitraumes (1)

Der *Preisindex für Export- bzw. Importwaren* (Auslandspreisindex) wird analog errechnet, wobei die Gewichtung auf Grundlage der Struktur des Außenhandelsumsatzes erfolgt.

Der → *Einzelhandelspreisindex*, der die durchschnittliche relative Veränderung der Einzelhandelspreise kennzeichnet, wird anhand einer konkreten Umsatzstruktur für mehrere Zeiträume analog berechnet. Er sagt aus, wie sich der Einzelhandelsumsatz durch Preisveränderungen verändert hätte, wenn in den beobachteten Zeiträumen das Volumen und die Struktur der umgesetzten Warengesamtheit gleichgeblieben wären.

In der betreffenden Formel bedeuten dann:

p   Einzelhandelspreis je Ware
q   Umgesetzte Warenmenge

Erzeugnisanalyse → Gebrauchswert-Kosten-Analyse

Erzeugnisgruppe – Organisationsform sozialistischer Gemeinschaftsarbeit in der Industrie der DDR. Die Erzeugnisgruppe vereint in der Regel Betriebe gleicher oder unterschiedlicher Eigentumsformen oder Unterstellungsverhältnisse, die gleiche oder ähnliche Erzeugnisse herstellen, Gemeinsamkeiten im Materialeinsatz und in den Technologien haben und unter Leitung einer VVB bzw. eines beauftragten Leitbetriebes und (teilweise) eines *Erzeugnisgruppen-*

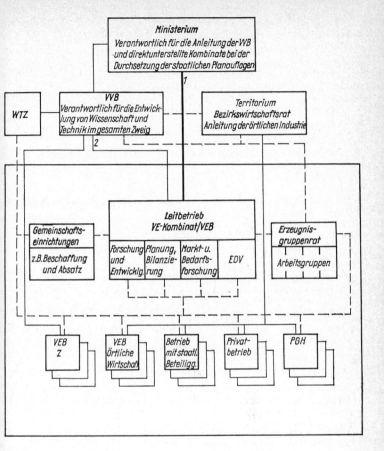

7 *Dem Ministerat direkt*   ——— *Leitungsbeziehungen*
   unterstellte Kombinate   – – – – *Zusammenarbeit*

2 *Der VVB unterstellte Kombinate*

Prinzipstruktur der Erzeugnisgruppe   **[36 – 598f.; 341 – 5/5]**

rates zum volkswirtschaftlichen und eigenen Vorteil zusammenarbeiten. Den Aufbau und die Beziehungen innerhalb der Erzeugnisgruppe zeigt nebenstehende Abbildung.

Erzeugnisgruppen, technisches Niveau der – zusammenfassende allgemeine Charakterisierung des Neuigkeitsgrades der Produktion als Vergleichsbasis zum Weltstand. Das technische Niveau eines einzelnen Erzeugnisses kommt stets in der Kombination ganz spezifischer Merkmale bzw. Kennziffern zum Ausdruck. Als allgemeine Kennziffer für *Erzeugnisgruppen* ist der *Koeffizient des technischen Niveaus* geeignet, der das Verhältnis der durchschnittlichen moralischen Lebensdauer zum effektiven Durchschnittsalter der Erzeugnisse seit ihrer Einführung in die Produktion kennzeichnet:

$$t' = \frac{\sum t_m \cdot p}{\sum t_{eff} \cdot p} \cdot 100 \qquad [\%]$$

t_{eff} Effektives Alter des Erzeugnisses (a)

t_m Moralische Lebensdauer des Erzeugnisses (kann auch negative Werte annehmen) (a)

p Menge oder Wert des Erzeugnisses (ME oder M)

Beispiel für die Berechnung des technischen Niveaus betrieblicher Erzeugnissortimente anhand ihrer Altersstruktur

Betrieb	Durchschnittliches Einführungsalter der Warenproduktion im Bezugsjahr	Umschlagszeit des Sortiments in führenden Ländern	Technisches Niveau der Erzeugnisse (Sp. 2 : Sp. 1) in Prozent	Anteil (in Prozent) der Erzeugnisse mit einem Einführungsalter von								
	in Jahren			0	1	2	3	4	5 bis 9	10 bis 14	15 bis 19	2 u me
				Jahren								
0	1	2	3	4	5	6	7	8	9	10	11	1
I	1,6	1,0	63	17,2	43,3	12,1	20,3	6,3	0,8	–	–	–
II	2,4	1,5	63	34,1	12,1	3,5	31,6	9,4	4,9	4,5	–	–
III	3,3	2,0	61	–	3,5	25,1	4,5	66,9	–	–	–	–
IV	5,9	4,0	68	–	45,0	17,7	–	–	9,2	28,1	–	–
V	7,3	6,0	82	–	3,8	0,3	13,5	22,7	59,7	–	–	–
VI	8,3	7,0	84	–	9,6	9,9	17,9	21,4	20,4	6,2	0,8	1

[144 – 80f., 145 – 87]

Erzeugnisgruppenfonds – auf vertraglicher Basis (durch Umlage von den zur Erzeugnisgruppe gehörenden Betrieben) sowie aus den Leistungen der Mitarbeiter des wissenschaftlich-technischen Zentrums der VVB und aus dem ökonomischen Nutzen der Maßnahmen des Planes Wissenschaft und Technik finanzierter Fonds der Erzeugnisgruppe zur Deckung ihrer Ausgaben und zur Förderung von Rationalisierungsmaßnahmen. Wie der Erzeugnisgruppenfonds gebildet und verwendet wird, zeigt nebenstehendes Prinzipschema.

[98 – 5; 340]

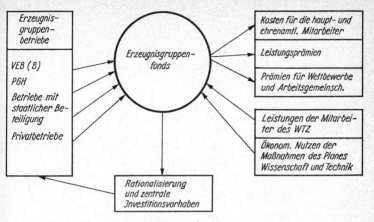

Bildung und Verwendung des Erzeugnisgruppenfonds

Erzeugniskalkulation mit Stundenkostennormativen – Art der Erzeugniskalkulation, bei der die maschinenzeitbezogenen Kosten einer technisch-ökonomischen Normierung unterworfen und entsprechend der Zeit der Inanspruchnahme der Maschinen und Anlagen den Erzeugnissen gesondert zugerechnet werden. Ausgangspunkt sind die Stundenkostennormative bei geplanter Auslastung (→ Stundenkostennormative für Maschinen und Anlagen) unter Berücksichtigung der Leistungs- und Verbrauchsabweichungen:

	Maschinenzeitbezogene Kosten gemäß Stundenkostennormativ bei geplanter Auslastung (Plankosten)
+/–	Leistungsabweichungen
=	Maschinenzeitbezogene Kosten gemäß Stundenkostennormativ bei effektiver Auslastung (Normativkosten)
+/–	Verbrauchsabweichungen
=	Effektiv entstandene maschinenzeitbezogene Kosten (Ist-Kosten)

Die Leistungs- und Verbrauchsabweichungen werden mittels Vergleich der Kalkulationspositionen und Wichtung mit der Zeit, während der die Maschine durch das Erzeugnis in Anspruch genommen wird, ermittelt:

	Maschinenzeitbezogene Kosten gemäß Stundenkostennormativ bei geplanter Auslastung
+/–	Maschinenzeitbezogene Kosten gemäß Stundenkostennormativ bei effektiver Auslastung
=	Leistungsabweichung je Stunde

Maschinenzeitbezogene Kosten gemäß Stundenkostennormativ bei effektiver Auslastung

+/−	Effektive Kosten der Maschine bzw. Maschinengruppe je Stunde (errechnet aus effektiven Monatskosten der Maschine bzw. Maschinengruppe: effektive Laufzeit der Maschine bzw. Maschinengruppe)
=	Verbrauchsabweichung je Stunde

Die errechneten Werte werden jeweils mit der Arbeitszeit des Erzeugnisses an der Maschine multipliziert, und man erhält die Leistungs- bzw. Verbrauchsabweichungen je Erzeugnis.

Es ergibt sich folgendes erweitertes Schema der → Normativkalkulation:

	Grundmaterial gemäß Ausgangskalkulation	Norm am
+	Grundlohn gemäß Ausgangskalkulation	Anfang des
=	Technologische Einzelkosten gemäß Ausgangskalkulation	Jahres
+/−	Normveränderungen bei Grundmaterial	
+/−	Normveränderungen bei Grundlohn	
=	Normative technologische Einzelkosten	
+	Normative Technologische Gemeinkosten gemäß Stundenkostennormativ bei geplanter Auslastung	
=	Normative technologische Einzelkosten	
+/−	Verbrauchsabweichungen bei Grundmaterial	
+/−	Verbrauchsabweichungen bei Grundlohn	
+/−	Leistungsabweichungen (an maschinenzeitbezogenen technologischen Gemeinkosten)	
+/−	Verbrauchsabweichungen (an maschinenzeitbezogenen technologischen Gemeinkosten)	
=	Effektive technologische Kosten	
+	Beschaffungskosten	
+	Abteilungsleitungskosten	
+	Betriebsleitungskosten	
=	Produktionsselbstkosten	
+	Absatzkosten	
=	Planbare Selbstkosten	
+	Nicht planbare Kostenarten	
=	Gesamtselbstkosten	

Die effektiven Einzelkosten errechnen sich aus den normativen Einzelkosten unter Berücksichtigung der Normabweichungen bei Grundmaterial und Grundlohn.

Bei Erzeugniskalkulation mit Stundenkostennormativen sind folgende Arbeitsstufen nötig:

1. Ermittlung der geplanten Auslastung des Maschinenzeitfonds je Maschine bzw. Maschinengruppe;

2. Ermittlung der Stundenkostennormative je Maschine bzw. Maschinengruppe bei geplanter Auslastung;
3. Ermittlung der effektiven Maschinenzeit je Arbeitsgang, Einzelteil bzw. Erzeugnis;
4. Ermittlung und Verrechnung der geplanten maschinenzeitbezogenen Kosten entsprechend der effektiven zeitlichen Inanspruchnahme der Maschinen bzw. Maschinengruppen durch das Erzeugnis;
5. Einbau der Kalkulation der maschinenzeitbezogenen Kosten in die Gesamtkalkulation des Erzeugnisses.

[246 – 71 ff.]

Erzeugnisqualität, *Güte* – Gesamtheit der Eigenschaften eines Erzeugnisses, die den Grad seiner Eignung für den vorgesehenen Verwendungszweck bestimmt. Ihren zusammenfassenden quantifizierten Ausdruck findet die Erzeugnisqualität in Qualitätskoeffizienten, die je nach den gegebenen Bedingungen verschieden errechnet werden können.

a) Ermittlung durch Punktbewertung der Qualitätseigenschaften:

$$K_Q = \frac{Z}{Z_i} = \frac{\sum\limits_1^n Z_v}{4n}$$

wobei

$$0 < K_Q < 1$$

n   Anzahl der gewerteten Eigenschaften

Z_v Punktzahl der v-ten Eigenschaft

$Z = \sum\limits_1^n Z_v$ Punktzahl des Erzeugnisses

$Z_i = 4n$ Punktzahl des idealen Erzeugnisses

b) Ermittlung durch verbesserte Punktbewertung der Qualitätseigenschaften:

$$K_Q = \frac{Z}{Z_s} = \frac{\sum\limits_1^n Z_v \cdot P_w}{\sum\limits_1^n Z_v' \cdot P_w}$$

Z   Punktzahl des Erzeugnisses

Z_v Punktzahl der v-ten Eigenschaft

P_w Wichtungsfaktor der w-ten Beurteilungsgruppe

Z_s Punktzahl des Spitzenerzeugnisses im Weltmaßstab

Z_v' Maximale Punktzahl der v-ten Eigenschaft

c) Multiplikative Methode:

$$K_Q = K_1 \cdot K_2 \cdot K_3 \dots K_n$$

$K_{1,2,3}$ Koeffizienten der einzelnen Eigenschaften

Qualitätsindex für komplizierte Erzeugnisse – Q:

$$Q = K_1 \cdot K_2 \cdot K_3$$

K_1 Koeffizient der effektiven Zuverlässigkeit
K_2 Koeffizient der geplanten Zuverlässigkeit
K_3 Koeffizient der Gebrauchseigenschaft

Es gilt:

$$K_1 = \frac{\bar{T}}{T_1}$$

$$K_2 = \frac{T_1}{T_2}$$

$$K_3 = \frac{N_r}{N_r + N_p}$$

$\bar{T}$ Tatsächliche Zuverlässigkeit (Betriebsstunden ohne Ausfall)
T_1 Geplante Zuverlässigkeit (Betriebsstunden ohne Ausfall)
T_2 Geforderte maximale Zuverlässigkeit (Betriebsstunden ohne Ausfall)
N_r Anzahl der in Einsatz befindlichen Geräte
N_p Anzahl der Geräte, die wegen technischer Defekte ausgefallen sind

d) Ermittlung durch Bildung von Geldfaktoren und Zuordnung bestimmter Werte zur Gesamteinsparung:

Beispiel:

Einsparung in Mark durch Qualitätsverbesserung von Glühlampen neuester Produktion

$$E = E_1 + E_2$$

E_1 Einsparung an Anschaffungskosten je Megalumenstunde (M)
E_2 Einsparung an laufenden Betriebskosten je Megalumenstunde (M)

$$E_1 = \left(\frac{P_1}{L_1 \cdot T_1} - \frac{P_2}{L_2 \cdot T_2} \right) \cdot 10^6$$

$P_{1,2}$ Preis der vorhandenen und des Spitzenerzeugnisses (M)
$L_{1,2}$ Lichtstrom (Lm)
$T_{1,2}$ Lebensdauer (h)

$$E_2 = \left(\frac{P_1}{l_1} - \frac{P_2}{l_2} \right) \cdot 10^3$$

$P_{1,2}$ Jeweiliger Strompreis (M/kWh)
$l_{1,2}$ Lichtausbeute (Lm/W)

[**42** – 84ff.; **43** – 168; **37** – 498ff.]

Der *Nutzeffekt der Erzeugnisqualität* wird ebenfalls mit einem Koeffizienten gemessen, der das Verhältnis zwischen den durch Erzeugnisqualität erzielten

Gesamteinsparungen und dem Gesamtaufwand für das betreffende Qualitäts-
niveau quantitativ ausdrückt:

$$N_Q = \frac{E}{A}$$

E   Wertmäßige Gesamteinsparung durch höhere Erzeugnisqualität (M)
A   Kostenaufwand für die Qualitätserhöhung (M)

$$N_Q = f(K_Q)$$

[42 – 57]

Erzeugnisse, Anteil der automatisiert hergestellten → Technisierungskennziffern

Erzeugnisse, unvollendete (unfertige) → Unvollendete Erzeugnisse

Erzeugnisvergleich – komplexe vergleichende Beurteilung der Qualität eines
Erzeugnisses, wobei die volkswirtschaftlich effektivste Qualität (Bedingung:
Qualitätseffekt/Qualitätsaufwand → Maximum) das Kriterium des Vergleichs
ist. In den quantitativen Vergleich sind die technische Charakteristik und der
Preis einzubeziehen, wobei jeder technischen Angabe bestimmte Gebrauchs-
werteigenschaften zuzuordnen sind, sofern dies möglich und für die folgende
Ermittlung des Anwendernutzens nötig ist.

Zusammenfassender Erzeugnisvergleich

Die Darstellung erfolgt am Beispiel zweier Maschinen. Es lassen sich analog
auch mehrere Vergleichsmaschinen behandeln.

Aufgabenstellung 1:

Gegeben:	Gesucht:
Erzeugnis I mit technischer Charakteristik und Preis Erzeugnis II mit technischer Charakteristik und Preis	Differenz der Fertigungskosten bei der Herstellung der charak- teristischen Werkstücke auf den zu vergleichenden Erzeugnissen

Aufgabenstellung 2:

Gegeben:	Gesucht:
Erzeugnis I mit technischer Charakteristik und Preis Erzeugnis II mit technischer Charakteristik	Preis des Erzeugnisses II bei voller Einbeziehung des für einen allgemeinen Anwendungsfall berechenbaren Anwendernutzens. Für das Vorgehen bei Aufgaben- stellung 2 gilt folgender Zusammenhang:

$$G_{II} = G_I \frac{t_{SI} \cdot n_L + t_{AI}}{t_{SII} \cdot n_L + t_{AII}} + \frac{A_z \cdot 60}{f_{Ab}}$$

$$\times \left[\frac{k_{LSI} \cdot t_{SI} \cdot n_L + k_{LAI} \cdot t_{AI}}{t_{SII} \cdot n_L + t_{AII}} - \frac{k_{LSII} \cdot t_{SII} \cdot n_L + k_{LAII} \cdot t_{AII}}{t_{SII} \cdot n_L + t_{AII}} \right] \quad (1)$$

Hierin bedeuten:

$$G_I = G_{mI} + P_{mech\,I} \cdot \frac{f_{Ab\,mech}}{f_{Ab}}$$

$$G_{II} = G_{mII} + P_{mech\,II} \cdot \frac{f_{Ab\,mech}}{f_{Ab}}$$

G_I	Preis des komplexen Erzeugnisses I	[M]
G_{mI}	Preis des Erzeugnisses I nach Durchführung der 1. Stufe des Erzeugnisvergleiches und nach Addition der Kosten für Aufstellung und Inbetriebnahme der Maschine	[M]
$P_{mech\,I}$	Preis eventuell vorhandener, preislich gesondert genannter Einrichtungen zur Mechanisierung oder Automatisierung eines Erzeugnisses	[M]
f_{Ab}	Jährlicher Abschreibungsfaktor der Erzeugnisse I und II	[1/a]
$f_{Ab\,mech}$	Jährlicher Abschreibungsfaktor der Mechanisierungseinrichtungen	[1/a]
G_{II}	Preis des komplexen Erzeugnisses II bei voller Einbeziehung des für einen allgemeinen Anwendungsfall berechenbaren Anwendernutzens	[M]
t_{SI}; t_{SII}	Zur Bearbeitung des typischen Werkstückes erforderliche Stückzeit auf Erzeugnis I oder II	[min]
t_{AI}; t_{AII}	Zum kompletten Umrüsten auf die Bearbeitung eines anderen typischen Werkstückes erforderliche Zeit auf Erzeugnis I oder II	[min]
n_L	Losgröße, in der die typischen Werkstücke bearbeitet werden	
k_{LSI}; k_{LSII}	Während der Bearbeitung der Werkstücke je Minute anfallender Gesamtlohn bei Erzeugnis I oder II (Anzahl der Arbeitskräfte also hier berücksichtigt)	[M/min]
k_{LAI}; k_{LAII}	Während des Umrüstens der Erzeugnisse I oder II je Minute anfallender Gesamtlohn (Anzahl der Arbeitskräfte also hier berücksichtigt)	[M/min]
A_z	Zeitdauer der Inanspruchnahme der Maschine je Jahr (Zahlenwert wie vom ZIF bei der Berechnung der allgemeingültigen SKN benutzt)	[h/a]

Die rechnerische Behandlung von (1) läßt sich wesentlich vereinfachen bei völliger oder paarweiser Gleichheit der k_L-Werte. Für den häufigen Fall der Gleichheit der k_L-Werte beispielsweise nimmt (1) mit

$$x = \frac{t_{SI} \cdot n_L \cdot t_{AI}}{t_{SII} \cdot n_L + t_{AII}} \quad \text{und} \quad K = \frac{A_z \cdot 60 \cdot k_L}{f_{Ab}}$$

die Form an:

$$G_{II} = G_I \cdot x + K(x - 1) \tag{2}$$

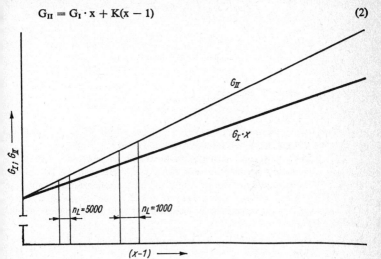

Bestimmung von G_{II} nach: $G_{II} = G_I \cdot x + K(x - 1)$

[97 – 8]

Eulersche Gammafunktion → Verteilung

Eulersche Tilgungsformel – Formel der Tilgungsrechnung, nach der man entweder die Tilgungsdauer n oder die Annuität A berechnen kann, je nachdem, ob eine feste Annuität oder eine feste Tilgungsdauer vorgegeben wird. Ausgegangen wird von der Formel für die Schuldsumme zu Beginn:

$$S_0 = Aa_n$$

Hierfür kann man setzen:

$$S_0 = Av \frac{1 - v^n}{1 - v} = A \frac{1 - v^n}{i}$$

S_0 Schuldsumme zu Beginn
A   Annuität
a_n Barwert einer postnumerando fälligen Zeitrente im Werte von jährlich
       1 M für n-Zeiträume
i   Zinsrate
v   Diskontierungsfaktor

$$i = \frac{P}{100}$$

$$v = \frac{1}{1 + i}$$

P   Zinssatz

→ Tilgungsrechnung

[37 – 827]

Exponentialverteilung → Verteilung

Exportäquivalent – Kennziffer, mit deren Hilfe der Nutzeffekt der Einfuhroperationen im Vergleich zur Inlandproduktion ermittelt, d. h. geprüft wird, ob es zur Durchsetzung der wissenschaftlich-technischen Revolution im Rahmen der Außenwirtschaftsbeziehungen nicht vorteilhafter ist, die Mittel der neuen Technik einzuführen und inländische Produktionskapazitäten auf eine andere, effektivere Produktion umzustellen. Der Wert des Exportäquivalents der betreffenden Arbeitsgegenstände, Arbeitsmittel oder Konsumgüter errechnet sich angenähert wie folgt:

$$e = \frac{P \cdot W}{R} \qquad [M]$$

P   Preis der Produktion in Währungseinheiten des Lieferanten
W   Angewandter internationaler Währungskurs zwischen Lieferanten und
     Abnehmern
R   Durchschnittliche Exportrentabilität für das betreffende Territorium
     (Staat, Staatengruppe)

$$R = \frac{P_a}{P_i}$$

P_a Erzielter Preis franko Landesgrenze
P_i Inlands-Großhandelspreis (IAP)

→ Devisenertrag der Arbeit

[254 – 274f.]

Exportpreis, gewinngünstigster → Exportpreis, optimaler

Exportpreis, optimaler – ausgehend von valutapreispolitischen Konzeptionen ermittelter, auf den Export bezogener Preis eines Erzeugnisses, der den Auslandsabsatz einer optimalen Menge dieses Erzeugnisses stimuliert und über die damit verbundene Kostendegression ein maximales Ergebnis aus Export ermöglicht.

Ausgangspunkt für die mathematische Formulierung der Zielfunktion (Maximierung des Ergebnisses aus Export) ist die *Ergebnisgleichung*:

$$G(x) = E(x) - K(x)$$

Die Zielfunktion lautet:

$$E'(x) - K'(x) = 0$$

Diese Gleichung ist die Grundlage für die Ermittlung des gewinngünstigsten Exportpreises bzw. der gewinngünstigsten Absatzmenge. Dazu sind jedoch einige inhaltliche Zusammenhänge mathematisch zu formulieren (allgemeine Form, bei linearem Verlauf der Absatzkurve).

Für die Erlöse gilt die *Erlösgleichung*:

$$E(x) = (a - bx) \cdot x$$

Für die Kosten gilt die *Kostengleichung*:

$$K(x) = k \cdot x + F$$

Beide Gleichungen in die Ergebnisgleichung eingesetzt, erhält man:

$$G(x) = (a - bx) \cdot x - (k \cdot x + F)$$

Nach x differenziert und die 1. Ableitung gleich Null gesetzt ergibt:

$$a - 2bx - k = 0$$

Daraus lassen sich nunmehr der gewinngünstigste *Exportpreis* (P) und die gewinngünstigste *Absatzmenge* (x) ermitteln (vgl. auch die Abbildung auf S. 218).

$$p = \frac{a + k}{2}$$

$$x = \frac{a - k}{2b}$$

G   Ergebnisse aus Export
E   Exporterlöse
K   Exportkosten (Selbstkosten)

a   Höchstpreis
b   Proportionalitätsfaktor   } geben den Verlauf der
x   Absatzmenge   } Absatzkurve an
k   Exportkosten pro Stück
F   Fixe Kosten

In der Abbildung steigt die Erlöskurve (EK) bis zur Menge x stärker als die Kostenkurve (KK), d. h. das Ergebnis aus Export nimmt zu. Darüber hinaus ist der Anstieg der Kostenkurve steiler, d. h. das Ergebnis aus Export nimmt ab. Das maximale Ergebnis aus Export liegt dort, wo zwischen Kosten- und Erlöskurve der größte Abstand liegt. Dies wird ermittelt, indem man an die Erlöskurve parallel zur Kostenkurve die Tangente (T) zieht. Vom Tangentialpunkt lotet man auf die Absatzkurve (AK) und erhält in diesem Punkt die gewinngünstigste Menge.

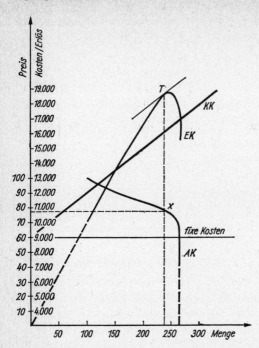

Verlauf der Erlöskurve, Kostenkurve und Absatzkurve (Beispiel)

[282 – 8 ff.]

Exportpreisindex → Auslandspreisstatistik

Exportquote – wert- oder mengenmäßiges Verhältnis zwischen dem Export-umsatz und der inländischen Warenproduktion. Die Exportquote kann für verschiedene Stufen bzw. Bereiche ermittelt werden (Erzeugnisse bzw. Erzeugnisgruppen, Betriebe, VVB, Kreis bzw. Bezirk usw.).
Für die gesamte Industrie – EQ_I:

$$EQ_I = \frac{E}{W_p - M_v + I_{rm}} \cdot 100 \qquad [\%]$$

E   Exportvolumen (M)
W_p Warenproduktion (M)
M_v Materialverbrauch (M)
I_{rm} Importierte und landwirtschaftliche Rohstoffe und Materialien (M)

Für die Volkswirtschaft – EQ_v:

$$EQ_V = \frac{E}{N} \cdot 100 \qquad [\%]$$

N   Nationaleinkommen (M)

[36 – 617 f.]

Exportrentabilität – finanzieller Ausdruck des direkten ökonomischen Nutzeffekts des Exports.

Allgemeinster Ausdruck:

$$E = \frac{N_v}{E_G}$$

N_v Nettovalutaerlös (VM)
E_G Exportgrundpreis (M)
$N_v =$ Valutaerlös minus im Ausland entstehende Kosten
$E_G =$ Bereinigte Selbstkosten plus Zirkulationskosten plus durchschnittlicher Satz an Reineinkommen

[26 – 100]

Exportrentabilität auf Grundlage des *Industrieabgabepreises*:

$$E = \frac{D_E(1 + z_E)}{P_{I_A} + K_z} \qquad [M]$$

D_E Summe Netto-Valutaerlös der Exportproduktion (Valuta-Mark)
z_E Umrechnungskoeffizient der Valutaerlöse

$$z_E = \frac{\text{Exportprämie in } \%}{100}$$

P_{I_A} Summe Industrieabgabepreis der Exportproduktion (M)
K_z Summe Zirkulationskosten des Außenhandels für die Exportproduktion (M)

Exportrentabilität auf Grundlage der *Selbstkosten*:

$$E = \frac{D_E(1 + z_E)}{S + K_z} \qquad [M]$$

S   Summe betriebliche Selbstkosten der Exportproduktion (M)

Netto-Valutaerlös je Einheit der einmaligen Aufwendungen für die Exportproduktion:

$$E = \frac{D_E(1 + z_E)}{A} \qquad [M]$$

A   Summe einmalige Aufwendungen für die Exportproduktion (M)

Bei *Importen von Materialien* für die Exportproduktion:

$$E = \frac{D_E(1 + z_E) - D_I(1 + z_I)}{P_{I_A} - S_I + K_Z}$$ [M]

D_I Summe Devisenwert der für die Exportproduktion zu importierenden Materialien (Valuta-Mark)

z_I Umrechnungskoeffizient der Valuta-Aufwendungen

$$z_I = \frac{\text{Importaufschlag in } \%}{100}$$

S_I Summe betriebliche Materialkosten des zu importierenden Materials, das in die zu exportierenden Erzeugnisse eingeht, bewertet zum Einkaufspreis (M)

Bei der Exportrentabilität auf Grundlage der Selbstkosten (a) und beim Netto-Valutaerlös (b) sind die Importe wie folgt zu eliminieren:

a) $$E = \frac{D_E \cdot (1 + z_E) - D_I(1 + z_I)}{S - S_I + K_Z}$$ [M]

b) $$E = \frac{D_E \cdot (1 + z_E) - D_I(1 + z_I)}{A - A_{Ex}}$$ [M]

A_E Summe einmalige Aufwendungen des Exportäquivalents für die zu importierenden Materialien (M)

[21 – 170f.]

Exzeß – Abweichung einer theoretischen oder empirischen Häufigkeitsverteilung von der → Normalverteilung.

$$\varepsilon = \frac{\mu 4}{\sigma 4} - 3$$

$\mu 4$ Zentrales Moment 4. Ordnung

σ Standardabweichung

$\varepsilon = 0$ im Falle der Normalverteilung

$\varepsilon > 0$ wenn die Verteilung flacher verläuft als die Normalverteilung

$\varepsilon < 0$ wenn die Verteilung steiler verläuft als die Normalverteilung

[36 – 621]

F

Fahrzeiten, mittlere → Materialflußprozesse

Fahrzeuge, Einsatzkoeffizient der technisch einsatzbereiten – Kennziffer, die das Verhältnis zwischen der effektiven Fahrzeugeinsatzzeit und der gesamten Zeit der technischen Einsatzbereitschaft der vorhandenen Fahrzeuge in einem bestimmten Zeitraum ausdrückt.

$$k_e = \frac{t_e}{t_{te}}$$

t_e Effektive Einsatzzeit der Fahrzeuge (min)
t_{te} Zeit der technischen Einsatzbereitschaft der Fahrzeuge (min)

→ Koeffizient der technischen Einsatzbereitschaft der Fahrzeuge

[332 – 66]

Fahrzeugeinsatzbereitschaft, Koeffizient der technischen – Kennziffer, die das Verhältnis zwischen der Zeit der technischen Einsatzbereitschaft der Fahrzeuge und der gesamten Fahrzeugkalenderzeit ausdrückt.

$$k_{te} = \frac{t_{te}}{t_k}$$

t_{te} Zeit der technischen Einsatzbereitschaft der Fahrzeuge (min)
t_k Gesamte Kalenderzeit der vorhandenen Fahrzeuge (min)

Ein reales Bild über die Ausnutzung der vorhandenen Fahrzeuge vermittelt der *Einsatzkoeffizient der Fahrzeuge,* der das Verhältnis zwischen der effektiven Einsatzzeit der Fahrzeuge und der Fahrzeugkalenderzeit in einem bestimmten Zeitraum ausdrückt:

$$k = \frac{t_e}{t_k}$$

t_e Effektive Einsatzzeit der Fahrzeuge (min)
t_k Kalenderzeit der Fahrzeuge (min)

→ Einsatzkoeffizient der technisch einsatzbereiten Fahrzeuge

[332 – 66f.]

Faktoren der Arbeitsproduktivität → Arbeitsproduktivität

Fällegleichung → Fertigungsanalyse, intervariationale

feedback control → Prozeßrechnersystem

feed forward control → Prozeßrechnersystem

Fehler, absoluter → Multimomentverfahren

Fehlertoleranz von p, relative → Multimomentverfahren

Fertigung, Kontinuitätsgrad der – Kennziffer zur Kennzeichnung der Progressivität einer beliebigen Verfahrenstechnik hinsichtlich des kontinuierlichen Fertigungsablaufes. Ein hohes technisches Niveau ist nicht genügend produktivitätswirksam, wenn die dadurch gewonnene bessere Ökonomie der Zeit durch häufige Unterbrechungen des Fertigungsablaufes teilweise kompensiert wird. Andererseits weist gerade die Analyse der Kontinuität oft auf jene Stellen hin, an denen eine technische Vervollkommnung den höchsten Effekt verspricht.

$$t_k = \frac{\sum t_u}{\sum t_0}$$

t_u Zeitliche Unterbrechungen des Fertigungsablaufes
t_0 Zeit der einheitlichen Arbeitsoperationen

[144 – 119]

Fertigung, Parallelität der – Durchführung der notwendigen Arbeitsoperationen gleichzeitig an verschiedenen Arbeitsplätzen entsprechend den Erfordernissen des arbeitsteiligen, kooperativen betrieblichen Gesamtprozesses. Ein hoher Grad der Parallelität verkürzt wesentlich den Produktionszyklus.

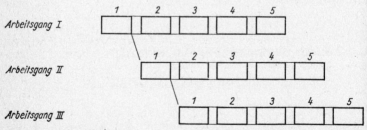

Parallelität von Teilprozessen

a) Bei der *zwischenzyklischen* Parallelität wird ständig eine Anzahl verschiedener, zu mehreren Aufträgen gehörender Erzeugnisse *gleichzeitig* in den

Produktionsabteilungen bearbeitet. Der Grad der zwischenbetrieblichen Parallelität lautet:

$$P_z = \frac{\sum\limits_{i=1}^{m} P_i}{t_{Pl}}$$

P_i Dauer des Produktionszyklus bei Auftrag i
i   Aufträge, die in einer Planperiode gleichzeitig gefertigt werden
      (i = 1, 2, ..., m)
t_{Pl} Dauer der Planperiode

Bei der *innerzyklischen Parallelität* werden die verschiedenen, zu einer bestimmten Erzeugniseinheit gehörenden Einzelteile gleichzeitig bearbeitet und montiert. Die innerzyklische Parallelität wird im wesentlichen von der Anzahl der gleichzeitig tätigen Arbeitskräfte und ihrer Koordinierung beeinflußt. Der Grad der innerzyklischen Parallelität lautet:

$$P_i = \frac{A}{P}$$

A   Arbeitszeitaufwand für die Erzeugniseinheit
P   Dauer des Produktionszyklus

[9 – 46 ff.]

Fertigungsanalyse, intervariationale, Abk. **IFA** – Methode, nach der die wechselseitige Beeinflussung (Interaktion) der Produktionselemente durch Analyse der Veränderungen oder die „Intervariation" der für sie typischen Merkmale untersucht wird. Unter den Produktionselementen werden in diesem Zusammenhang die Arbeitskräfte, die Produktionseinrichtungen einschließlich der Bauten, die eingesetzten Materialien und Energieformen wie auch technische Dokumentationen und finanzielle Mittel verstanden, die beim Funktionieren des Betriebes eine positive oder negative Rolle spielen. Charakteristische Merkmale dieser Elemente sind: die wirtschaftliche Effektivität, die Massenartigkeit, die Kapazitätsausnutzung, die Kontinuität, die Komplexität der Operationen.

Ablauf der IFA:

– Auswahl der die Produktionselemente charakterisierenden Merkmale;
– Bestimmung von Kennziffern zur Quantifizierung der Merkmale;
– Erfassung des Zahlenmaterials zum Nachweis der Kennziffern in den Betrieben;
– Ordnen der Zahlenwerte und Ermittlung ihrer wechselseitigen Abhängigkeit durch die IFA.

Produktionsmerkmale und Kennziffern

1. Wirtschaftliche Effektivität

$$i_{we} = \frac{M + P - K}{M} = 1 + \frac{P - K}{M}$$

M   Wert der eingesetzten Produktionsfonds
P   Wert der Jahresproduktion
K   Kosten der Jahresproduktion

2. Kennziffern der Massenartigkeit

    2.1. Spezialisierungsgrad des Arbeitsganges

$$M_n = \frac{t_n}{L_{in}}$$

M_n Spezialisierungsgrad des Arbeitsganges M_n
t_n Jährliche Gesamtarbeitszeit für den Arbeitsgang n
L_{in} Jahresauslastung am Arbeitsplatz i (neben dem Arbeitsgang n werden noch weitere Arbeitsgänge verrichtet)

    2.2. Komplexitätskennziffer des Arbeitsganges

$$i_{En} = \frac{1}{E_n}$$

E_n Anzahl der im Arbeitsgang n vereinten Elemente

    2.3. Unterbrechungskennziffer

$$i_{Sn} = \frac{1}{S_n}$$

S_n Anzahl der Serien, bei denen der Arbeitsgang n im Jahr ausgeführt wird

    2.4. Wiederholungskennziffer

$$i_{wn} = \left(\frac{t_n}{L_{in}}\right)^{\frac{1}{1 + \ln + Z_n}}$$

Z_n Anzahl der Werkstücke, die im Jahr den Arbeitsgang n durchlaufen

3. Ähnlichkeitskennziffer

$$i_{gn} = \frac{T_{än}}{t_n}$$

$T_{än}$ Jährlich aufgewendete Arbeitszeit für eine Gruppe von Arbeitsgängen, die dem Arbeitsgang n ähnlich sind und an unterschiedlichen Arbeitsplätzen ausgeführt werden

4. Multiplizitätskennziffer

$$i_{Mn} = \frac{T_{ng}}{t_n}$$

T_{gn} Jährlich aufgewendete Arbeitszeit für Arbeitsgänge, die dem Arbeitsgang n gleich sind (mit ihm völlig übereinstimmen), und an unterschiedlichen Arbeitsplätzen ausgeführt werden

In der IFA werden etwa 40–50 derartige Kennziffern angewandt. Aus den in einzelnen Betrieben gewonnenen Zahlenwerten dieser Kennziffern werden empirische *„intervariationale Verteilungskurven"* abgeleitet, die man durch eine theoretische Verteilungskurve nach folgender Formel ausgleichen kann:

$$V_{tp} = V_{tmax} E_t^{-pa}$$

V_{tp} Ordinatenwert der jeweiligen Kennziffer
V_{tmax} Theoretischer Maximalwert der Kennziffer
E_t Verhältnis aus dem theoretischen Maximal- und dem theoretischen Minimalwert der Kennziffer
p   Relative Häufigkeit des Kennziffernwertes aus der Abszisse
a   Asymmetrie-Exponent, der die Form der Kurve wesentlich beeinflußt

Die aus den Primärdaten der Betriebe entwickelten „intervariationalen Gesetzmäßigkeiten" lassen sich für jeden Betrieb durch eine *„Fällegleichung"* ausdrücken:

$$V_{k0} = \frac{X_1 \; X_2 \; X_3 \qquad X_n}{V_{k1} V_{k2} V_{k3} \cdots V_{kn}}$$

V   Zahlenwerte der Kennziffern
k   Kennzeichen des Betriebes, in dem die Erhebungen erfolgten
i   0 ... n Kennzeichen, die die Art der Kennziffern bezeichnen; damit ist mit 0 die Kennziffer bezeichnet, die dem Einfluß anderer Größen unterliegt und analysiert werden soll
X   Intervariationsexponenten, die die Gesetzmäßigkeiten der Intervariation ausdrücken und mit Hilfe von Datenverarbeitungsanlagen aus Intervariogrammen bestimmt werden müssen.

[222 – 667f.]

Fertigungsart – Kennzeichnung der Produktion nach Umfang und Zeitraum der aufeinanderfolgenden Herstellung gleichartiger Erzeugnisse; auch

Klassifizierung der Fertigungsarten

Fertigungs-art	Jahresstückzahl in St./a bei einem Montagezeitaufwand in h/Erz. von			
	$\leqq 10$ h/Erz.	$11 \cdots 500$ h/Erz.	$501 \cdots 5000$ h/Erz.	> 5000 h
Einzel-fertigung E	< 120	< 60	< 30	< 12
Serien-fertigung S	$120 \cdots 60\,000$	$60 \cdots 18\,000$	$30 \cdots 2400$	$12 \cdots 1200$
Massen-fertigung M	$> 60\,000$	$> 18\,000$	> 2400	> 1200

als *Produktionsmaßstab* bezeichnet. Hauptbestimmungsfaktoren der Fertigungsart sind die durchschnittliche Häufigkeit und Regelmäßigkeit der Wiederholung der Fertigung bestimmter Erzeugnisse sowie die Stückzahl je Fertigungsauftrag. Danach unterscheidet man im Prinzip *Einzel-, Serien- und Massenfertigung*.

[33 – 274; 147a – 258]

Fertigungskontrolle – ständiger Vergleich des tatsächlichen mit dem geplanten Produktionsablauf sowie kontinuierliche Überprüfung der Qualität der Erzeugnisse während des Produktionsprozesses. Der Aufgabenbereich der Fertigungskontrolle erstreckt sich von der Beschaffung bis zum Versand. Sie hat wesentliche Aufgaben im Hinblick auf die Durchsetzung neuer Technologien und einer dem Weltstand entsprechenden Qualität der Erzeugnisse.

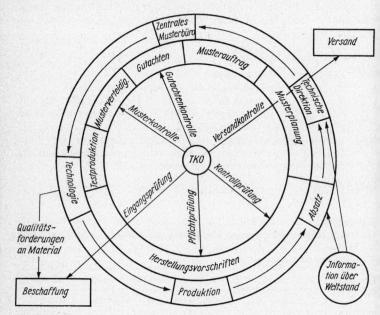

Der Prozeß der Fertigungskontrolle von der Beschaffung bis zum Versand

[36 – 649; 275 – 5]

Fertigungskosten bei Mehrmaschinenbedienung → Mehrmaschinenbedienung

Fertigungslenkung – operative Planung, Kontrolle und Steuerung des Produktionsablaufs entsprechend vorgegebenen Plangrößen.

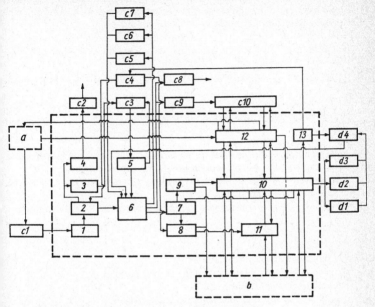

Schema der Fertigungslenkung mit Hilfe eines Blockschaltbildes

Erläuterungen zur Abbildung:

a) Einzelaufgaben im Teilgebiet Fertigungslenkung mit Darstellung der Beziehungen untereinander

1 Arbeitsbelege registrieren und numerieren,
2 Arbeitsbelege nach Produktionsabschnitten und Kapazitätsgruppen sortieren und Baugruppentermine festlegen,
3 Materialentnahmescheine zur Materialfreigabe aussortieren und terminieren,
4 Werkzeugbereitstellungskarte aussortieren und terminieren,
5 Materialfreigabe auf Fehlmaterial kontrollieren,
6 Belastung der Produktionsabschnitte planen (für kürzere Planzeiträume technologische Zeitvorgaben gem. Arbeitsbelege bis zur Höhe des nutzbaren Zeitfonds aufrechnen, Auswertung der Belastungsplanung durchführen, gegebenenfalls Maßnahmen einleiten),
7 Belastungsplan überprüfen,
8 Arbeitsbelege (Arbeitsgänge) terminieren,
9 Produktionsplan für kürzeren Zeitraum aufstellen (Vorgabe der Produk-

tionsaufträge mit Zeitangabe nach Produktionsabschnitten und Kapazitätsgruppen),

10 Fortschrittskontrolle durchführen, Fertigungsablauf bei Abweichungen steuern, Planerfüllung kontrollieren (Anarbeit, Warenproduktion),

11 Einzelteile bzw. Baugruppen für Montage bereitstellen,

12 Erfüllungsmöglichkeit des Hauptterminplans überprüfen, operativen Produktionsplan aufstellen, voraussichtliche Planerfüllung ermitteln (gleitende operative Planung, Planvorschau),

13 Fertigungsablauf analysieren (Vorbereitung von Rechenschaftslegungen u. a.),

b Angrenzende Teilgebiete bzw. Aufgabengebiete mit Darstellung der Beziehungen zum Teilgebiet Fertigungslenkung,

a Hauptterminplanung (durch Hauptterminplan Aufgabenstellung für Teilgebiet Fertigungslenkung),

b Arbeitsplatzbelegung in den Produktionsabschnitten (durch Teilgebiet Fertigungslenkung Aufgabenstellung für Arbeitsplatzbelegung),

c Aufgabengebiete zur Gewährleistung des ordnungsgemäßen Ablaufs im Teilgebiet Fertigungslenkung,

c1 Ausfertigung und Bereitstellung der Arbeitsbelege und Zeichnungsunterlagen,

c2 Werkzeugbereitstellung,

c3 Materialdisposition,

c4 Technologische Durchlaufplanung,

c5 Arbeitskräfteplanung (Arbeitszeitbilanz, Normerfüllung),

c6 Planung der Instandhaltung,

c7 Kapazitätsbilanzierung des Jahresproduktionsplans,

c8 Übernahme von Lohnarbeiten durch Fremde,

c9 Vergabe von Lohnarbeiten an Fremde,

c10 Materialbereitstellung (Bezugsteile, Lohnarbeit),

d Organe, an die Informationen aus dem Teilgebiet zu geben sind,

d1 Zentrale Produktionskontrolle,

d2 Zentrale Planabrechnung,

d3 Nachkalkulation,

d4 Übergeordnete Leiter.

[202 – 650 ff.]

Fertigungsmittelkoeffizient, *Betriebsmittelkoeffizient* – Kennziffer, die das Verhältnis zwischen der Anzahl der für die Herstellung eines Erzeugnisses eingesetzten Fertigungsmittel und der Anzahl der Einzelteile des Erzeugnisses ausdrückt.

$$KF = \frac{Q_F}{E_z}$$

Q_F Anzahl der verwendeten erzeugnisgebundenen und allgemeinen Fertigungsmittel (ohne Doppelanfertigungen, die auf Grund der Parallelität der Arbeit benötigt werden)

E_z Einzelteile des Erzeugnisses (ohne Standardteile, Wiederholteile sind nur einmal zu erfassen)

[195 – 720 ff.]

Fertigungstechnik, Niveau der – Grundlage für den Variantenvergleich zur Bestimmung der vom Kostenstandpunkt optimalen Variante der Fertigungstechnik.

$$TN = \frac{T_{m1}}{T_{g1}} \cdot \frac{g_1}{g_0} \cdot \frac{T_{g0}}{T_{g1}}$$

$$TN = a_{MT} \cdot g' \cdot p'$$

T_{m1} Zeit der mechanisierten Arbeit bei der neuen Fertigung

T_{g0} Gesamte Arbeitszeit der alten Fertigung

T_{g1} Gesamte Arbeitszeit der neuen Fertigung

g_1 Grundmittelausstattung je Arbeiter in der neuen Fertigung

g_0 Grundmittelausstattung je Arbeiter in der alten Fertigung

a_{MT} Mechanisierungsgrad der Arbeit auf Zeitbasis

g' Koeffizient der Grundmittelausstattung je Arbeiter

p' Produktivitätsfaktor

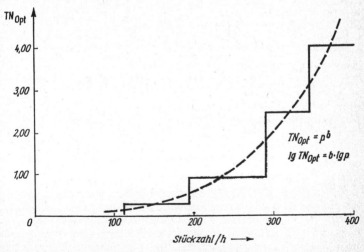

Die Erhöhung des wirtschaftlich begründeten technischen Niveaus beim Ansteigen der Stückzahl (TN = technisches Niveau, p = Stückzahl/Stunde)

[144 – 140 ff.; 145 – 114]

Fertigungsvorbereitung, technologische → Prozeßvorbereitung, technologische

Fertigungszeit → Arbeitszeitgliederung

Finanzbedarf für Forderungen aus Warenlieferungen und Leistungen – Durchschnittsgröße, die für die Zwecke der Planung und Finanzierung unter Beachtung der gegebenen Zahlungsbedingungen entsprechend dem jeweils angewandten Verrechnungsverfahren ermittelt wird.

a) Durchschnittsbestand der Forderungen, die im Überweisungs-, Scheck- und Postscheckverfahren beglichen werden – $B_{fü}\varnothing$:

$$B_{fü}\varnothing = U_{tp} \cdot (F + D)$$

U_{tp} Planmäßiger Tagesumsatz (M)
F   Zahlungsfrist (Tage)
D   Dauer der Geldüberweisung (Tage)

b) Durchschnittsbestand der Forderungen, die im Lastschriftverfahren beglichen werden – $B_{fl}\varnothing$:

$$B_{fl}\varnothing = U_{tp} \cdot T$$

T   Frist zwischen der Rechnungsausstellung und der Gutschrift durch die Bank (Tage)

[23 – 269]

Finanzbedarf für Investitionen und Umlaufmittel → Kredittilgung

Finanzbedarf für Produktionsvorräte → Produktionsvorrat

Finanzbedarf für unvollendete Produktion → Produktion, unvollendete

Finanzierung von Forschung und Entwicklung → Forschung und Entwicklung

Flächenbedarf bei Teilefertigung mit spanabhebenden Werkzeugmaschinen – nach neuen Erkenntnissen ermittelte erforderliche Flächenstruktur in der Teilefertigung mit spanabhebenden Werkzeugmaschinen als Grundlage zur Vorbereitung und Durchführung der technologischen Projektierung von Rationalisierungs(und Investitions-)vorhaben. Aus den verhältnisgleich zu der Gesamtfläche der Maschinenarbeitsplätze ermittelten einzelnen Teilflächen wird der gesamte Flächenbedarf für die Teilefertigung bestimmt, der als Grundlage für die sich anschließende Modellprojektierung dient.

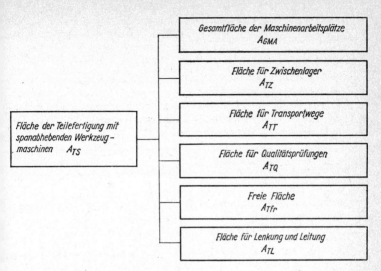

Gliederung der Flächen der Teilefertigung

1. *Gesamtfläche der Maschinenarbeitsplätze*

a) Maschinenarbeitsplatzfläche A_{MA}:

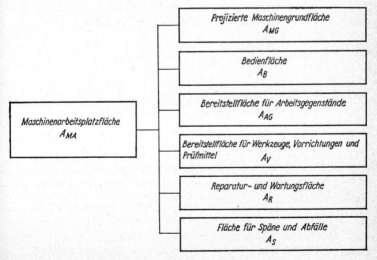

Gliederung der Maschinenarbeitsplatzfläche

Flächenbedarf

$$A_{MA} = A_{MG} + A_B + A_{AG} + A_V + A_R + A_S \qquad [\text{m}^2]$$

A_{MG} Projizierte Maschinengrundfläche
A_B Bedienfläche
A_{AG} Bereitstellfläche für Arbeitsgegenstände
A_V Bereitstellfläche für Werkzeuge, Vorrichtungen und Prüfmittel
A_R Reparatur- und Wartungsfläche
A_S Fläche für Späne und Abfälle

Bestimmungsgrundlagen und Berechnung von A_{MA}

Größe der projizierten Maschinengrundfläche A_{MG} m²	Bedingungen mit Transporthilfsmittel[1]	ohne Transporthilfsmittel	Berechnung von A_{MA}
0,3 bis 8	Transportbehälter 0 TGL 9392 B/1	Mindestbreite der Bereitstellfläche für Arbeitsgegenstände 800 mm	nach Gleichung (1) oder gr aphischer Darstellung Ablesekurve 0
	Transportbehälter I TGL 9392 B/1	Mindestbreite der Bereitstellfläche für Arbeitsgegenstände 600 mm	nach Gleichung (2) oder graphischer Darstellung Ablesekurve I
über 8 bis 12	Transportbehälter 0 TGL 9392 B/1	Mindestbreite der Bereitstellfläche für Arbeitsgegenstände 800 mm	
	Transportbehälter I TGL 9392 B/1	Mindestbreite der Bereitstellfläche für Arbeitsgegenstände 600 mm	
über 12	in jedem Fall		nach Gl. (3)

Gl. (1): $A_{MA} = 2{,}68 + 5{,}57A_{MG} - 0{,}597A_{MG}^2 + 0{,}0336A_{MG}^3$
Gl. (2): $A_{MA} = 0{,}8 + 4{,}83A_{MG} - 0{,}33A_{MG}^2 + 0{,}0152A_{MG}^3$
Gl. (3): $A_{MA} = 3 \cdot A_{MG}$

[1] Bei Verwendung von Transportbehältern der Größe II, III und/oder IV nach TGL 9392 und/oder Transportpaletten darf die gesamte Grundfläche der einzelnen Behälter und/ oder Paletten nicht größer als die Grundfläche der Behältergröße 0 oder I sein.

b) Gesamtfläche der Maschinenarbeitsplätze A_{GMA}:

$$A_{GMA} = A_{MA1} + A_{MA2} \cdot \eta_{2MB} + A_{MA3} \cdot \eta_{3MB} \qquad [\text{m}^2]$$

A_{MA1} Summe der Maschinenarbeitsplatzflächen bei Einmaschinenbedienung
A_{MA2} Summe der Maschinenarbeitsplatzflächen, errechnet für Einmaschinenbedienung, die für Zweimaschinenbedienung verwendet wird

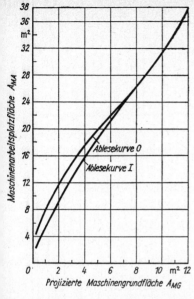

Ablesekurven zur Bestimmung der Maschinenarbeitsplatzflächen

A_{MA3} Summe der Maschinenarbeitsplatzflächen, errechnet für Einmaschinenbedienung, die für Dreimaschinenbedienung verwendet wird

η_{2MB} Korrekturfaktor bei Zweimaschinenbedienung = 0,8

η_{3MB} Korrekturfaktor bei Dreimaschinenbedienung = 0,7

2. Gesamter Flächenbedarf

$$A_{TS} = A_{GMA} + A_{TZ} + A_{TT} + A_{TQ} + A_{Tfr} + A_{TL} \qquad [m^2]$$

A_{TS}　Erforderliche Gesamtfläche
A_{GMA}　Gesamtfläche der Maschinenarbeitsplätze
A_{TZ}　Fläche für Zwischenlager
A_{TT}　Fläche für Transportwege
A_{TQ}　Fläche für Qualitätsprüfungen
A_{Tfr}　Freie Fläche
A_{TL}　Fläche für Lenkung und Leitung

a) Gesamtfläche der Maschinenarbeitsplätze: A_{GMA} (siehe oben)

b) Fläche für Zwischenlager

$$A_{TZ} = 0,2 \cdot A_{GMA} \qquad [m^2]$$

Die Gleichung gilt unter folgenden Bedingungen:

– Aufnahme der Arbeitsgegenstände in Transportbehältern nach TGL 9392 oder auf Transportpaletten, die der Grundfläche der Transportbehälter der Geräte O oder I nach TGL 9392 entsprechen;

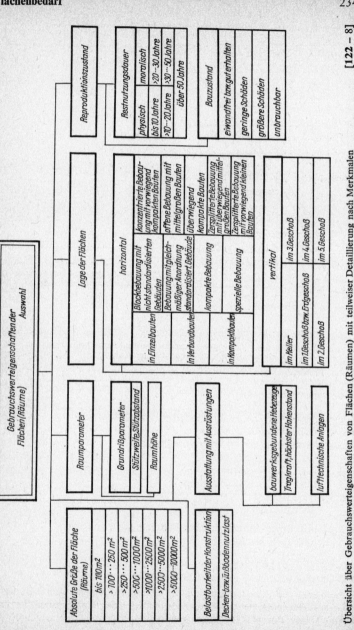

Übersicht über Gebrauchswerteigenschaften von Flächen (Räumen) mit teilweiser Detaillierung nach Merkmalen

[122 – 8]

– Stapelung bis zu einer Höhe von drei Transportbehältern der Größe 0 nach TGL 9392;
– An- und Abtransport mit Gabelstapler, Niederhubwagen, Elektrokarren und/oder Kran.

c) Fläche für Transport

$$A_{TT} = 0,45 \cdot A_{GMA} \qquad \qquad \qquad [m^2]$$

Die Gleichung gilt unter folgenden Bedingungen:

– Transportwegbreite 2,5 bis 3,0 m;
– Anordnung der Zwischenlager nach dem technologischen Ablauf;
– Anordnung der Kontrollstellen innerhalb der Teilefertigung mit spanabhebenden Werkzeugmaschinen.

d) Fläche für Qualitätsprüfungen

$$A_{TQ} = 0,13 \cdot A_{GMA} \qquad \qquad \qquad [m^2]$$

Die Gleichung gilt unter folgenden Bedingungen:

– Kontrolle von 25–35 % des Teilesortiments an Kontrollarbeitsplätzen innerhalb der Teilefertigung mit spanabhebenden Werkzeugmaschinen und/oder Kontrolle und Selbstkontrolle von 65–75 % des Teilesortiments am Maschinenarbeitsplatz.

e) Freie Fläche

$$A_{Tfr} = 0,18 \cdot A_{GMA} \qquad \qquad \qquad [m^2]$$

Freie Flächen können durch verschiedene Umstände entstehen, zum Beispiel durch konstruktiv bedingte Begrenzung der Gebäude, durch Versorgungseinrichtungen usw.

f) Fläche für Lenkung und Leitung

Hierfür gibt es noch keinen Standard. Bis dahin gilt für die Bestimmung dieser Fläche die „Richtlinie für Planung und Projektierung von Bürobauten" der Deutschen Bauakademie Berlin, April 1966.

[88 – 81]

Flächeneinheiten → Tafel der gesetzlichen Einheiten (Anhang, S. 1064)

Flächennutzungsgrad → Lagerflächennutzungsgrad

Fließbandgeschwindigkeit → Fließfertigung

Fließfertigung – örtlich fortschreitende, zeitlich bestimmte lückenlose Folge von Arbeitsgängen zur Herstellung eines Produkts; höchste Stufe der erzeugnisspezialisierten Fertigung. Maschinen und Arbeitsplätze sind bei der Fließfertigung nach dem technologischen Ablauf angeordnet und räumlich zusammengefaßt.

Formen der Fließfertigung	*Unterscheidungsmerkmal*
Handfließfertigung Maschinenfließfertigung Automatische Maschinen- fließfertigung	Grad des technischen Fortschritts
Konstante Fließfertigung Wechselfließfertigung	Stückartfolge
Zeitlich abgestimmte Fließfertigung Zeitlich nicht abgestimmte Fließfertigung	Zeitliche Abstimmung
Fließfertigung mit zeitlich gebundenem Arbeitsablauf Fließfertigung mit zeitlich nicht gebundenem Arbeitsablauf	Zeitliche Bindung
Stationäre Fließfertigung Gleitende Fließfertigung	Förderart

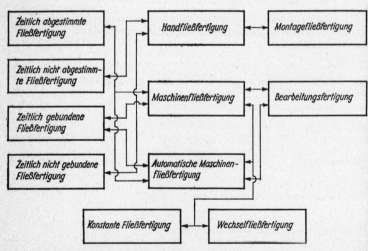

Die Zusammenhänge zwischen den Formen der Fließfertigung

[36 – 677 ff.]

Theoretische Taktzeit:

$$t_{T\,theor} = \frac{t_{Sch} \cdot S}{n'} \qquad \text{[min]}$$

t_{Sch} Arbeitszeit je Schicht (min)
S   Anzahl der Schichten je Tag
n' Durchschnittlicher Tagesausstoß (Stück)

$$n' = \frac{n}{A_J}$$

n   Geplante Jahresstückzahl
A   Arbeitstage im Jahr

Erforderliche Maschinen:

$$A_{M\,theor} = \frac{t'_s}{t_{T\,theor}}$$

t'_s Stückzeit unter Berücksichtigung bestimmter Zeitverluste   [min]
$t_{T\,theor}$ Theoretische Taktzeit (min)

$$t'_s = \frac{t_0 \cdot t_{Sch\,nom}}{t_{Sch\,tat} - (t_w + t_E)} \qquad \text{[min]}$$

t_0 Operative Zeit (min)
$t_{Sch\,nom}$ Nominelle Arbeitszeit je Schicht (min)
$t_{Sch\,tat}$ Tatsächliche Arbeitszeit je Schicht (min)
t_w Wartungszeit (min)
t_E Zeit für natürliche Bedürfnisse und arbeitsbedingte Erholungspausen (min)

[9 – 106 ff.]

Synchronisation der Operationen:

$$t_0 = a \cdot t_T \qquad \text{[min]}$$

t_0 Zeit für die Operation (Operative Zeit) (min)
a   Ganze Zahl, die die Häufigkeit angibt, mit der die Taktzeit in der Operativen Zeit enthalten ist
t_T Taktzeit (min)

Synchronisationsfaktor – K_s:

$$K_s = \frac{t_0}{t_T}$$

Die Operation ist synchronisiert, wenn $K_s = 1$ oder ein ganzes Vielfaches von 1 beträgt. Ist $K_s < 1$, so entstehen bei der betreffenden Operation Wartezeiten auf den Taktabschluß. Ist $K_s > 1$, so wird bei der betreffenden Operation die Taktzeit überzogen (Störung der Rhythmizität und Kontinuität)

Normativtaktzeit:

$$t_T = \frac{t_{Sch} - t_n}{n}$$ [min]

t_{Sch} Schichtdauer (min)
t_n Schichtzeitnormativ des Arbeiters (bei allen Bedienungsarbeiten gleich) (min/Schicht)
n Anzahl der in der Schicht herzustellenden Erzeugnisse

Anzahl der parallelen Maschinenarbeitsplätze:

$$M_{ap} = \frac{t_{Gm}}{t_T}$$

t_{Gm} Grundzeit – Maschine in der Operation (min)
t_t Taktzeit

[**227** – 81 ff.]

Auslastungsgrad der Maschinen und Anlagen:

$$\varepsilon_{Am} = \frac{\Sigma\, t_{Gm} + t_{Gmh} + t_{Hm} + t_{Hmh} + \text{anteilige } t_w, t_E, t_V}{t_T} \cdot 100$$ [%]

bzw.

$$\varepsilon_{Am} = \frac{\Sigma\, t_{Gm} + t_{Gmh} + t_{Hm} + t_{Hmh}}{t_{Top}} \cdot 100$$ [%]

t_{Top} Operative Taktzeit (min)

Erforderliche Arbeitskräfte je Arbeitsplatz:

$$A_{pl} = \frac{t_s}{t_T}$$ [Pers]

t_s Stückzeit (min)
t_T Taktzeit (min)

Auslastungsgrad der Arbeitskräfte:

a) Handfließfertigung:

$$\varepsilon_{AK} = \frac{A_{pl\ theor}}{A_{pl\ tat}} \cdot 100$$ [%]

$A_{pl\ theor}$ Theoretische Anzahl der Arbeitsplätze
$A_{pl\ tat}$ Tatsächliche Anzahl der Arbeitsplätze

b) Maschinenfließfertigung

$$\varepsilon_{AK} = \frac{t_{Gh} + t_{Gmh} + t_{Hh} + t_{Hmh} + \text{anteilige } t_w, t_E, t_V}{t_T} \cdot 100$$ [%]

bzw.

$$\varepsilon_{AK} = \frac{t_{Gh} + t_{Gmh} + t_{Hh} + t_{Hmh}}{t_{Top}} \cdot 100 \qquad [\%]$$

Werkstückreserven:

a) Fassungsvermögen des Ausgleichpuffers

$$F_A = \frac{n'(t_{O\,lang} - t_{Top})}{t_{O\,lang}} \qquad [\text{Stück}]$$

n'   Tagesausstoß der Fließreihe (Stück)
$t_{O\,lang}$ Operative Zeit des längeren Arbeitsganges (min)
t_{Top} Operative Taktzeit (min)

b) Fassungsvermögen eines Störungspuffers

$$F_S = \frac{t_{Ausf} \cdot 2}{t_T} \qquad [\text{Stück}]$$

t_{Ausf} Ausfallzeiten (min)
t_T Taktzeit (min)

Arbeitsdaten des Fließbandes:

a) Fließbandgeschwindigkeit

$$V = \frac{e}{t_T} \qquad [\text{m/min}]$$

e   Entfernung zwischen den Arbeitsgegenständen (m)
t^T Taktzeit (min)

b) Transportzeit

$$t_{Tr} = \frac{L}{v} \qquad [\text{min}]$$

L   Länge des Arbeitsteils des Fließbandes (m)
v   Fließbandgeschwindigkeit (m/min)

c) Durchlaufzeit

$$t_D = (p + k + x + y + z) \cdot t_T \qquad [\text{min}]$$

p   Anzahl der an den Arbeitsplätzen auf dem Fließband bearbeiteten Werkstücke
k   Anzahl der an den Kontrollarbeitsplätzen befindlichen Werkstücke
x   Anzahl der auf ruhenden Arbeitsplätzen herausgenommenen Werkstücke
y   Anzahl der im Zwischenlager (Puffer) befindlichen Werkstücke
z   Anzahl der zwischen den Arbeitsplätzen auf dem Fließband befindlichen Werkstücke

Ausstoßvermögen der Fließstraße:

a) Theoretisches Ausstoßvermögen

$$Q_{theor} = \frac{1}{t_{Top}}$$ [Stück/min]

oder

$$Q_{theor} = \frac{450}{t_{Top}}$$ [Stück/Schicht]

t_{Top} Operative Taktzeit (min)

b) Maximales Ausstoßvermögen – Q_{max}:

$$Q_{max} = \frac{450 - t_R}{t_{Top}}$$ [Stück/Schicht]

t_R Zeit für planmäßige Reparaturen (min)

c) Tatsächliches Ausstoßvermögen – Q_{tat}:

$$Q_{tat} = \frac{1}{t_{Top} + \text{anteilige } t_W, t_E, t_V}$$ [Stück/Schicht]

oder

$$Q_{tat} = \frac{450}{t_{Top} + \text{anteilige } t_W, t_E, t_V}$$ [Stück/Schicht]

Auslastungskoeffizient der Fließstraße:

Gesamtkoeffizient:

$$\eta_G = \frac{Q_{tat}}{Q_{theor}}$$

oder

$$\eta_G = \eta_1 \cdot \eta_2$$

$$\eta_1 = \frac{Q_{max}}{Q_{theor}}$$

$$\eta_2 = \frac{Q_{tat}}{Q_{max}}$$

Erfahrungswerte für η_G:

     Handfließreihen   0,9 ··· 1,0
     Maschinenfließreihen 0,8 ··· 0,9
     autom. Fließreihen   0,7 ··· 0,85

[9 – 110ff.]

Anzahl der Arbeitsplätze der Fließstraße:

a) Bei gleicher Schichtzahl aller Arbeitsplätze:

$$A_A = \frac{t_{OI}}{t_T}$$

b) Bei unterschiedlicher Schichtzahl aller Arbeitsplätze:

$$A'_A = \frac{t_{OI} \cdot S_{FR}}{t_T \cdot S_A}$$

t_{OI} Operative Zeit für den Arbeitsgang i (min)
t_T Taktzeit der Fließreihe (min)
S_{FR} Schichteinsatz der überwiegenden Anzahl der Arbeitsplätze
S_A Schichteinsatz des betreffenden Arbeitsplatzes

Die errechnete Anzahl wird auf die nächste ganze Zahl aufgerundet.

Durchschnittlicher Auslastungsgrad der Arbeitsplätze einer Fließstraße:

$$\varepsilon_A = \frac{\sum\limits_{i=1}^{i=x} A_A}{\sum\limits_{i=1}^{i=x} A_{KA}} \cdot 100 \qquad [\%]$$

A_A Errechnete Anzahl der Arbeitsplätze der Fließreihe
A_{KA} Korrigierte Anzahl der Arbeitsplätze der Fließreihe

[35 – 239f.]

Betriebskosten für automatische Maschinenfließstraßen:

$$k_b = k_L + k_A + k_I + k_p + k_W + k_E + k_{RG} \qquad [M/min]$$

k_L Lohnkosten (M/min)
k_A Abschreibungskosten (M/min)
k_I Instandhaltungskosten (M/min)
k_p Platzkosten (M/min)
k_W Werkzeugkosten (M/min)
k_E Energiekosten (M/min)
k_{RG} Restgemeinkosten (M/min)

Produktionsselbstkosten je Stück bei automatischen Maschinenfließstraßen:

$$K_S = \frac{AZF_t}{n_t} = [\eta_{ges} \cdot k_b + (1 - \eta_{ges}) k_a] + K_M \qquad [M/\text{Stück}]$$

AZF   Nomineller Arbeitszeitfonds im Bezugszeitraum t (min)
n_t Gefertigte Stückzahl im Bezugszeitraum t (Stück)
η_{ges} Auslastungskoeffizient
K_M Materialkosten (M/Stück)

Untersuchungen ergeben folgende Mittelwerte der Auslastung:

Ausfälle infolge Werkzeugwechsels $v_{WZW} \approx 7\%$
Ausfälle infolge Wartung $v_W \approx 10\%$
Sonstige Ausfälle aus anderen Gründen $v_{WA} \approx 15\text{--}20\%$
Mittlerer Auslastungskoeffizient $\eta_m \approx 60\text{--}70\%$

Ausfallkosten für automatische Maschinenfließstraßen:

$$k_a = k_L + k_A + k_p + k_{RG} \qquad [M/min]$$

k_L Lohnkosten (M/min)
k_A Abschreibungskosten (M/min)
k_p Platzkosten (M/min)
k_{RG} Restgemeinkosten (M/min)

[91 – 565]

Gesamtverlustzeit der Fließstraße:

1. $$D = \sum_{j=1}^{J} d_j \qquad [min]$$

J Anzahl der Arbeitsfolgen in der Fließstraße
d_j → Verlustzeit je Arbeitsfolge j (min)

2. $$D = c \cdot J - \sum_{i=1}^{I} a_i \qquad [min]$$

c Taktzeit
I Anzahl der Arbeitsgänge
a_i Arbeitszeit des Arbeitsganges i (min)

Verlustzeit (Wartezeit, Stillstandszeit) je Arbeitsfolge bei Fließfertigung:

$$d_j = c - \sum_{Ag_i Af_j} a_i \qquad [min]$$

d_j Verlustzeit je Arbeitsfolge j
c Taktzeit
Ag_i Arbeitsgang i
Af_j Arbeitsfolge j
a_i Arbeitszeit des Arbeitsgangs i

[150 – 408]

Fließpressen → Grundzeit-Maschine

Fließstraßenabstimmung → Fließfertigung

Fluktuationskoeffizient – auf bestimmte Wirtschaftseinheiten bezogenes Verhältnis zwischen der Anzahl der sonstigen Abgänge von Beschäftigten (natürlicher Abgang = Altersgrenze, Invalidität, Tod; gesellschaftlich notwendiger Abgang = Delegierung, Übernahme außerbetrieblicher Funktionen usw.; sonstiger Abgang) und der durchschnittlichen Gesamtzahl der Beschäftigten im betreffenden Zeitraum.

$$k_{fs} = \frac{A_s}{\varnothing \, GB}$$

Als Kennziffer in Prozent ausgedrückt:

$$k_{fs} = \frac{A_s}{\varnothing\,GB} \cdot 100 \qquad [\%]$$

A_s Anzahl der sonstigen Abgänge im Zeitraum
$\varnothing\,GB$ Durchschnittliche Gesamtzahl der Beschäftigten im Zeitraum Koeffizient
der Abgänge und Zugänge an Arbeitskräften

[32 – 271; 306a – 86]

Folgetestprüfung → Qualitätskontrolle

Fonds, betriebliche, *Fonds der Betriebe* – zusammenfassende Bezeichnung für die den sozialistischen Betrieben zur Erfüllung ihrer Aufgaben von der Gesellschaft übertragenen Mittel und deren Deckungsquellen.

Die Fonds werden untergliedert
nach den *Stadien* des Kreislaufprozesses in Produktionsfonds, Zirkulationsfonds und Sonderfonds;

nach ihrem *Verhalten* im Kreislaufprozeß in Grundmittel und Umlaufmittel;

nach ihrem *stofflichen Gehalt* in materielle Fonds (Produktionsfonds und Warenfonds) und finanzielle Fonds (Geldfonds);

nach dem *Rechtsträger des Eigentums* in eigene Fonds (Grundmittelfonds, Umlaufmittelfonds) und fremde Fonds (Kredite und Verbindlichkeiten).

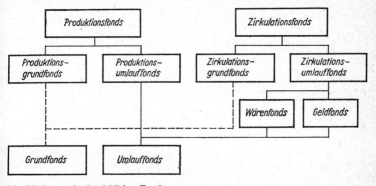

Die Gliederung der betrieblichen Fonds

Die materiellen Fonds des Betriebes

$$F = a \cdot u \cdot P \qquad [M]$$

a   Kosten des Produktionsmittels je Produkt (M/Stück)
u   Umschlagsdauer der Fonds (ZE)

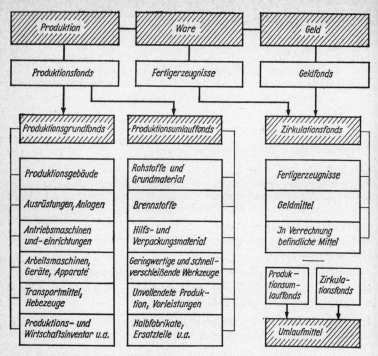

Die betrieblichen Fonds im Reproduktionsprozeß

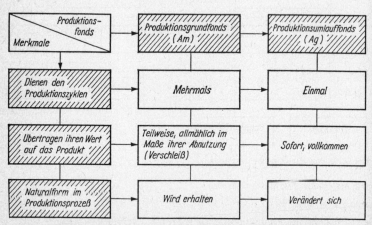

Die Produktionsfonds und ihr Umschlag (Am = Arbeitsmittel, Ag = Arbeitsgegenstände)

P Menge der zu produzierenden bzw. der zu zirkulierenden Produkte (Stück). P muß sich auf die gleiche Zeiteinheit beziehen, in der u ausgedrückt ist.

a) Fondsintensität f_g (Grund- und Umlauffondsintensität):

$$f_g = \frac{F}{P} = a \cdot u$$

f_g drückt die Fondsgröße aus, die für die Produktion bzw. Zirkulation einer Produktionseinheit verfügbar sein muß

b) Fondsintensität f_z (materielle Zirkulationsfondsintensität):

$$f_z = \frac{F}{S} = u$$

S Höhe des Umsatzes (Verkauf) (M)
f_z drückt die Fondsgröße aus, die für die Zirkulation einer Einheit Umsatz erforderlich ist. Sie hat dieselbe Größe wie die Umschlagsdauer, nur in unterschiedlichen Meßeinheiten (M bzw. ZE).

[36 – 687; 12 – 13 ff.; 228 – 503; 40 – 762 ff.]

Fonds, notwendige produktive → Produktionsfonds

Fonds, produktive → Produktionsfonds

Fondsausstattung der Arbeit → Ausstattung der Arbeit, technische

Fonds der Betriebe → Fonds, betriebliche

Fondseffektivität → Produktionsfondseffektivität

Fondsintensität → Produktionsfondseffektivität

Fondsintensität der Maschinenstunde → Produktionsfondseffektivität

Fondsintensität des Nettoprodukts → Produktionsfondseffektivität

Fondsquote → Produktionsfondseffektivität

Fondsrentabilität → Produktionsfondseffektivität

Forderung, *Außenstand* – Recht des Gläubigers, die Leistung vom Schuldner zu verlangen und gegebenenfalls mit staatlicher Hilfe durchzusetzen. Den Hauptteil stellen die Forderungen auf Grund von Warenlieferungen und Leistungen.

Durchschnittlicher Bestand an Forderungen:

a) Geplanter Tagesumsatz

$$U_t = \frac{U_p}{360}$$ [M]

b) Gesamtbestand der Forderungen

$$B_F = U_t \cdot (Z + P)$$ [M]

U_p Geplanter Jahresumsatz aus Warenlieferungen und Leistungen [M]
Z Durchschnittliche Zahlungsfrist (Tage)
P Durchschnittliche Tage zwischen Fälligkeit der Forderung und Bankgutschrift (Beförderungszeit) (Tage)

→ Verbindlichkeit

[36 – 692; 47 – 17]

Forschungsanteil der Arbeit → Produktion, wissenschaftliches Niveau der

Forschungsintensität der Produktion → Produktion, wissenschaftliches Niveau der

Forschungsorganisation – bewußte, rationelle Gestaltung der Arbeitsteilung und der kooperativen Zusammenarbeit im Forschungs- und Überleitungsprozeß. Die Forschungsorganisation ist auf die zweckmäßigste Zusammensetzung des Forschungs- und Entwicklungspotentials entsprechend den zu lösenden Aufgaben gerichtet, mit dem Ziel, alle schöpferischen Potenzen der wissenschaftlichen Mitarbeiter und Kollektive mit Hilfe der sozialistischen Gemeinschaftsarbeit auszunutzen. Sie hilft, den reibungslosen Ablauf der Produktionsvorbereitung und das fugenlose Ineinandergreifen der einzelnen Phasen sowohl innerhalb dieses Prozesses als auch an den kritischen Nahtstellen zu sichern. (Vgl. nebenstehendes Ablaufschema.)

Forschung und Entwicklung – Arbeiten zur Erlangung neuer Theorien und Erkenntnisse über die Gesetzmäßigkeiten in Natur und Gesellschaft sowie Umsetzung dieser Erkenntnisse in neue oder weiterentwickelte Erzeugnisse

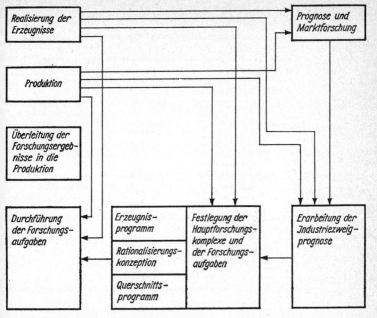

Darstellung des allgemeinen organisatorischen Prozesses der Ableitung und Durchführung von Forschungsaufgaben

[198 – 1085 ff.]

und Verfahren, Methoden und Anwendungsmöglichkeiten. Forschung und Entwicklung sind Bestandteil (die erste Phase) des komplexen Reproduktionsprozesses. (Vgl. Tabelle und Abbildung auf S. 248, die das Flußbild und die Spezifizierung der inneren Faktoren von Forschung und Entwicklung verdeutlichen.)

Man unterscheidet: a) Erkundungsforschung (reine Grundlagenforschung), b) gezielte Grundlagenforschung, c) angewandte Forschung zur Entwicklung von Konstruktionen bzw. Verfahren (Entwicklungsarbeiten).

Zwischen Forschung und Entwicklung selbst herrschen enge Wechselbeziehungen. Die schematische Gliederung der Forschung und Entwicklung kann daher nur das Grundsätzliche, das allen Industriebetrieben Gemeinsame zeigen. In der betreffenden Abbildung auf S. 249 oben sind die Grundlagenforschung, die angewandte Forschung und die Entwicklung klar abgegrenzt. In Wirklichkeit sind die Grenzen fließend. Das bringt die nächste Abbildung zum Ausdruck, die zwischen G und AF, AF und E, G und E, E und P, P und A, A und E sowie AF und P unmittelbare Wechselbeziehungen erkennen läßt (vgl. S. 249 unten).

Wesentliche innere Einflußfaktoren, die über die Elemente des Arbeitsprozesses die Effektivität des Reproduktionsprozesses beeinflussen

Materielle Elemente der Forschung und Entwicklung			Informative Elemente der Forschung und Entwicklung
Arbeitskraft	Arbeitsmittel	Arbeitsgegenstand	
	Innere Einflußfaktoren		
– Qualifikation	– Räumliche Arbeitsbedingungen	– Art der Problemstellung und Zielsetzung	– Bearbeitungsdauer (Zeitfaktor)
– Struktur des FE-Personals	– Quantität und Qualität der FE-Ausrüstungen		– Niveau der Leitungstätigkeit
– Proportionen, Forschungskategorien (GF : AF : E)	– Altersstruktur der Grundmittel	– Risikocharakter	– Niveau der Organisation
– Umfang und Qualität der Informationen	– Zugriffszeit an Labor-, Prüf- und Meßeinrichtungen	– Neuheitsgrad	– Stand der Beherrschung der Überleitungsphase
– Konzentrationsgrad	– Zugriffszeit an Material		
– Struktur des Arbeitszeitfonds			

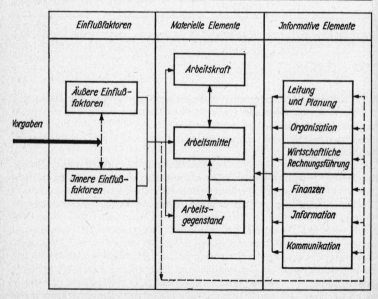

Flußbild der Forschungs- und Entwicklungsphase   [125 – 70]

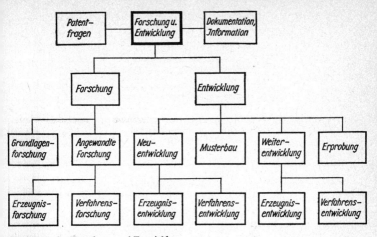

Gliederung der Forschung und Entwicklung

[301 – 30]

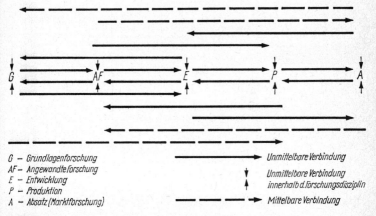

G – Grundlagenforschung
AF – Angewandte forschung
E – Entwicklung
P – Produktion
A – Absatz (Marktforschung)

Unmittelbare Verbindung

Unmittelbare Verbindung
innerhalb d. forschungsdisziplin

Mittelbare Verbindung

Wechselbeziehungen in der Forschung und Entwicklung

[301 – 32]

Der gesellschaftliche Charakter der maschinellen Großproduktion verlangt einerseits eine immer engere Verbindung von Wissenschaft und Technik mit dem gesamten gesellschaftlichen Reproduktionsprozeß, andererseits eine nach

Fragen zur Lösung der Aufgabenstellung in Forschung und Entwicklung

Leitungsaufgaben zur Schaffung weltmarktfähiger FE-Ergebnisse

Wesentliche, auf die Effektivität der Forschung und Entwicklung wirkende Störfaktoren

---

Prognose
Langfristige Konzeption
Aufgaben im Fünfjahrplan
Konkrete Jahresplan-Aufgaben

Was?

Was soll gemacht werden? (Zielsetzung und Auswahl)

Jdeensuche, Zielsetzung u. Aufgabenstellung

Ökonomisch begründete Auswahl. Bewertung und Bestimmung der Rangfolge der FE-Aufgaben

Planung und Verteilung des FE-Potentials auf die entsprechend der Rangfolge bestimmten Schwerpunkte

---

Marktforschung und Marktanalyse
Günstigster Absatzzeitpunkt

Wann?

Wann müssen die FE-Ergebnisse spätestens realisiert werden? (Zeitfaktor)

Ermittlung des wissenschaftlich-technischen Höchststandes und kompromißloser Vergleich mit dem eigenen Stand

Ermittlung des effektivsten Termins der Überführung der FE-Ergebnisse in die Produktion und Realisierung auf dem Weltmarkt

---

Minimalster Aufwand
Maximaler Effekt

Wie?

Wie soll die Zielsetzung realisiert werden? (Leitung, Planung und Organisation)

Sicherung der Konzentration des FE-Potentials auf die Schwerpunkte

Schaffung einer optimalen Struktur nach Qualifikation und Tätigkeitsbereichen als Voraussetzung für weltmarktfähige Erzeugnisse oder Verfahren

Gewährleistung optimaler Jnformations- und Kommunikationsbeziehungen in der Forschung und Entwicklung

Schaffung der materiell-technischen und organisatorischen Voraussetzungen für eine kurzfristige Überleitung der FE-Ergebnisse in die Produktion

Anwendung moderner Methoden der Operationsforschung und Kybernetik zur Rationalisierung des geistig-schöpferischen Prozesses

---

Mangelnde Entscheidungsvorbereitung

↓

Ungenügende Konzentration

↓

Zu lange Überleitungszeiten

↓

Unzureichende materielle und ideelle Stimulierung

↓

Sonstige Störfaktoren

↓

Wirkungsgrad der wissenschaftlich-technischen Arbeiten

↓

Weltmarktfähige FÉ-Ergebnisse

Leitungsaufgaben in Forschung und Entwicklung

[124 – 31]
[36 – 698 f.; 125 – 70 f.; 301 – 30 f.; 124 – 31]

industriellen Ausmaßen betriebene Forschung, die sich in der Bildung von zentralen Forschungsinstituten ausdrückt. Zugleich damit rücken die Fragen des Nutzeffekts von Forschung und Entwicklung sowie der wissenschaftlichen Arbeiten immer mehr in den Vordergrund, der Zusammenhang zwischen den Aufgaben des wissenschaftlich-technischen Fortschritts bei der Erzielung des Gesamtnutzens wird immer enger. Die entsprechenden Tendenzen veranschaulichen die Abbildungen bzw. Tabellen auf den S. 250–252 und 254 und 255.

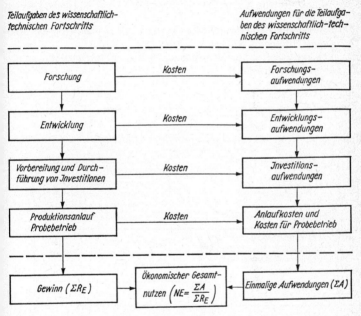

Zusammenhang der Aufgaben des wissenschaftlich-technischen Fortschritts bei der Erzielung des Gesamtnutzens

[125 – 52]

Der Koeffizient des Nutzeffekts der Forschung und Entwicklung kann wie folgt ermittelt werden:

$$k_{fe} = \frac{\sum\limits_{i=1}^{n}(S_{ia} - S_{in}) + k_n[(nI_{ta} - K_{ea}) - (nI_{tn} - K_{en})] + n\sum\limits_{j=1}^{p}k_n(I_{aj} - I_{nj})}{K_{en} - K_{ea}}$$

$$= \frac{\sum\limits_{i=1}^{n} \Delta S_i + k_n(n \, \Delta I_t - \Delta K_e) + n \sum\limits_{j=1}^{p} k_{aj} \, \Delta I_j}{\Delta K_e}$$

$S_{ia,\,n}$ Durchschnittliche Jahres-Gesamtselbstkosten je austauschbare Einheit der Anlage i bei bisheriger (alter) und neuer Technik

$I_{ta,\,n}$ Einmalige Investitionskosten bei den austauschbaren Einheiten der Anlage bei alter und neuer Technik

$K_{ea,\,n}$ Kosten für Entwicklung und angewandte Forschung bei alter und neuer Technik (sofern K_{ea} nicht bekannt ist, kann nur K_{en} berücksichtigt werden)

$I_{a,n}$ Indirekte und Folgeinvestitionen in den angrenzenden (von der Maßnahme berührten) Volkswirtschaftszweigen

j Volkswirtschaftszweige, in denen indirekte und Folgeinvestitionen hervorgerufen wurden

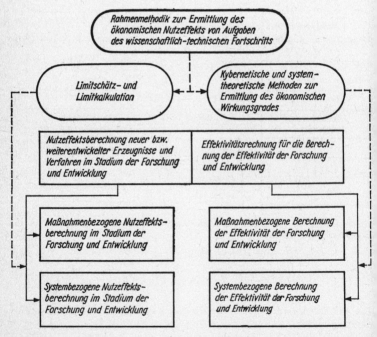

Grundtypen der Berechnung des ökonomischen Nutzeffekts in der Forschung und Entwicklung

[125 – 54]

k_n Für den betreffenden Zweig festgelegter Normativkoeffizient des Nutzeffekts der zusätzlichen einmaligen Aufwendungen

Vereinfachte Formel:

$$k_{fe} = \frac{\sum\limits_{i=1}^{n}(S_{1a} - S_{1n}) + nk_n(I'_{ta} - I'_{tn})}{K_c}$$

$I'_{ta,n}$ Einmalige Investitionskosten für Schaffung der neuen Technik bei den austauschbaren Ausrüstungseinheiten, abzüglich der Kosten für die angewandte Forschung und Entwicklung
K_c Kosten für angewandte Forschung und Entwicklung

[254 – 204 ff.]

Anteilige Forschungs- und Entwicklungskosten

$$SK_{FE} = \frac{K_{FE}}{t_m - t_0}$$

SK_{FE} In die Selbstkosten zu übernehmender Anteil der Forschungs- und Entwicklungskosten je Zeiteinheit (Jahr, Monat)
K_{FE} Forschungs- und Entwicklungskosten gesamt (M)
t_m Moralische Lebensdauer des Erzeugnisses (a)
t_0 Überleitungsfrist

[144 – 175]

Planung und Entscheidung von Forschungs- und Entwicklungsvorhaben

a) Parallelität benachbarter Arbeitsstufen – $P_{i/i+1}$:

$$P_{i/i+1} = \frac{T_i + T_{i+1}}{T_{i/i+1}}$$

$P_{i/i+1}$ Parallelität zwischen den Arbeitsstufen i und i + 1
T_i Dauer der Arbeitsstufe i
T_{i+1} Dauer der Arbeitsstufe i + 1
$T_{i/i+1}$ Gesamtdauer beider Arbeitsstufen

b) Zeitdauer der Stufe oder Detailaufgabe – T_s:

$$T_s = (1 + k_z)\frac{A}{F_n} \qquad\qquad \text{[Tage]}$$

A Arbeitszeitaufwand der Stufe (h)
F_n Nutzbarer Zeitfonds je Arbeitstag (h)
k_z Koeffizient des zusätzlichen Aufwands für Abstimmung, Betreuung, Anleitung usw.

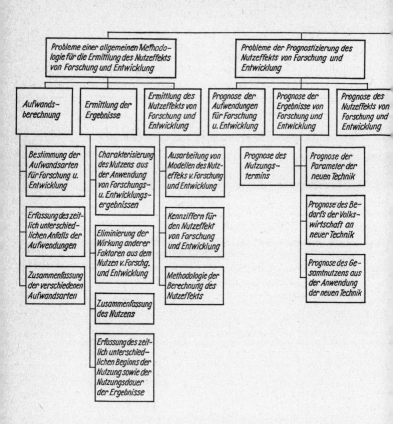

c) Gesamtdauer bei Kenntnis aller innerzyklischen Parallelität benachbarter Arbeitsstufen – T:

$$T = T_1 + \sum_{i=1}^{m} \left(\frac{T_i + T_{i+1}}{P_{i/i+1}} - T_i \right) \qquad [\text{Tage}]$$

d) Mehrgewinn durch frühere Produktionswirksamkeit der Entwicklung – ΔG:

$$\Delta G = (G_n - G_a) \cdot \Delta y \qquad [\text{M}]$$

G_n Gewinn bei neuer Produktion je Zeiteinheit (M)

G_a Gewinn bei alter Produktion je Zeiteinheit (M)

Δy Zeitverkürzung in gleichen Zeiteinheiten

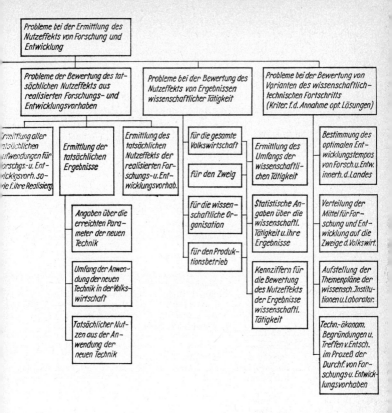

Klassifikationsschema für Probleme bei der Ermittlung des Nutzeffekts von Forschung und Entwicklung

[294 – 124 f.]

Die Kostenerhöhung ΔC kann ebenfalls als Funktion der Zeitverkürzungen dargestellt werden:

$$\Delta C = f(\Delta y)$$

Bei der Kostenplanung nach der Methode der Gesamtkostenminimierung ist eine Zeitverkürzung nur unter der Bedingung

$$\Delta G \geqq \Delta C$$

zweckmäßig.

e) Nutzbarer Zeitfonds je Berufsgruppe und Planungszeitraum – F_n:

$$F_n = \sum_{j=1}^{B} T_{AJ} \cdot d_{AJ} \cdot (1 - k_{u1} - k_{u2})_j \qquad [h]$$

T_A Arbeitstage im Planungszeitraum je Arbeitskraft

d_A Arbeitsstunden je Tag und Arbeitskraft

k_{u1} Koeffizient der planbaren Arbeitsunterbrechungen (Urlaub, Haushaltstage usw.)

k_{u2} Koeffizient der nur indirekt planbaren Arbeitsunterbrechungen (Krankheit, Verwaltungsarbeit usw.)

[6 – 632ff.]

Einige den Nutzeffekt von Forschung und Entwicklung beeinflussende Faktoren

Allgemeiner Einflußfaktor	Spezieller Einflußfaktor	Möglichkeiten zur Verbesserung des Nutzeffekts
1 Talente in Schlüsselpositionen	1.1 Institutsleitung	Hervorragendes fachliches Können; prognostisches Denken; klare ideologische Haltung; guter Organisator; Fähigkeit zur Anleitung von Mitarbeitern; Charakter! Mut zur Verantwortung; Initiative und Tatkraft; langjährige Erfahrung in Forschung und Entwicklung (siehe auch folgende Spalte)
	1.2 Besondere menschliche Eigenschaften und Fähigkeiten in Forschung, Entwicklung und Konstruktion	Schöpferisches, zugleich aber kritisches Denken; Phantasie; Initiative; Erfindungsgabe, Ideenreichtum, Erfahrung, Wissen, Mut und Verantwortungsbewußtsein; Tatkraft; Fleiß; Ausdauer; realistischer Optimismus; Improvisationsgabe; Fähigkeit zu kollektiver Arbeit
2 Institutsstruktur	2.1 Kader	Optimale Anpassung der Kaderstruktur an die Aufgaben; genügend handwerkliche Kräfte
	2.2 Grundausrüstung	Themenspezifisch orientierte Laboratorien und Ausrüstungen; hervorragende Werkstätten
	2.3 Themenspezifische Ausrüstung	Schnellbau in eigenen Werkstätten; Improvisationen; Schnellimporte (Entscheidung; Beschaffung)
	2.4 Arbeitsklima	Entlastung der schöpferischen Kräfte von unproduktiven Tätigkeiten; Delegation von Verantwortung an fähige, jüngere Mitarbeiter
	2.5 Pläne, Verträge	Formulierung, Erfüllungskontrolle durch Leitung von Forschung-Entwicklung; Abrechnungen durch Verwaltung

3 Thema	3.1 Themenwahl	Konzeption mit großem Vorlauf; ökonomische oder wissenschaftliche Perspektive; Wahl in Kontakt mit Industrie oder Interessenten; Weltmarktfähigkeit; Koordinierung im Inland; Berücksichtigung der RGW-Vereinbarungen
4 Information	4.1 Startniveau	Genaue Kenntnis des Spitzenniveaus der Thematik in der Welt; Literaturstudium; Informationsaustausch bei persönlichen Kontakten
	4.2 Erschließung von Informationsquellen	Gezielte Einholung von Informationen hoher zeitlicher Güte durch persönliche Kontakte; Aufbau und Benutzung eines Speichers geordneter Informationen im Hause
5 Tempo-Beschleunigung (permanent und in allen Bereichen)	5.1 Leitungsebenen	Entscheidungen schnell treffen bzw. durchsetzen; Kräftekonzentration auf das Wesentliche
	5.2 Forschung, Entwicklung	Versuche und Messungen, Theorien und Rechnungen als Wegweiser des kürzesten Weges; Schnellmeßmethoden; kollektives Arbeiten
	5.3 Technologie	Schnellbau der Versuchsanordnungen, Funktionsmuster usw.; Schnellbeschaffung der themenspezifischen Ausrüstung
	5.4 Überleitung in Produktion	Berücksichtigung von Standards und Methoden der Produktion schon in Konstruktion und Entwicklung; zeitweise Kadervernetzung Entwicklung-Produktion
	5.5 Kooperation	Überbetriebliche Arbeitsgemeinschaften; bessere Nutzung der Möglichkeiten der sozialistischen Produktionsverhältnisse; auswärtige Werkstätten
	5.6 Verbesserungen, Rationalisierung	Rückkopplung der Kritiken, Wünsche, Vorschläge von Kunden auf Entwickler; optimale Lagerhaltung, Auflagenhöhe, Technologie
	5.7 Markterschließung	Wissenschaftlich-technische Aufsätze und Vorträge als Werbung; Bearbeitung prominenter Handelspartner; Vertriebs-Ingenieure
6 Beratungen	6.1 Marktanalyse	Mitwirkung von Fachleuten mit Phantasie, besonders bei Einschätzung des Feldes neuartiger Verfahren, Erzeugnisse
	6.2 Marktsicherung	Günstige Namensgebung, hohes Tempo weiterer Fortschritte, Patente, Kundendienste als Schutz vor Konkurrenz
	6.3 Werbung	Mitarbeit beim Entwurf von Inseraten, Prospekten sowie Planung des Werbefeldzuges

[8 – 196f.]

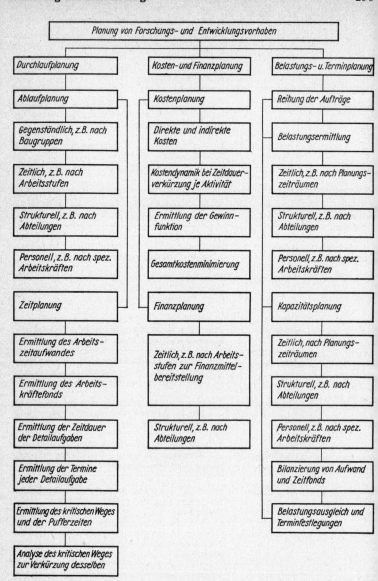

Teilkomplexe und Stufen der Planung von Forschungs- und Entwicklungsvorhaben

[6 – 632 ff.]

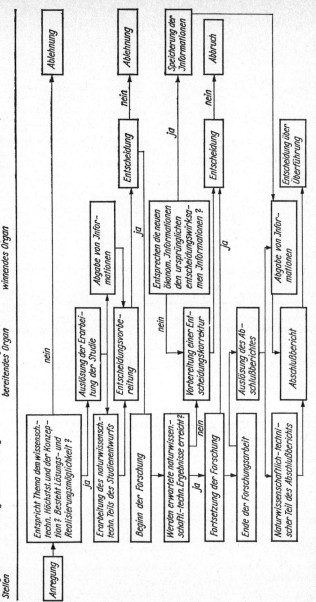

Ablaufmodell für Forschungsentscheidungen

[280 – 615]

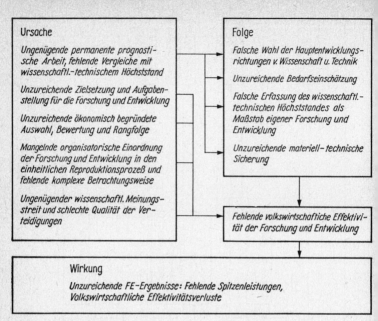

Ursache	Folge
Ungenügende permanente prognostische Arbeit, fehlende Vergleiche mit wissenschaftl.-technischem Höchststand	Falsche Wahl der Hauptentwicklungsrichtungen v. Wissenschaft u. Technik
Unzureichende Zielsetzung und Aufgabenstellung für die Forschung und Entwicklung	Unzureichende Bedarfseinschätzung
Unzureichende ökonomisch begründete Auswahl, Bewertung und Rangfolge	Falsche Erfassung des wissenschaftl.-technischen Höchststandes als Maßstab eigener Forschung und Entwicklung
Mangelnde organisatorische Einordnung der Forschung und Entwicklung in den einheitlichen Reproduktionsprozeß und fehlende komplexe Betrachtungsweise	Unzureichende materiell-technische Sicherung
Ungenügender wissenschaftl. Meinungsstreit und schlechte Qualität der Verteidigungen	

Fehlende volkswirtschaftliche Effektivität der Forschung und Entwicklung

Wirkung

Unzureichende FE-Ergebnisse: Fehlende Spitzenleistungen, Volkswirtschaftliche Effektivitätsverluste

Ursache – Folge – Wirkung von Störfaktoren infolge mangelnder Entscheidungsvorbereitung in Forschung und Entwicklung

[124 – 31]

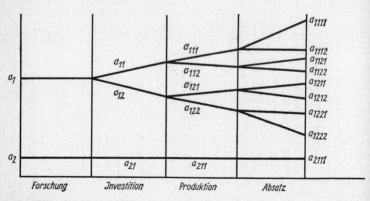

Prinzipskizze der unterschiedlichen Ausweichmöglichkeiten, die nach der Forschungsentscheidung verbleiben

[280 – 599]

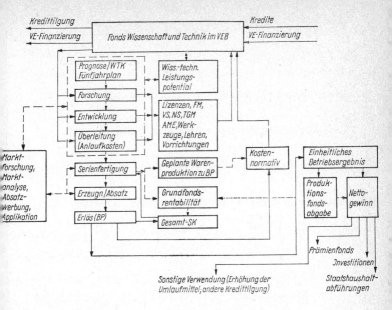

Die betriebliche Finanzierung von Forschung und Entwicklung

[110a – 5]

Fortschrittsfaktor – Ausweis des Wirkungsgrades der auf den wissenschaftlich-technischen Fortschritt gerichteten betrieblichen Maßnahmen; eine der möglichen Formen zur Abrechnung und Kontrolle des wissenschaftlichtechnischen Fortschritts.

$$f = \frac{(100 + m)\,(100 + a)\,(100 + r)\,(100 - T)\cdot b}{10^6 \cdot n \cdot 1}$$

m   Anteil am Mehrlohn
a   Ausschußanteil
r   Anteil in Vorbereitungs- und Abschlußzeit
T   Technologische Zeiteinsparungen
b   Geplanter Leistungslohnanteil zur Auftragszeit
n   Normerfüllung
l   Effektiver Anteil der im Leistungslohn gearbeiteten Zeit zur effektiven Gesamtzeit

[14 – 104]

Fortschrittsgrad → Technisierungsgrad der Arbeit

Fräsen → Grundzeit-Maschine

Freisetzungsaufwand je Arbeitskraft → Arbeitskräfte, Freisetzung von

Freisetzung von Arbeitskräften → Arbeitskräfte, Freisetzung von

F-Test → Ursachenforschung bei Qualitätsverschlechterung, spezielle

Funktionsvorrat im Produktionsmittelhandel → Vorratshaltung

G

Garantieleistung, relative – Kennziffer, die das Verhältnis von gewährter Garantiezeit und durchschnittlicher Lebensdauer eines Erzeugnisses bzw. der Gesamtproduktion zum Ausdruck bringt. Als Vergleichswert dient das beste Erzeugnis gleichen Typs im Weltmaßstab.

a) Für ein Erzeugnis:

$$T_G = \frac{t_G \cdot 100}{t_n} \qquad [\%]$$

t_G Garantiezeit (Betriebsstunden oder Jahre)
t_n Durchschnittliche Lebensdauer (Funktionsfähigkeit) des besten Erzeugnisses gleichen Typs im Weltmaßstab (Betriebsstunden oder Jahre)

b) Für die Gesamtproduktion:

$$T_G = \frac{t_G \cdot p}{t_n \cdot p}$$

p   Anteil des betreffenden Erzeugnisses an der Gesamtproduktion) (Prozent)

[42 – 166]

Gaußverteilung → Verteilung

Gebrauchswert-Kosten-Analyse – an gebrauchswertbestimmende technisch-ökonomische Parameter anknüpfendes Verfahren mit dem spezifischen Ziel, den Aufwand je Erzeugniseinheit zu minimieren; bisher ungenau auch oft als Wertanalyse bzw. Erzeugnisanalyse bezeichnet.

Die Gebrauchswert-Kosten-Analyse zielt darauf ab, im Zusammenwirken zwischen Konstruktion, Technologie, Fertigung, Beschaffung und Absatz mit Hilfe der → Kostenrechnung Erzeugnisse und Erzeugnisteile nach einem vorgegebenen Programm zu zergliedern, um festzustellen, welche beeinflußbaren Kosten vermindert werden können, ohne daß der Gebrauchswert des Erzeugnisses vermindert wird, oder ob der Gebrauchswert bei gleichen bzw. sinkenden Kosten sogar verbessert werden kann. Eine große Rolle spielt die aktive und unmittelbare Mitarbeit der Werktätigen an den Gebrauchswert-Kosten-Analysen.

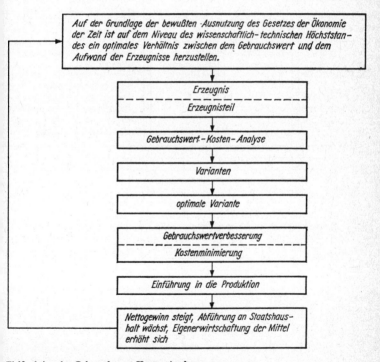

Zielfunktion der Gebrauchswert-Kosten-Analyse

[22 – 11]

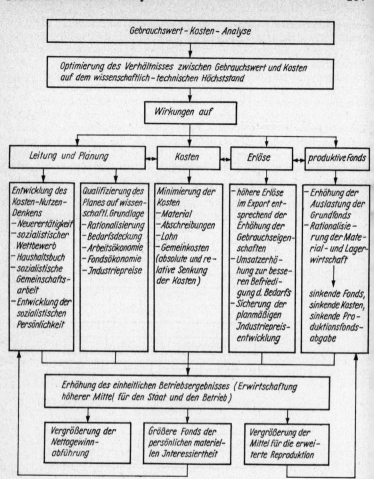

Die ökonomischen Wirkungen der Gebrauchswert-Kosten-Analyse im Reproduktionsprozeß des Betriebes bzw. Kombinates

[22 – 19]

Für die Auswahl der Erzeugnisse zur Gebrauchswert-Kosten-Analyse und deren Rangfolge bzw. Wichtung sind folgende Kriterien zu beachten:

Wichtigkeitskriterien

1. Volkswirtschaftlich wichtiges Erzeugnis
2. Haupterzeugnis

[Fortsetzung S. 269]

Funktionsanalyse / *Kostenanalyse*

Wiederholung bis i=0

Start

① ① *Daten der Aufgabenstellung*

Analysiere die Zielstellung hinsichtlich der Teilziele (techn. und ökonomisch)!

Stelle fest, welche Funktionen und welche Funktionsbereiche von der Zielstellung betroffen werden!

Stelle fest, welche Kostenelemente sich auf die Zielstellung auswirken!

Modelliere die Zusammenhänge (schematische Funktionsdarstellung)!

Modelliere die Zusammenhänge (schematische Kostendarstellung)!

Klassifiziere und wichte die Funktionen!

Klassifiziere und wichte die Kostenelemente!

Analysiere und quantifiziere den Istzustand bzgl. der Funktionen!

Analysiere und quantifiziere den Istzustand bzgl. der Kosten!

Suche nach vorhandenen Lösungen oder Vergleichsmöglichkeiten!

Suche nach vergleichbaren Kostenzusammenhängen!

Vergleiche und bewerte (funktionstechnisch)!

Vergleiche und bewerte (ökonomisch)!

Vergleiche und bewerte (technisch-ökonomisch)

Stelle die Faktoren, die eine ungünstige Bewertung erfahren haben, fest!

$i \geq 1$ $i = 0 \ (= Ziel)$ **Stop**

Suche schöpferisch nach neuen Funktionsalternativen!

Suche schöpferisch nach neuen, kostengünstigeren Alternativen

Vergleiche und bewerte die Alternativen (technisch)!

Vergleiche und bewerte die Alternativen (ökonomisch)!

Ermittle eine funktionstechnisch-ökonomische Optimallösung!

Antizipiere einen neuen Zustand

Ablaufschema für eine (Funktions-)Gebrauchswert-Kosten-Analyse   **[135]**

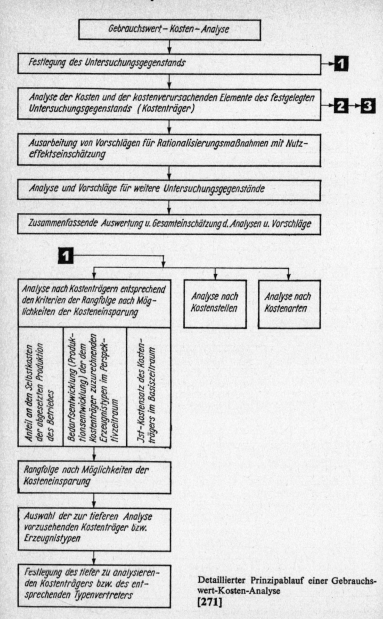

Detaillierter Prinzipablauf einer Gebrauchswert-Kosten-Analyse
[271]

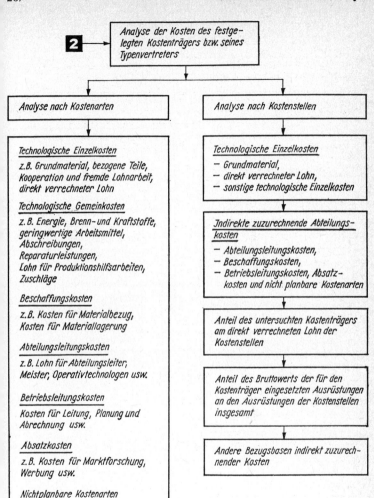

2 → Analyse der Kosten des festgelegten Kostenträgers bzw. seines Typenvertreters

Analyse nach Kostenarten

Analyse nach Kostenstellen

Technologische Einzelkosten
z.B. Grundmaterial, bezogene Teile, Kooperation und fremde Lohnarbeit, direkt verrechneter Lohn

Technologische Gemeinkosten
z.B. Energie, Brenn- und Kraftstoffe, geringwertige Arbeitsmittel, Abschreibungen, Reparaturleistungen, Lohn für Produktionshilfsarbeiten, Zuschläge

Beschaffungskosten
z.B. Kosten für Materialbezug, Kosten für Materiallagerung

Abteilungsleitungskosten
z.B. Lohn für Abteilungsleiter, Meister, Operativtechnologen usw.

Betriebsleitungskosten
Kosten für Leitung, Planung und Abrechnung usw.

Absatzkosten
z.B. Kosten für Marktforschung, Werbung usw.

Nichtplanbare Kostenarten
z.B. Überstundenzuschläge

Technologische Einzelkosten
– Grundmaterial,
– direkt verrechneter Lohn,
– sonstige technologische Einzelkosten

Indirekte zuzurechnende Abteilungskosten
– Abteilungsleitungskosten,
– Beschaffungskosten,
– Betriebsleitungskosten, Absatzkosten und nicht planbare Kostenarten

Anteil des untersuchten Kostenträgers am direkt verrechneten Lohn der Kostenstellen

Anteil des Bruttowerts der für den Kostenträger eingesetzten Ausrüstungen an den Ausrüstungen der Kostenstellen insgesamt

Andere Bezugsbasen indirekt zuzurechnender Kosten

Zusammenstellung der an der Kostenbildung des Kostenträgers hauptbeteiligten Kostenarten und –stellen → **3**

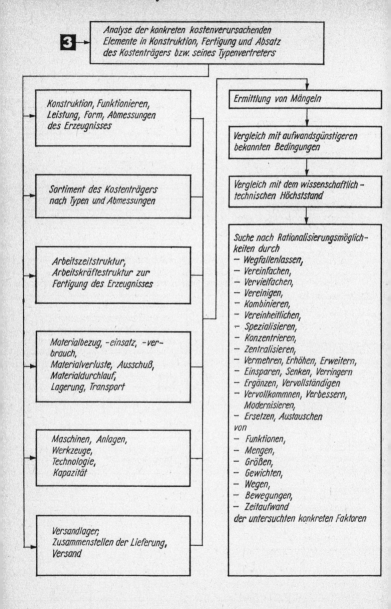

3 → Analyse der konkreten kostenverursachenden Elemente in Konstruktion, Fertigung und Absatz des Kostenträgers bzw. seines Typenvertreters

Konstruktion, Funktionieren, Leistung, Form, Abmessungen des Erzeugnisses

Sortiment des Kostenträgers nach Typen und Abmessungen

Arbeitszeitstruktur, Arbeitskräftestruktur zur Fertigung des Erzeugnisses

Materialbezug, -einsatz, -verbrauch, Materialverluste, Ausschuß, Materialdurchlauf, Lagerung, Transport

Maschinen, Anlagen, Werkzeuge, Technologie, Kapazität

Versandlager, Zusammenstellen der Lieferung, Versand

Ermittlung von Mängeln

Vergleich mit aufwandsgünstigeren bekannten Bedingungen

Vergleich mit dem wissenschaftlich-technischen Höchststand

Suche nach Rationalisierungsmöglichkeiten durch
– Wegfallenlassen,
– Vereinfachen,
– Vervielfachen,
– Vereinigen,
– Kombinieren,
– Vereinheitlichen,
– Spezialisieren,
– Konzentrieren,
– Zentralisieren,
– Vermehren, Erhöhen, Erweitern,
– Einsparen, Senken, Verringern
– Ergänzen, Vervollständigen
– Vervollkommnen, Verbessern, Modernisieren,
– Ersetzen, Austauschen
von
– Funktionen,
– Mengen,
– Größen,
– Gewichten,
– Wegen,
– Bewegungen,
– Zeitaufwand
der untersuchten konkreten Faktoren

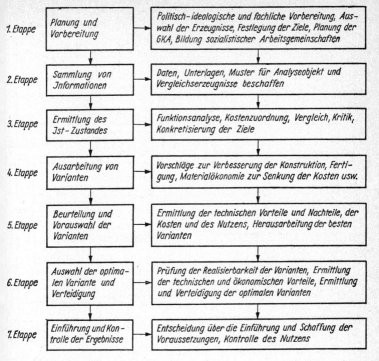

1. Etappe	Planung und Vorbereitung	Politisch-ideologische und fachliche Vorbereitung, Auswahl der Erzeugnisse, Festlegung der Ziele, Planung der GKA, Bildung sozialistischer Arbeitsgemeinschaften
2. Etappe	Sammlung von Informationen	Daten, Unterlagen, Muster für Analyseobjekt und Vergleichserzeugnisse beschaffen
3. Etappe	Ermittlung des Jst-Zustandes	Funktionsanalyse, Kostenzuordnung, Vergleich, Kritik, Konkretisierung der Ziele
4. Etappe	Ausarbeitung von Varianten	Vorschläge zur Verbesserung der Konstruktion, Fertigung, Materialökonomie zur Senkung der Kosten usw.
5. Etappe	Beurteilung und Vorauswahl der Varianten	Ermittlung der technischen Vorteile und Nachteile, der Kosten und des Nutzens, Herausarbeitung der besten Varianten
6. Etappe	Auswahl der optimalen Variante und Verteidigung	Prüfung der Realisierbarkeit der Varianten, Ermittlung der technischen und ökonomischen Vorteile, Ermittlung und Verteidigung der optimalen Varianten
7. Etappe	Einführung und Kontrolle der Ergebnisse	Entscheidung über die Einführung und Schaffung der Voraussetzungen, Kontrolle des Nutzens

Etappen der Gebrauchswert-Kosten-Analyse

[22 – 51]

[Fortsetzung von S. 264]

Höchststandskriterien

3. Erzeugnis entspricht nicht dem wissenschaftlich-technischen Höchststand (Gebrauchswert)
4. Erzeugnis mit hohem Materialanteil

Produktionskriterien

5. Erzeugnis mit vorteilhaften Absatzmöglichkeiten (Nachfrage höher als Liefermöglichkeit)
6. Erzeugnis mit hoher Produktionszuwachsrate
7. Erzeugnis mit hohem Anteil an der Gesamtproduktion

Rentabilitätskriterien

8. Erzeugnis mit niedriger Fondsrentabilität
9. Erzeugnis mit ungenügender Devisenrentabilität

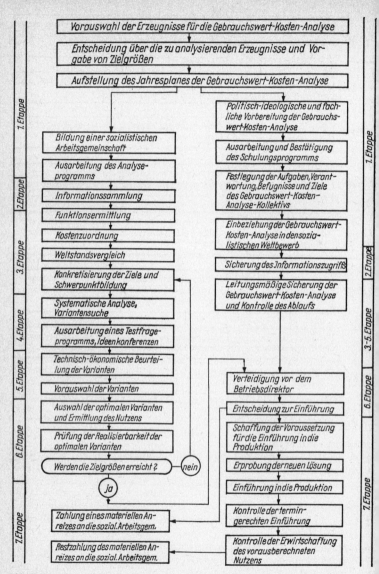

Ablaufschema der Gebrauchswert-Kosten-Analyse bei bereits produzierten Erzeugnissen

[22 – 53]

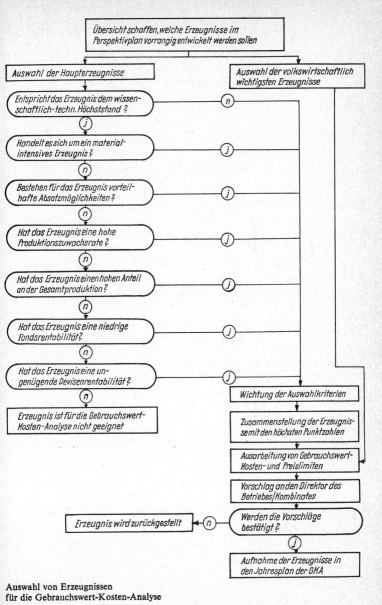

Auswahl von Erzeugnissen
für die Gebrauchswert-Kosten-Analyse

[22 – 62]

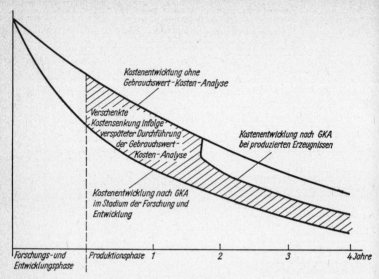

Einfluß der Gebrauchswert-Kosten-Analyse auf die Kostenentwicklung der Erzeugnisse

[22 – 20]
[327a; 22; 135 – 49 ff.; 271 – 1449 ff.; 344 – 6]

Gegenwartswert – Rechengröße, die es gestattet, in Nutzeffektsberechnungen für Investitionen die Beziehungen zwischen Aufwands- und Ergebnisgrößen einerseits und dem Zeitfaktor andererseits zu berücksichtigen. Die Aufwendungen sind um so höher zu bewerten, je früher sie auftreten. Von einem bestimmten Jahr ausgehend (z. B. Inbetriebnahme der Investition), verkörpert eine Aufwandseinheit einen um so größeren Wert, je mehr Jahre ihre Verausgabung dem Bezugsjahr vorausgegangen ist. Dieser Wert ist ihr „gegenwärtiger Wert". Die Ergebnisgrößen dagegen sind um so niedriger zu bewerten, je später sie realisiert werden. Ausgehend von einem bestimmten Jahr, werden daher die Ergebnisse, insbesondere das Reineinkommen, abgezinst (diskontiert), es wird ebenfalls ihr „gegenwärtiger Wert" berechnet.
Gegenwartswert des gesamten Reineinkommens:

$$RE_g = \frac{RE(q^n - 1)}{q^n(q - 1)} \qquad [M]$$

RE   Reineinkommen (M/a)
q   Zinsfaktor
n   Jahre

[21 – 79 f.]

Gegenwartswert der Aufwendungen für ein bestimmtes Vorhaben:

$$G = \frac{A}{\left(1 + \dfrac{x}{100}\right)^n}$$ [M]

A   Gesamtaufwendungen für das Vorhaben (M)
n   Jahr, für das der Gegenwartswert der Aufwendungen errechnet wird
x   In einem bestimmten Zeitraum durchschnittlich je Jahr geforderte Mindest-Zuwachsrate des Nationaleinkommens (laut Perspektivplan usw.) (%)

[71 – 8]

Geldfaktor je Maschinenstunde – Kennziffer, mit der die Wertübertragung der im Arbeitsprozeß zum Einsatz kommenden Produktionsinstrumente ausgedrückt wird. Diese Kennziffer ist wichtig für die exakte Erfassung der erzeugnisgebundenen Selbstkosten, da sie es gestattet, Verrechnungskosten für die je Erzeugnis aufgewendeten Maschinenstunden zu berechnen.

$$A = \frac{G_m \cdot A}{KT \cdot N \cdot 100}$$ [M/h]

Gm Bruttowert der Grundmittel
A   Abschreibungssatz (%)
KT Anzahl der Kalender-Arbeitstage
N   Durchschnittliche tägliche Nutzungsdauer (h)
[144 – 120]

Geldkapital – jener Teil des gesellschaftlichen Kapitals im Prozeß des kapitalistischen Kreislaufs, der sich in Geldform befindet. Jedes vorgeschossene individuelle Kapital ist zunächst Geldkapital. Im → Kreislauf des industriellen Kapitals nimmt es durch den Kauf von Produktionsmitteln und Arbeitskräften die Form von produktivem Kapital (W) an. In den während des Produktionsprozesses P produzierten Waren besitzt das Geldkapital dann die Form von Warenkapital, das jedoch infolge der im Produktionsprozeß vollzogenen Ausbeutung der Arbeiter um den Mehrwert erhöht wird (W' bzw. W + w). Durch den Verkauf der erzeugten Ware wird es wieder zu Geldkapital (G' bzw. G + g, das als neues G eingesetzt wird). Erst mit der letzten Formverwandlung W'–G' ist der Kreislauf des Geldkapitals abgeschlossen. Die vollständige Kreislaufformel nach Karl Marx lautet:

$$G - W {\Big\langle}^A_{Pm} \dots P \dots W'(W + w) - G'(G + g)$$

G   Vorgeschossenes individuelles Kapital (Geldkapital)
W   Umwandlung in produktives Kapital durch den Kauf von Produktionsmitteln (Pm) und Arbeitskräften (A)
P   Symbol für den sich vollziehenden Produktionsprozeß

W' Warenkapital, vermehrt um den im Produktionsprozeß durch Ausbeutung erzielten Mehrwert (w)

G' Durch den Verkauf der erzeugten Ware erhaltenes Geldkapital, vermehrt um den durch Ausbeutung im Produktionsprozeß erzielten Mehrwert (g)

→ Kreislauf des Kapitals, → Mehrwertrate, → Profitrate

[**210** – 161 ff.; **211** – 31 ff.; **36** – 744 f.]

Gesamtabweichung → Streuung

Gesamtkosten, verfahrensabhängige – der Bestimmung der → Grenzstückzahl dienende, auf die Jahresstückzahl bezogene Kostengröße zum Vergleich der Kosten unterschiedlicher, jedoch austauschbarer technologischer Varianten.

$$K_v = K_a \cdot n + K_u \qquad \qquad \text{[M/a]}$$

K_a Stückzahlabhängige Kosten (M/Stück)

K_u Stückzahlunabhängige Kosten (M/a)

n Jahresstückzahl (Stück/a)

Die aus den einzelnen Varianten laut obiger Formel erhaltenen konkreten Funktionen werden graphisch als Geraden dargestellt. Die Schnittpunkte ergeben die → Grenzstückzahlen mehrerer technologischer Varianten.

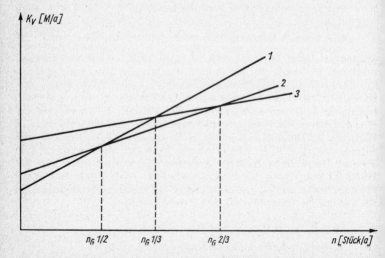

Graphische Ermittlung der Grenzstückzahlen von drei technologischen Varianten

[**36** – 826 f.]

Gesamtkosten eines Loses → Losgröße, wirtschaftliche

Gesamtkostenminimum, Methode des → Nutzeffekt, ökonomischer

Gesamtprodukt, gesellschaftliches, *Bruttoprodukt, gesellschaftliches* – Gesamtergebnis der in der Sphäre der materiellen Produktion der Gesellschaft in einem gegebenen Zeitraum verausgabten Arbeit; im quantitativen Ausdruck Summe der für die Produktion im betreffenden Zeitraum verbrauchten Menge vergegenständlichter Arbeit und des erzeugten Nationaleinkommens. Das Prinzipschema für Aufkommen und Verteilung des gesellschaftlichen Gesamtprodukts zeigt die Abbildung auf S. 276/277.

[36 – 767f.; 167 – Anlage]

Gesamtselbstkosten → Kalkulationsschema

Geschlossenheitsgrad der Bearbeitung – Quotient, der ausdrückt, wieviel der an einem Teil, einer Baugruppe usw. notwendigen Arbeitsoperationen innerhalb eines Fertigungsabschnittes ausgeführt werden.

$$G = \frac{a_i}{a_i + a_a}$$

a_i Anzahl der Arbeitsoperationen, die innerhalb des Fertigungsabschnittes ausgeführt werden

a_a Anzahl der Arbeitsoperationen, die außerhalb des Fertigungsabschnittes ausgeführt werden

[191 – 13]

Gesetz der beschleunigten Zunahme der wissenschaftlichen Forschungsergebnisse – bereits von Friedrich Engels erkanntes Gesetz, demzufolge sich die wissenschaftlichen Erkenntnisse in geometrischer Progression vermehren. „Die Wissenschaft aber vermehrt sich mindestens wie die Bevölkerung; ... die Wissenschaft schreitet fort im Verhältnis zu der Masse der Erkenntnis, die ihr von der vorhergehenden Generation hinterlassen wurde, also unter den allergewöhnlichsten Verhältnissen auch in geometrischer Progression – und was ist der Wissenschaft unmöglich?" Und an anderer Stelle: „... ging auch die Entwicklung der Wissenschaft mit Riesenschritten, sie nahm zu im quadratischen Verhältnis der zeitlichen Entfernung von ihrem Ausgangspunkt, ..."

Der mathematische Ausdruck dieses Gesetzes ist:

$$W_i = W_0 \cdot e^{k \cdot t}$$

W   Summe der zum Zeitpunkt 0 (W_0) bzw. i (W_i) vorhandenen wissenschaftlichen Erkenntnisse

e   Basis des natürlichen Logarithmus = 2,72 (aufgerundet)

Zeitdifferenz von 0 bis i Jahren

k Konstante Größe für zusätzliche Bedingungen für die Entwicklung der Wissenschaften

In der allgemeinsten Form kann die wissenschaftliche Forschung als Funktion des vorhandenen Wissensfundus,
der Zeit und
einer Größe, die sonstige Faktoren berücksichtigt,

betrachtet werden. Nach *Bernal* und *Anger* verdoppelt sich der Umfang der gesamten Forschungstätigkeit im Weltmaßstab in 10 Jahren, nach Raymond J. Seeger in 7 Jahren, nach Dedjier bereits in wenig mehr als 5 Jahren.

[93 – 465; 94 – 521; 144 – 148f.]

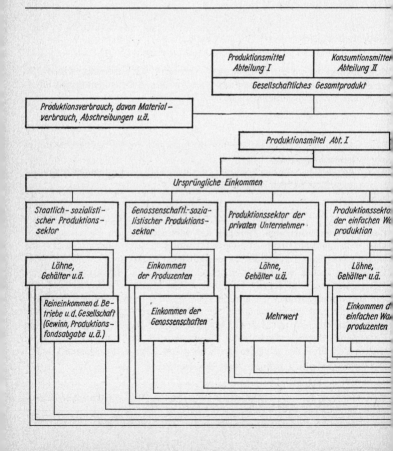

Gesetz der großen Zahlen – Gesetzmäßigkeit der mathematischen Statistik, derzufolge sich bei zunehmender Zahl von Beobachtungen (Zahlen) die Genauigkeit von Durchschnittsgrößen erhöht, d. h. die Wahrscheinlichkeit von möglichen Abweichungen abnimmt.

a) Gesetz der großen Zahlen nach *Tschebyschow*

Man hat n gegenseitig unabhängige Zufallsgrößen $X_1, X_2, ..., X_n$ mit den Mittelwerten $\mu_1, \mu_2, ..., \mu_n$ und → Varianzen, die alle kleiner als b^2 sind. Es bezeichnet $A = \dfrac{1}{n} \ (\mu_1 + \mu_2 + ... + \mu_n)$ das arithmetische Mittel der Mittelwerte. Unter Verwendung der Tschebyschowschen Ungleichung gilt:

Rahmenschema der planmäßigen, proportionalen Verteilung des Gesamtprodukts (der Außenhandel und mögliche Differenzen zwischen Nettoprodukt und im Inland verfügbarem Nationaleinkommen wurden aus Vereinfachungsgründen vernachlässigt)

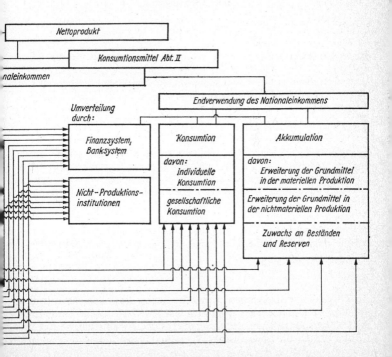

$$P\left(\left|\frac{1}{n}\sum_{i=1}^{n}x_i - A\right| < \varepsilon\right) \geqq 1 - \frac{b^2}{n\varepsilon^2},$$

wobei ε eine beliebige positive Zahl ist.

● Das arithmetische Mittel A der Mittelwerte von n Zufallsgrößen unterscheidet sich für hinreichend große n mit einer Wahrscheinlichkeit, die beliebig nahe an 1 liegt, dem Betrage nach um weniger als ε vom arithmetischen Mittel der n Zufallsgrößen.

b) Gesetz der großen Zahlen nach *Bernoulli*
Die Wahrscheinlichkeit für das Eintreffen eines Ereignisses E ist p. In n unabhängigen Versuchen soll das Ereignis E n_1-mal eingetreten sein. Dann gilt für ein beliebig positives ε:

$$P\left(\left|\frac{n_1}{n} - p\right| < \varepsilon\right) \geqq 1 - \frac{1}{4\varepsilon^2 n}$$

● Die relative → Häufigkeit bei n Beobachtungen für das Ereignis E unterscheidet sich für hinreichend große n mit einer Wahrscheinlichkeit, die beliebig nahe an 1 liegt, dem Betrage nach um weniger als ε von der Wahrscheinlichkeit p für den Eintritt des Ereignisses.

[36 – 782; 31 – 658]

Gesetz der kleinen Zahlen – oft gebrauchte Bezeichnung für die *Poissonverteilung* (→ Verteilung), die aus der Tatsache resultiert, daß häufig zufällige Ereignisse, die in großen Gesamtheiten mit kleinen Wahrscheinlichkeiten auftreten, einer Poissonverteilung gehorchen.

[37 – 384]

Gesundheits- und Arbeitsschutz – im allgemeinen Sinne: in der DDR staatlich organisiertes System zum Schutz und zur Pflege der Gesundheit aller Bürger; im engeren Sinne: Gesundheitsschutz der *werktätigen* Bevölkerung innerhalb und außerhalb ihrer Arbeitsstätten. Der Gesundheits- und Arbeitsschutz erstreckt sich auf die Vorbeugung (Prophylaxe), die Erkennung und Heilung (Diagnose und Therapie) von Gesundheitsschäden und die Nachsorge (Metaphylaxe). Zusammenhänge, Aufgaben und Organe des Gesundheits- und Arbeitsschutzes zeigen die Abbildungen auf den Seiten 279 bis 284.

[32 – 306ff.; 34 – 244ff.]

Gesundheits- und Arbeitsschutz, Kennziffernsystem des – komplexes Leitungs- und Kontrollinstrument der staatlichen und gewerkschaftlichen Leitungen zur planmäßigen Entwicklung des Gesundheits- und Arbeitsschutzes. Das nachfolgend dargestellte System ist der Vorschlag für ein *Rahmensystem*, das die

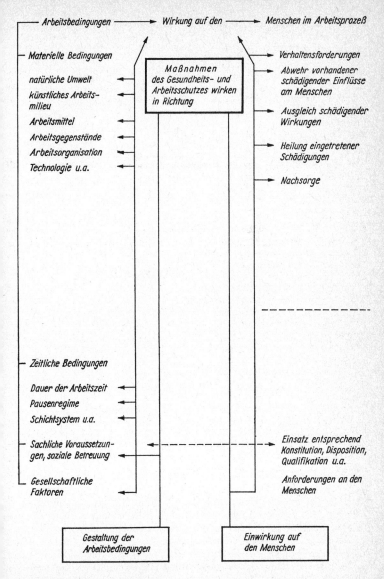

Wirkungsrichtungen des Gesundheits-
und Arbeitsschutzes

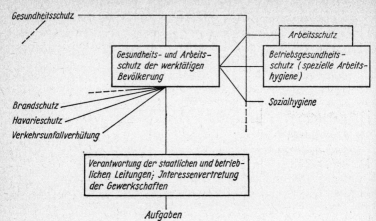

Gesundheitsschutz

Arbeitsschutz

Gesundheits- und Arbeitsschutz der werktätigen Bevölkerung

Betriebsgesundheitsschutz (spezielle Arbeitshygiene)

Sozialhygiene

Brandschutz
Havarieschutz
Verkehrsunfallverhütung

Verantwortung der staatlichen und betrieblichen Leitungen; Interessenvertretung der Gewerkschaften

Aufgaben

1. Prophylaxe
1.1. Schutz vor Gefährdungen
1.1.1. Schutz vor Arbeitsunfällen
1.1.2. Schutz vor Berufskrankheiten
1.1.3. Schutz vor sonstigen arbeitsbedingten Gesundheitsschäden
1.2. Schaffung von Arbeitserleichterungen
1.3. Gesundheitserziehung (gesunde Lebensweise)
1.4. Gesundheitsförderung im allgemeinen (z.B. Schutzimpfung, gesunde Ernährung)
2. Diagnostik und Therapie
3. Metaphylaxe

▲

Strukturschema des Gesundheits- und Arbeitsschutzes

Die sozialistischen Prinzipien des Gesundheits- und Arbeitsschutzes ▶

Kombinate und Betriebe den gegebenen konkreten Bedingungen anpassen müssen. Das Kennziffernsystem dient in erster Linie zur Verbesserung der betrieblichen Arbeit im Gesundheits- und Arbeitsschutz, gestattet darüber hinaus aber auch zwischenbetriebliche Vergleiche. Es umfaßt in seiner Grundstruktur Kennziffern, die das *Niveau* des Gesundheits- und Arbeitsschutzes charakterisieren, und Kennziffern, die seinen *Nutzeffekt* ausweisen. Das Kennziffernsystem lediglich auf das Niveau des Gesundheits- und Arbeitsschutzes zu beschränken, würde seiner funktionalen Einheit hinderlich sein und einseitigen Auffassungen über den Gesundheits- und Arbeitsschutz als technisches Problem oder als „Kostenfaktor" ohne nachweisbaren Nutzen Vorschub leisten.

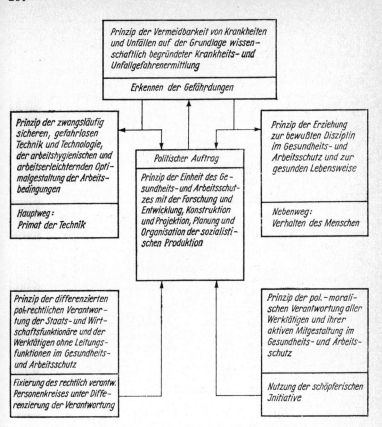

Zustandskennziffern

a) *Zustandskennziffern der Unfallsicherung* (ZUS)

(1) Unfallsicherung der Arbeitsplätze

$$ZUS_{AP} = \frac{AP_{NSt1} + AP_{NSt2} \cdot 2 + \cdots + AP_{NSt5} \cdot 5}{AP_{NSt1} + \cdots + AP_{NSt5}}$$

ZUS_{AP} 1 ... 5

(2) Unfallsicherung der Arbeitskräfte

$$ZUS_{AK} = \frac{AK_{NSt1} + AK_{NSt2} : 2 + \cdots + AK_{NSt5} \cdot 5}{AK_{NSt1} + \cdots + AK_{NSt5}}$$

ZUS_{AK} 1 ... 5

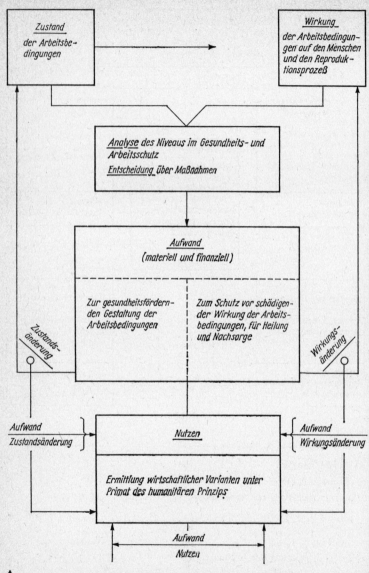

Gesichtspunkte des Kennziffernsystems im Gesundheits- und Arbeitsschutz

Staatliche Organe des Gesundheits- und Arbeitsschutzes ▶

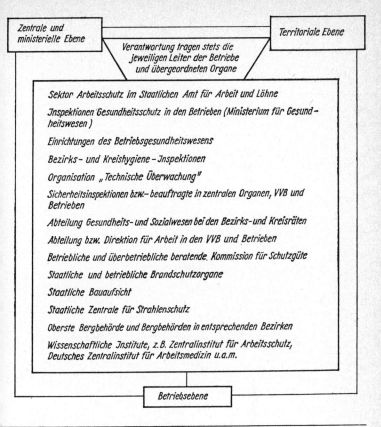

AP   Anzahl der Arbeitsplätze
AK   Anzahl der Arbeitskräfte
NSt Niveaustufe der Unfallsicherung

b) *Zustandskennziffern der arbeitshygienischen Bedingungen*

(3) ZBah Anzahl der Arbeitsplätze in den Beanspruchungsstufen II und III
    a) insgesamt
    b) nach Beanspruchungsarten 1 bis 11

(4) ZBah Anzahl der Arbeitskräfte an Arbeitsplätzen der Beanspruchungs-
    stufen II und III
    a) insgesamt
    b) nach den Beanspruchungsarten 1 bis 11

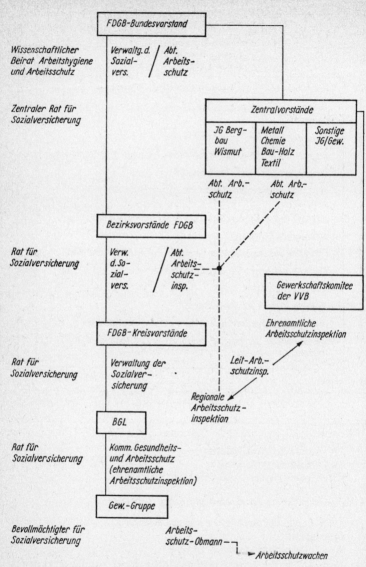

Gewerkschaftliche Organe des Gesundheits- und Arbeitsschutzes

(5) ZBah Anzahl der Gefährdungsquellen nach den Beanspruchungsarten

(6) ZBah Anzahl der Arbeitsplätze mit mehreren Beanspruchungsarten der Beanspruchungsstufen II und III

(7) ZBah Anzahl der Arbeitskräfte an Arbeitsplätzen mit mehreren Beanspruchungsarten der Beanspruchungsstufen II und III

(8) ZBah Quote der arbeitshygienischen Bedingungen, bezogen auf Arbeitsplätze

$$\frac{ZBah_{AP} \cdot 100}{AP}$$

(9) ZBah Quote der arbeitshygienischen Bedingungen, bezogen auf Arbeitskräfte

$$\frac{ZBah_{AK} \cdot 100}{AK}$$

c) *Zustandskennziffern der zusätzlichen Reproduktionsbedingungen für Arbeitskräfte*

(10) ZRz Anzahl der Arbeitskräfte mit regelmäßigen Erschwerniszuschlägen
    a) insgesamt
    b) nach den Beanspruchungsarten 1 bis 11

(11) ZRz Anzahl der Arbeitskräfte mit arbeitsbedingten Zusatzpausen
    a) insgesamt
    b) nach den Beanspruchungsarten 1 bis 11

(12) ZRz Anzahl der Arbeitskräfte mit arbeitsbedingter Arbeitszeitverkürzung
    a) insgesamt
    b) nach den Beanspruchungsarten 1 bis 11

(13) ZRz Anzahl der Arbeitskräfte mit arbeitsbedingtem Zusatzurlaub
    a) insgesamt
    b) nach den Beanspruchungsarten 1 bis 11

(14) ZRz Anzahl der Arbeitskräfte, die der Reihenuntersuchung gemäß der 7. DB vom 23. 6. 1955 und den Bestimmungen der Verordnung über den Schutz vor der schädigenden Einwirkung ionisierender Strahlung – Strahlenschutzverordnung vom 26. 11. 1969 – unterliegen
    a) insgesamt
    b) nach den Beanspruchungsarten

(15) ZRz Quote der Reihenuntersuchungen

$$\frac{RU_{Ist}}{RU_{Soll}} \cdot 100$$

(16) ZRz Quote der zusätzlichen Reproduktionsmaßnahmen, bezogen auf die Arbeitskräfte

$$\frac{ZRz(10) \text{ bis } (14)}{AK} \cdot 100$$

Wirkungskennziffern

(17) WAU Anzahl der Arbeitsunfälle der Produktionsarbeiter im Berichtszeitraum
   a) meldepflichtige
   b) insgesamt

(18) WUh Quote der Unfallhäufigkeit bei Produktionsarbeitern

$$\frac{\text{WAU} \cdot 100}{\text{B}}$$

B Durchschnittliche Anzahl der Produktionsarbeiter im Berichtszeitraum

(19) WAUT Ausfallzeit durch Arbeitsunfälle von Produktionsarbeitern im Berichtszeitraum

(20) W$\bar{x}$AUT Durchschnittliche Ausfallzeit je meldepflichtiger Arbeitsunfall der Produktionsarbeiter

$$\frac{\text{WAUT}_{\text{meld}}}{\text{WAU}_{\text{meld}}}$$

(21) WBK Im Berichtszeitraum anerkannte Fälle von Berufskrankheiten

(22) WBKT Ausfallzeiten durch Berufskrankheiten

(23) WEZ Erschwerniszuschläge in Mark

(24) WEZ% Prozentualer Anteil der Erschwerniszuschläge an der Bruttolohnsumme der Produktionsarbeiter

$$\frac{\text{WEZ} \cdot 100}{\text{Bruttolohn}}$$

(25) WPT Ausfallzeit durch arbeitsbedingte Zusatzpausen

(26) WAVT Ausfallzeit durch arbeitsbedingte Arbeitszeitverkürzung

(27) WZUT Ausfallzeit durch arbeitsbedingten Zusatzurlaub

(28) WΣAT Gesamter arbeitsbedingter Arbeitszeitausfall

$$\text{W}\,\Sigma\,\text{AT} = \text{WAUT} + \text{WBKT} + \text{WPT} + \text{WAVT} + \text{WZUT}$$

(29) WVM Materialverluste durch arbeitshygienische Bedingungen

(30) WVG Grundmittelverluste durch Arbeitsunfälle

(31) WVR Reparaturkosten als Folge von Arbeitsunfällen

(32) WΣV Summe der finanziellen Verluste

$$\text{W}\,\Sigma\,\text{V} = \text{WVM} + \text{WVG} + \text{WVR} + \text{WEZ}$$

(33) WKA Ausfallkosten

$$\text{WKA} = (\text{K}_G + \text{G})\,\frac{\text{M}}{\text{h}} \cdot 8{,}75\,\frac{\text{h}}{\text{Tag}} \cdot \text{W}\,\Sigma\,\text{AT} \cdot \text{Tage} \qquad \text{[M]}$$

K_G Gemeinkosten pro Stunde (M)

G Gewinn pro Stunde (M)

(34) $W \Sigma A$ Gesamtausfälle

$$W \Sigma A = WKA + W \Sigma V$$

Aufwandskennziffern

(35) AH Handlungsauslösende Aufwendungen für den Gesundheits- und Arbeitsschutz

(36) AZ Zustandsoptimierende Aufwendungen für den Gesundheits- und Arbeitsschutz

(37) AW Wirkungsändernde Aufwendungen für den Gesundheits- und Arbeitsschutz

(38) ΣA Gesamtaufwendungen für den Gesundheits- und Arbeitsschutz

$$\Sigma A = \Sigma AH + \Sigma AZ + \Sigma AW$$

(39) AH_1 Handlungsauslösende Aufwendungen im Berichtsjahr

$$AH_1 = AH_0 + \Delta AH$$

(40) AZM Zustandsoptimierende Aufwendungen für neue Maßnahmen zur Verbesserung der materiellen Arbeitsbedingungen (G u A)

(41) AZR Zustandsoptimierende Aufwendungen für Reparaturen und Hauptinstandsetzungen

(42) ΣAZ_1 Zustandsoptimierende Aufwendungen im Berichtsjahr

$$\Sigma AZ_1 = \Sigma AZM_0 + \Delta AZM + \Sigma AZR_0 + \Delta AZR$$

(43) AWa Wirkungsverändernde Aufwendungen zur Abwendung von Gefahren und Schädigungen

(44) AWk Wirkungsändernde Aufwendungen zur Kompensierung erfolgter Einwirkungen

(45) ΣAW_1 Wirkungsändernde Aufwendungen im Berichtsjahr

$$\Sigma AW_1 = \Sigma AWa_0 + \Delta AWa + \Sigma AWk_0 + \Delta AWk$$

Nutzenskennziffern

(46) $N \Delta ZUS$ Zuwachs der Unfallsicherung (absolut)

$$N\Delta ZUS = ZUS_1 - ZUS_0$$

(47) $NZUS_{\%Max}$ Prozentuale Annäherung an das Maximum, Niveaustufe 5

$$NZUS_{\%Max} = \frac{ZUS_1}{ZUS_{Max}} \cdot 100$$

(48) $N \Delta ZUS_\%$ Prozentualer Zuwachs der Unfallsicherung

$$N \Delta ZUS_\% = \frac{ZUS_1}{ZUS_0} \cdot 100 - 100$$

(49) $NZUS_{1;0}$ Entwicklungsquotient der Unfallsicherung

$$NZUS_{1;0} = \frac{ZUS_1}{ZUS_0}$$

(50) $NZUS_{Max}$ Prozentualer Annäherungsschritt an das Maximum

$$NZUS_{Max} = \frac{N \Delta ZUS}{ZUS_{Max}} \cdot 100$$

(51) $N \Delta ZBah$ Entwicklung der arbeitshygienischen Bedingungen

$$N \Delta ZBah = ZBah_0 - ZBah_1$$

(52) $NZBah_{1;0}$ Entwicklungsquotient der arbeitshygienischen Bedingungen

$$NZBah_{1;0} = \frac{ZBah_0}{ZBah_1}$$

(53) $NZBah_{Jahre}$ Annäherungsgeschwindigkeit der arbeitshygienischen Bedingungen an das Maximum

$$NZBah_{Jahre} \triangleq y - y_0 = \frac{y_1 - y_0}{x_1 - x_0} \cdot (x - x_0)$$

(54) $N \Delta ZRz$ Entwicklung zusätzlicher Reproduktionsmaßnahmen

$$N \Delta ZRz = ZRz_1 - ZRz_0$$

(55) $NZRz_{1;0}$ Entwicklungsquotient der zusätzlichen Reproduktionsmaßnahmen

$$NZRz_{1;0} = \frac{ZRz_1}{ZRz_0}$$

(56) $NRU_{1;0}$ Entwicklungsquotient der Reihenuntersuchungen

$$NRU_{1;0} = \frac{RU_{Ist1} \cdot RU_{Soll0}}{RU_{Soll1} \cdot RU_{Ist0}}$$

(57) $N \Delta W_x$ Entwicklung der Wirkungen

$$N \Delta W_x = W_{x1} - W_{x0}$$

$x \triangleq$ der jeweiligen Wirkungskennziffer

(58) $NW_{x1;0}$ Entwicklungsquotient der Wirkungen

$$NW_{x1;0} = \frac{W_{x1}}{W_{x0}}$$

Nutzeffektskennziffern

(59) $Nutzeffekt_{Zustand} = \dfrac{AH + AZ}{Zustandsoptimierung}$

(60) $Nutzeffekt_{Wirkung} = \dfrac{AH + AZ + AW}{Wirkungsänderung}$

(61) Nutzeffekt des Gesundheits- und Arbeitsschutzes

$$\text{Nutzeffekt}_{\text{Niveau}} = \frac{AH + AZ + AW}{\text{Niveauentwicklung}}$$

(62) Nutzeffekt: Aufwand je Niveaustufe der Unfallsicherung

$$\frac{\Sigma\, AZUS}{N\, \Delta ZUS} \qquad\qquad\qquad\qquad\qquad\qquad [M/NSt]$$

(63) Nutzeffekt: Aufwand je Arbeitsplatz zur Erhöhung der Niveaustufe zur Unfallsicherung

$$\frac{\Sigma\, AZUS}{N\, \Delta ZUS \cdot \Sigma\, AP} \qquad\qquad\qquad\qquad [M/NSt \cdot AP]$$

(64) NE $\Delta ZUS\%$ Spezifischer Aufwand zur prozentualen Zunahme der Unfall-sicherung

$$NE\, \Delta ZUS\% = \frac{\Sigma\, AZUS}{N\, \Delta ZUS_{\%}} \qquad\qquad\qquad [M/\%]$$

(65) NEZUS$_{\%\,Max}$ Spezifischer Aufwand zur prozentualen Annäherung an das Maximum

$$NEZUS_{\%\,Max} = \frac{\Sigma\, AZUS}{NZUS_{\%\,Max}} \qquad\qquad [M/\%]$$

(66) NEZUS$_{Max}$ Spezifischer Aufwand des prozentualen Annäherungsschrittes an das Maximum

$$NEZUS_{Max} = \frac{\Sigma\, AZUS}{NZUS_{Max}}$$

(67) NE $\Delta ZBah$ Nutzeffekt aus der Verbesserung der arbeitshygienischen Bedingungen

$$NE\, \Delta ZBah = \frac{\Sigma\, AZBah}{N\, \Delta ZBah} \qquad\qquad [M/AP] \text{ oder } [M/Ak]$$

(68) Rückflußdauer $= \dfrac{A_0}{N\, \Delta W\, \Sigma\, A_1}$

(69) Nutzkoeffizient $= \dfrac{N\, \Delta W\, \Sigma\, A_1}{\Sigma\, A_0}$

(70) Korrelationskoeffizient r

[277a]

Gewindeschneiden → Grundzeit-Maschine

Gewinn – Geldausdruck für jenen Teil des in der materiellen Produktion geschaffenen und durch den Verkauf der Erzeugnisse realisierten Mehr-produkts im Sozialismus, der in den Besitz der Betriebe bzw. VVB gelangt und den sie im Rahmen staatlicher Festlegungen verwenden. Der Gewinn ist die Differenz zwischen der Preissumme der abgesetzten Waren (Umsatz – U) und den zu ihrer Herstellung erforderlichen betrieblichen Geldaufwendungen (Selbstkosten – S):

$$G = U - S \qquad \text{[M]}$$

Ist die Differenz negativ, so handelt es sich um einen *Verlust*.

Gewinne zu erzielen, ist im Sozialismus nicht Selbstzweck oder Triebkraft des Handelns an sich, sondern ist der Hauptaufgabe untergeordnet, zu sichern, daß sich das materielle und kulturelle Lebensniveau der Werktätigen ständig erhöht; denn der Gewinn der Betriebe ist wesentlicher Bestandteil des Nationaleinkommens und damit die wichtigste Quelle für die Akkumulation und die gesellschaftliche Konsumtion. Entscheidend für die Erhöhung des Gewinns ist die Steigerung der Arbeitsproduktivität durch planmäßige Intensivierung der Produktion auf dem Wege der sozialistischen Rationalisierung, d. h. die effektive Einführung neuer wissenschaftlich-technischer Erkenntnisse, die Senkung der Selbstkosten, die höhere Ausnutzung der produktiven Fonds usw. Bei Betrachtungen zur Gewinnproblematik stehen die Fragen der *Gewinnverwendung* oft im Mittelpunkt des Interesses. Die Abbildungen auf den Seiten 291 und 292 zeigen diesbezügliche Zusammenhänge. Wie sich die Qualifikation der Arbeitskräfte auf das Reineinkommen auswirkt, ist auf Seite 293 dargestellt.

[36 – 807ff.; 37 – 548ff.; 290]

Gewinn, Kosten, Umsatz, Preis(Wechselbeziehungen) → Kostenrechnung

Gewinn je Produktionsarbeiter, innerbetrieblicher – auf Grundlage der Qualifikation (ausgedrückt in der auf Basis des Tarifkoeffizienten errechneten durchschnittlichen Lohngruppe) und der neuen Technik (ausgedrückt in der Kennziffer Maschinenausrüstung der Produktionsarbeiter) in Form einer Regressionsgleichung ermittelte innerbetriebliche Gewinnhöhe je Produktionsarbeiter. Anhand dieser Kennziffer ist es möglich, Aussagen über die Gewinnwirksamkeit einer veränderten Qualifikation der Produktionsarbeiter und damit auch über die Effektivität betrieblicher Bildungs- und Qualifizierungsmaßnahmen zu machen.

$$Y = b_0 + b_1 x_1 + b_2 x_2$$

x_1 Durchschnittliche Qualifikation je Produktionsarbeiter
x_2 Maschinenausrüstung je Produktionsarbeiter
b_0 Einflußgröße der übrigen gewinnbeeinflussenden Faktoren
b_1 Einflußgröße der Qualifikation (Regressionskoeffizient)
b_2 Einflußgröße der Maschinenausrüstung je Produktionsarbeiter (Regressionskoeffizient)

[309 – 1816]

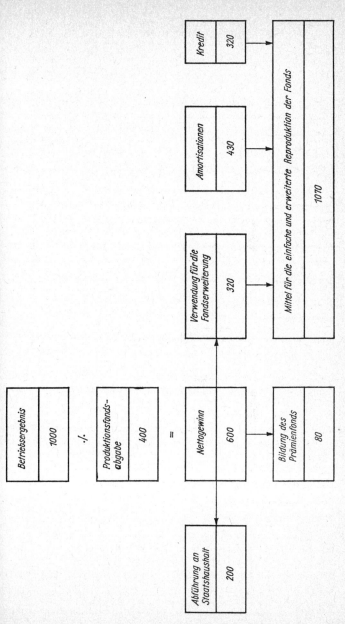

Gewinnverwendung im Betrieb

[290 – 84]

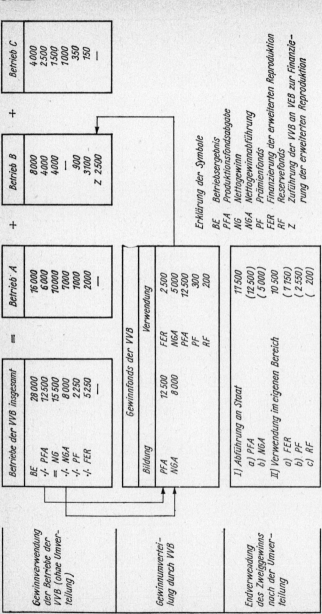

Betrieb C	
	4 000
	2 500
	1 500
	1 000
	350
	—

+

Betrieb B	
	8 000
	4 000
	4 000
	—
	900
	3 100
	Z 2 500

+

Betrieb A	
	16 000
	6 000
	10 000
	7 000
	1 000
	2 000
	—

=

Betriebe der VVB insgesamt	
BE	28 000
./. PFA	12 500
= NG	15 500
./. NGA	8 000
./. PF	2 250
./. FER	5 250

Gewinnfonds der VVB

Bildung		Verwendung	
PFA	12 500	FER	2 500
NGA	8 000	NGA	5 000
		PFA	12 500
		PF	300
		RF	200

	17 500
I) Abführung an Staat	
a) PFA	(12 500)
b) NGA	(5 000)
II) Verwendung im eigenen Bereich	10 500
a) FER	(7 750)
b) PF	(2 550)
c) RF	(200)

Erklärung der Symbole

BE   Betriebsergebnis
PFA   Produktionsfondsabgabe
NG   Nettogewinn
NGA   Nettogewinnabführung
PF   Prämienfonds
FER   Finanzierung der erweiterten Reproduktion
RF   Reservefonds
Z   Zuführung der VVB an VEB zur Finanzie-
       rung der erweiterten Reproduktion

Gewinnverwendung
der Betriebe der
VVB (ohne Umver-
teilung)

Gewinnumvertei-
lung durch VVB

Endverwendung
des Zweiggewinns
nach der Umver-
teilung

Gewinnverwendung einer VVB (in TM)

[290 – 232]

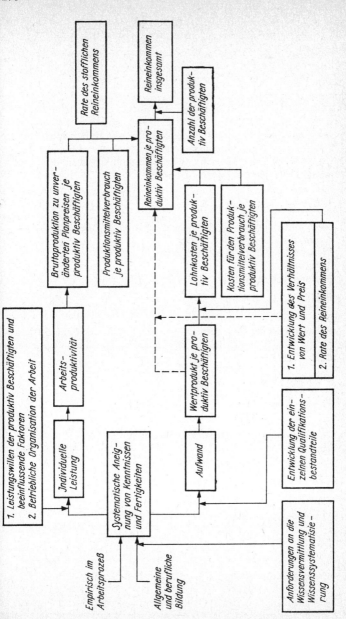

Schema der Auswirkungen der Qualifikation einer Arbeitskraft auf das geschaffene Reineinkommen

Gleichmäßigkeitsmaß der Ausrüstungen – Kennziffer, die ausdrückt, inwieweit sich die vorhandenen Ausrüstungen gleichmäßig auf die betrachteten Einsatzbereiche verteilen; wird auch als *Elastizitätsgrad der Ausrüstungen* bezeichnet.

$$\varepsilon = \frac{\varepsilon'}{1 + s^2}$$

$$\varepsilon' = \frac{n}{N}; \quad s^2 = \frac{1}{N} \sum_{i=1}^{n} (a_i - \bar{a})^2; \quad \bar{a} = \frac{a}{N}$$

$\varepsilon = 1$, wenn die Ausrüstung sich gleichmäßig auf alle betrachteten Einsatzbereiche, Betriebe, Zweige usw. verteilt;

$\varepsilon \to 0$, wenn nur ein Einsatzbereich berührt wird und die Anzahl der Einsatzbereiche (Elemente der Zeile – a_j) $\to \infty$;

ε' Hilfsgröße

s   Streuung

n   Anzahl der von Null verschiedenen Elemente einer Zeile der Matrix aus der Zuordnung der x Ausrüstungsgruppen zu N Einsatzbereichen

N   Anzahl der Elemente einer Zeile

$\bar{a}$ Erwartungs- (Mittel-)Wert einer Zeile

a   Zeilensumme

a_i Elemente der Zeile

[231 – 238]

Gleichmäßigkeitsmaß der Planerfüllung – Kennziffer, die den Grad der gleichmäßigen, kontinuierlichen Erfüllung des Planes im jeweiligen Planzeitraum ausdrückt.

$$p = 100 \left(1 - \frac{d}{2a \left(1 - \dfrac{1}{n} \right)} \right) \qquad [\%]$$

a   Gesamtproduktion (M)

n   Einzelzeiträume (z. B. Dekaden) im Planzeitraum

d   Summe der tatsächlichen Abweichungen vom gleichmäßigen Ausstoß (Völlig gleichmäßiger Ausstoß = a/n)

Summe der möglichen Abweichungen im ungünstigsten Falle der Ungleichmäßigkeit:

$$2 \left(a - \frac{a}{n} \right) \quad \text{oder} \quad 2a \left(1 - \frac{1}{n} \right)$$

[102 – 93 f.]

Gleichverteilung → Stichprobe

Gliederungszahl → Häufigkeit, relative

Grad der Einbeziehung der Arbeiter in die mechanisierte und automatisierte Arbeit – Kennziffer, die ausdrückt, welcher Anteil der Produktionsarbeiter mit technisierten (mechanisierten oder automatisierten) Arbeiten beschäftigt ist.

$$a_{MA} = \frac{A_t + A_s \cdot K_s}{A_t + A_s + A_n}$$

A_t Arbeiter mit überwiegend technisierten Arbeiten

A_s Arbeiter mit gemischten Arbeiten

K_s Koeffizient des durchschnittlichen Anteils der technisierten Arbeiten an der gesamten Arbeitszeit der gemischten Arbeiten

A_n Arbeiter, die nicht an Maschinen und Anlagen tätig sind

Korrigierter Grad der Einbeziehung der Arbeiter in die mechanisierte und automatisierte Arbeit:

$$a_{MA'} = a_{MA} \cdot m_B$$

m_B Grad der Mehrmaschinenbedienung

$$m_B = \frac{n_M}{n_B}$$

n_M Anzahl der Maschinen

n_B Anzahl der Bedienungskräfte

[144 – 86 ff.]

Grad der extensiven Ausnutzung der Grundfonds – Kennziffer, die die zeitliche Ausnutzung der Grundfonds ausdrückt. Es sind zwei Berechnungsvarianten möglich:

a) $G = \dfrac{N}{Z_n}$

b) $G = \dfrac{N}{Z_v}$

N Nutzungszeit (h)

Z_n Nomineller Zeitfonds (h)

Z_v Verfügbarer Zeitfonds (h)

Z_n entspricht in ununterbrochenen Produktionsprozessen dem Kalenderzeitfonds, in unterbrochenen Produktionsprozessen dem Ergebnis aus Kalenderzeitfonds minus gesetzlich festgelegte Stillstandszeiten (Sonn- und Feiertage, gesetzlich bestimmte Schichtpausen).

Z_v entspricht dem betriebsindividuellen Schichtregime (ohne Abzug technisch bedingter oder sonstiger Ausfallzeiten).

[139 – 18]

Grad der Kapazitätsausnutzung → Produktionskapazität

Greifraum → Arbeitsbereich

Grenzlosgröße für technologisch ähnliche Teile → Variantenvergleich, technologischer

Grenzstückzahl – Stückzahl, bei der zwei gegenübergestellte adäquate technologische Varianten die gleiche Wirtschaftlichkeit, d. h. gleich große Stückkosten aufweisen und somit der Übergang von einer technologischen Variante zur anderen (→ Variantenvergleich, technologischer) wirtschaftlich ist. Es gilt die allgemeine Formel:

$$n_G = \frac{K_{u2} - K_{u1}}{K_{a1} - K_{a2}} \qquad \text{[Stück/a]}$$

K_u Von der Stückzahl relativ unabhängige Kosten (M/a)
K_a Von der Stückzahl abhängige Kosten (M/a)
1, 2   Kennzeichnung der Varianten 1 und 2

Die verfahrensabhängigen → Gesamtkosten für die Jahresstückzahl betragen somit:

$$K_v = K_a \cdot n + K_u \qquad \text{[M]}$$

n   Jahresstückzahl (Stück/a)

[**36** – 826f.; **246** – 100f.]

Die Werkstückkosten bei einer bestimmten Stückzahl betragen:

$$K_w = K_a + \frac{K_u}{n} \qquad \text{[M/Stück]}$$

Bei Losfertigung sowie veränderten Normzeitbestandteilen, Vorrichtungskosten und verändertem Werkzeugverbrauch lautet die Formel für die Grenzstückzahl:

$$n_G = \frac{(L_n \cdot K_{Al} + K_v)_2 - (L_n \cdot K_{Al} + K_v)_1}{(K_{Sl} + K_M)_1 - (K_{Sl} + K_M)_2}$$

L_n Anzahl der Lose je Jahr oder für eine bestimmte Stückzahl
K_{Al} Kosten für die Vorbereitungs- und Abschlußzeit einschließlich der indirekten Kosten (M)
K_v Kosten für Vorrichtungen (M)
K_M Kosten für den Werkstoff (M)
K_{Sl} Kosten für die Stückzeit einschließlich der indirekten Kosten (M)

[**229** – 345 ff.]

Ein anderes Verfahren ergibt sich aus folgendem Gesichtspunkt: Für eine beliebige Losgröße bei einem betrachteten Arbeitsgang gilt:

$$n \cdot t_{S1} \cdot K_{B1} + t_{A1} \cdot K_{A1} = m \cdot t_{S2} \cdot K_{B2} + t_{A2} \cdot K_{A2}$$
$$K_A = K_{LE} + K_{SKNA}$$
$$K_B = K_{LG} + K_{SKNB} + K_{WZ}$$

n	Losgröße (Stück)
t_s	Stückzeit (min/Stück)
t_A	Vorbereitungs- und Abschlußzeit (min)
K_A	Kosten bei t_A (M/min)
K_B	Kosten bei t_S (M/min)
K_{SKN}	Maschinenkosten (Abschreibung, Instandhaltung, Schmiermittel, Energie usw.) (M/min)
K_{WZ}	Werkzeugkosten (M/min)
K_{LG}	Lohnkosten bei t_S (M/min)
K_{LE}	Lohnkosten bei t_A (M/min)

Allgemeine Gleichung:

$$n_G = \frac{t_{A2} \cdot K_{A2} - t_{A1} \cdot K_{A1}}{t_{S1} \cdot K_{B1} - t_{S2} \cdot K_{B2}} \qquad \text{[Stück]}$$

[107 – 66]

Grenzstückzahl bei zwei *Ausrüstungsvarianten*:

a) Grenzstückzahl der Jahreslosgröße (maximal vereinfacht):

$$G_{Lg} = \frac{\eta_2 K_{H2} - \eta_1 K_{H1}}{t_{S1} f_{k1} - t_{S2} f_{k2}} \qquad \text{[Stück]}$$

b) Grenzstückzahl der Produktionslosgröße (maximal vereinfacht):

$$G_{Lp} = \frac{t_{A2} f_{k2} - t_{A1} f_{k1}}{t_{S1} f_{k1} - t_{S2} f_{k2}} \qquad \text{[Stück]}$$

η	Zahl der benötigten gleichen Ausrüstungen während L_g (Stück)
K_H	Anschaffungspreis oder Herstellungskosten der Ausrüstung (M/Stück)
t_s	Stückzeit (min/Stück)
f_k	Lohnkostenfaktor (einschließlich indirekt zurechenbare Kosten) (M/min)
t_A	Vorbereitungs- und Abschlußzeit (min/Los)
1,2	Index für Variante 1 bzw. 2

Grenzstückzahl bei *technologischen Varianten*:

$$G_{Lp} = \frac{K_{k2} - K_{k1}}{K_{v1} - K_{v2}}$$

oder im einzelnen:

$$G_{Lp} = \frac{(t_A f_k)_2 - (t_A f_k)_1 + K_{La2} - K_{La1}}{K_{M1} - K_{M2} + K_{MF1} - K_{MF2} + (t_s f_k)_1 - (t_s f_k)_2 + (t_{SF} f_k)_1 - (t_{SF} f_k)_2}$$
$$\text{[Stück]}$$

Vereinfacht:

$$G_{Lp} = \frac{(t_A f_k)_2 - (t_A f_k)_1}{(t_S f_k)_1 - (t_S f_k)_2} \qquad \text{[Stück]}$$

K_k Losgrößenkonstante Selbstkosten (M/Los)
K_v Losgrößenvariable Einheitsselbstkosten (M/ME)
K_{La} Anlaufaufwand für ein Los (M/Los)
K_M Kosten des Einsatzmaterials (M/ME)
K_{MF} Materialkosten für Fehlleistungen ∅ (M/ME)
t_{SF} Zeitaufwand für Fehlleistungen ∅ (min/ME)

[168 – 81 ff.]

Grenzstückzahl unter dem Gesichtspunkt der Fertigungskosten:

$$K_F = C + n \cdot P$$

C Konstante Kosten der Fertigung (stückzahlunabhängig) (M)
P Proportionale Kosten der Fertigung (stückzahlabhängig) (M)
n Stückzahl (ME)

Beim Vergleich zweier Verfahren kommt es darauf an, die Stückzahl zu bestimmen, bei der die Fertigungskosten gleich sind:

$$K_{F1} = K_{F2}$$
$$C_1 + n \cdot P_1 = C_2 + n \cdot P_2$$

Zum Beispiel:

Index 1 Fertigung auf Universalmaschinen
Index 2 Fertigung auf programmgesteuerten Automaten.

Die Grenzstückzahl n_G gibt Aufschluß über die wirtschaftlichen Anwendungsgebiete beider Verfahren.

$$n_G = \frac{C_2 - C_1}{P_1 - P_2}$$

Als wesentliche Kostenelemente sind außer den Lohn- und Maschinenkosten bei der Fertigung auf programmgesteuerten Maschinen die Kosten für die Programmierung K_p und das notwendige Sonderzubehör K_z einzubeziehen.
Beim Vergleich ist von einer Teilegruppe auszugehen, die den jeweiligen Maschinen zugeordnet wurde. Um eine Vergleichsgrundlage zu erhalten, werden die konstanten Kosten auf einen durchschnittlichen Vertreter der Teilegruppe und die proportionalen Kosten auf ein Stück bezogen. Unter diesen Voraussetzungen ergeben sich die einzelnen Kostenelemente wie folgt:

$$C_1 = \frac{\sum t_{A1}}{Z_T}(k_{m1} + L_{f1})$$

$$C_2 = \frac{\sum t_{A2}}{Z_T}(k_{m1} + L_{f1}) + K_P + K_Z$$

$$P_1 = \frac{\sum t_{s1}}{Z_s} (k_{m1} + L_{f1})$$

$$P_2 = \frac{\sum t_{s2}}{Z_s} (k_{m2} + L_{f2})$$

k_m Maschinenkostenfaktor

L_f Lohnkostenfaktor

Z_T Anzahl der Werkstücktypen innerhalb einer Teilegruppe

Z_s Gesamtstückzahl innerhalb einer Teilegruppe

Ausgehend von den Jahresstückzahlen ergibt sich dann folgender Zusammenhang für die angenäherte Berechnung der wirtschaftlichen Einsatzbereiche:

$$n_G = \frac{\dfrac{\sum t_{A2}}{Z_T} (k_{m2} - L_{f2}) + K_P + K_Z - \dfrac{\sum t_{A1}}{Z_T} (k_{m1} + L_{f1})}{\dfrac{\sum t_{s1}}{Z_s} (k_{m1} + L_{f1}) - \dfrac{\sum t_{s2}}{Z_s} (k_{m2} + L_{f2})}$$

[178 – 209 ff.]

Grenzstückzahl für den Wirtschaftlichkeitsvergleich von *Prüfverfahren*:

$$H_1 = (l_1 \cdot n) + k_1$$
$$H_2 = (l_2 \cdot n) + k_2$$

Setzt man

$$H_1 = H_2$$

so ist

$$n_G = \frac{k_2 - k_1}{l_1 - l_2}$$

H   Prüfkosten für die Stückzahl n

l   Lohnaufwand für Prüfung je Stück

k   Einmalige Kosten für das Prüfgerät in der Zeit, die zur Prüfung der Stückzahl x benötigt wird

n   Fertigungsstückzahl (Losgröße)

1, 2   Index der zu vergleichenden Prüfverfahren

[42 – 384 f.]

Grenzstückzahl (Wirtschaftlichkeitsgrenze) *für Werkzeuge* zu einem vorliegenden Bauteil:

$$n_G = \frac{K_{w2} - K_{w1}}{K_{F1} - K_{F2}}$$

$K_{w1,2}$ Werkzeugkosten der Varianten 1 und 2

$K_{f1,2}$ Fertigungskosten der Varianten 1 und 2

[229 – 453]

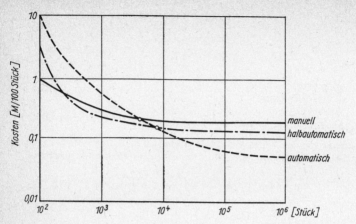

Prüfkosten verschiedener Prüfverfahren in Abhängigkeit von der Stückzahl

[42 – 385]

Grenzwertgleichung für Investitionen → Investitionsrechnung, vereinfachte

Griffbereich → Arbeitsbereich

Griffraum → Arbeitsbereich

Größe des Merkmals für die Untergruppe → Merkmalsgröße für die Untergruppe

Grundfonds, Rekursion der – Berechnung der gesuchten Grundfondswerte zu einem bestimmten Zeitpunkt durch schrittweises Zurückgehen zu bekannten Anfangswerten. In der Rekursionsformel wird die Beziehung einer Größe in einer Periode zu der gleichen Größe in der vorhergehenden Periode formuliert. Es gilt:

$$G_t = G_{t-1} - \hat{G}_{t-1} + A_{t-\tau} + \alpha_{t-\tau} P_{t-\tau} N_{t-\tau}$$

G   Bruttowert der Grundfonds

$\hat{G}$ Grundfondsaussonderung

A   Amortisationen

α Akkumulationsrate (Verhältnis der Akkumulation im produktiven Bereich zum verwendeten Nationaleinkommen)

N   Produziertes Nationaleinkommen

P   Quotient aus verwendetem und produziertem Nationaleinkommen t   Periode (Jahr)

τ Mittlere Retardierungszeit (Verzögerungszeit) der Investitionen in ganzzahligen Perioden

Die Formel sagt aus, daß die Grundfonds G zu einem Zeitpunkt der Periode t (beispielsweise zu Beginn der Periode) gleich sind den Grundfonds zum gleichen Zeitpunkt in der Periode t − 1, vermindert um die Grundfondsaussonderungen zwischen diesen Zeitpunkten und vermehrt um die Amortisationen und die Nettoinvestitionen in der Periode t − τ (die Investitionen, die in der Periode t wirksam werden, das heißt als Grundfonds aktiviert werden).

Bezeichnet man mit

$$s_t = \frac{\hat{G}_t}{G_t}$$

die Aussonderungsrate, und mit

$$r_t = \frac{A_{t-\tau+1}}{G_t}$$

die Amortisationsrate, so lautet obige Formel:

$$G_t = G_{t-1}d_{t-1} + \alpha_{t-\tau}p_{t-\tau}N_{t-\tau}$$

wobei

$$d_t = 1 - s_t + r_t$$

d   Koeffizient der Veränderung der Grundfonds

[66 – 555 ff.]

Grundfondsanschlußmodell – den praktischen Bedürfnissen der Leitung und Planung entsprechende Erweiterung der Teilverflechtungsbilanzen, die die Verflechtungsbeziehungen zwischen den Erzeugnissen bzw. Erzeugnisgruppen oder Produktionsstufen zeigen (Grundfondsbilanzierung in Anschlußmodellen – vgl. Abbildung auf S. 302).

Mathematisches Modell

Zunächst werden die Kennziffern der Grundfondsintensität aus den in der Teilverflechtungsbilanz enthaltenen X_k (Zeile Gesamtproduktion) und G_{jk} (eingesetzte Grundfonds, im Anschlußmodell) errechnet:

$$q_{jk} = \frac{G_{jk}}{X_k}, \quad (j = 1, 2, ..., r; \; k = 1, 2, ..., n)$$

q_{jk} Aufwand an Grundfonds der Art j für die Herstellung einer Einheit des Erzeugnisses k (M)

In Verbindung mit den Koeffizienten des vollen Materialverbrauchs b_{ik} lassen sich folgende Gleichungssysteme formulieren:

Produktion ↓	Verbrauch →	Erzeugnisse bzw. Erzeugnisgruppen im Teilsystem 1	2 ... n	Eigenverbrauch im Teilsystem	Warenproduktion für Produktionsverbrauch in anderen Teilsystemen	Endverbrauch	insgesamt	Gesamtproduktion
Erzeugnisse bzw.	1	x_{11}	x_{12} ... x_{1n}	x_1	y_1'	y_1''	y_1	X_1
Erzeugnisgruppen	2							
im Teilsystem	⋮	⋮	⋮	⋮	⋮	⋮	⋮	⋮
	n	x_{n1}	x_{n2} ... x_{nn}	x_n	x_n'	y_n''	y_n	X_n
Zulieferungen an				Summe				
Arbeitsgegenständen aus	1	z_{11}	z_{12} ... z_{1n}	z_1				
anderen Teilsystemen	2							
	⋮	⋮		⋮				
	m	z_{m1}	z_{m2} z_{mn}	z_m				
Lohn		L_1	L_2 ... L_n	L				
Abschreibungen		a_1'	a_2' ... a_n'	a'				
Reineinkommen		R_1	R_2 ... R_n	R				
Gesamtproduktion		X_1	X_2 ... X_n	X				
Grundfondsarten	1	G_{11}	G_{12} ... G_{1n}	G_1'				
	2							
	⋮	⋮						
	r	G_{r1}	G_{r2} ... G_{rn}	G_r'				
Summe der eingesetzten Grundfonds		G_1	G_2 ... G_n	G				

Anschlußmodell der Grundfonds

Prinzipschema einer Teilverflechtungsbilanz mit Anschlußmodell der Grundfonds

a) ein Gleichungssystem, das die volle Abhängigkeit des Grundfondsaufwandes von einer vorgegebenen Gesamtproduktion des Teilverflechtungsbereichs nach Erzeugnissen bzw. Erzeugnisgruppen widerspiegelt;

$$G_j = \sum_{k=1}^{n} q_{jk} x_k$$

b) ein Gleichungssystem, das die Abhängigkeit des Grundfondsaufwandes von

einer vorgegebenen Warenproduktion des Teilverflechtungsbereichs widerspiegelt,

$$G_j' = \sum_{k=1}^{n} Q_{jk} y_k$$

Q_{jk} Koeffizienten des vollen Grundfondsaufwandes. Sie geben an, welche
Grundfonds der Art j zur Verfügung stehen müssen, um vom Erzeugnis
bzw. von der Erzeugnisgruppe k eine Einheit für den Absatz (Warenproduktion) herstellen zu können:

$$Q_{jk} = \sum_{i=1}^{n} q_{ji} b_{ik}$$

140 – 1290 ff.]

Grundfondsausstattung der Arbeit → Ausstattung der Arbeit mit Grundfonds,
→ Ausstattung der Arbeit, technische

Grundfondseffektivität → Produktionsfondseffektivität

Grundfondsintensität → Produktionsfondseffektivität

Grundfondsintensität zur Zeit t → Produktionsfondseffektivität

Grundfondskostenwirksamkeit – Verhältnis zwischen Selbstkosten- und wert-
mäßiger Grundfondsveränderung; wichtiges Entscheidungskriterium für alle
Maßnahmen der Grundfondsreproduktion (Investitionen).

$$GFKW = \frac{\Delta SK}{\Delta GF}$$

ΔSK Selbstkostenveränderung (M)
ΔGF Veränderung der Grundfonds (M)

Für reine Ersatzinvestitionen muß $GFKW \geq 0$ sein, da der Grundfonds-
bestand durch Aussonderung der alten Maschine konstant bleibt. Für Erweiterungsinvestitionen muß $GFKW > 0$ sein und einen bestimmten, die erweiterte Reproduktion sichernden Wert erreichen.

[171 – 520 ff.; **172** – 14 ff.]

Grundfondsplanung, komplexe – auf einen bestimmten Zeitraum orientierte,
die Gesichtspunkte der Eigenerwirtschaftung der Mittel beachtende und auf

eine hohe Effektivität gerichtete Bestimmung der für die Produktionssphäre und die nichtproduktive Sphäre benötigten Grundmittel.

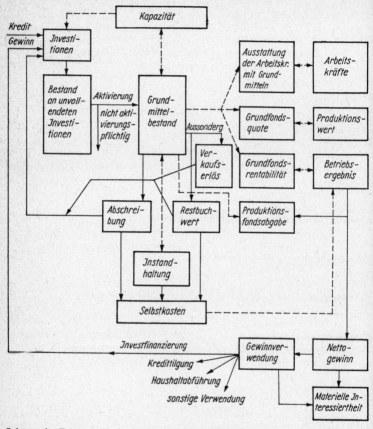

Schema der Faktoren, die in der komplexen Grundfondsplanung zu beachten sind.

[219 – 17]

Grundfondsquote → Produktionsfondseffektivität

Grundfondsrentabilität → Produktionsfondseffektivität

Grundfondsrentabilität zur Zeit t → Produktionsfondseffektivität

Grundfondswirtschaft des Betriebes – Bereich der wirtschaftlichen Tätigkeit des Betriebes, der den Ersatz, die Aussonderung, Instandhaltung, Modernisierung und Erweiterung der im Betrieb vorhandenen Grundfonds umfaßt. Dabei ist der enge ökonomische Zusammenhang zwischen diesen Teilprozessen selbst und zu anderen Größen, wie Produktionsfondsabgabe, Nettogewinnabführung, Gewinnverwendung usw., zu beachten.

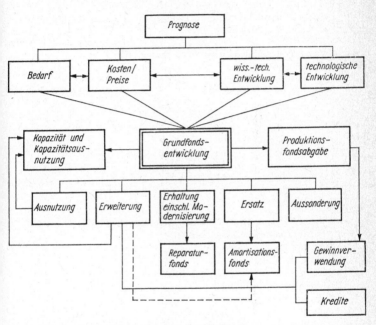

Zusammenhänge der Grundfondswirtschaft eines Betriebes

[69 – 463]

Grundkenntnisse, mathematische → Anhang, S. 1029

Grundlohn bei Maschinenstundenkostenrechnung, indirekter – Summe der auf Grundlage der Maschinenstundenkosten ermittelten indirekten Stunden-Lohnkosten für Produktionshilfsarbeiter und Produktionsgrundarbeiter, die das Teilnormativ indirekter Grundlohn ergibt.

a) Lohnkosten für Produktionshilfsarbeiter (Stundenkosten) – K_{LH}:

$$K_{LH} = \frac{\Sigma\, LT + \left(\dfrac{\Sigma\, LT \cdot LZ}{100}\right)}{\overset{n}{\underset{i}{\Sigma}}\, FM_g} \qquad [M/h]$$

LT   Tarifarbeiterlohn aller Produktionsarbeiter im Planjahr (M)
LZ   Prozentualer Anteil aller Lohnzuschläge
FM_g Geplanter Maschinenzeitfonds aller Maschinen einer Gruppe (h/a)
1 ... n   Eine bis n Maschinengruppen

b) Indirekter Lohnanteil der Produktionsgrundarbeiter
(Stundenkostenanteile) – K_{iLG}:

$$K_{iLG} = K_{LU} + K_{LW_g} + K_{SP} \qquad [M/h]$$

$$K_{LU} = \frac{Uh_{AK} \cdot L_d}{FM_g \cdot MB} \qquad [M/h]$$

$$K_{LW_g} = \frac{W_g \cdot LG}{FM_2 \cdot MB} \qquad [M/h]$$

$$K_{SP} = \frac{A_{3AK} \cdot SP}{FM_g \cdot MB} \qquad [M/h]$$

K_{LU} Urlaubslohn
K_{LW_g} Lohn für geplante Wartezeiten (einschließlich Putzzeiten und bei 3-Schicht-Betrieb bezahlte Pausen)
K_{SP} Schichtprämie
Uh_{AK} Urlaub je Arbeitskraft (h/a)
L_d Leistungslohndurchschnitt je Arbeitskraft (M/h)
MB   Anzahl der Maschinen bei Mehrmaschinenbedienung
W_g Geplante Wartezeiten je Maschine (h)
LG   Grundlohn je Arbeitskraft (M/h)
$A3_{AK}$ Anzahl der je Arbeitskraft im Jahr gearbeiteten dritten Schichten
SP   Schichtprämie je Schicht (M/h)

Teilnormativ indirekter Grundlohn – K_{iL}:

$$K_{iL} = K_{LH} + K_{iLG} \qquad [M/h]$$

[217 – 76]

Grundmittel, *Anlagenmittel* – Anlagegegenstände, die während ihrer gesamten Nutzungsdauer ihre Gebrauchsform unverändert beibehalten.

Grundmittelgruppen:

In Nutzung befindliche Grundmittel
Stillgelegte Grundmittel

Fremdanlagenerweiterungen
Vermietete Grundmittel

Grundmittelarten innerhalb dieser Gruppen:

Gebäude
Bauliche Anlagen
Kraftmaschinen und -anlagen
Fernleitungseinrichtungen
Arbeits- und Werkzeugmaschinen
Werkzeuge, Vorrichtungen, Modelle
Hebezeuge und Fördermittel
Fahrzeuge
Meß-, Prüf- und Laborgeräte
Betriebs- und Büroausstattungen

Grundmittelausstattung der Arbeit

$$g_A = \frac{G}{A} \qquad\qquad\qquad [M/Arb; \; M/h; \; M/M]$$

G   Wert der Grundmittel (laufende Bruttowerte,
    unveränderliche Preise usw.) (M)
A   Anzahl der Arbeiter, Zeitaufwand oder Lohnsummen

Aktive Grundmittel pro Arbeiter:

$$g_{Aakt} = g_{Amakt} \cdot a_M \qquad\qquad\qquad [M/Arb]$$

g_{Amakt} Aktive Grundmittel je Maschinenarbeiter (M)
a_M Mechanisierungsgrad der Arbeit

Aktive und passive Grundmittel pro Arbeiter:

$$g_{Amakt + pass} = \frac{G_{akt} + \dfrac{G_{pass} \cdot A_m}{A}}{A_m} = g_{Amakt} + \frac{G_{pass}}{A} \qquad [M/Arb]$$

$$\frac{G_{pass}}{A} = g_A - g_{Aakt}$$

Grundmittelausstattung der Arbeiter in der Hauptschicht:

$$g_{AS} = g_{Amakt} \cdot \frac{a_M}{g_{akt}} \cdot S_A \cdot f \qquad\qquad [M/Arb]$$

g_{akt} Anteil der aktiven Grundmittel an den gesamten Grundmitteln
f   Fehlerfaktor durch Abweichung der Anzahl der Arbeiter
S_A Schichtfaktor
[144 – 105 ff.]

Grundmittelausstattung je Arbeitskraft

$$g_{AB} = \frac{a_B \cdot g_{Amakt} \cdot a_M \cdot S_A \cdot g_{AS}}{g_{akt} \cdot g_A}$$

a_B Anteil der Produktionsarbeiter an den Beschäftigten
g_{Amakt} Aktive Grundmittel je Maschinenarbeiter
a_M Mechanisierungsgrad der Arbeit
S_A Schichtfaktor
g_{AS} Grundmittelausstattung der Arbeiter in der Hauptschicht
g_{akt} Anteil der aktiven Grundmittel an den gesamten Grundmitteln
g_A Grundmittelausstattung der Arbeit

[144 – 134]

Grundmittelentwicklungsvergleich nach Umbewertung

a) Präzise Berechnung:

$$I_G = \frac{\Sigma \, Q_n p_w}{\Sigma \, Q_1 \cdot p_A \cdot \dfrac{p_w}{p_A}} = \frac{\Sigma \, Q_n \cdot p_w}{\Sigma \, Q_1 \cdot p_w}$$

b) Näherungsverfahren:

$$I_G = \frac{\Sigma \, Q_n p_w}{\Sigma \, Q_1 P_A \cdot \dfrac{\Sigma \, Q_1 p_w}{\Sigma \, Q_1 p_A}} \approx \frac{\Sigma \, Q_n p_w}{\Sigma \, Q_1 p_w}$$

I_G Index der Grundmittelentwicklung
Q Anzahl gleicher Inventarobjekte
p_A Anschaffungspreis der Inventarobjekte (M)
p_w Wiederbeschaffungspreis des Inventarobjekts bzw. Anschaffungspreis in den der Umbewertung folgenden Jahren (M)
$0, 1$ Index für das Basis- und das Untersuchungsjahr
$1, n$ Index für das Jahr der Umbewertung und das jeweilige Jahr nach der Umbewertung

[106 – 30 f.]

Nettowert des Grundmittels nach n Jahren

$$NW_n = AP - (n \cdot a) + \sum_1^n G \qquad\qquad [M]$$

AP   Aktivierter Anschaffungspreis (M)
n   Anzahl der Jahre
a   Jährlicher Abschreibungsbetrag (M)
G   Kosten aller Generalreparaturen des Grundmittels (M)

[214 – 128 ff.]

Grundmittel, Reproduktion der – planmäßige Erneuerung des Grundmittelfonds auf einfacher und erweiterter Stufenleiter. Beide Prozesse können im Finanzausdruck wie folgt formelmäßig dargestellt werden:

a) Einfache Reproduktion (Grundmittelanteil des Ersatzfonds)

$$G_1 = A_e + A_r + M_r \qquad \text{[M]}$$

A_e Anteil des Amortisationsaufkommens zur Sicherung der Ersatzinvestition (M)

A_r Anteil des Amortisationsaufkommens für die Generalreparatur (M)

M_r Ersatz des Materialaufwandes für die gesamten laufenden Reparaturen (aus Umlaufmitteln) (M)

b) Erweiterte Reproduktion

$$G_2 = A_E + A_e + A_r + M_r \qquad \text{[M]}$$

A_E Erweiterungsinvestitionen (M)

[214 – 120f., 134]

Grundmittelausstattung der Arbeit → Grundmittel

Grundmittelausstattung je Arbeitskraft → Grundmittel

Grundmittelentwicklungsvergleich → Grundmittel

Grundmittelwert nach t-Jahren → Entwertung durch moralischen Verschleiß

Grundzeit-Maschine (t_{Gm}) – die Zeit, in der der Arbeitsgegenstand entsprechend dem Arbeitsauftrag *unmittelbar* durch Maschinenarbeit verändert wird. Umfangreiche, zusammenhängende selbständige Maschinenlaufzeiten (t_{Gm}) (→ Arbeitszeitgliederung) gestatten es im allgemeinen, daß die Bedienungskraft den Arbeitsplatz verlassen kann und nicht ständig zur Überwachung des Produktionsfortschritts anwesend zu sein braucht. Das ist die Voraussetzung für → Mehrmaschinenbedienung und damit für die Steigerung der Arbeitsproduktivität.

1. Drehen

$$t_{Gm} = i\,\frac{L}{s \cdot n_M}$$

Anzahl der Schnitte

$$i = \frac{Z_B}{a}$$

Z_B Bearbeitungsaufmaß

a Spantiefe

L Laufweg des Meißels in Vorschubrichtung (mm)

s Vorschub des Meißels (mm/U)

n_M Umdrehungszahl des Werkstücks (U/min), die entsprechend der errechneten Drehzahl n_e, an der Maschine eingestellt wird (im allgemeinen die nächstniedrigere einstellbare Drehzahl)

Für stufenlose Drehzahlregelung:

$$t_{Gm} = i\, \frac{\pi \cdot D \cdot L}{1000v \cdot s}$$

D   Drehdurchmesser des Werkstücks (mm)
v   Schnittgeschwindigkeit (m/min)

Laufweg – L:

a) Langdrehen:

$$L = l + l_a + l_ü$$

L   Drehlänge (mm)
l_a Anlaufweg des Drehmeißels (mm)
$l_ü$ Überlaufweg des Drehmeißels (mm)

b) Plandrehen:

$$L = \frac{D_a}{2} + l_a + l_ü$$

D_a Außendurchmesser des Werkstücks (mm)

c) Planringdrehen:

$$L = \frac{D_a - D_I}{2} + l_a + l_ü$$

D_I Innendurchmesser des Werkstücks (mm)

d) Kegeldrehen:

$$L = \frac{1}{2}\sqrt{4l_K^2 + (D_K - d_K)^2} + l_a + l_ü$$

l_K Kegellänge (mm)
D_K Großer Kegeldurchmesser (mm)
d_K Kleiner Kegeldurchmesser (mm)

Werkstückdrehzahl (errechnet) – n_e:

a) Langdrehen

$$n_e = \frac{1000 \cdot v}{D \cdot \pi}$$

v   Schnittgeschwindigkeit (m/min)
D   Drehdurchmesser des Werkstücks (mm)

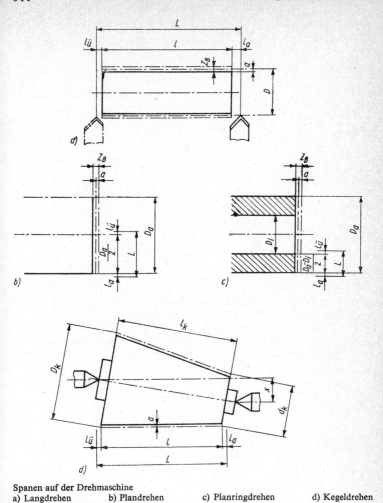

Spanen auf der Drehmaschine
a) Langdrehen   b) Plandrehen   c) Planringdrehen   d) Kegeldrehen

b) Plandrehen:

Ohne Drehzahlregelung:

$$n_e = \frac{1000 \cdot v}{D \cdot \pi}$$

Bei gleichbleibender Schnittgeschwindigkeit: Berechnung nicht erforderlich, da Werte gleich in die Grundzeitgleichung eingehen. Aber gerechnet wird mit dem mittleren Durchmesser D_m anstatt mit D. ($D_m - D/2$)

c) Planringdrehen:

Wie unter b), nur ist Ringfläche zu berücksichtigen.

$$D_m = \frac{D_a + D_i}{2}$$

d) Kegeldrehen:

Wie unter b).

$$D_m = \frac{D_K + d_k}{2}$$

2. *Gewindeschneiden*

a) Mit Gewindemeißel:

$$t_{Gm} = i \cdot n_G \cdot \frac{L}{h \cdot n_M}$$

i   Anzahl der Schnitte

$$i = \frac{t_1}{a}$$

t_1 Gewindetiefe (mm)
n_G Gangzahl des zu schneidenden Gewindes
L   Laufweg des Drehmeißels in Vorschubrichtung (mm)
h   Steigung des Gewindes (mm)
n_M An der Maschine vorhandene Umdrehungszahl des Werkstücks (U/min)
a   Schnittiefe (mm)

$$a \approx \frac{\sqrt{d}}{40};$$

wobei d Gewindeaußendurchmesser (mm)

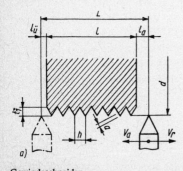 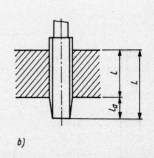

Gewindeschneiden
a) mit Gewindemeißel
b) mit Gewindebohrer

Unter Einsatz der Werte für die Umdrehungszahl des Werkstücks ergibt sich:

$$t_{Gm} = i \cdot n_G \cdot \frac{\pi \cdot L \cdot d}{1000 \cdot h \cdot v}$$

v   Schnittgeschwindigkeit (m/min)

Unter Berücksichtigung des Rücklaufs erhält man:

$$t_{Gm} = i \cdot n_G \cdot \frac{\pi \cdot L \cdot d}{1000 \cdot h \cdot v_a} \left(\frac{1 + q}{q} \right)$$

q   Verhältnis der Rücklaufgeschwindigkeit v_r zur Arbeitsgeschwindigkeit v_a

$$q = \frac{v_r}{v_a}$$

b) Mit Gewindebohrer:

wie unter a), aber $L = l + l_a$

l   Gewindelänge (mm)
l_a Anlaufweg des Gewindebohrers (mm)

3. Bohren, Senken, Reiben

$$t_{Gm} = i \frac{L}{s \cdot n_M}$$

i   Anzahl der zu bohrenden Löcher
L   Gesamtweg des Werkzeugs (mm)

$$L = l + l_a$$

l   Tiefe des Loches (mm)
l_a Anlaufweg des Werkzeugs (mm)
S   Vorschub (mm/U)
n_M Drehzahl des Werkzeugs oder Werkstücks entsprechend der an der Maschine vorhandenen Umdrehungszahl (U/min)

Anlaufweg für einen Spiralbohrer mit Normalschliff:

$$l_a = l_v + 0,3 \, D$$

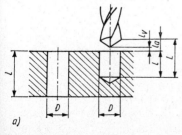
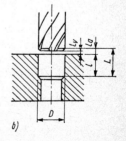

a)   *b)*

Bemaßungen für
a) Bohren   b) Senken

a   Vorlaufweg des Werkzeugs (mm)
D   Durchmesser der Bohrung (mm)

Bei entgegengesetzter Drehrichtung von Werkzeug und Werkstück:

$$t_{Gm} = i\,\frac{L}{s(n_1 + n_2)}$$

n_1 Drehzahl des Werkstücks (U/min)
n_2 Drehzahl des Werkzeugs (U/min)

4. Hobeln und Stoßen

$$t_{Gm} = i\,\frac{B}{s \cdot n_L}$$

i   Anzahl der Schnitte
B   Arbeitsbreite (mm)

$$B = b + b_a + b_ü$$

b   Werkstückbreite (mm)
b_a Anlauf (mm)
$b_ü$ Überlauf (mm)
s   Vorschub (mm/DH)
n_L Anzahl der Doppelhübe (DH/min)

$$n_L = \frac{1000 \cdot v_m}{2 \cdot L}$$

v_m Mittlere Geschwindigkeit (mm/min)

$$v_m = 2\,\frac{v_a \cdot v_r}{v_a + v_r}$$

v_a Arbeitsgeschwindigkeit (m/min)
v_r Rücklaufgeschwindigkeit (m/min)
L   Hublänge
      $L = l + l_a + l_ü$
l   Werkstücklänge (mm)
l_a Anlauflänge (mm)
$l_ü$ Überlauflänge (mm)

Hieraus ergibt sich:

$$t_{Gm} = i\,\frac{B \cdot L}{1000 \cdot a \cdot v_a}\left(1 + \frac{v_a}{v_r}\right)$$

oder

$$t_{Gm} = i\,\frac{2 \cdot B \cdot L}{1000 \cdot s \cdot v_m}$$

Beim Senkrechtstoßen werden anstelle der Arbeitsbreite die Arbeitstiefe und anstelle der Hublänge die Hubhöhe eingesetzt:

$$t_{Gm} = i \frac{2 \cdot A \cdot H}{1000 \cdot a \cdot v_m}$$

A   Arbeitstiefe (mm)

$$A = a_N + b_a$$

a_N Nutentiefe (mm)
b_a Anlaufbreite (mm)
H   Hubhöhe (mm)

$$H = h + h_a + h_ü$$

h   Werkstückhöhe (mm)
h_a Anlauf (mm)
$h_ü$ Überlauf (mm)
i   Anzahl der Schnitte

$$i = \frac{B_N}{b}$$

B_N Nutenbreite (mm)
b   Stoßmeißelbreite (mm)

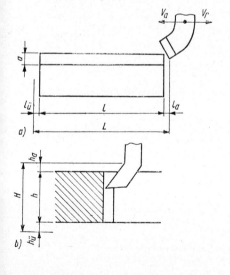

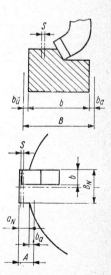

Bemaßungen für Hobeln und Stoßen
a) Waagerecht
b) Senkrecht

5. Räumen

$$t_{Gm} = i \frac{L}{1000 \cdot v}$$

i   Anzahl der Schnitte
L   Gesamtweg der Räumnadel (mm)

$$L = l + l_1 + l_2 + l_3$$

l   Räumlänge (mm)
l_1 Länge des Führungsteils (mm)
l_2 Länge des Schneidenteils (mm)
l_3 Länge des Kalibrierteils (mm)

$v = v_a$ Arbeitsgeschwindigkeit (m/min)

Bei maschineller Rückführung der Räumnadel:

$$t_{Gm} = i \frac{L}{1000 \cdot v_a} \cdot \left(\frac{1 + q}{q} \right)$$

q   Verhältnis der Rücklaufgeschwindigkeit zur Arbeitsgeschwindigkeit

$$q = \frac{v_r}{v_a}$$

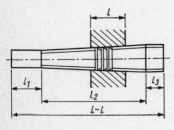

Bemaßungen beim Räumen

6. Fräsen

a) Walzen- und Stirnfräsen:

$$t_{Gm} = i \frac{L}{s'}$$

i   Anzahl der Schnitte
L   Gesamtweg des Fräsers (mm)

$$L = l + l_a + l_0$$

l   Fräslänge (mm)
l_a Anlauf des Fräsers (mm) (siehe weiter unten)
l_0 Überlauf des Fräsers (mm) (siehe weiter unten)
s' Vorschubgeschwindigkeit (mm/min)

$$s' = n \cdot z \cdot s_z$$

n   Umdrehungen des Fräsers (min^{-1})

z   Zähnezahl des Fräsers

s_z Vorschub je Fräserzahn (mm/Zahn)

Anlaufweg und Überlaufweg sind beim Walzenfräsen und Stirnfräsen unterschiedlich:

Anlaufweg beim Walzenfräsen:

$$l_a = l_v + \sqrt{a(D - a)}$$

l_v Vorlaufweg des Fräsers (mm)

a   Schnittiefe (mm)

D   Durchmesser des Fräsers (mm)

Überlaufweg beim Stirnfräsen:

Schruppen: $l_{\ddot{u}} = 1,5 + \dfrac{D}{2} - 0,5\sqrt{D^2 - b^2}$

Schlichten: $l_{\ddot{u}} = D + 1,5$

b   Fräsbreite (mm)

b) Nutenfräsen:

$$t_{Gm} = \frac{L}{s'} \cdot \frac{t + t_a}{a}$$

L   Hublänge (mm)

         $L = l - D$

l   Nutlänge (mm)

D   Fräserdurchmesser (mm)

s′   Vorschubgeschwindigkeit (mm/min) (siehe weiter oben)

t   Nuttiefe (mm)

t_a Fräser-Ein- und Auslauf (mm)

a   Tiefenvorschub (mm)

Ist die Nut an einer oder beiden Seiten offen, muß das bei der Hublänge berücksichtigt werden.

c) Gewindefräsen:

Langgewindefräsen:

$$t_{Gm} = i \cdot n_G \cdot \frac{\sqrt{(\pi \cdot d)^2 + h^2}}{s'} \cdot \frac{L}{h}$$

i   Anzahl der Schnitte (für Schruppen meist 1, für Schlichten meist 2)

n_G Gangzahl des Gewindes

d   Außendurchmesser des Gewindes (mm)

h   Steigung des Gewindes (mm)

L   Länge des Gewindes einschließlich Anschnitt (mm)

s′   Vorschubgeschwindigkeit (mm/min)

Kurzgewindefräsen:

$$t_{Gm} = \frac{7 \cdot \pi \cdot d}{6 \cdot s'}$$

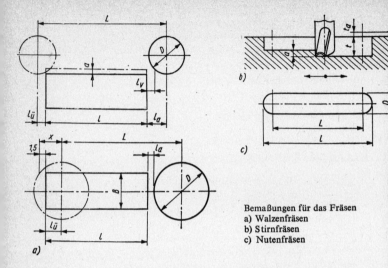

Bemaßungen für das Fräsen
a) Walzenfräsen
b) Stirnfräsen
c) Nutenfräsen

7. *Schleifen*

a) Außen- und Innenrundschleifen:

$$t_{Gm} = i \frac{L}{s \cdot n_w}$$

i   Anzahl der Schnitte
bei Schleifscheibenzustellung nach einem Doppelhub:

$$i = \frac{Z_B}{a}$$

bei Schleifscheibenzustellung bei jedem Umschalten:

$$i = \frac{Z_B}{2a}$$

Z_B Bearbeitungszugabe (mm)
a   Schnittiefe (mm)
L   Schaltweg (mm)

$$L = 1 + l_a + l_{ü} + b_s$$

l   Schleiflänge (mm)
l_a Anlaufweg (mm)
$l_{ü}$ Überlaufweg (mm)
b_s Breite der Schleifscheibe (mm)
n_w Drehzahl des Werkstücks (U/min)

$$n_w = \frac{1000 \cdot v_w}{\pi \cdot D_w}$$

v_w Umfangsgeschwindigkeit des Werkstücks (m/min)
D_w Durchmesser des Werkstücks (mm)

Setzt man die Formel für n_w ein, so ergibt sich

$$t_{Gm} = i \frac{\pi \cdot L \cdot D_w}{1000 \cdot s \cdot v_w}$$

b) Einstechschleifen:

$$t_{Gm} = \frac{L}{s'}$$

L   Schaltweg der Schleifscheibe (mm)
s′   Vorschubgeschwindigkeit (mm/min)

Für den Vor- und Fertigschliff:

$$t_{Gm} = \frac{Z_n - 0{,}05}{2 \cdot s'_v} + \frac{0{,}05}{2 \cdot s'_f}$$

Z_B Bearbeitungszugabe (mm)
s'_v Vorschubgeschwindigkeit beim Vorschliff (mm/min)
s'_f Vorschubgeschwindigkeit beim Fertigschliff (mm/min)

c) Spitzenloses Rundschleifen:

$$t_{Gm} = i \frac{1}{0{,}95 \cdot s'}$$

     Werkstücklänge (mm)
s′   Vorschubgeschwindigkeit (mm/min)

$$s' = D_R \cdot \pi n_R \cdot \sin \alpha$$

D_R Durchmesser der Regelscheibe (mm)
n_R Drehzahl der Regelscheibe (U/min)

$$n_R = \frac{n_w \cdot D_w}{D_R} \quad (D_w \text{ und } n_w \text{ siehe oben})$$

α Einstellwinkel der Regelscheibe

d) Flächenschleifen mit dem Scheibenumfang:

$$t_{Gm} = i \frac{B}{s \cdot n_T}$$

i   Anzahl der Schnitte
s   Seitlicher Vorschub je Doppelhub (mm/DH)

B   Gesamte Breite (mm)

$$B = b + b_a + b_u + b_s \approx b + 1{,}5 b_s$$

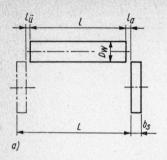

a)

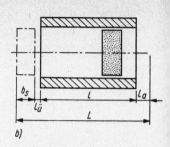

b)

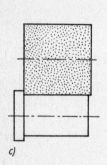

c)

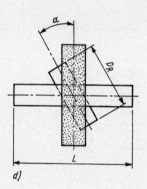

d)

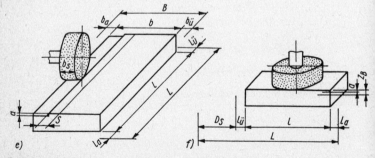

e)

f)

Bemaßungen für

a) Außenrundschleifen
b) Innenrundschleifen
c) Einstechschleifen

d) Spitzenloses Rundschleifen
e) Flächenschleifen mit Scheibenumfang
f) Flächenschleifen mit Scheibenstirnseite

b   Werkstückbreite (mm)
b_a Anlaufweg (mm)
b_u Überlaufweg (mm)
b_s Breite der Schleifscheibe (mm)
n_T Doppelhubzahl des Tisches (mm/DH)

$$n_T = \frac{1000 \cdot v_T}{2 \cdot L}$$

v_T Tischgeschwindigkeit (m/min)
L   Hublänge (mm)

$$L = l + l_a + l_u$$

Setzt man die Formel für n_T ein, so ergibt sich:

$$t_{Gm} = i \frac{2 \cdot B \cdot L}{s \cdot v_T \cdot 1000}$$

e) Flächenschleifen mit der Scheibenstirnseite:

Bei einer Zustellung je *Doppelhub*

$$t_{Gm} = \frac{z_B}{a \cdot n_T}$$

z_B Bearbeitungszugabe (mm)
a   Schnittiefe (mm)
n_T Doppelhubzahl des Tisches (mm/DH)

Bei einer Zustellung je *Hub*:

$$t_{Gm} = \frac{z_B}{2 \cdot a \cdot n_T}$$

Für die Berechnung von n_T (siehe unter d) ist der Schaltweg der Schleifscheibe
$L = l_a + l_u + D_s$.
D_s Durchmesser der Schleifscheibe (mm)

8. Verzahnen (Stirnräder)

a) Zahnformfräsen:

$$t_{Gm} = i \frac{L \cdot z}{s'}$$

i   Anzahl der Schnitte
z   Zähnezahl des herzustellenden Zahnrades
s′   Vorschubgeschwindigkeit (mm/min)
L   Schaltweg des Fräsers (mm) (Ermittlung nach Formeln für Walzen-
         fräsen). Für a wird in der Praxis mit folgenden Werten gerechnet:
         Schruppen: $a = \frac{6}{7} t_2$; Schlichten: $a = \frac{1}{7} t_2$
t_2 Zahntiefe des herzustellenden Zahnrades (mm) = 2,2 . Modul

b) Abwalzfräsen:

$$t_{Gm} = i \, \frac{L \cdot z}{n_G \cdot s_R \cdot n_v}$$

oder

$$t_{Gm} = i \, \frac{\pi \cdot L \cdot z \cdot D_F}{1000 \cdot n_G \cdot s_R \cdot v}$$

n_G Gangzahl des Fräsers

D_F Durchmesser des Fräsers (mm)

s_R Vorschub des Fräsers je Radumdrehung (mm/U)

n_F Drehzahl des Fräsers (U/min)

v Schnittgeschwindigkeit (m/min)

Der Anlaufweg l_a zur Ermittlung von L beträgt beim Abwalzfräsen angenähert:

$$l_a = \frac{\sqrt{a(D_{F-a})}}{\cos \alpha_F}$$

α_F Steigungswinkel des Fräsers

c) Schneidradstoßen (Außen- und Innenverzahnungen)

$$t_{Gm} = i \, \frac{z \cdot m_0 \cdot \pi}{s \cdot n}$$

i Einwälzfaktor (2,25 bis 3,75)

z Zähnezahl des herzustellenden Zahnrades

m_G Modul der Verzahnung

s Vorschub je Doppelhub (mm/DH)

n Anzahl der Doppelhübe des Stoßwerkzeuges (DH/min)

Anzahl der Doppelhübe für das Schalten n_s:

$$n_s = \frac{1000 \cdot v}{H \cdot \pi}$$

v Schnittgeschwindigkeit (mm/min)

H Hubhöhe des Stoßrades (mm)

$$H = h + h_a + h_ü$$

h Stoßhöhe (mm) (Zahnbreite $\times$ Anzahl der gleichzeitig zu stoßenden Zähne)

h_a Anlauf (mm)

$h_ü$ Überlauf (mm)

d) Kammstoßen:

$$t_{Gm} = i \, \frac{(n_l + n_s) \, (z + z_a)}{n}$$

i   Anzahl der Schnitte
n_l Anzahl der Doppelhübe je Zahnlücke
n_s Anzahl der Doppelhübe für das Schalten
z_a Anzahl der anzuschneidenden Zähne

e) Zahnflankenschleifen:

Nach Niles:

$$t_{Gm} = i\,\frac{(n_1 + n_s) \cdot z}{n}$$

i   Anzahl der Schliffe
n_l Erforderliche Doppelhübe je Zahnlücke
n_s Erforderliche Doppelhübe je Schaltvorgang
n   Anzahl der Doppelhübe der Schleifscheibe je min

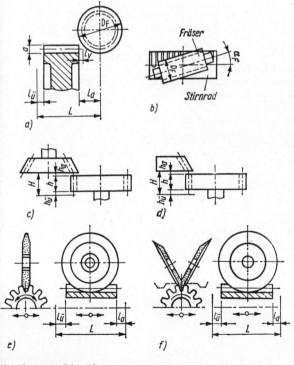

Verzahnen von Stirnrädern
a) Zahnformfräsen
b) Abwälzfräsen
c) Schneidradstoßen
d) Kammstoßen
e) Zahnflankenschleifen nach Niles
f) Zahnflankenschleifen nach Maag

Nach Maag:

$$t_{Gm} = i \frac{L \cdot z}{s \cdot n}$$

L   Schaltweg (mm)

$$L = 1 + l_a + l_0$$

s   Vorschub in Längsrichtung je Wälz-Doppelhub (mm/DH)

9. Schneckenradfräsen

a) Tangentialverfahren:

$$t_{Gm} = i \frac{L \cdot z}{n \cdot s \cdot n_G}$$

i   Schnittzahl

L   Fräslänge

$$L = 1 + \frac{a - \dfrac{D}{2} \cdot \sin \dfrac{2\Phi}{2}}{\tan \varphi} + \frac{D}{2} \cdot \sin \varphi + \sqrt{a(D-a)}$$

l   Länge des zylindrischen Teiles am Fräser (mm)

a   Zahn- oder Frästiefe (mm)

D   Durchmesser des Schneckenrades (mm)

Φ Halber Kegelwinkel des Fräsers

z   Zähnezahl des Schneckenrades

n   Umdrehungen des Fräsers (U/min)

s   Vorschub je Radumdrehung (mm/U)

n_G Gangzahl des Fräsers

b) Radialverfahren:

$$t_{Gm} = \frac{z \cdot a}{n \cdot s}$$

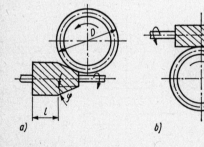

Schneckenradfräsen
a) Tangentialverfahren
b) Radialverfahren

10. Schneiden

$$t_{Gm} = \frac{1}{n_D}$$

n_D Drehzahl (U/min) oder Doppelhübe des Stößels (DH/min)

Bei automatischen Maschinen:

$$t_{Gm} = \frac{W}{n_D} \quad \text{oder} \quad t_{Gm} = \frac{W}{N_M}$$

t_{Gm} Operative Maschinenzeit (Maschinenrundzeiten und Maschinenhilfszeiten zusammen)

W   Werkstückzahl, für die die Zeit ermittelt werden soll

N_M Mengenleistung der Maschine (Stück/min)

Rollenschneiden:

$$t_{Gm} = i\,\frac{L}{v \cdot 1000}$$

i   Anzahl der Schnitte oder Durchläufe

L   Schnittlänge (mm)

v   Vorschubgeschwindigkeit (m/min)

11. Stanzen und Ziehen

$$t_{Gm} = \frac{1}{n_D} \qquad\qquad\qquad\qquad \text{[wie unter 10.]}$$

12. Drücken

$$t_{Gm} = \frac{L}{s \cdot n} \qquad\qquad\qquad\qquad \text{[ähnlich wie unter 1.]}$$

13. Schneiden

$$t_{Gm} = \frac{n_{Sch} \cdot t_M}{y}$$

n_{Sch} Für die Herstellung des Teiles benötigte Schlagzahl

$$n_{Sch} = \frac{A}{A_B}$$

A   Benötigtes Arbeitsvermögen

A_B Arbeitsvermögen des Bären

t_M Maschinenzeitwert je Schlag

y   Faktor, der die Schalt- und Bedienungszeiten berücksichtigt

14. Fließpressen

Bei unterschiedlichen Geschwindigkeiten des Ziehstempels für den Arbeitshub und den Leerhub:

$$t_{Gm} = \frac{l_a}{v_a \cdot 1000} + \frac{l_v \cdot l_r}{v_l \cdot 1000}$$

l_a Länge des Arbeitshubes (mm)
l_v Länge des Anlaufes (mm)
l_r Länge des Rücklaufes (mm)
v_l An- und Rücklaufgeschwindigkeit (m/min)

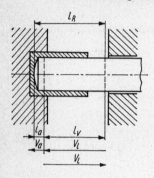

Bemaßungen für das Fließpressen

15. Walzen

$$t_{Gm} = \frac{L \cdot y}{v}$$

L   Gesamte Walzlänge (m)
     $L = \Sigma \, l$

l   Länge des Walzgutes nach einem Durchgang (Stich) (m), die sich bei jedem Durchgang entsprechend der Höhenabnahme vergrößert:
y   Walzschlupf
v   Arbeitsgeschwindigkeit (m/min)

[**229** – 313 ff.; **32** – 491 ff.]

Gruppenbearbeitung – Zusammenfassung von konstruktiv und technologisch ähnlichen Teilen in Gruppen und deren gemeinsame wirtschaftlichere Fertigung an denselben Arbeitsplätzen mit gleichen Maschinen und Ausrüstungen sowie mit gleichen Werkzeugen und Vorrichtungen. Das Zusammenfassen ist möglich: a) auf Grund der Gemeinsamkeit eines Arbeitsganges oder Verfahrens, b) auf Grund der Gemeinsamkeit des gesamten technologischen Prozesses. Wie die Teile für die Gruppenbearbeitung klassifiziert werden können, zeigt nebenstehendes Schema.

Jährliche Gesamtvergleichskosten

$$k = K_L + K_M + K_B + K_V \qquad \text{[M]}$$

K_L Gesamtlohnkosten (M)
K_M Gesamtmaterialkosten (M)
K_B Fertigungsmittelkosten (M)
K_V Vorbereitungskosten (M)

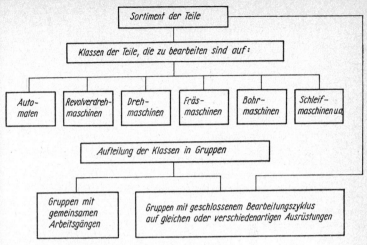

Klassifizierungsschema der Teile für Gruppenbearbeitung

a) Jährliche Gesamtlohnkosten – K_L:

$$K_L = (K_A + K_S) \cdot F_L$$

$$K_A = L_A \cdot t_A \cdot n_G$$

$$K_S = L_S \cdot t_S \cdot x$$

$$F_L = \frac{G_L}{100} + 1$$

$$n_G = \sum_{i=1}^{n} \frac{x_i}{L_i}$$

(Beim Gruppenprozeß ist statt h_G die Anzahl der jährlichen Durchläufe der Gruppe einzusetzen.)

K_A Jährliche Einrichtekosten
L_A Lohngruppenfaktor für t_A
t_A Vorbereitungs- und Abschlußzeit
n_G Jährlich zu bearbeitende Gesamtloszahl
n Gesamtzahl der zur Gruppe zusammengefaßten Lose
x_i Jährliche Stückzahl der Teile des Loses i
L_i Losgröße des Loses i
K_S Jährliche Stücklohnkosten
L_S Lohngruppenfaktor für t_S
t_S Stückzeit
x Jährliche Gesamtstückzahl der zu bearbeitenden Teile
     (für n Lose bzw. Gruppen)

F_L Gemeinkostenfaktor
G_L Anteilige Betriebs- und Abteilungsgemeinkosten

b) Jährliche Gesamtmaterialkosten – K_M:

$$K_M = K_m \cdot F_M$$

$$K_m = M \cdot k_m \cdot x$$

$$F_M = \frac{G_M}{100} + 1$$

K_m Jährliche Werkstoffkosten
M Werkstoffbedarf je Stück
k_m Werkstoffkostenfaktor
G_M Anteilige Werkstoffgemeinkosten
F_M Werkstoffgemeinkostenfaktor

c) Jährliche Fertigungsmittelkosten – K_B:

$$K_B = A + R$$

$$A = \frac{K_w}{100} \cdot z$$

$$R = \frac{K_w}{100} \cdot y$$

$$K_w = K_r \cdot F_B$$

$$F_B = \frac{G_B}{100} + 1$$

A Jährliche Abschreibungen des Fertigungsmittels
z Abschreibungssatz
R Jährliche Wartungskosten
y Prozentsatz für Wartung
K_w Kosten (Wert) des Fertigungsmittels
K_f Fertigungskosten des Fertigungsmittels
F_B Gemeinkostenfaktor
G_B Anteilige Gemeinkosten des Fertigungsmittels

d) Jährliche Vorbereitungskosten – K_V:

$$K_V = K_T + \cdots$$

$$K_T = L_T \cdot t_T$$

K_T Jährliche Lohnkosten für Technologen
L_T Lohnkostenfaktor
t_T Jährlicher Stundenaufwand des Technologen

Die gleiche Rechnung ist für alle weiteren von der Gruppenbearbeitung beeinflußten Vorbereitungskosten erforderlich.

[36 – 853 f.; 229 – 133 ff.]

Gruppenbindung – mehr oder weniger gefestigter innerer Zusammenhang zwischen Menschen einer Gruppe. Die Gruppenbindung kommt im Bestreben der Mitglieder nach Erhalt ihrer Gruppe und nach dem Verbleiben in der Gruppe zum Ausdruck. Eine wesentliche Rolle für die Gruppenbindung spielen die gesellschaftlichen Verhältnisse und die Persönlichkeit des Leiters. Gruppenbindung und Gruppenstruktur stehen in engem Wechselverhältnis.

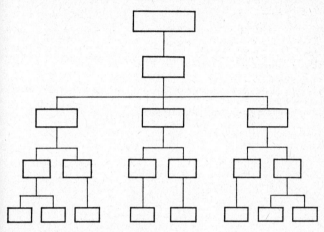

Die formelle Struktur der Arbeitsgruppe

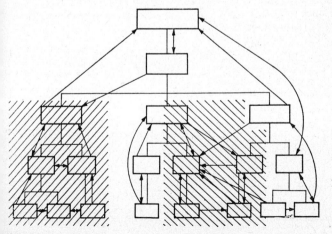

Die informellen Bindungen in der organisierten Gruppe

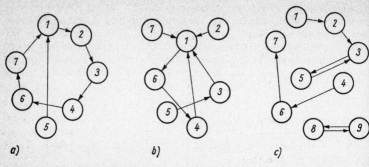

Typen der informellen Gruppenstruktur
a) Kohäsive Gruppe ohne starken Leiter
b) Gruppe mit einem starken Leiter
c) Umstrukturierte Gruppe mit Untergruppen und isolierten einzelnen

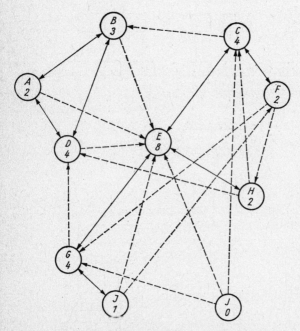

Soziogramm der inneren Gruppenbindung und Gruppenstruktur

[**32** – 324, 326; **213** – 98ff.]

Gruppenstruktur → Gruppenbindung

Güte → Erzeugnisqualität

Gütefaktor der Maschine → Maschinenfunktionsgenauigkeit

Gütezeichen-Koeffizient – Verhältnis zwischen der mit der Wertigkeit der einzelnen Gütezeichen gewogenen klassifizierungspflichtigen Warenproduktion (WP_g) in Betriebspreisen und der gesamten klassifizierungspflichtigen Warenproduktion zu Betriebspreisen (WP)

$$k_Q = \frac{WP_g}{WP}$$

Die Gütezeichen haben folgende Wertigkeit:

Gütezeichen Q $= 0$
Gütezeichen 1 $= 1$
Gütezeichen 2 $= 2$
Kein Gütezeichen $= 3$

Beispiel

Die klassifizierungspflichtige Warenproduktion zu Betriebspreisen (WP) beträgt 10 000 M. Davon entfallen auf

Gütezeichen Q	= 3000 M	$\cdot 0 =$	0
Gütezeichen 1	= 4000 M	$\cdot 1 =$	4000
Gütezeichen 2	= 2000 M	$\cdot 2 =$	4000
ohne Gütezeichen	= 1000 M	$\cdot 3 =$	3000
	10000 M (WP)		11000 (WP_g)

$$k_Q = \frac{11\,000}{10\,000} = 1,1$$

Der Idealfall des Gütezeichenkoeffizienten wäre $k_Q = 0$ (alle klassifizierungspflichtigen Erzeugnisse des Betriebes tragen das Gütezeichen Q).

[331 – 20f.]

H

Häufigkeit, relative, *Gliederungszahl, analytische Verhältniszahl* – Anteil der jeweiligen Gruppe am Niveau der Gesamtheit, als Ergebnis aus der Gegenüberstellung der Häufigkeit der Gruppe zum Niveau der Gesamtheit.

$$h_i = \frac{n_i}{N} \cdot 100 = \frac{n_i}{\Sigma\, n_i} \cdot 100 \qquad \text{[\%]}$$

i   Bezeichnung der jeweiligen Gruppe
n_i Zahlengröße des Merkmals in der Gruppe
N   Gesamtgröße (Niveau der Gesamtheit)

[15 – 208]

Häufigkeitspolygon → Häufigkeitsverteilungen in der Qualitätskontrolle

Häufigkeitsverteilung → Verteilung

Häufigkeitsverteilungen in der Qualitätskontrolle – übersichtliche Darstellung der verschiedenen Ergebnisse von Meßwerten in Diagrammen, wobei auf der Abszissenachse die Meßwerttabelle und in Richtung der Ordinatenachse die Häufigkeit der Meßwerte eingetragen und in verschiedener Form graphisch veranschaulicht werden. Die gebräuchlichsten Darstellungen von Häufigkeitsverteilungen sind das Nadeldiagramm, das Häufigkeitspolygon, das Säulendiagramm und die Strichliste.
Häufigkeitsverteilungen sind nur vergleichbar, wenn

a) in beiden Verteilungen die gleiche Anzahl von Meßwerten vorliegt,

b) statt der absoluten Häufigkeit h_m in der m-ten Klasse die relative Häufigkeit f_m verwendet wird.

$$f_m = \frac{h_m}{n},$$

wobei $\Sigma\, h_m = n$. Damit ist die Fläche unter den Verteilungen gleich 100 Prozent oder 1.

Kennzahlen von Häufigkeitsverteilungen

Mittelwerte:

a) Arithmetisches Mittel $\bar{x}$:

$$\bar{x} = \frac{(x_1 + x_2 + \cdots + x_n)}{n}$$

$x_1, x_2 \ldots, x_n$ Einzelne Meßwerte
          n Anzahl der Meßwerte

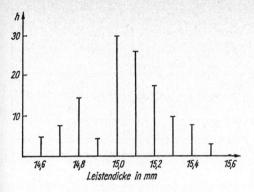

Nadeldiagramm

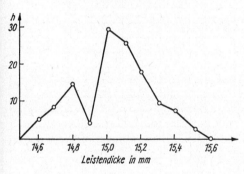

Häufigkeitspolygon

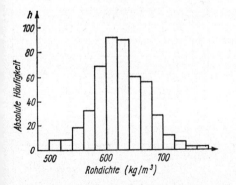

Säulendiagramm

b) Verschiedene Verfahren zur Mittelwertbestimmung: nach TGL 14451

c) Medianwert $\tilde{x}$: Liegt in der Mitte einer der Größe nach geordneten Reihe von Meßwerten.

| | | Strichliste zur statistischen Auswertung von Meßergebnissen | | | | Nr.: | | Datum: |
| | | | | | | Bemerkungen: Dicke in mm | | |

Material:							Prüfbedingungen:		
Klassen-grenzen	Klassen-mitten	Absolute Häufigkeit		Anzahl h_m	Klassen-Nr. m	$m \cdot h_m$	$m^2 \cdot h_m$	Häufig-keit in %	Σ %
		Strichliste							
(1)		(2)		(3)	(4)	(5) (3) × (4)	(6) (4) × (5)	(7)	(8)
14,55 – 14,64	14,60	|		1	-5	-5	25	1	1
14,65 – 14,74	14,70	⦀⦀		5	-4	-20	80	5	6
14,75 – 14,84	14,80	⦀⦀		4	-3	-12	36	4	10
14,85 – 14,94	14,90	⦀⦀ ⦀⦀ ⦀⦀		14	-2	-28	56	14	24
14,95 – 15,04	15,00	⦀⦀ ⦀⦀ ⦀⦀ ||		17	-1	-17	77	17	41
15,05 – 15,14	15,10	⦀⦀ ⦀⦀ ⦀⦀ ⦀⦀ ⦀⦀		25	0	0	0	25	66
15,15 – 15,24	15,20	⦀⦀ ⦀⦀ ⦀⦀ ⦀⦀		19	+1	+19	19	19	85
15,25 – 15,34	15,30	⦀⦀ ⦀⦀		9	+2	+18	36	9	94
15,35 – 15,44	15,40	⦀⦀		3	+3	+9	27	3	97
15,45 – 15,54	15,50	||		2	+4	+8	32	2	99
15,55 – 15,64	15,60	|		1	+5	+5	25	1	100

| Klassen-breite $d = 0,1$ | Angenommener Mittelwert: (Klassenmitte der Klasse $m=0$) $\bar{x}_a = 15,10$ | | $n = 100$ | $\Sigma m \cdot h_m$ | -82
$+59$ | $353 = Q$ | |
| | | | Σh_m | | $p = -23$ | $\Sigma_m^2 \cdot h_m$ | |

Mittelwert: $\bar{x} = \bar{x}_a + \dfrac{d}{n} \, p = 15,10 + \dfrac{0,1}{100} \, (-23) = 15,10 - 0,023 = 15,077$ $\quad \bar{x} = 15,08$

Varianz: $s^2 = \dfrac{d^2}{n-1}\left[Q - \dfrac{p^2}{n}\right] = \dfrac{0,01}{99}\left[353 - \dfrac{23^2}{100}\right] = 0,03512$

Standardabweichung: $s = \sqrt{s^2} = 0,187$ $\quad s = 0,19$

Strichliste zur statistischen Auswertung von Meßergebnissen

Streuungsmaße:

a) Spannweite R:

$$R = x_{max} - x_{min}$$

x_{max}, x_{min} Größter und kleinster Meßwert

b) Standardabweichung s:

$$s = \sqrt{s^2}$$

s^2 Varianz; die Summe der Quadrate aller Differenzen zwischen dem Beobachtungswert und dem Mittelwert, dividiert durch die Anzahl der Meßwerte minus 1.

$$s^2 = \frac{\sum\limits_{i=1}^{n} (x_i - \bar{x})^2}{n - 1}$$

Berechnung von s^2 nach anderen Verfahren laut TGL 14451.

[43 – 293 ff.]

Haushaltsbuch – Instrument zur Vorgabe und Abrechnung aller Leistungskennziffern, die von den Werktätigen eines Produktionsabschnittes bzw. einer produktionsverarbeitenden Abteilung beeinflußbar sind. Das Führen eines Haushaltsbuches ist somit eine Methode, die wirtschaftliche Rechnungsführung bis in die kleinste Produktionseinheit – bis zum Meisterbereich, zur Brigade und zum Arbeitsplatz – durchzusetzen und damit meßbare Grundlagen für den sozialistischen Wettbewerb und für die richtige Verbindung von Plan und Leistung mit Lohn und Prämie zu schaffen. Welche Voraussetzungen nötig sind, um ein Haushaltsbuch führen zu können, und zu welchen Ergebnissen das führt, verdeutlicht die Abbildung auf S. 336.

[293]

Herstellernutzen → Reineinkommenszuwachs durch Neuentwicklung, gesamter

Herstellungskosten bei einem geblockten Geräteprogramm, jährliche – Herstellungskosten bei einem diskontinuierlichen (geblockten) Produktionsplan des Geräteausstoßes, der hauptsächlich für Betriebe mit großem Sortiment und vorherrschender Klein- und Mittelserienfertigung typisch ist. Das besondere Kennzeichen hierbei ist, daß sich das Jahresprogramm eines Gerätes ausstoßseitig nicht kontinuierlich auf alle 12 Monate, sondern diskontinuierlich auf nur wenige Monate verteilt. Die Herstellungskosten betragen:

$$K_H = \frac{12 \cdot m}{r} \left[M + \left(\frac{t_A}{n} + t_s \right) l_o z \right] \qquad \text{[M/a]}$$

m   Monatliche Stückzahl (Stück/Monat)

M   Materialaufwand je Stück (M/Stück)

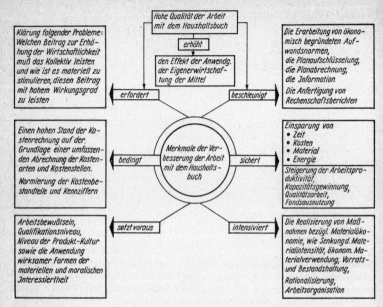

Voraussetzungen und Ergebnisse der Führung eines Haushaltsbuches

[293 – 3]

---

r   Blockungsgrad des Geräteprogramms
t_A Vorbereitungs- und Abschlußzeit (h/Los)
n   Stückzahl (= Losgröße)
t_S Stückzeit (h/Stück)
$l_\emptyset$ Durchschnittslohn (M/h)
z   Gemeinkostenfaktor

Blockungsgrad r:

$$r = \frac{12 \text{ Monate}}{\text{Anzahl der Liefermonate}} = \frac{12 \cdot m}{J}$$

m   Monatsstückzahl
J   Jahresstückzahl

[277 – 209 ff.]

Heuristik, systematische → Systematische Heuristik

Hilfsstoffkostenanteil je Arbeitsgang → Kostenanteile je Arbeitsgang

Hobeln → Grundzeit-Maschine

Hochrechnung von Stichprobenergebnissen → Stichprobe

Höchstvorrat an Produktionsvorräten → Vorratshaltung

Höchstvorrat im Produktionsmittelhandel → Vorratshaltung

Höhennutzungsgrad des Lagers – Kennziffer, die das Verhältnis der durchschnittlichen Höhe des im Lager gestapelten Lagergutes einschließlich der Ladehilfsmittel, Zwischenräume und Regalkonstruktionen zur nutzbaren lichten Lagerraumhöhe ausdrückt.

$$H_n = \frac{H_0}{H_{ges}}$$

H_0 Durchschnittliche Höhe des gestapelten Lagergutes (m)
H_{ges} Lagerraumhöhe (m)

Die Lagerraumhöhe ist das Maß zwischen Oberflächen, Fußboden und Unterkante Dachbinder bzw. Unterzug.
Analog kann auch der Höhennutzungsgrad für andere Objekte berechnet werden.
→ Lagerflächennutzungsgrad, → Raumnutzungsgrad des Lagers

[331 – 71]

Hypothese → Test, statistischer

I

Idealindex → Index

IFA → Fertigungsanalyse, intervariationale

Importpreisindex → Auslandspreisstatistik

Index – statistische Kennziffer zur Widerspiegelung des Wachstumstempos (der relativen Veränderung des Niveaus) einer Erscheinung von einem Zeitabschnitt zum nächsten. Das Wachstumstempo wird bestimmt, indem man das Niveau eines Zeitabschnitts zum Niveau des vorangegangenen ins Verhältnis setzt.

Wachstumstempo zum Vorjahr:

$$I_{(t-1),t} = \frac{y_t}{y_{t-1}}$$

Wachstumstempo zum Basisjahr:

$$I_{0,t} = \frac{y_t}{y_0}$$

o, t, t − 1 Kennzeichnung des betreffenden Jahres (o = Basisjahr, t = untersuchtes Jahr, t − 1 = Vorjahr zum untersuchten Jahr)

y   Niveau der Erscheinung im betreffenden Jahr, das die Kennzeichnung angibt.

Die nach der ersten Formel ermittelten Indizes ergeben eine Indexreihe mit *variabler Basis*, da die Bezugsgröße von Zeitraum zu Zeitraum gewechselt wird. Die nach der zweiten Formel ermittelten Indizes des Gesamtwachstums dagegen ergeben eine Indexreihe mit *fester Basis*, da die Bezugsgröße gleich bleibt.

Das *Gesamtwachstum* kann man bei Vorliegen der Kennziffern über das Wachstumstempo bestimmen, indem man die Indizes mit veränderter Basis durch Multiplikation miteinander verbindet. Dadurch entsteht eine Indexreihe mit fester Basis, die das Gesamtwachstum widerspiegelt:

$$I_{0,1} \cdot I_{1,2} \cdot I_{2,3} \cdot I_{3,4} \cdot I_{4,5} = I_{0,5}$$

da

$$\frac{y_1}{y_0} \cdot \frac{y_2}{y_1} \cdot \frac{y_3}{y_2} \cdot \frac{y_4}{y_3} \cdot \frac{y_5}{y_4} = \frac{y_5}{y_0}$$

Ebenso kann man von den Kennziffern über das Gesamtwachstum zu den Angaben über das Wachstumstempo kommen, indem man den Index mit fester Basis eines Zeitabschnittes durch den Index des vorangegangenen Zeitabschnittes dividiert:

$$I_{0,5} : I_{0,4} = I_{4,5}$$

da

$$\frac{y_5}{y_0} : \frac{y_4}{y_0} = \frac{y_5}{y_4}$$

[15 – 386 ff.]

Unter Berücksichtigung *des Einflusses von Faktoren* (wobei in die Betrachtung zwei Hauptfaktoren eingehen) lautet die Formel für die Gesamtgröße:

$$\frac{\sum y_1 \cdot n_1}{\sum y_0 \cdot n_0} = I_M \quad \text{bzw.} \quad \frac{\sum y_1 \cdot n_1}{\sum n_1} : \frac{\sum y_0 \cdot n_0}{\sum n_0} = I_y$$

Solche Indexformen, die die Größen der Faktoren der Gesamtheit ausdrücken, werden als *zusammengesetzte Indizes* oder *Aggregatindizes* bezeichnet.

a) Volumenindex (vom Umfang beider Faktoren abhängiger Index):

$$I = \frac{\Sigma\, y_1 \cdot n_1}{\Sigma\, y_0 \cdot n_0}$$

(→ Produktionsvergleich)

b) Index mit fester Struktur (einer der beiden Faktoren ist unverändert geblieben):

$$I = \frac{\Sigma\, y_1 n_1}{\Sigma\, y_0 n_1}$$

oder

$$I = \frac{\Sigma\, y_1 \cdot n_0}{\Sigma\, y_0 \cdot n_0}$$

Die Indizes unter b) werden häufig zur Berechnung der Preisentwicklung angewandt; man bezeichnet sie dann als → *Preisindizes*.

In der praktischen Arbeit werden an Stelle von y und n oft sachbezogene Symbole verwendet, zum Beispiel für Lohnhöhe und Arbeitskräfte l und k, für Preise und Mengen p und q.

Idealindex nach Fisher:

$$I_{0,1} = \sqrt{\frac{\Sigma\, p_1 \cdot q_1}{\Sigma\, p_0 \cdot q_1} \cdot \frac{p_1 \cdot q_0}{p_0 \cdot q_0}}$$

Dieser in der bürgerlichen Statistik angewandte Index verwischt die gesellschaftliche Realität, denn er vereinigt in sich zwei Indizes, die, jeder für sich genommen, einen objektiven Tatbestand ausdrücken. In dieser Zusammenfassung müssen sie zu einer Zahlenspielerei werden.

Ebenso wie man die Preisveränderung untersuchen kann, ist es auch möglich, die Entwicklung der Mengen zu analysieren (die Menge wird untersucht, die Preise fungieren als Gewichtsfaktoren). Hierfür dient der *Mengenindex* (*Index des physischen Volumens*):

$$I = \frac{\Sigma\, n_1 y_0}{\Sigma\, n_0 y_0}$$

oder

$$I = \frac{\Sigma\, n_1 y_1}{\Sigma\, n_0 y_1}$$

(→ Produktionsvergleich)

Varianten des zusammengesetzten Index:

a) Aggregatindex:

$$I = \frac{\sum y_1 n_1}{\sum y_0 n_1}$$

b) Arithmetischer Index:

$$I = \frac{\sum i y_0 n_0}{\sum y_0 n_0} = \frac{\sum i m_0}{\sum m_0}$$

individueller Index ($y_1 : y_0$)

c) Harmonischer Index:

$$I = \frac{\sum y_1 n_1}{\sum \dfrac{y_1 n_1}{i}} = \frac{\sum m_1}{\sum \dfrac{m_1}{i}}$$

[15 – 391 ff.]

Zum System der Faktorenindizes vgl. [15 – 399 ff.]

Der *Index der durchschnittlichen Veränderungen* der Größen y lautet:

$$I = \frac{\sum \dfrac{y_1}{y_1} n_1}{\sum n_1}$$

[15 – 415 f.]

Will man die Angabe für einen längeren Zeitraum erhalten, so muß man die Indizes für das Wachstumstempo miteinander verketten. Diese Verkettung ist zwar mathematisch nicht völlig exakt, liefert jedoch praktisch zuverlässige Ergebnisse. Man erhält:

$$I_{0,1} = \frac{\sum y_1 n_1}{\sum y_0 n_1}$$

$$I_{0,2} \approx I_{0,1} \frac{\sum y_2 n_2}{\sum y_1 n_2} \approx I_{0,1} \cdot I_{1,2}$$

$$I_{0,3} \approx I_{0,2} \frac{\sum y_3 n_3}{\sum y_2 n_3} \approx I_{0,1} \cdot I_{1,2} \cdot I_{2,3}$$

usw.

Für eine beliebige Zahl von Zeiträumen erhält man damit den *Kettenindex*:

$$I_{0,t} \approx I_{0,1} \cdot I_{1,2} \cdot I_{2,3} \cdots I_{(t-2),\,(t-1)} \cdot I_{(t-1),t}$$

Die Anwendung von Kettenindizes ist vor allem dann erforderlich, wenn man die Entwicklung der Größen y mit der Veränderung der Bezugsgröße n verbinden will.

[15 – 416 ff.]

Index, arithmetischer → Index

Index, gewogener arithmetischer → Produktionsvergleich

Index, harmonischer → Index

Index, zusammengesetzter → Index

Index der Arbeitsproduktivität → Arbeitsproduktivität

Index der Bauabgabepreise bzw. Baupreise → Bauabgabepreis- bzw. Baupreisindex

Index der Bruttoproduktivität → Arbeitsproduktivität

Index der durchschnittlichen Veränderungen → Index

Index der Entwicklung des Produktionsvolumens – statistische Kennziffer, die das Niveau der Entwicklung des Produktionsvolumens vom Basiszeitraum zum Berichtszeitraum ausdrückt. Für die Berechnung gibt es je nach den Untersuchungsgesichtspunkten zahlreiche Varianten.

Index für die Entwicklung des Produktionsvolumens zu laufenden Preisen – I_{1p}

$$I_{1p} = \frac{\Sigma Q_1 \cdot p_1}{\Sigma Q_0 \cdot p_0}$$

Index für die Entwicklung des Produktionsvolumens zu konstanten Preisen – I_{kp}

$$I_{kp} = \frac{\Sigma Q_1 \cdot p_0}{\Sigma Q_0 \cdot p_0}$$

Preisindex – I_p

$$I_p = \frac{\Sigma Q_1 \cdot p_1}{\Sigma Q_1 \cdot p_0}$$

$$\frac{\Sigma Q_1 \cdot p_1}{\Sigma Q_0 \cdot p_0} = \frac{\Sigma Q_1 \cdot p_0}{\Sigma Q_0 \cdot p_0} \cdot \frac{\Sigma Q_1 \cdot p_1}{\Sigma Q_1 \cdot p_0}$$

$$I_{1p} = I_{kp} \cdot I_p$$

Index für die Entwicklung des Produktionsvolumens zu konstanten Preisen, berechnet als arithmetischer Index – I_{kpa}

$$I_{kpa} = \frac{\Sigma \dfrac{Q_1}{Q_0} \cdot Q_0 \cdot p_0}{\Sigma Q_0 \cdot p_0}$$

Index für die Entwicklung des Produktionsvolumens zu konstanten Arbeitszeiteinheiten – I_{kt}

$$I_{kt} = \frac{\sum Q_1 \cdot t_0}{\sum Q_0 \cdot t_0}$$

Index für die Entwicklung des Produktionsvolumens zu konstanten Arbeitszeiteinheiten, berechnet als arithmetischer Index – I_{kta}

$$I_{kta} = \frac{\sum \dfrac{Q_1}{Q_0} \cdot Q_0 \cdot t_0}{\sum Q_0 \cdot t_0}$$

Index für die Entwicklung des Produktionsvolumens auf der Basis von Normzeiten – I_N

$$I_N = \frac{\dfrac{\sum T_{N1} + E_{N1}}{\overline{e}_0}}{\dfrac{\sum T_{N0}}{\overline{e}_0}} : \frac{\sum T_1}{\sum T_0}$$

Normerfüllung e:

$$e = \frac{t_N}{t}$$

Durchschnittliche Normerfüllung $\overline{e}$:

$$\overline{e} = \frac{\sum Q \cdot t_N}{\sum Q \cdot t} = \frac{\sum T_N}{\sum T}$$

Index der Entwicklung des Produktionsvolumens auf der Basis von Normzeiten und Zeitlohnstunden – I_{NZ}

$$I_{NZ} = \frac{\dfrac{\sum T_{N1} + E_{N1}}{\overline{e}_0} + \sum T_{Z1} + E_{Z1}}{\dfrac{\sum T_{N0}}{\overline{e}_0} + \sum T_{Z0}}$$

Q	Produktionsmenge
p	Preis je Mengeneinheit
t	Tatsächliche Arbeitszeit je Mengeneinheit
t_N	Normzeit je Erzeugniseinheit
T	Volumen der tatsächlichen Arbeitszeit für eine Erzeugnisart $T = Q \cdot t$
T_N	Volumen der Normzeit für eine Erzeugnisart $T_N = Q \cdot t_N$
E_N	Normstundeneinsparung für die Gesamtproduktion
E_Z	Zeitlohnstundeneinsparung für die Gesamtproduktion
T_Z	Zeitlohnstunden

Index $_{0,1}$ Kennzeichen für Angaben des Basis- oder Berichtszeitraums

[105 – 241 ff.]

Index der Industrieabgabe- bzw. Betriebspreise – Kennziffer, die die durchschnittliche Veränderung der Industrieabgabe- bzw. Betriebspreise von Zeitraum zu Zeitraum für die gesamte industrielle Warenproduktion einschließlich ihrer Untergliederungen nach Erzeugnisgruppen, Industriezweigen und wirtschaftsleitenden Organen der Betriebe sowie nach dem Verwendungszweck der Erzeugnisse usw. ausdrückt.

a) Index auf Grundlage der Menge (Struktur) der Warenproduktion des Berichtszeitraumes:

$$I_{\text{(IAP bzw. BP)}} = \frac{\Sigma\, q_1 \cdot p_1}{\Sigma\, q_1 \cdot p_0} \quad \text{bzw.} \quad \frac{\Sigma\, q_1 \cdot p_1}{\Sigma\, q_1 \cdot p_1 : \dfrac{p_1}{p_0}}$$

b) Index auf Grundlage der Menge (Struktur) der Warenproduktion des Basiszeitraumes:

$$I_{\text{(IAP bzw. BP)}} = \frac{\Sigma\, q_0 \cdot p_1}{\Sigma\, q_0 \cdot p_0} \quad \text{bzw.} \quad \frac{\Sigma\, q_0 \cdot p_0 \cdot \dfrac{p_1}{p_0}}{\Sigma\, q_0 \cdot p_0}$$

q   Menge der Warenproduktion
p   Industrieabgabe- bzw. Betriebspreis
0, 1   Kennzeichnung des Basis- bzw. Berichtszeitraums

Je Erzeugnisgruppe werden die Preisindizes entweder auf der Grundlage von repräsentativ ausgewählten Erzeugnissen oder auf der Grundlage einer Totalerfassung der Erzeugnisse ermittelt.

[330 – 48]

Index der Nettoproduktivität → Arbeitsproduktivität

Index der Valutapreise für Export- bzw. Importwaren – Kennziffer, die die Veränderung der Valutapreise für Export- bzw. Importwaren von Zeitraum zu Zeitraum ausdrückt. Die Indizes werden für ausgewählte Waren je Land bzw. Wirtschaftsgebiet sowie für die Gesamtheit der ausgewählten Waren je Land, Wirtschaftsgebiet und für den Außenhandel insgesamt berechnet. Die Berechnung erfolgt analog zum → Index der Industrieabgabe- bzw. Betriebspreise, wobei

p   Export- bzw. Importpreis je Ware
q   Im Außenhandel umgesetzte Mengen (Export- bzw. Importmenge) je Ware

[330 – 52]

Index des physischen Volumens → Index

Indexmethode – Methode der linearen Transportoptimierung, bei der nacheinander die einzelnen Felder der Tabelle besetzt werden, in denen die niedrigsten Sätze angeführt sind. Dabei müssen die einschränkenden Grenzbedingungen eingehalten werden. Alle Sätze in der Tabelle werden vom niedrigsten bis zum höchsten geordnet. Bei großen Tabellen können gegebenenfalls auch Lochkarten eingesetzt werden.

Ausgangslösung nach der Methode mit steigendem Index

Liefer-betrieb	Abnehmer						
	1	2	3	4	5	6	Auf-kommen
A	24 —	6 640	26 —	40 —	46 —	16 40	680
B	9 450	25 —	48 —	19 170	42 —	28 —	620
C	44 —	37 —	54 —	57 —	18 240	50 320	560
D	30 —	23 —	45 750	49 150	72 —	62 400	1300
Bedarf	450	640	750	320	240	760	3160

Es werden also in der Tabelle nacheinander die Felder 12, 21, 16, 35, 24, 43, 44 und zuletzt die Felder 36 und 46 besetzt. Nach der Tabelle erfordert der Transportplan 97980 tkm (nämlich $450 \cdot 9 + 640 \cdot 6 + 750 \cdot 45 + 170 \cdot 19 + 150 \cdot 49 + 240 \cdot 18 + 40 \cdot 16 + 320 \cdot 50 + 400 \cdot 62 = 97980$). Anstatt die Felder der Reihe nach vom niedrigsten bis zum höchsten Satz zu besetzen, kann man auch umgekehrt die Felder sukzessive vom höchsten bis zum niedrigsten besetzen. Diese Methode wird *Methode mit fallendem Index* genannt.

Beide Methoden sind nur Näherungsmethoden. Die Methode mit fallendem Index liefert gewöhnlich ein der optimalen Lösung näheres Ergebnis. Allerdings kann bei der Methode mit fallendem Index nicht zuverlässig bestimmt werden, wieviel Felder mit den höchsten Sätzen nacheinander mit Nullen zu besetzen bzw. durchzustreichen sind. Man kann deshalb bei dieser Methode zum Unterschied von der Methode mit steigendem Index nicht mechanisch vorgehen, was bei großen Tabellen ein Nachteil ist.

Ein Vorteil dieser Methoden besteht darin, daß (als Bedingung der optimalen Lösung) in der Tabelle maximal m + n − 1 Felder besetzt werden (m Anzahl der Zeilen der Tabelle, d. h. die Anzahl der Lieferbetriebe; n Anzahl der Spalten der Tabelle, d. h. die Anzahl der Abnehmer).

Ein Nachteil der Indexmethode ist, daß sie kein Kriterium enthält, das anzeigt, ob und bis zu welcher Höhe das berechnete Ergebnis optimal ist oder nicht.

[161 – 18 ff.]

Index mit fester Struktur → Index

Indifferenzgebiet → Qualitätskontrolle

Industriekombinat → Kombinat

Industriepreis – von den Industrie-, Bau-, Dienstleistungs- und Verkehrsbetrieben sowie von den Betrieben des Außenhandels und des Produktionsmittelhandels in ihren wechselseitigen Beziehungen berechneter Preis, im
Gegensatz zum Konsumgüterpreis. Der fondsbezogene Industriepreis (wie der
Preis überhaupt) ist ein Mittel, die zentrale staatliche Leitung und Planung
der Grundlagen des volkswirtschaftlichen Reproduktionsprozesses mit der
eigenverantwortlichen Wirtschaftstätigkeit der Betriebe zu verknüpfen. Das
Ziel bei der Bildung fondsbezogener Industriepreise ist, den Fondsaufwand
je Erzeugniseinheit und damit die Selbstkosten insgesamt zu senken. Die
Fondsbezogenheit des Preises verdeutlicht die Abbildung auf S. 346.

Erläuterungen zur Abbildung:

Mat.Vor. – Materialvorräte
UP   – Unvollendete Produktion
FE   – Fertigerzeugnisse
PFA   – Produktionsfondsabgabe
NgA   – Nettogewinnabführung an den Staat
NgE   – Nettogewinn für die erweiterte Reproduktion
NgP   – Nettogewinn für Prämienfonds

[36 – 949; **341** – 3/34]

Information – eigentlich Auskunft, Belehrung, Mitteilung, Nachricht. Eine
wissenschaftliche Präzisierung erlangt der Begriff der Information im Rahmen
der Kybernetik, zu deren Grundbegriffen er gehört. Die Wechselbeziehungen
kybernetischer Systeme mit ihrer Umgebung, ebenso wie die Beziehungen
zwischen den Teilsystemen bzw. Elementen im Inneren derartiger Systeme
werden im wesentlichen nicht durch Stoffaustausch- oder energetische Vorgänge, sondern durch Prozesse der Informationsaufnahme, -verarbeitung,
-speicherung und -abgabe realisiert. Informationelle Prozesse dieser Art sind
zwar in jedem Falle mit Stoffaustausch- oder energetischen Prozessen gekoppelt, aber nicht reduzierbar. Die Abbildungen auf den Seiten 347 bis 351 verdeutlichen allgemeingültige Zusammenhänge und Sachverhalte auf dem Gebiet
der Information.
Mittlerer Informationsgehalt eines Zeichens aus einem (statistischen) Zeichenkollektiv (nach *C. Shannon*):   (Fortsetzung S. 347)

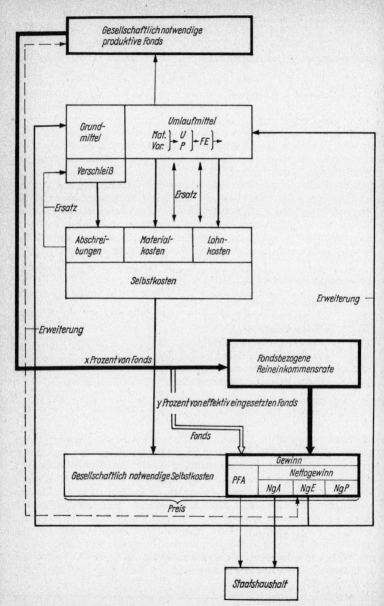

Der fondsbezogene Industriepreis

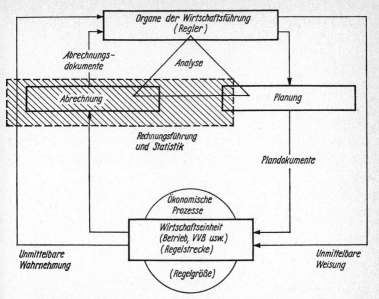

Die ökonomischen Informationen im kybernetischen Regelkreis (schraffierte Fläche
= Rechnungsführung und Statistik)

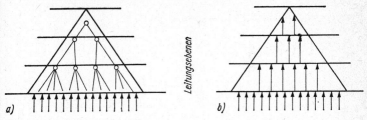

Informationsfilterung durch Aggregation (a) und Spezifizierung sowie Transformation (b)

[36 – 956 ff.; 196 – 20, 29]

$$H = -\sum_{1}^{n} p_i I_i \, dp_i [\text{bit/Zeichen}] \sum_{1}^{n} p_i = 1$$

$p_i \dots P_a$ Wahrscheinlichkeiten, mit denen die n Zeichen eines Kollektivs auftreten

l_d ^{2}log (Logarithmus zur Basis 2)

[36 – 957]   (Fortsetzung S. 352)

[138 – 1459]

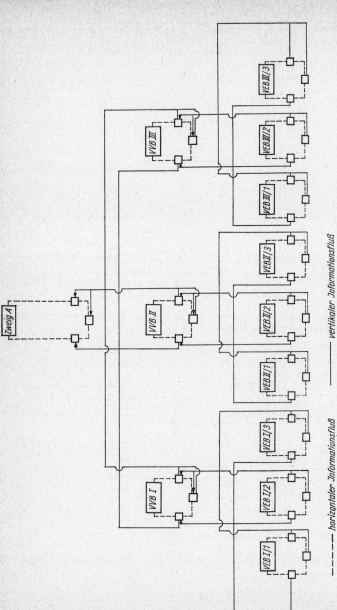

Strukturschema der Informationsaggregation im einheitlichen ökonomischen Informationssystem (für 3 Leitungsebenen)

——— vertikaler Informationsfluß

----- horizontaler Informationsfluß

[1 – 11f.]

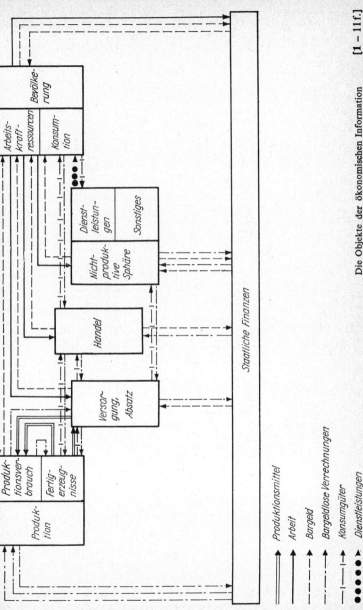

Die Objekte der ökonomischen Information

Bevölkerung
Arbeitskraftressourcen
Konsumtion

Dienstleistungen
Sonstiges
Nichtproduktive Sphäre

Handel

Versorgung, Absatz

Produktionsverbrauch
Fertigerzeugnisse
Produktion

Staatliche Finanzen

Produktionsmittel
Arbeit
Bargeld
Bargeldlose Verrechnungen
Konsumgüter
Dienstleistungen

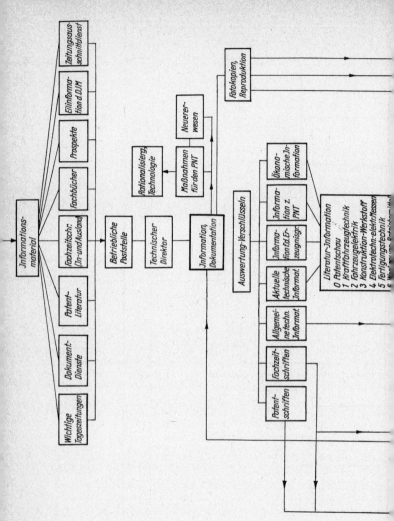

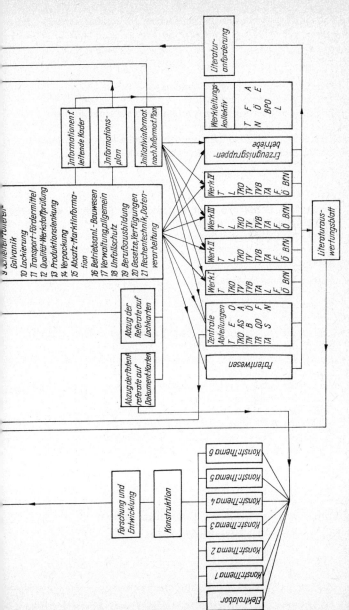

Informationsfluß im Betrieb

[127 – 147]

Gesamter Zeitaufwand für die Vorbereitung und den Betrieb eines optimalen Systems für die Suche und Verarbeitung historisch-wissenschaftlicher Informationen:

$$T_{ges} = T_E + T_B$$
$$= t_0 N + t_K + t_v + T_B$$

T_E — Zeit für die Entwicklung des Systems

T_B — Zeit für den Betrieb des Systems

t_0 — Zeit für das Übertragen der Informationen auf eine Lochkarte

N — Anzahl der Lochkarten im System

t_v — Zeit für den Aufbau und die Vorbereitung des Systems zur Arbeit

t_K — Zeit für das Aufstellen der Codes oder Programme

Notwendige Anzahl der Lochkarten – N

$$N = N_n + S \cdot n$$

N_n — Anzahl der Lochkarten zum Zeitpunkt der Schaffung des Systems (Ausgangsfonds der Informationen)

n — Anzahl der Betriebsjahre des Systems

S — Geschwindigkeit des jährlichen Zuwachses des Ausgangsfonds der Informationen

Gesamtbetriebszeit des Systems – T_B

$$T_B = t \frac{N}{RV} R \cdot Q \cdot K \cdot n + t_z \cdot Q \cdot n$$

t_R — Zeit für die Durchsicht unter einem Aspekt in einer Kartengruppe

N — Anzahl der Lochkarten im System

V — Anzahl der Lochkarten in einer Gruppe (in einem Sektor, einem Ablagefach bei der Sortierung usw.)

R — Anzahl der Aspekte einer Durchsicht

Q — Anzahl der Durchsichten im Jahr

K — Koeffizient, der den logischen Umfang der Aufgabe berücksichtigt

n — Anzahl der Betriebsjahre des Systems

t_z — Zusätzlicher Zeitaufwand für die Bearbeitung der vom System ausgegebenen Antwort

Damit ergibt sich für T_{Ges}:

$$T_{Ges} = t_0(N_n + S \cdot n) + t_K + t_v + t_R \frac{N}{V} R \cdot Q \cdot K \cdot n + t_z \cdot Q \cdot n$$

Diese Formel wird für die verschiedenen Systeme variiert:

a) Für ein System auf bibliographischen Karten:

$$T_{Ges}^{(b)} = t_0^{(b)}(N_n + S \cdot n) + t_K^{(h)} + t_R^{(h)} \frac{Ni}{V^{(b)}} \cdot R \cdot Q \cdot K \cdot n + t_z^{(b)} \cdot Q \cdot n$$

$t_0^{(b)}$ — Zeit für das Übertragen der Informationen auf eine bibliographische Karte

$t_K^{(b)}$ Zeit für das Systematisieren (Katalogisieren) einer Karte
$t_R^{(b)}$ Zeit für die Durchsicht unter einem Aspekt in einem Katalogkästchen
$V^{(b)}$ Anzahl der Karten in einem Katalogkästchen
$t_z^{(b)}$ Zusätzlicher Zeitaufwand für die Durchsicht der notwendigen Angaben in der Bibliothek

b) Für ein System mit Randlochkarten:

$$T_{Ges}^{(K)} = (t_U + t_A m_A)(N_n + Sn) + t_K + (t_F + t_{St}P + t_{Vibr} + t_H)$$

$$\times \frac{N}{V^{(K)}} R \cdot Q \cdot K \cdot n + t_z{}^{(K)} \cdot Q \cdot n$$

t_A Zeit für einen Ausschnitt
m_a Durchschnittliche Zeit für die Ausschnitte auf einer Lochkarte
t_F Zeit für das Feststellen und Herausziehen der Lochkarten aus dem Selektor
t_{St} Zeit für das Einsetzen und Herausziehen einer Stechnadel in den bzw. aus dem Selektor
P Durchschnittliche Anzahl der Ausschnitte zum Kodieren eines Merkmals
t_{Vibr} Vibrationszeit
t_H Zeit für das Handsortieren (ohne Informationsstörung)
$V^{(K)}$ Anzahl der Lochkarten im Selektor

c) Für ein System unter Verwendung der rechenanalytischen Technik:

$$T_{Ges}^{(M)} = t_U(N_n + S_n) + t_K + t_v + t_R^{(M)} \frac{N}{V^{(M)}} \cdot R \cdot Q \cdot K \cdot n$$

$$+ t_z^{(M)} \cdot Q \cdot n$$

$t_R^{(M)}$ Zeit für das Sortieren der Lochkarten, die sich im Aufnahmefach der Maschine befinden
$V^{(M)}$ Anzahl der Lochkarten, die im Aufnahmefach der Maschine untergebracht werden

d) Für ein System unter Verwendung einer elektronischen Rechenmaschine:

$$T_{Ges}^{(E)} = t_U(N_n + S_n) + t_K^{(E)} + t_v + t_R^{(E)} \cdot \frac{N}{V^{(E)}} \cdot R \cdot Q \cdot K \cdot n$$

$t_K^{(E)}$ Zeit für die Aufstellung der Programme
$t_R^{(E)}$ Zeit für die Durchsicht der Informationen, die sich auf einem Magnetband oder auf der Trommel des Langzeitspeichers der Maschine befinden
$V^{(E)}$ Anzahl der Bits, die sich auf einem Magnetband oder auf der Trommel des Langzeitspeichers der Maschine befinden.

[174 – 16ff.]

Gesamtkosten für die Vorbereitung und den Betrieb eines optimalen Systems für die Suche und Verarbeitung historisch-wissenschaftlicher Informationen

$$K_{Ges} = K_E + K_B + K_U$$
$$= K_A + (K_L + K_{\ddot{U}} + K_{Ab})(N_n + S_n)$$
$$+ K_K + K_V + K_{Bh} \cdot T_B + K_U + K_Z$$

K_E Entwicklungskosten des Systems

K_B Betriebskosten des Systems

K_U Unterhaltungskosten des Systems

K_A Kosten der Ausrüstung des Systems

K_L Kosten einer Lochkarte

$K_{\ddot{U}}$ Kosten für das Übertragen einer Information auf eine Lochkarte

K_{Ab} Kosten für die Aufbewahrung einer Lochkarte

N_n Anzahl der Lochkarten zum Zeitpunkt der Schaffung des Systems

S Geschwindigkeit des durchschnittlichen jährlichen Zuwachses des Ausgangsfonds der Informationen

n Anzahl der Betriebsjahre des Systems

K_K Kosten für die Aufstellung der Kodes oder Programme

K_V Kosten für den Aufbau und die Vorbereitung des Systems zur Arbeit

K_{Bh} Kosten einer Betriebsstunde des Systems

K_Z Zusätzliche Kosten für die Bearbeitung der vom System herausgegebenen Antwort

Für die Benutzung bereits vorhandener Systeme in anderen Einrichtungen gilt:

$$T_{Ges} = t_{\ddot{U}}(N_n + S_n) + t_K + t_R \cdot \frac{N}{V} \cdot R \cdot Q \cdot K \cdot n + t_z \cdot Q \cdot n$$

$$K_{Ges} = (K_L + K_{\ddot{U}} + K_{Ab})(N_n + S_n) + K_K + K_M \cdot T_B + K_Z$$

K_M Miete für eine Betriebsstunde der Maschine

[174 – 16ff.]

Information, metrische → Kybernetik

Informationsaspekt → Kybernetik

Informationsverarbeitung → Datenverarbeitung

Ingenieurbüro für Rationalisierung (VEB für Rationalisierung) – Organ der VVB, das ausgehend von den Zielsetzungen der Perspektiv- und Jahrespläne sowie auf Grundlage der Rationalisierungskonzeptionen der Industriezweige die Betriebe und Kombinate bei der Planung, Vorbereitung und Durchführung der sozialistischen Rationalisierung berät, unterstützt und auf vertraglicher Basis gemeinsam mit dem Auftraggeber und unter aktiver Mitarbeit der Werktätigen konkrete Maßnahmen zur Rationalisierung durchführt.

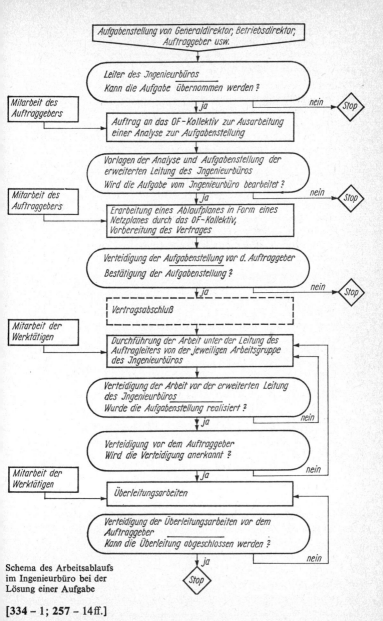

Schema des Arbeitsablaufs
im Ingenieurbüro bei der
Lösung einer Aufgabe

[334 – 1; 257 – 14ff.]

Input-Output-Modell – klassisches, von W. Leontief entwickeltes Modell der Verflechtungsbilanz (Verflechtungsmodell); Schachbrettabelle materieller Beziehungen zwischen Erzeugnissen, Erzeugnisgruppen, Sektoren usw. Das Grundmodell zeigt folgendes Bild:

an	Sektor					
von	1	2	3	...	n	
1	x_{11}	x_{12}	x_{13}	...	x_{1n}	X_1
2	x_{21}	x_{22}	x_{23}	...	x_{2n}	X_2
3	x_{31}	x_{32}	x_{33}	...	x_{3n}	X_3
.						
.						
.						
n	x_{n1}	x_{n2}	x_{n3}	...	x_{nn}	X_n

X_i Aus den einzelnen Sektoren hervorgehende Güter und Leistungen (Ausstoß oder Output) ($i = 1, 2, ..., n$)

x_{ij} Vom Sektor i an Sektor j fließende Güter und Leistungen (Leistungsstrom; Eingang oder Input)

In einer Gleichung ausgedrückt:

$$\sum_{j=1}^{n} x_{ij} = X_i \qquad\qquad [i = 1, 2, ..., n]$$

Offenes, evolutorisches und dynamisches Modell:

$$\sum_{j=1}^{m} a_{ij}X_j + \sum_{j=1}^{m} b_{ij}X_j + y_i = X_i$$

In Matrizenschreibweise:

$$-(A - E) \cdot x - B \cdot x^* = y$$

A   Matrix der technischen Koeffizienten a_{ij}, die die Proportionalität zwischen Eingang x_{ij} und Ausstoß X_j des Sektors angeben

E   Einheitsmatrix

x   Vektor der Ausstoßgrößen X_1 bis X_n

B   Matrix der Koeffizienten b_{ij}, die die Proportionalität zwischen dem Zufluß an Investitionsgütern und -leistungen im Sektor j (aus dem Sektor i) und dem dadurch hervorgerufenen Zuwachs an Ausstoß des Sektors j angeben

x*   Ausstoßzuwachs der Sektoren (Vektor der Größen X_1' bis X_n')

y   Vektor des Endverbrauchs (ohne Investitionsverbrauch)

[253 – 29f.]

Instandhaltung – Gesamtheit der technischen und organisatorischen Maßnahmen zur Verminderung, Überwachung und Beseitigung der Grundmittelabnutzung. Die Instandhaltung hat die Aufgabe, die Betriebstauglichkeit der

Grundmittel während ihrer → Nutzungsdauer aufrechtzuerhalten oder wiederherzustellen. Besondere Bedeutung besitzt die vorbeugende Instandhaltung. Als quantifizierbare Maßstäbe einer rationellen Instandhaltung dienen *Kosten- und Leistungskennzahlen der Instandhaltung*.

Kostenkennzahlen der Instandhaltung sind Kennziffern, die unter verschiedenen Aspekten Einfluß und Auswirkungen eines gut organisierten, auf höchste Effektivität gerichteten Instandhaltungswesens ausdrücken. Am gebräuchlichsten für betriebswirtschaftliche Untersuchungen sind folgende:

Einfluß der Reparaturarbeit auf die Selbstkosten der Produktion – K_1

$$K_1 = SK \downarrow = P_1'(c_0 - c_1) \qquad [M]$$
$$K_1 = SK \uparrow = P_1'(c_1 - c_0)$$

SK   Selbstkosten (M)
$\uparrow\downarrow$ Erhöhung bzw. Senkung
P_1' Durch den Einfluß der Reparaturarbeit verändertes Produktionsvolumen P_0 (ME)
c   Konstante Anteile an den Selbstkosten je Erzeugniseinheit (M/ME)

Reparaturkosten je Erzeugniseinheit – K_2

$$K_2 = \frac{\sum\limits_{i=1}^{n} K_{Ri}}{P} \qquad [M/ME \text{ oder Koeffizient}]$$

K_R Reparaturkosten der untersuchten Periode (M)
P   Produktionsvolumen der gleichen Periode (ME oder M)

Prozentualer Anteil der Reparaturkosten an den Selbstkosten der Produktion – K_3

$$K_3 = \frac{\sum\limits_{i=1}^{n} K_{Ri}}{\sum\limits_{i=1}^{n} S_{Ki}}$$

K_R Reparaturkosten der untersuchten Periode (M)
S_K Selbstkosten der gleichen Periode (M)

Reparaturkosten je Reparaturstunde – K_4

$$K_4 = \frac{\sum\limits_{i=1}^{n} K_{Ri}}{\sum\limits_{i=1}^{n} t_{Ri}}$$

K_R Reparaturkosten der untersuchten Periode (M)
t_R Reparaturzeiten der gleichen Periode (h)

Anteil der Reparaturkosten an der aktivierten Grundmittelmasse – K_5

a) Reparaturkosten und aktivierte Grundmittel insgesamt

$$K_{5a} = \frac{\sum\limits_{i=1}^{n} K_{R_i}(g)}{BW_{(g)}} \qquad [\%]$$

b) wie a), aber ohne allgemeine Arbeitsmittel

$$K_{5b} = \frac{\sum\limits_{i=1}^{n} K_{R_i}(g-a)}{BW(g-a)} \qquad [\%]$$

BW   Aktivierte Höhe der Grundmittelausrüstung (M)
g   Gesamte Grundmittel (M)
a   Allgemeine Arbeitsmittel (M)
K_{R_i} Reparaturkosten für das i-te Grundmittel (M)

Produktionsausfall je 1 M Reparaturkosten – K_6

$$K_6 = \frac{\sum\limits_{i=1}^{n} N_i t_s}{\sum\limits_{i=1}^{n} K_{R_i}} \qquad [\text{t/M oder Koeffizient}]$$

N_i Durchschnittliche Tagesproduktion des i-ten Erzeugnisses (t)
t_s Stillstände (Tage)
K_{R_i} Reparaturkosten für das i-te Grundmittel (M)

Verhältnis der spezifischen Investitionskosten zu den spezifischen Reparaturkosten – K_7 (Koeffizient)

Spezifische
Investitionskosten = Wiederbeschaffungskosten,
                 M/ME in der geplanten Nutzungsdauer;
Spezifische
Reparaturkosten = M/ME der Jahreserzeugung.

$$K_7 = \frac{K_w}{P \cdot N} : \frac{K_R}{P}$$

K_w Wiederbeschaffungskosten = Investitionskosten (M)
P   Jährliches Produktionsvolumen (ME)
N   Nutzungsdauer (Jahre)
K_R Reparaturkosten (M)

[214 – 60 ff.]

Die Leistungskennzahlen der Instandhaltung sind den Kostenkennzahlen adäquate Kennziffern, auf deren Grundlage der Leistungsstand und damit die Effektivität des Instandhaltungswesens eingeschätzt werden kann. Für betriebswirtschaftliche Untersuchungen werden insbesondere angewandt:

Reparaturleistung je Reparaturarbeiter – L_1

$$L_1 = \frac{K_R - F}{R_A} \qquad [M/R_A]$$

K_R Reparaturkosten im Berechnungszeitraum (M)

F   Reparaturkosten aus Fremdleistungen im Berechnungszeitraum (M)

R_A Anzahl der Reparaturarbeiter im gleichen Zeitraum

Index der Arbeitsproduktivität nach der Zeitsummenmethode – L_2

$$L_2 = \frac{R_1 \cdot t_{R0}}{R_1 \cdot t_{R1}} \cdot 100 \qquad [\%]$$

R   Reparaturvolumen im Sinne des „Fertigprodukts des Reparatur-kollektivs" (Reparaturen)

t_R Effektiver Zeitaufwand für R (Stunden)

$_{0,1}$ Kennzeichnung der Basis- bzw. Berichtsperiode

Produktionsausfall je Stunde effektiver Reparaturzeit – L_3

$$L_3 = \frac{\sum\limits_{i=1}^{n} N_i t_{s_i}}{\sum\limits_{i=1}^{n} t_{R_i}} = \frac{V}{t_R} \qquad [ME/h \text{ oder } M/h]$$

N   Durchschnittliche Stundenleistung oder eine ähnliche Leistungskennzahl (ME/h; M/h)

t_s Stillstandzeiten wegen Reparatur (h)

t_R Reparaturzeiten (h)

V   Produktionsausfall wegen Reparaturstillstand (ME)

$$V = (N_1 t_{s_1}) + (N_2 t_{s_2}) + \cdots + (N_n t_{s_n}) = \sum_{i=1}^{n} N_1 t_{s_1}$$

$$t_R = t_{R_1} + t_{R_2} + \cdots + t_{R_n} = \sum_{i=1}^{n} t_{R_i}$$

Prozentualer Anteil der Reparaturstillstandszeit am Kalenderzeitfonds der Grundmittel – L_4

$$L_4 = \frac{\sum\limits_{i=1}^{n} t_{s1}}{\sum\limits_{i=1}^{n} G_i Z_K}$$

$\sum\limits_{i=1}^{n} t_{s1}$ Summe der Stillstandszeiten wegen Reparaturen $= t_{s1} + t_{s2} + \cdots + t_{s_n}$

           $= S$

G   Grundmittel

Z_K Kalenderzeitfonds

$$\sum_{i=1}^{n} G_i Z_K = G_1 Z_K + G_2 Z_K + \cdots + G_n Z_{K-z}$$

Reparaturstillstandszeiten je Reparaturarbeiter – L_5

$$L_5 = \frac{\frac{\sum\limits_{i=1}^{n} t_{si}}{Z}}{\frac{\sum\limits_{i=1}^{Z} R_{Ai}}{Z}} \qquad \text{[h/Rep.arb.]}$$

$\sum\limits_{i=1}^{n} t_{si}$ Summe der Stillstandszeiten wegen Reparaturen

$\sum\limits_{i=1}^{Z} R_{Ai}$ Summe aller im Zeitraum Z leistungsmäßig erfaßten Reparaturarbeiter

$$\frac{\sum\limits_{i=1}^{Z} R_{Ai}}{Z} = \frac{R_{A1} + R_{A2} + \cdots + T_{AZ}}{Z} = A$$

Daraus folgt:

$$L_5 = \frac{S}{A} \qquad \text{[h/Rep.arb.]}$$

Einfluß der Reparaturarbeit auf den zeitlichen Ausnutzungsgrad der Grundmittelausstattung – L_6

$$L_6 = \frac{Z_k - \sum t_s}{Z_k}$$

Z_k Kalenderzeitfonds

t_s Stillstandszeiten wegen Reparaturen

Einfluß der Reparaturarbeit auf die Höhe des Produktionsvolumens – L_7

$$L_7 = \frac{P_0 N_1}{N_0} + N_1(\sum t_{s0} - \sum t_{s1}) = P_1'$$

P_0 Produktionsvolumen laut Plan (oder in der Basisperiode)

N_0 Durchschnittliche Stundenleistung oder ein ähnlicher Kennwert laut Plan (oder in der Basisperiode)

N_1 Durchschnittliche Stundenleistung effektiv (oder in der Basisperiode)

$t_{s0,1}$ Stillstandszeiten laut Plan und effektiv (in der Basis- und Berichtsperiode)

P_1' Durch Einfluß der Reparaturarbeit verändertes Produktionsvolumen

Bei positivem Einfluß der Reparaturarbeit durch Verkürzung der Stillstandszeiten oder Verbesserung der Leistungsfähigkeit der Grundmittel usw. ist $P_1' > P_0$, bei negativem Einfluß $P_1' < P_0$.

[214 – 47 ff.]

Die notwendige Steigerung der Arbeitsproduktivität des Instandhaltungspersonals zur Instandhaltung eines höheren Grundmittelbestandes wird wie folgt berechnet:

$$AP_1 = \frac{IP_0 \cdot GM_1 \cdot 100}{IP_1 \cdot GM_0}$$

IP_0 Anzahl des Instandhaltungspersonals im Basisjahr (Personen)
IP_1 Anzahl des Instandhaltungspersonals im Planjahr (Personen)
GM_0 Bruttowert der Grundmittel im Basisjahr (M)
GM_1 Bruttowert der Grundmittel im Planjahr (M)

Notwendige Erhöhung der Anzahl des Instandhaltungspersonals zur Instandhaltung eines höheren Grundmittelbestandes – IP_1

$$IP_1 = \frac{IP_0 \cdot GM_1 \cdot 100}{AP_1' \cdot GM_0}$$

AP_1' Mögliche Steigerung der Arbeitsproduktivität des Instandhaltungspersonals im Planzeitraum (%)

Grundmittelbestand, der mit der gegebenen Instandhaltungskapazität betriebsfähig gehalten werden kann – GM_1':

$$GM_1' = \frac{AP_1' \cdot IP_1 \cdot GM_0}{IP_0 \cdot 100}$$

[189 – 140f.]

Interpolation, lineare – einfachste Form der Näherungsrechnung zur Ermittlung fehlender Zwischenglieder einer statistischen Reihe.

$$y_{i+1} = y_i + \frac{N_{i+1} - X_i}{X_{i+2} - X_i} \cdot (y_{i+2} - y_i)$$

Im Falle gleichbleibender Intervalle vereinfacht sich die Formel zu:

$$y_{i+1} = \frac{y_i + y_{i+2}}{2}$$

$y_{i,i+1},...$ Funktionswerte
$x_{i,i+1},...$ Argumentwerte
[36 – 993]

Investitionen, Ablaufmodell für – Schema, das den Ablauf und die Struktur der Entscheidungsfindung im Rahmen der Vorbereitung eines Investitionsvorhabens zeigt. Es werden die dabei prinzipiell erforderlichen Maßnahmen (Schritte) schematisch dargestellt. Das Modell wird zweckmäßigerweise mit einem Netzplan für den organisatorischen und zeitlichen Ablauf der dargestellten Aufgaben gekoppelt.

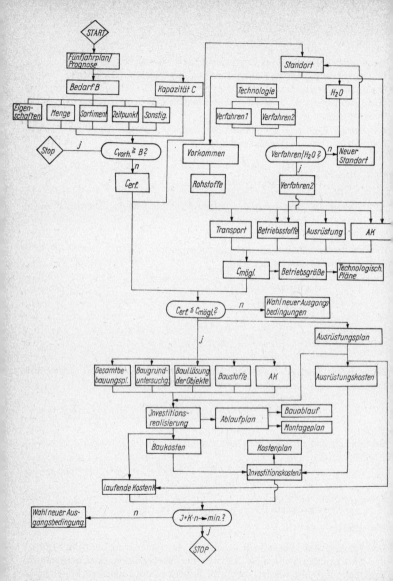

Ablaufstruktur der Vorbereitung eines
Investitions(bau)vorhabens

[324]

Investitionen, Grenzwertgleichung für → Investitionsrechnung

Investitionen, Normativ der anteiligen (spezifischen) – Zweignormativ für den Zuwachs an Produktionsausstoß pro Jahr je Einheit des einmaligen Investitionsaufwandes. Die Anwendung dieses Normativs ist in den Projektierungsbetrieben verbreitet. Es drückt den zulässigen Fondsaufwand für die Produktion eines Erzeugnisses aus.

$$i = \frac{\Delta Q}{A} \qquad\qquad\qquad \text{[ME/M]}$$

ΔQ Produktionszuwachs (ME)
A   Einmaliger Aufwand (M)

[21 – 52]

Investitionen, spezifische → Investitionseffekt

Investitionen, unvollendete – durchgeführte, aber noch nicht aktivierte Investitionen. Sie umfassen sämtliche seit Beginn der Investitionsdurchführung auf der Baustelle vollzogenen materiellen Lieferungen und Leistungen, abzüglich der bereits aktivierten bzw. in das Anlagevermögen übernommenen → Grundmittel und abzüglich der vom Investitionsauftraggeber bezahlten, jedoch entsprechend den gesetzlichen Bestimmungen nicht zu aktivierenden Aufwendungen.
Der Stichtagsbestand an unvollendeten Investitionen wird wie folgt berechnet:

$$I_u = I_{uJ} \pm D + L - I_a - I_b$$

I_u Volumen der unvollendeten Investitionen am Berichtsstichtag
I_{uJ} Volumen der unvollendeten Investitionen am Jahresbeginn
D   Differenzbetrag für nachträgliche Berichtigungen (Korrekturbuchungen)
L   Volumen der vom 1. Januar bis zum Stichtag durchgeführten materiellen Leistungen
I_a Volumen der vom 1. Januar bis zum Stichtag aktivierten (bzw. in das Anlagevermögen übernommenen) Investitionen
I_b Volumen der vom 1. Januar bis zum Ende des Berichtszeitraums durch den Investitionsauftraggeber bezahlten, nicht aktivierungspflichtigen Investitionsaufwendungen

[329–34]

Investitionen für Exportproduktion – speziell für den Export von Gütern aufzuwendende Mittel und Leistungen. Die Ermittlung erfolgt in Variantenrechnungen anhand der Reduktionskosten je Valuta-Mark Devisenerlös oder je Valuta-Mark Devisenaufwand.

Variante A enthält die für die Produktion des jeweiligen Volumens der Export-produktion notwendigen Investitionen und die dafür anfallenden Selbst-kosten.

Variante B enthält die erforderlichen Investitionen und die Selbstkosten für den Fall, daß die zu importierende Produktion im Inland hergestellt würde.

Variante A:

$$\frac{E_N \cdot I_{ex} + S_{ex}}{D_{ex}}$$

Variante B:

$$\frac{E_N \cdot I_{1me} + S_{1me}}{D_{1m}}$$

E_N Normativkoeffizient des relativen Nutzens (0,10 bis 0,25 je nach Zweig)

I_{ex} Grund- und Folgeinvestitionen für die Produktion des jeweiligen Ex-portvolumens (m)

S_{ex} Jahresselbstkosten der Exportproduktion (M)

D_{ex} Devisenerlös des Exports (Valuta-M)

I_{1me} Grund- und Folgeinvestitionen für die eventuelle Eigenproduktion der Importprodukte (M)

S_{1me} Jahresselbstkosten für die eventuelle Eigenproduktion der Importpro-dukte

D_{1m} Devisenaufwand für den Import (Valuta-M)

Investitionen, für deren spätere Produktion Importe notwendig sind:

Vergleich anhand der Reduktionskosten je Valuta-Mark Devisenertrag oder je Valuta-Mark Devisenaufwand.

Variante A' enthält die für die Exportproduktion erforderlichen Investitionen und die anfallenden Selbstkosten, um die für den Import benötigten Devisen durch entsprechende Exporte aufzubringen.

Variante B' enthält die erforderlichen Investitionen und die anfallenden Selbst-kosten, wenn die zu importierenden Produkte im Inland hergestellt würden.

Formeln und Symbole wie oben.

[199 – 212ff.]

Investitionsaufwand, *Investitionskosten* – Geldausdruck aller für die Vor-bereitung und Durchführung einer Investition aufgewendeten bzw. aufzuwen-denden Mittel. Der Investitionsaufwand ist so gering wie möglich zu halten. Zu diesem Zweck sind zur Entscheidung über Investitionen unter verschiedenen Aspekten Berechnungen anzustellen, die über den erreichbaren Nutzen Aus-kunft geben.

Der *jährliche Investitionsaufwand* ist eine Kennziffer zur Ermittlung optimaler Investitionsvarianten. Die ökonomisch günstigste Variante ist die mit dem geringsten jährlichen Aufwand.

$$I_J = I \cdot q_A^n \frac{q_A - 1}{q_A^n - 1} + b \qquad \text{[M/a]}$$

I   Gesamte Investitionskosten (M)
q_A Akkumulationsfaktor
n   Nutzungsdauer (a)
b   Betriebskosten (Selbstkosten abzüglich Amortisationen) (M)

[21 – 42]

Durchschnittlicher Gesamtaufwand je Nutzungsjahr:

$$I_n = \frac{Aq^n - A + \sum\limits_{i=1}^{n} K_i}{n} \qquad \text{[M/a]}$$

A   Investitionsaufwand und Umlaufmittelbedarf (M)
q   Zinsfaktor
n   Anzahl der Jahre (Nutzungszeitraum)
K_i Selbstkosten je Nutzungsjahr ($i = 1, ..., n$)

[242 – 102]

Die *Erhöhung des Investitionsaufwandes* durch Bindung von Investitionsmitteln ist die Erhöhung aller für die Vorbereitung und Durchführung einer Investition aufgewendeten Mittel in Abhängigkeit von der Dauer ihrer Bindung bis zur Inbetriebnahme des Investitionsobjektes und dem damit verbundenen Rückfluß der Investitionsmittel. Sie wird wie folgt errechnet:

$$I_{Erh} = Z \sum\limits_{i=1}^{n} (I_p \cdot T_a)_i$$

I_p (Partieller) Investitionsaufwand im betreffenden Baujahr (M)
Z   Zeitfaktor (0,10 bis 0,25 je nach Zweig)
T_a Zeitdifferenz zwischen dem Bezugszeitpunkt (Ende des letzten Baujahres) und der Mitte des betreffenden Baujahres (a)

[199 – 210]

Das wirtschaftliche Optimum zwischen Aufwand, Inbetriebnahmetermin und Nutzen einer Investition kann so berechnet werden:

$$WO = \frac{(F + nNU + E) \cdot nB}{nB \cdot gN} \qquad \text{[M]}$$

F   Finanzieller Aufwand in Form der Baukosten; er widerspiegelt wertmäßig den Herstellungsaufwand (M)
nB   Lebensdauer der Investition (normative Nutzungsdauer) (a)

nNU Summe der Nutzungs- und Unterhaltungsfonds in den einzelnen Jahren (M)

E Gesamter Erhaltungsaufwand (M)

gN Gesellschaftlicher Nutzen, ausgedrückt im Jahresgebrauchswert des funktionsfähigen Objekts (M)

Besondere Bedingungen für die Anwendung der Formel siehe Literaturquelle.

[51 – 434, auf Grundlage von 160 – 239 ff. und 81]

Der *Investitionsaufwand je Deviseneinheit*, d. h. der spezifische Aufwand an Investitionsmitteln, bezogen auf eine Einheit der Devisen, die über den durch die betreffende Investition ermöglichten Export realisiert werden, läßt sich wie folgt berechnen:

a) Gesamtaufwand an Investitionen je Deviseneinheit – I'_r:

$$I'_r = \frac{I}{P_a} = \frac{I_d + I_l + I_{le} + I_{ls}}{P_a}$$

P_a Auf den Auslandsmärkten erzielbarer Preis des betreffenden Erzeugnisses

I Gesamte Investitionskosten, die zur Produktion des betreffenden Devisenvolumens erforderlich sind (P_a mal Stückzahl)

I_d Direkte Investitionskosten (in der letzten Produktionsstufe), die zur Produktion des betreffenden Devisenvolumens erforderlich sind

I_l Indirekte Investitionskosten, die für die Produktion des Exportäquivalents erforderlich sind, das den Import von Rohstoffen und Materialien ausgleicht

I_{le} Indirekte Investitionskosten zur Sicherung der Produktion von Materialien und Rohstoffen, die sich selbst für den Export eignen

I_{ls} Sonstige indirekte Investitionskosten

b) Investitionsaufwand je Deviseneinheit nach Reduzierung um die importierten Rohstoffe und Materialien – I'_D:

$$I'_D = \frac{I_d + I_{le} + I_{ls}}{P_a - M_{l(repr)}}$$

$M_{l(repr)}$ Durchschnittlicher zu zahlender Reproduktionspreis der importierten Materialien und Rohstoffe

c) Investitionsaufwand je Deviseneinheit nach Reduzierung um die importierten Rohstoffe und Materialien sowie jene, die selbst exportiert werden können – I'_{Dr}:

$$I'_{Dr} = \frac{I_d + I_{ls}}{P_a - M_{l(repr)} - M_{e(repr)}}$$

$M_{e(repr)}$ Durchschnittlicher erzielbarer Reproduktionspreis der Materialien und Rohstoffe, die selbst exportiert werden können

[254 – 285]

Die Wirtschaftlichkeit von Investitionen bei Energieanlagen wird näherungsweise durch die *Aufwandskennziffer* ausgedrückt:

$$AW_J = I \frac{q^n(q-1)}{q^n - 1} + B \qquad [M/a]$$

oder weiter angenähert:

$$AW'_j = I \cdot p' + S \qquad [M/a]$$

I   Investitionskosten der Energieanlagen einschließlich unmittelbarer Folgeinvestitionen (M)

B   Betriebskosten für die Produktion der Energieanlagen [M/a]

q   Akkumulationsfaktor (für die volle erweiterte Reproduktion)

p' Normativkennziffer des ökonomischen Nutzens (1/a)

n   Normale Nutzungsdauer der Energieanlagen (a)

Liegen nur zwei Lösungsmöglichkeiten vor, bei denen weder die Bauzeit noch eine Teilinbetriebnahme oder ein Stufenausbau berücksichtigt zu werden brauchen, so kann die Wirtschaftlichkeit auch durch Gegenüberstellung der Rückflußdauer R mit der normativen Rückflußdauer R_N ermittelt werden:

$$R = \frac{\Delta I}{\Delta S} = \frac{I_2 - I_1}{S_1 - S_2} \gtreqless R_N \qquad [a]$$

ΔI Zusätzliche Investitionskosten der Variante 2 gegenüber Variante 1 (M)

ΔS Selbstkosteneinsparung der Variante 2 gegenüber Variante 1 (M)

[52 – 11]

Investitionsbetrag → Investitionsrechnung, vereinfachte

Investitionseffekt – Kennziffer, die das Verhältnis zwischen dem Produktionszuwachs und dem hierfür notwendigen einmaligen Aufwand an Investitionsmitteln ausdrückt. Der Investitionseffekt ist im engeren Sinne der Produktionseffekt der Investitionen. Er wird auch als Investitionsvervielfacher bezeichnet. Der reziproke Ausdruck ist die *Investitionsquote*, d. h. das Verhältnis zwischen dem Investitionsaufwand und dem aus ihm resultierenden Produktionszuwachs.

Investitionseffekt:

$$I_e = \frac{\Delta P}{I} \qquad [M/M]$$

I   Investitionsaufwand (M)

P   Produktionszuwachs durch die Investition (M)

Investitionsquote (Spezifische Investitionen):

$$I_q = \frac{I}{\Delta P} \qquad [M/M]$$

[36 – 1000, 1005 f.; 14 – 38]

Verschiedentlich wird die Investitionsquote auch als *Investitionsintensität* bezeichnet. Die mehr oder weniger umfangreichen Formeln reduzieren sich letztlich immer auf den oben definierten Inhalt.

Auf ein Produkt bezogene Investitionsintensität:

$$I_q = \frac{\sum (u_1 M_1 - C_1 - S_1 - H_1)}{\sum M_1 n_1 p_1 w_1}$$

u_1 Anteilige Investitionen je Kapazitätseinheit in der Herstellung des Produkts

C_1 Investitionen zum Ersatz der Fondsaussonderung, einbezogen in das Normativ der anteiligen Investitionen

S_1 Investitionen für den Zuwachs an Bauvorlauf, einbezogen in das Normativ der anteiligen Investitionen

H_1 Investitionen, die nicht den Wert der Grundfonds erhöhen

M_1 Geplanter Kapazitätszuwachs für die Herstellung des Produkts

n_1 Koeffizient der Kapazitätsausnutzung neu in Betrieb genommener Fonds

p_1 Preis je Erzeugniseinheit

w_1 Anteil des Warenausstoßes des betreffenden Produkts am Bruttoausstoß

[158 – 275 f.]

Umkehrungen aus der Investitionsintensität:

a) Einzusetzende Investitionen – I:

$$I = I_q \cdot \Delta P$$

b) Zu erwartender Produktionszuwachs – ΔP:

$$\Delta P = \frac{I}{I_q}$$

Weitere Untergliederung analog der → Fondsintensität der Produktion

Investitionsintensität des Nettoprodukts:

$$I_{qNP} = \frac{I}{\Delta NP}$$

I   Eingesetzte Investitionsmittel
ΔNP Erreichter Zuwachs an Nettoprodukt

Umkehrungen analog der Investitionsintensität

[184 – 31 ff.]

Investitionsfonds, Modell für die Ermittlung des optimalen – Grundschema für die Planungsrechnung bei Investitionen, auf das Ziel gerichtet, den optimalen Investitionsfonds des Betriebes oder Kombinates zu ermitteln. Das Grund-

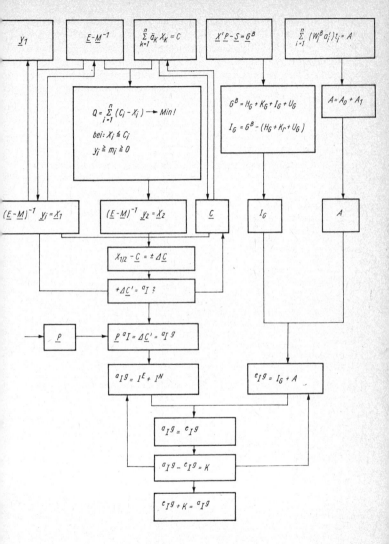

Grundschema für die Planungsrechnung bei Investitionen

(Symbolerläuterung auf S. 370)

schema enthält folgende Berechnungsstufen: Berechnung der Gesamterzeugung; Bilanzierung der Produktionskapazitäten mit den Produktionsmengen der berechneten Gesamterzeugung; Berechnung des Aufkommens aus Eigenerwirtschaftung zur Sicherung der Reproduktion der Produktionsfonds; Bilanzierung der berechneten selbst zu erwirtschaftenden Mittel mit den Investitionsanforderungen zur Realisierung der Produktionsmengen der berechneten Gesamterzeugung.

Symbolerläuterungen zum Grundschema

A	Erwirtschaftetes Abschreibungsvolumen im Fünfjahrplanzeitraum
A_0	Abschreibungsvolumen auf Grund der bereits aktivierten Grundmittel
A_1	Abschreibungsvolumen der im Fünfjahrplanzeitraum zu aktivierenden Grundmittel
a	Anforderungen
ä	Äquivalent
a′	Abschreibungssatz
W^B	Bruttowert der Grundmittel
C	Kapazität
C′	Korrigierte Kapazitätsgröße auf Grund der Analyse der gesellschaftlichen Organisation der Produktion
E	Einheitsmatrix
e	Eigenerwirtschaftet
g	Geldausdruck
G	Gewinn
H_G	An den Staatshaushalt abzuführender Gewinn
K_G	Gewinnverwendung für Konsumtion
I_G	Gewinnverwendung für Investition
U_G	Gewinnverwendung für Umlaufmittel
I^N	Erweiterungsinvestition
I^E	Ersatzinvestition
$a_1 g$	Investitionsanforderungen im Geldausdruck
a_I	Materielle Investitionsanforderungen
$e_1 g$	Eigenerwirtschaftete Mittel für Investitionen im Geldausdruck
y	Abgabemenge – Endabgabe
X	Gesamterzeugung
K	Kredit
M	Aufwandsmatrix
m	Mindestabgabemenge einer Produktionsstufe
P	Preise
Q	Summe der Abweichungen
S	Selbstkosten

[**215** – 114ff.]

Investitionsintensität → Investitionseffekt

Investitionskosten zur Einsparung einer Arbeitskraft – notwendiger Investitionsaufwand, um eine Arbeitskraft durch den Einsatz neuer Technik und technischer Verfahren einzusparen:

$$I_A = \frac{I_n - I_a}{A_a - A_n} \qquad \text{[M/AK]}$$

I_n Investitionskosten der neuen Technik
I_a Investitionskosten beim bisherigen (alten) Verfahren
A_n Erforderliche Arbeitskräfte nach Einführung der neuen Technik
A_a Erforderliche Arbeitskräfte beim bisherigen (alten) Verfahren

Zulässige Höhe von I_A:

$$I_A = \frac{E_a}{\dfrac{1}{L} + k_n} \qquad \text{[M/AK]}$$

E_a Jährliche Kosteneinsparung je Arbeitskraft (Löhne u. a.)
L Ökonomische Lebensdauer der betreffenden Ausrüstungen (a)
k_n Normativkoeffizient des ökonomischen Nutzeffekts der zusätzlichen einmaligen Investitionen

[254 – 150ff.]

Investitionsmittel, optimale Ausnutzung der – Erzielung eines optimalen Verhältnisses zwischen der Kapazität neu zu investierender Anlagen und der dafür aufzuwendenden Investitionsmittel, mit dem Ziel, für eine höchstmögliche Kapazität die geringstmöglichen einmaligen Investitionskosten aufzuwenden und damit den Investitionsanteil je Erzeugnis so gering wie möglich zu halten.

Die Ausnutzung der einmaligen Investitionskosten beträgt:

$$\overline{A} = \frac{K \cdot B}{A}$$

K Gewählte Kapazität in Bezugseinheiten (ME)
B Spezifische (unerläßliche) einmalige Investitionskosten (oder Abschreibungen) je Einheit der Produktion (M/ME)
A Tatsächliche einmalige Investitionskosten (oder Abschreibungen) je Einheit der Produktion (M/ME)

Der *Wert der nicht genutzten Investmittel* beträgt:

$$Y' = A - KB \qquad \text{[M]}$$

A Gesamte Abschreibungen der maschinellen Ausrüstungen (M)
B Notwendige Abschreibungen je Bezugseinheit (Kapazitätseinheit) (M/ME)
K Gewählte Kapazität (ME)

$$Y' = \underbrace{\sum_{i=1}^{n} \frac{m_i P_i}{t_i}}_{A} - K \underbrace{\sum_{i=1}^{n} \frac{P_i}{K_{ij} t_i}}_{B} \qquad \text{[M/a]}$$

Diese Formel ist entstanden aus:

$$Y' = \sum_{i=1}^{n} \frac{m_i P_i}{t_i} \, 1 - \left(\frac{K}{m_i \cdot K_{1J}} \right) \qquad [\text{M/a}]$$

P_i   Preis eines bestimmten Typs der maschinellen Ausrüstung (M)

K_{1J} Jahreskapazität eines bestimmten Typs der maschinellen Ausrüstung (ME)

K   Gewählte Kapazität des Betriebes oder der Produktion (ME)

t_i   Lebensdauer eines bestimmten Typs der Ausrüstung (a)

m_i   Verhältnis K/K_{1J} für einen bestimmten Typ, bei den maschinellen Ausrüstungen immer aufgerundet auf die nächsthöhere ganze Zahl.

Welche Beziehungen zwischen Investitionskosten und Kapazität herrschen, zeigt nebenstehende Abbildung.

[254 – 229 ff.]

Verlust (Effekt) durch Bindung (Freisetzung) von Investitionsmitteln

$$U_b = I_b (i + k_e)^m - 1 \qquad [\text{M}]$$

I_b   Wert der brachliegenden Investitionsmittel (M)

k_e   Koeffizient des Nationaleinkommenszuwachses je Einheit der Produktionsgrundfonds in der betreffenden Periode

m   Dauer des Brachliegens der Investitionskosten (a)

[254 – 65]

Investitionsprozeß, Analyse des – auf die Rationalisierung des Investitionsprozesses gerichtete Erfassung und Auswertung der ihn beeinflussenden Faktoren, vor allem in der Phase der Durchführung des Prozesses, jeweils nach Fertigstellung von Baustufen (nutzungsfähigen Einheiten).

Nach Fertigstellung nutzungsfähiger Einheiten erfolgt die Analyse nach folgenden Gesichtspunkten:

a) Analyse der materiellen Erfüllung der Investition (projektierungsgerechte Bauausführung, Abweichungen wegen fehlerhafter Projektierungs- und Investitionsleistungsverträge, Abweichungen bei Liefer- und Leistungsterminen, Einhaltung des geplanten Inbetriebnahmetermins, Erreichung der technischen Parameter usw.);

b) Analyse der finanziellen Erfüllung der Investition (Einhaltung der bestätigten Bestellwerte, Einhaltung des geplanten Wertumfangs, zusätzlicher Aufwand für Konservierung und Korrosionsschutz usw.);

c) Analyse der Ergebnisse der Produktion (Möglichkeit der Einhaltung der geplanten Selbstkosten nach Inbetriebnahme des Teilobjektes, Gewinnzuwachs nach Inbetriebnahme der Baustufe usw.).

Die Analyse des Investitionsprozesses im Grundfondsbereich verdeutlicht die Abbildung auf S. 374.

[13 – 3]

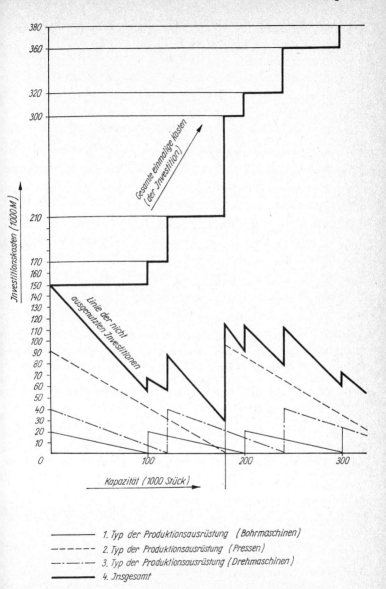

Graphische Darstellung der Beziehung zwischen Investitionskosten und Kapazität

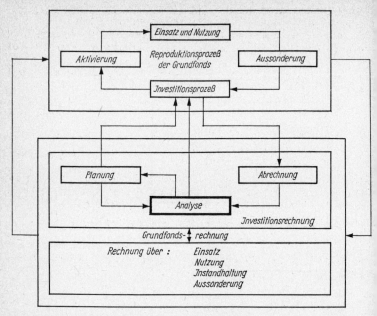

Die Analyse des Investitionsprozesses im Grundfondsbereich

Investitionsquote → Investitionseffekt

Investitionsrate – in Prozent oder als Koeffizient ausgedrücktes Verhältnis der im Maßstab der ganzen Volkswirtschaft aufgewandten Investitionen zum Bruttonationaleinkommen (Nationaleinkommen plus Amortisationen).

$$I_r = \frac{I}{N + A} \qquad \text{[Koeff.]}$$

$$I_r = \frac{I}{N + A} \cdot 100 \qquad \text{[\%]}$$

I Volkswirtschaftlicher Investitionsaufwand (M)
N Nationaleinkommen (M)
A Amortisationen (M)

[36 – 1005]

Investitionsrechnung, vereinfachte – vereinfachte Vorausberechnung von Aufwand und Ertrag beabsichtigter Teilinvestitionen zur Klärung ihrer Wirtschaftlichkeit. Vereinfachte Investitionsrechnungen sollen vor allem den Technologen anregen, die Wirksamkeit geplanter technologischer Veränderungen auch ökonomisch zu überprüfen.

Jede Investition bindet zunächst finanzielle Mittel. Folgende Beziehung muß gewährleistet sein:

$$\frac{1}{n} \cdot A \leq E_J$$

A   Anschaffungswert der Investition (M)
E_J Einsparung durch die Investition (M/a)
n   Nutzungsdauer der Investition (a)

Das heißt: Eine Investition ist grundsätzlich wirtschaftlich, wenn die Abschreibungen für den Investitionsbetrag gleich oder niedriger sind als die im gleichen Zeitraum durch die Investition erzielbaren Einsparungen.

Der maximale zulässige *Investitionsbetrag* ergibt sich somit wie folgt:

$$I = E_J \cdot n \qquad\qquad\qquad\qquad\qquad\qquad\qquad\qquad\qquad \text{[M]}$$

Der Regelfall für die Finanzierung einer Investition ist der Einsatz von Eigenmitteln und Investitionskrediten:

$$I = T_E + (T_K + Z) \qquad\qquad\qquad\qquad\qquad\qquad\qquad \text{[M]}$$

T_E Teilbetrag aus eigenwirtschaftlichen Mitteln (M)
T_k Teilbetrag aus Kreditmitteln (M)
Z   Zinsen für den Teilbetrag T_K

Die *jährliche Kredit-Rückzahlungsrate* beträgt:

$$R = \frac{T_K}{m} \qquad\qquad\qquad\qquad\qquad\qquad\qquad\qquad\qquad \text{[M/a]}$$

m   Laufzeit des Kredits (a)

Die *Zinsen für den Kreditbetrag* T_K betragen im Jahr i:

$$Z_i = [T_K - (i - 1)\,R] \cdot \frac{\alpha}{100} \qquad\qquad\qquad\qquad\qquad \text{[M]}$$

α   Zinssatz (%/a)

Die *Summe aller Zinsen* über die gesamte Laufzeit des Kredits ist somit:

$$Z = \frac{\alpha}{100} \sum_{i=1}^{m} [T_K - (i - 1)\,R] \qquad\qquad\qquad\qquad \text{[M]}$$

Mit $R = \dfrac{T_K}{m}$ in die Gleichung eingesetzt:

$$Z = T_K \cdot \frac{\alpha}{100} \sum_{i=1}^{m} \frac{1 + m - i}{m}$$

oder

$$Z = T_K \cdot \frac{\alpha}{200} (m + 1) \qquad \text{[M]}$$

Die *Grenzwertgleichung für Investitionen* lautet dann:

$$E_J \cdot n \geqq T_K + T_K \frac{\alpha}{200} (m + 1) + T_E$$

und der *maximale Kreditbetrag*:

$$T_{K_{max}} = \frac{E_J \cdot n - T_E}{1 + \dfrac{\alpha}{200} (m + 1)} \qquad (1) \qquad \text{[M]}$$

Die Rechenarbeit kann durch Ausarbeitung eines Nomogramms vermieden werden.

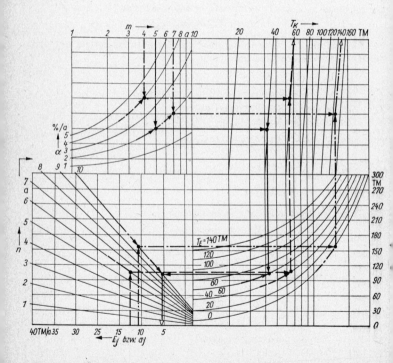

Grundnomogramm zur Investitionsrechnung nach Gleichungen (1) bzw. (6) (mit drei eingezeichneten Beispielen)

Um die Einsparungen E präziser zu bestimmen, sind je nach den einzelnen Investitionsarten spezielle Formeln anzuwenden (wenngleich der Charakter der einzelnen Investitionsarten nicht genau abgrenzbar ist).

a) *Rationalisierungsinvestitionen*

Da Rationalisierungsinvestitionen meist zur Einsparung von Fertigungszeit, ohne wesentliche Änderung anderer Kostenarten, durchgeführt werden, ist die Berechnung nachfolgend auf diesen Aspekt beschränkt.

Jährliche Einsparungen:

$$E_J = L \, \Delta T_J (1 + f_n) \tag{2}$$

L   Lohnsatz (M/h)
T_J Eingesparte Arbeitszeit (h/a)
f_n Faktor für lohngebundene Gemeinkosten

Gesamteinsparung:

$$E = E_J \cdot n$$

Zur Ermittlung der jährlichen Einsparung dient das nächste Nomogramm. In Verbindung mit Gleichung (1) erhält man:

$$T_{Kmax} = \frac{L \, \Delta T_J (1 + f_n) \, n - T_E}{1 + \dfrac{\alpha}{200}(m + 1)} \tag{3}$$

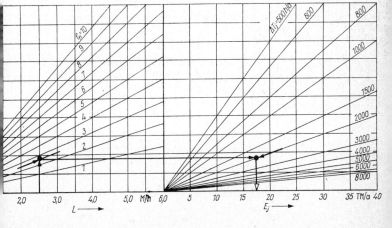

Teilnomogramm für Rationalisierungsinvestitionen nach Gleichung (2) (mit eingezeichnetem Beispiel)

b) *Erweiterungsinvestitionen*

Die *Grenzbedingung* lautet: Die Investitionssumme einschließlich der Kreditzinsen darf nicht größer sein als die in der erhöhten Produktion verrechenbaren Gewinn- und Abschreibungsanteile.

Die Anlagen der Neuinvestition müssen in n Jahren abgeschrieben werden, wobei sich die Abschreibungssumme aus dem Anteil von G und A der Produktionssteigerung ergibt.

Ausgangswerte:

$$\text{Produktionssteigerung:} \ \Delta U = U_N - U_A \qquad [M/a]$$

$$\text{Abschreibungsquote:} \quad q_a = \frac{a}{U_A} \qquad [M/a]$$

$$\text{Gewinnquote:} \quad q_g = \frac{g}{U_A} \qquad [M/a]$$

U_A Alte Produktion (M/a)
U_N Neue Produktion (M/a)
g   Gewinn bei bisheriger Produktion (M/a)
a   Abschreibungssumme bei bisheriger Produktion (M/a)
n   Nutzungsdauer der neuen Anlage (a)

Maximale jährliche Abschreibungssumme:

$$a_J = \Delta U(q_g + q_a) = \Delta U \frac{a + g}{U_A} \qquad (4)$$

Nach dieser Gleichung ist das dritte Nomogramm aufgebaut.

Maximale Abschreibungssumme während der gesamten Nutzungszeit:

$$A = \Delta U(q_g + q_a) \cdot n$$

Bedingung für Investitionsbetrag einschließlich Kreditzinsen:

$$T_E + (T_K + Z) \leqq \Delta U(q_g + q_a) \cdot n$$

Grenzwertgleichung für den Kredit:

$$T_K = \frac{U(q_g + q_a)\, n - T_E}{1 + \dfrac{\alpha}{200}(m + 1)} \qquad (5)$$

bzw.

$$T_K = \frac{a_J \cdot n - T_E}{1 + \dfrac{\alpha}{200}(m + 1)} \qquad (6)$$

Hierfür ist das erste Nomogramm anwendbar, da die Gleichungen (1) und (6) im Aufbau identisch sind.

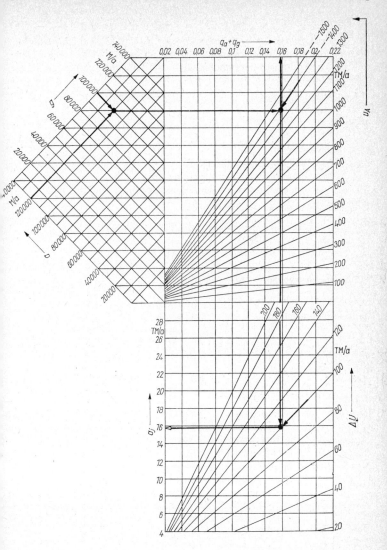

Teilnomogramm für Erweiterungsinvestitionen nach Gleichung (4) (mit eingezeichnetem Beispiel)

c) *Ersatzinvestitionen*

Die *Grenzwertbedingung* lautet: Eine Ersatzinvestition ist dann gerechtfertigt, wenn die Betriebs- und Instandhaltungskosten für das alte Betriebsmittel höher werden als die Betriebs-, Instandhaltungs- und Abschreibungskosten für ein neues Betriebsmittel.

Mathematisch ausgedrückt:

$$(K_b + K_i)_{alt} \geqq A \cdot \frac{1}{n} + (K_b + K_i)_{neu}$$

K_b Betriebskosten (M/a)
K_i Instandhaltungskosten (M/a)
A   Anschaffungswert des neuen Betriebsmittels (M)
n   Nutzungsdauer des neuen Betriebsmittels (a)

Maximale Höhe der Ersatzinvestitionen:

$$A = [(K_b + K_i)_{alt} - (K_b + K_i)_{neu}] \cdot n \tag{7}$$

[165 – 594 ff.]

Investitionsvervielfacher → Investitionseffekt

Irrtumswahrscheinlichkeit → Test, statistischer

K

Kaderfluß – Veränderung des Kaderbestandes im Rahmen der Reproduktion der Kader in den einzelnen Leitungsbereichen. Der Kaderfluß ergibt sich zwangsläufig aus zwei miteinander verbundenen Hauptursachen: 1. Veränderungen der sozialen und psychologischen (biologischen) Voraussetzungen für die Ausübung der bisherigen Funktion (Leistungsanstieg, berufliches Aufstiegsstreben, Leistungsminderung usw.); 2. Veränderung des Kaderbedarfs und der Arbeitsanforderungen (Verringerung des Verwaltungsapparates durch Rationalisierungsmaßnahmen, Einführung der elektronischen Datenverarbeitung usw.). Eine schematische Darstellung der herrschenden Beziehungen zeigt nebenstehende Abbildung.

[148 – 213 ff.]

Kalkulation – Teil der Kostenrechnung, in dem die Kosten auf eine Leistung oder ein Erzeugnis bezogen werden. Man unterscheidet Kalkulationsarten, Kalkulationsformen und Kalkulationsverfahren. Das allgemein verbindliche

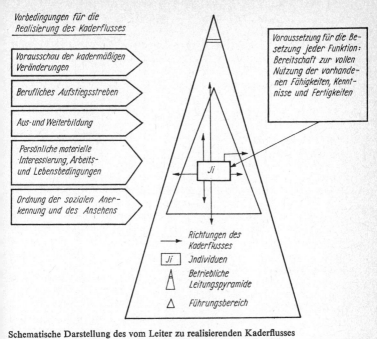

Schematische Darstellung des vom Leiter zu realisierenden Kaderflusses

---

Kalkulationsschema (Grundschema) für die Ermittlung der Gesamtselbstkosten lautet:

    Technologische Einzelkosten
+ Technologische Gemeinkosten

= Technologische Kosten
+ Beschaffungskosten
+ Abteilungsleitungskosten

= Abteilungskosten
+ Betriebsleitungskosten

= Produktionsselbstkosten
+ Absatzkosten

= Gesamtselbstkosten der planbaren Kostenarten
+ Nicht planbare Kostenarten

= Gesamtselbstkosten

[36 – 1021; 327 – 509; 27 – 137]

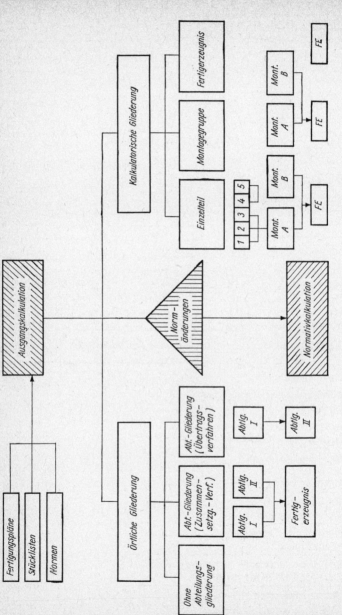

[196 – 183; 37 – 272]

Gesichtspunkte für den Aufbau und die Unterteilung der Ausgangs- und Normativkalkulation

Zunehmende Bedeutung erlangt die auf der Normativkostenrechnung be-
ruhende *Normativkalkulation* (siehe nebenstehende Abbildung).

Kanten → Quantifizierung von Qualitäten

Kapazität → Produktionskapazität

Kapazitätsauslastung → Maschinenzeitfonds, nutzbarer

Kapazitätsausnutzung → Produktionskapazität

Kapazitätsreserve → Produktionskapazität

Kehrmatrix → Matrix

Kennzahlenmodelle für die Bewertung von Plänen – Modelle, die den grundlegenden Zusammenhang zwischen den Kennzahlen für die Bewertung von
betrieblichen Plänen darstellen. Insbesondere wird der rechnerische Zusammenhang der Ergebnis- und Aufwandskennzahlen sowie der Effektivitäts-
kennzahlen gezeigt. Die entsprechenden Beziehungen verdeutlichen die Abbildungen auf den Seiten 384 bis 387.

Kennziffern der Leitungstätigkeit leitender Mitarbeiter → Leitungstätigkeit
leitender Mitarbeiter, Kennziffern der

Kennziffern der Maschinenzeitfondsausnutzung → Maschinenzeitfondsausnutzung, Kennziffern der

Kennziffern der Massenartigkeit → Fertigungsanalyse, intervariationale

Kennziffernsystem des Gesundheits- und Arbeitsschutzes → Gesundheits- und
Arbeitsschutz, Kennziffernsystem des

Kettenaustauschverfahren → Potentialmethode

Kettenindex → Index

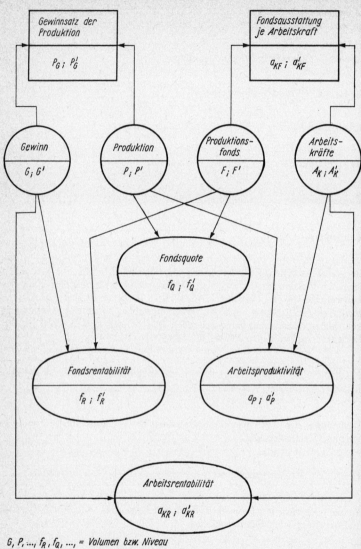

$G, P, ..., f_R, f_Q, ..., =$ Volumen bzw. Niveau
$G', P', ..., f_R', f_Q', ..., =$ Entwicklungsrate

Grundmodell des Kennzahlensystems

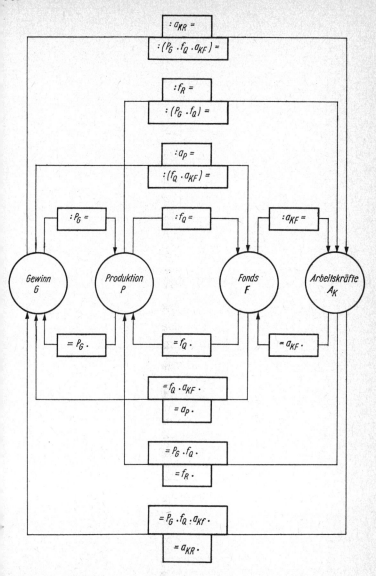

Rechnerischer Zusammenhang der Ergebnis- und Aufwandkennzahlen (Punkt ≙ Multiplikationszeichen, Doppelpunkt ≙ Divisionszeichen)

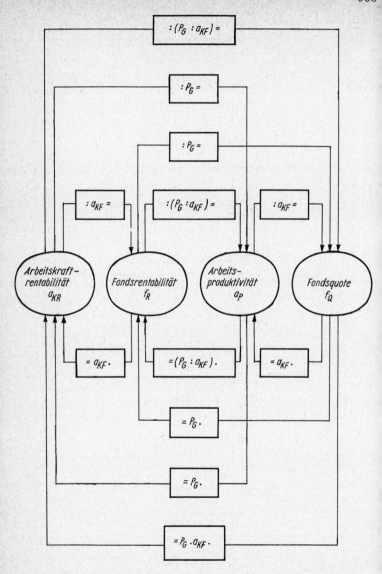

Rechnerischer Zusammenhang der Effektivitätskennzahlen (Punkt ≙ Multiplikationszeichen, Doppelpunkt ≙ Divisionszeichen)

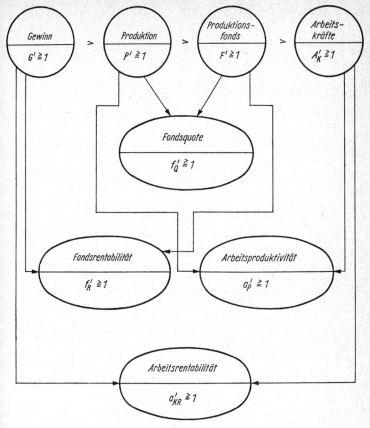

Darstellung des Zusammenhangs der wichtigsten Ergebnis-, Aufwands- und Effektivitäts-kennzahlen

[279 – 5 ff.]

Knotenpunkt → Quantifizierung von Qualitäten

Knotenpunktbewertung → Materialflußprozesse

Koeffizient der Abgänge und Zugänge an Arbeitskräften → Arbeitskräfte, Koeffizient der Abgänge und Zugänge an

Koeffizient der Bestandsabnahme → Bestandsabnahme, Koeffizient der

Koeffizient der durchschnittlichen Qualifikation → Qualifikation, Koeffizient der durchschnittlichen

Koeffizient der Grundfondsintensität, komplexer normativer → Produktionsfondseffektivität

Koeffizient der innerzyklischen Parallelität → Parallelität, innerzyklische

Koeffizient der Kapazitätsausnutzung → Produktionskapazität

Koeffizient der Konzentration → Konzentrationskoeffizient

Koeffizient der Materialausnutzung → Materialausnutzung

Koeffizient der mittleren Maschinenbelastung → Maschinenbelastung, Koeffizient der mittleren

Koeffizient der Qualität → Erzeugnisqualität

Koeffizient der Rangkorrelation → Korrelationskoeffizient

Koeffizient der sonstigen Abgänge → Fluktuationskoeffizient

Koeffizient der Synchronisation der Arbeitsgangzeiten → Synchronisation der Arbeitsgänge

Koeffizient der technischen Einsatzbereitschaft der Fahrzeuge → Fahrzeugeinsatzbereitschaft, Koeffizient der technischen

Koeffizient des durchschnittlich angewandten Schichtsystems → Schichtkoeffizient

Koeffizient des Kostenzuwachses → Kostenzuwachskoeffizient

Koeffizient des Nutzeffekts der Erzeugnisqualität → Erzeugnisqualität

Koeffizient des Nutzeffekts der Forschung und Entwicklung → Forschung und Entwicklung

Koeffizient des Nutzeffekts der Spezialisierung und Konzentration → Nutzeffekt, ökonomischer

Koeffizient des Nutzeffekts von Investitionen → Nutzeffekt, ökonomischer

Koeffizient des relativen Nutzeffekts von Investitionen → Nutzeffekt, ökonomischer

Koeffizient des relativen ökonomischen Nutzeffekts beim Vergleich zweier Varianten → Nutzeffekt, ökonomischer

Koeffizient des spezifischen direkten Aufwands → Aufwand, spezifischer

Koeffizient des technischen Niveaus von Erzeugnisgruppen → Erzeugnisgruppen, technisches Niveau der

Koeffizienten und Kennziffern des Materialeinsatzes → Materialeinsatz, spezifischer

Koeffizienten zur Beurteilung neuer Konstruktionen → Konstruktionen, Beurteilung neuer

Kombinat, *Industriekombinat* – Organisationsform des Vergesellschaftungsprozesses, die darauf gerichtet ist, die Reproduktionsphasen Forschung und Entwicklung, Vorbereitung der Produktion, Durchführung der Produktion (einschließlich der wichtigsten Zulieferungen) bis hin zum Absatz und zur Marktforschung so zu konzentrieren und einheitlich zu leiten, daß hohe Leistungen erreicht und dauerhaft gesichert werden. Dem Kombinat können staatliche oder wirtschaftsleitende Funktionen im Industriezweig übertragen werden. Die höhere Rationalität und Effektivität des Reproduktionsprozesses wird im Kombinat mit der ökonomischen Entwicklung und der Eigenverantwortung seiner Betriebe verbunden. Kombinate sind Zentren der Forschung.

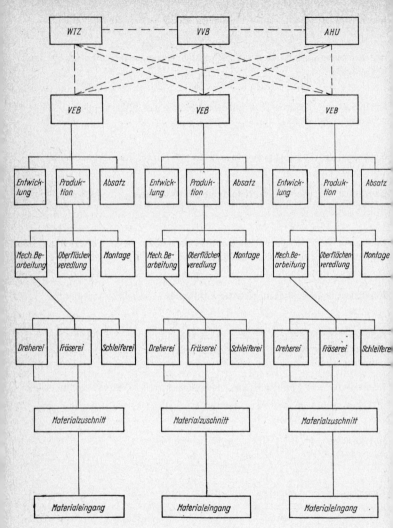

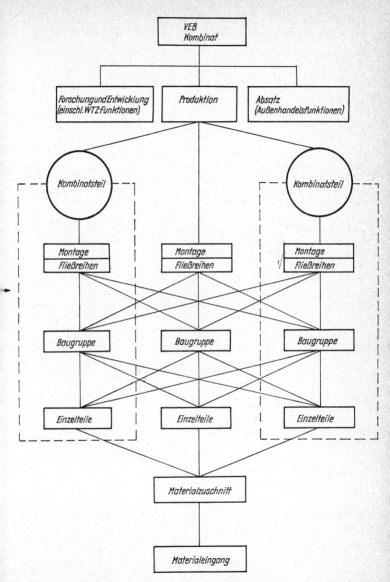

änderung der Arbeitsteilung und Kooperation im Kombinat gegenüber dem
kömmlichen Stand [335 – 1]

Zur Vorbereitung der Entscheidung über die Kombinatsbildung ist eine → Problemanalyse durchzuführen.

[**36** – 1079f.]

Objektive Prozesse und wirtschafts- bzw. leitungsorganisatorische Probleme der Gestaltung wirtschaftender Einheiten (bes. von Kombinaten)

Objektive Prozesse		Organisatorische Probleme der Gestaltung wirtschaftender Einheiten
Erhöhte Eigenverantwortung und Entwicklung sozialistischer Geschäftstätigkeit wirtschaftender Einheiten auf der Grundlage der zentralen staatlichen Leitung und Planung sowie der Eigenerwirtschaftung und der zunehmenden Konfrontation mit dem Weltmarkt	– komplexe Verantwortung für *alle* Phasen des Reproduktionsprozesses – Notwendigkeit schnellen Reagierens auf Entwicklungstendenzen von Wissenschaft und Technik sowie Bedarf und Markt – Notwendigkeit erhöhter Reproduktionskraft zur Anwendung von Wissenschaft und Technik zur Rationalisierung und permanenten Selbstkostensenkung	Schaffung organisatorischer Bedingungen hoher Reaktionsfähigkeit und -geschwindigkeit: – Organisation des Reproduktions- und Leitungssystems unter dem Aspekt der Beherrschung (Koordinierung) *aller* Phasen des Reproduktionsprozesses und ihrer Leitung – Organisation der Problemforschung – Organisation der Markt- und Bedarfsforschung – Organisation des Informationssystems – Organisation der Prognosearbeit und der Planung – komplexe Absatzorganisation (Zuordnungsprobleme der Absatz- bzw. Außenhandelsfunktionen zu wirtschaftenden Einheiten)
Wachsende Komplexität von Erzeugnissen	– Tendenz zu komplexen Problemlösungen	– Generalauftragnehmerschaft – Organisation der Anwendungsforschung (Applikation) – Organisation des Absatzes unter dem besonderen Aspekt . des Anbietens komplexer Problemlösungen (Erzeugnisse plus Verfahren und Organisation der Anwendung) . der Komplettierungsfunktionen . des komplexen Kundendienstes usw.

Objektive Prozesse		Organisatorische Probleme der Gestaltung wirtschaftender Einheiten
Prozesse der Integration der Wissenschaft in den Reproduktionsprozeß sowie der Rationalisierung der Produktion	– zunehmende Vergesellschaftung der geistigen Vorbereitung der Produktion	– Organisation der Konzentration und Kooperation in Forschung und Entwicklung
	– wachsender Forschungs- und Entwicklungsaufwand für neue Erzeugnisse und Verfahren	– Organisation der Kooperation mit der Grundlagenforschung und Wissenschaftskoordinierung
	– wachsender Informationsaufwand	– Informationsorganisation (Information und Dokumentation)
	– wachsender Maßstab der Produktion als Bedingung ökonomischer Anwendung wissenschaftlicher Erkenntnisse im Reproduktionsprozeß	– Organisation optimaler Serien, Technologien
Prozesse der Vergesellschaftung der Produktion, insbesondere der Konzentration und Zentralisierung	– Vertiefung der gesellschaftlichen Arbeitsteilung, Kooperation und Konzentration	– organisatorische Probleme der Kooperation zwischen wirtschaftenden Einheiten
	– Tendenz zur Entstehung neuer Produktionszweige und Produktionssysteme	– Organisation der Zentralisierung von Funktionen (Einkauf, Verkauf usw.) und Reproduktionsphasen (zentrale Fertigung für Einzelteile, Baugruppen, Einzelmaschinen, Zentralisierung der Instandhaltung, des Materialzuschnitts usw.)
		– organisatorische Bewältigung des Konzentrationsprozesses durch Kombination
		– Organisation der Spezialisierung (z. B. auf Finalerzeugnisse, Baugruppen, Einzelteile und technologische Verfahren)

Objektive Prozesse		Organisatorische Probleme der Gestaltung wirtschaftender Einheiten
Prozesse zunehmender Kompliziertheit und Komplexität im Leitungsprozeß sowie der Integration moderner technischer und organisatorischer Mittel in den Leitungsprozeß	– Druck auf Objektivierung der Entscheidungsprozesse – zunehmende Arbeitsteilung im Leitungsprozeß bei wachsender Komplexität der Leitungsprozesse	– organisatorische Beherrschung des wachsenden Koordinierungsinhaltes und -aufwandes – Organisation der Arbeitsteilung und Kooperation im Leitungsprozeß unter der Bedingung zunehmender strategischer Funktionen in den wirtschaftenden Einheiten
	– zunehmende Notwendigkeit weitgehender Voraussicht künftiger Entwicklungen – revolutionäre Veränderungen in der technischen Basis des Leitungsprozesses und der Anwendung moderner Methoden	– Organisation der Anwendung moderner Methoden und moderner Technik der Informationsverarbeitung im Leitungsprozeß (Kybernetik, Operationsforschung, EDV)

[33 – 431 f.; **126** – 15]

Komplexe Produktivität → Arbeitsproduktivität

Komplexitätskennziffer des Arbeitsganges → Fertigungsanalyse, intervariationale

Konfidenzintervall → Stichprobe

Konfidenzniveau → Stichprobe

Konstanten, oft vorkommende → Anhang S. 1076

Konstruktionen, Beurteilung neuer – Analyse und Einschätzung der Qualität und Rationalität neuer Konstruktionen nach ökonomischen und technischen Merkmalen mit Hilfe entsprechender Kennziffern, wie zum Beispiel:

Koeffizient der Verwendung bereits in anderen Konstruktionen vorhandener Einzelteile – V

$$V = \frac{A}{N}$$

A   Anzahl der übernommenen Einzelteile
N   Gesamtzahl der Einzelteile der neuen Konstruktion

Koeffizient der Verwendung bereits vorhandener Zeichenteile – V_z

$$V_z = \frac{A_z}{N_z}$$

A_z Anzahl der übernommenen Zeichenteile
N_z Gesamtzahl der Zeichenteile der neuen Konstruktion

Koeffizient der Wiederholung von Zeichenteilen – V_w

$$V_w = \frac{W}{N_z}$$

W   Anzahl der Wiederholungen innerhalb des Erzeugnisses
N_z Gesamtzahl der Zeichenteile der neuen Konstruktion

Koeffizient der Normteilverwendung – V_N

$$V_N = \frac{M}{N}$$

M   Anzahl der Normteile in der neuen Konstruktion
N   Gesamtzahl der Einzelteile der neuen Konstruktion

Koeffizient der Wiederholung der Normteile – V_{NW}

$$V_{NW} = \frac{M}{Q}$$

M   Anzahl der Normteile in der neuen Konstruktion
Q   Anzahl der Typen und Typengrößen der verwendeten Normteile

Koeffizient der Oberflächengüte – O

$$O = \frac{\sum\limits_{i=1}^{n} G_i P_i}{\sum\limits_{i=1}^{n} P_i}$$

G_i Nummer der Güteklasse (z. B. $\nabla = 1$, $\nabla\nabla = 2$, usw.)
P_i Anzahl der Teile in den Güteklassen

Koeffizient der Toleranzqualität – T

$$T = \frac{\sum\limits_{i=1}^{n} Tol_i \cdot P_i}{\sum\limits_{i=1}^{n} P_i}$$

Tol_i Nummer der Toleranzqualität
P_i Anzahl der Teile in der betreffenden Toleranzqualität

Koeffizient der Paßarbeiten – P

$$P = \frac{Z_P}{Z_g}$$

Z_P Zeitaufwand für Paßarbeiten
Z_g Gesamter Zeitaufwand für den Zusammenbau

Koeffizient der Lohngruppe (*Bearbeitungsschwierigkeit*) – L_m

$$L_m = \frac{\sum\limits_{i=1}^{n} L_i(t_S + t_A)_i}{\sum\limits_{i=1}^{n}(t_S + t_A)_i}$$

L_i Lohngruppe (i = 1, 2 usw.)
$(t_S + t_A)_i$ Stückzeiten + Vorbereitungs- und Abschlußzeiten in der betreffenden Lohngruppe

Koeffizient der Mechanisierung bei Herstellung des konstruierten Erzeugnisses – M_m

$$M_m = \frac{T_m}{T_g}$$

T_m Fertigungszeit für mechanisierte Arbeitsgänge
T_g Gesamtfertigungszeit für alle Arbeitsgänge

Koeffizient der Automatisierung bei Herstellung des konstruierten Erzeugnisses – M_a

$$M_a = \frac{T_a}{T_m}$$

T_a Fertigungszeit für automatisierte Arbeitsgänge
T_m Fertigungszeit für mechanisierte Arbeitsgänge

Koeffizient der Einsatzmasse – K_m

$$K_m = \frac{m_{e1}}{m_{e2}}$$

m_{e1} Einsatzmasse der zu beurteilenden Konstruktion
m_{e2} Einsatzmasse des zum Vergleich herangezogenen Erzeugnisses

Koeffizient des Zerspanungsanteils – K_Z

$$K_Z = \frac{m_B - m_N}{m_B}$$

m_B Bruttomasse (Einsatzmasse)
m_N Nettomasse (Fertigmasse)

Koeffizient der eingesetzten Materialsorten – K_M

$$K_M = \frac{M_A}{N}$$

M_A Anzahl der eingesetzten Materialsorten
N Gesamtzahl der Einzelteile der neuen Konstruktion

Koeffizient der eingesetzten Materialprofile – K_P

$$K_P = \frac{M_P}{N}$$

M_P Anzahl der eingesetzten Materialprofile
N Gesamtzahl der Einzelteile der neuen Konstruktion

Wirtschaftlichkeit der neuen Konstruktion

$$K_A < (S_a - S_n) \cdot P \cdot Z_N \qquad \text{[M]}$$

K_A Anschaffungskosten der neuen Konstruktion (M)
S_a Selbstkosten je produzierte Einheit auf der vergleichbaren bisherigen Konstruktion (M)
S_n Selbstkosten je produzierte Einheit auf der neuen Konstruktion (M)
P Vorgesehene Anzahl der jährlich auf der neuen Konstruktion zu produzierenden Einheiten (Stück)
Z_N Voraussichtliche Nutzungsdauer der neuen Konstruktion (Jahre)

Jährliche Einsparung – E:

$$E = P(S_a - S_n) \qquad \text{[M]}$$

Rückflußdauer – R:

$$R = \frac{K_A}{E}$$

Wirtschaftlichkeit liegt vor, wenn

$$R < Z_N$$

Um die Anschaffungskosten reduzierte Einsparung während der Nutzungszeit – E_{Z_N}

$$E_{Z_N} = \frac{(Z_N - R)}{E}$$

[**9** – 351 bis 359; **35** – 351 ff.]

Konstruktionsaufwand-Richtwert für Fertigungsmittel – Rechengröße zur Vorausbestimmung des für die Konstruktion von Fertigungsmitteln erforderlichen Arbeitszeitaufwandes als Grundlage für die Termin- und Belastungsplanung in der Fertigungsmittelkonstruktion.

$$r_K = \frac{\sum\limits_{i=1}^{n} h_{Gi} + h_{Ki} + h_{Zi}}{n} \qquad [h]$$

h_G Arbeitszeitaufwand des Gruppenleiters
h_K Arbeitszeitaufwand des Konstrukteurs
h_Z Arbeitszeitaufwand des Zeichners
n Anzahl der Vorrichtungen, die je Vorrichtungsart i, bezogen auf die Klassifizierungsmerkmale der Werkstücke, erfaßt werden

[298 – 748 ff.]

Konstruktionskennzahlen → Konstruktionen, Beurteilung neuer

Konstruktionsqualität → Qualität, optimale

Kontingentkoeffizient – Kennziffer zur Messung des Grades eines Zusammenhangs zwischen begrifflich ausdrückbaren Erscheinungen.

1. Nach Pearson:

$$k = \frac{\chi^2}{N + \chi^2}$$

2. Nach Tschuprow:

$$k = \frac{\chi^2}{N\sqrt{(s-1)(t-1)}}$$

N Anzahl der Fälle
s, t Anzahl der möglichen Variationen der beiden Erscheinungen
χ^2 Chi-Quadrat (→ Chiquadrat-Test)

[36 – 1117]

Kontinuitätsgrad der Fertigung → Fertigung, Kontinuitätsgrad der

Kontrolle von Prüflosen → Qualitätskontrolle

Kontrollgrenzen → Kontrollkarten

Kontrollkarten – Instrument der vorbeugenden statistischen Qualitätskontrolle über die Entwicklung des Produktionsprozesses in Form graphischer Darstellung der Prüfergebnisse. Die eingetragenen Prüfergebnisse können einzelne Meßwerte, Mittelwerte von Stichproben oder andere Kenngrößen sein. Bei allen Messungen ist unbedingt das Prinzip der Zufälligkeit zu wahren. (Mit Ausnahme automatischer Fertigung, hier wird das letzte Stück geprüft.) Der Sinn der Kontrollkarten liegt darin, daß auf Grund einer längeren Reihe von Prüfwerten Kontrollgrenzen berechnet werden können, die es gestatten, von zufälligen Schwankungen der Prüfergebnisse zu sprechen, wenn diese innerhalb der Kontrollgrenzen liegen, und auf eine Störung des Produktionsprozesses zu schließen, wenn mehr Prüfergebnisse als erwartet außerhalb der Kontrollgrenzen liegen. Es sollten etwa 80 bis 100 Prüfergebnisse eingetragen sein, bevor man die Grenzen berechnet. Die verschiedensten Kontrollkarten sind als Vordrucke erhältlich.

Die Bereichsgrenzen $K_u = \mu - 3\sigma$ und $K_0 = \mu + 3\sigma$ werden als untere und obere Kontrollgrenzen und die Grenzen $W_u = \mu - 2\sigma$ und $W_0 = \mu + 2\sigma$ als untere und obere Warngrenzen bezeichnet. Wenn letztere als Kontrollgrenzen verwendet werden, ist in den untenstehenden Formeln für die Kontrollgrenzen der Faktor 3 durch den Faktor 2 zu ersetzen. Die Parameter μ und σ sind im allgemeinen unbekannt und müssen durch den Mittelwert $\bar{x}$ und die Standardabweichung der Prüfergebnisse geschätzt werden.

Es gibt Kontrollkarten für messende Prüfung und Kontrollkarten für nichtmessende Prüfung.

Beispiele zu Kontrollkarten für messende Prüfung

a) *Einzelwertkarte (x-Karte)*

n	Anzahl der Meßwerte
$x_1, x_2, ..., x_n$	Einzelne Meßwerte
$\bar{x}$	Mittelwert
s	Standardabweichung

Mittellinie: $\bar{x} = \dfrac{1}{n}(x_1 + x_2 + \cdots + x_n)$

Kontrollgrenzen: $K_u = \bar{x} - 3s \quad K_0 = \bar{x} + 3s$

(Zur Berechnung von s → Standardabweichung)

b) *Mittelwertkarte (x-Karte)*:

m	Anzahl der Mittelwerte
$x_1, x_2, ..., x_m$	Einzelne Mittelwerte
$\bar{\bar{x}}$	Mittelwert aller Mittelwerte

Mittellinie: $\bar{\bar{x}} = \dfrac{1}{m}(\bar{x}_1 + \bar{x}_2 + \cdots + \bar{x}_m)$

Kontrollgrenzen:

$K_u = \overline{\overline{x}} - 3\sigma_{\overline{x}}$	$K_0 = {}^= + 3\sigma_{\overline{x}}$	wenn die Standardabweichung der Mittelwerte $\sigma_{\overline{x}}$ bekannt ist
$K_u = \overline{\overline{x}} - 3\dfrac{\sigma}{\sqrt{n}}$ $ = \overline{\overline{x}} - A_3\sigma$	$K_0 = {}^= + 3\dfrac{\sigma}{\sqrt{n}}$ $ = \overline{\overline{x}} + A_3\sigma$	wenn die Standardabweichung der Einzelwerte σ bekannt ist
$K_u = \overline{\overline{x}} - 3\dfrac{\overline{s}}{c_2\sqrt{n}}$ $ = \overline{\overline{x}} - A_{1-3} \cdot \overline{s}$	$K_0 = {}^= + 3\dfrac{\overline{s}}{c_2\sqrt{n}}$ $ = {}^= + A_{1-3} \cdot \overline{s}$	wenn σ durch den Mittelwert der einzelnen Stichprobenstandardabweichungen $s_1, s_2, ..., s_m$ geschätzt werden muß
$K_u = \overline{\overline{x}} - 3\dfrac{\overline{R}}{d_2\sqrt{n}}$ $ = \overline{\overline{x}} - A_{2-3} \cdot \overline{R}$	$K_0 = \overline{\overline{x}} + 3\dfrac{\overline{R}}{d_2\sqrt{n}}$ $ = \overline{\overline{x}} + A_{2-3} \cdot \overline{R}$	wenn σ durch den Mittelwert der einzelnen Stichprobenspannweiten $R_1, R_2, ..., R_m$ geschätzt werden muß (siehe Spannweitenkarte)

Werte zu c_2; d_2; A_3; A_{1-3}; A_{2-3} in der Tabelle

c) *Mediankarte ($\tilde{x}$-Karte)*

$\tilde{x}_1, \tilde{x}_2, ..., \tilde{x}_m$ Einzelne Medianwerte

m $\qquad\qquad$ Anzahl der Medianwerte

$\overline{\tilde{x}}$ $\qquad\qquad$ Mittelwert der Medianwerte

Mittellinie: $\overline{\tilde{x}} = \dfrac{1}{m}(\tilde{x}_1 + \tilde{x}_2 + \cdots + \tilde{x}_m)$

Kontrollgrenzen:

$K_u = \overline{\tilde{x}} - 3\sigma_{\tilde{x}}$	$K_0 = \overline{\tilde{x}} + 3\sigma_{\tilde{x}}$	wenn die Standardabweichung der Medianwerte $\sigma_{\tilde{x}}$ bekannt ist
$K_u = \overline{\tilde{x}} - 3\sqrt{\dfrac{\pi}{2n}}\,\sigma$	$K_0 = \overline{\tilde{x}} + 3\sqrt{\dfrac{\pi}{2n}}\,\sigma$	wenn die Standardabweichung der Einzelwerte σ bekannt ist
$K_u = \overline{\tilde{x}} - \dfrac{3 \cdot 1{,}25 \cdot \overline{R}}{d_2\sqrt{n}}$ $ = \overline{\tilde{x}} - 1{,}25 A_{2-3}\overline{R}$	$K_0 = \overline{\tilde{x}} + \dfrac{3 \cdot 1{,}25 \cdot \overline{R}}{d_2\sqrt{n}}$ $ = \overline{\tilde{x}} + 1{,}25 A_{2-3}\overline{R}$	wenn σ durch den Mittelwert R der einzelnen Stichprobenspannweiten $R_1, R_2, ..., R_m$ geschätzt wird

In manchen Fällen genügt auch die Bestimmung des Medians aller Medianwerte ($\overline{\tilde{x}}$) an Stelle von $\overline{\overline{x}}$.

Faktoren zur Bestimmung der Kontrollgrenzen für Stichprobenumfänge bis 25 Stück

n	b_2	c_2	d_2	A_3	A_{1-3}	A_{2-3}	B_{1-3}	B_{2-3}	B_{3-3}	B_{4-3}	D_{1-3}	D_{2-3}	D_{3-3}	D_{4-3}
2	0,853	0,564	1,128	2,121	3,759	1,880	0	1,843	0	3,267	0	3,686	0	3,268
3	0,888	0,724	1,693	1,732	2,394	1,023	0	1,858	0	2,568	0	4,358	0	2,574
4	0,880	0,798	2,059	1,500	1,880	0,729	0	1,808	0	2,266	0	4,698	0	2,282
5	0,864	0,841	2,326	1,342	1,596	0,577	0	1,756	0	2,089	0	4,918	0	2,114
6	0,848	0,869	2,534	1,225	1,410	0,483	0,026	1,711	0,030	1,970		5,078		2,004
7	0,833	0,888	2,704	1,134	1,277	0,419	0,105	1,672	0,118	1,882	0,205	5,203	0,076	1,924
8	0,820	0,903	2,847	1,061	1,175	0,373	0,167	1,638	0,185	1,815	0,387	5,307	0,136	1,864
9	0,808	0,914	2,970	1,000	1,094	0,337	0,219	1,609	0,239	1,761	0,546	5,394	0,184	1,816
10	0,797	0,923	3,078	0,949	1,028	0,308	0,262	1,584	0,284	1,716	0,687	5,469	0,223	1,777
11	0,787	0,930	3,173	0,905	0,973	0,285	0,299	1,561	0,321	1,679	0,812	5,534	0,256	1,744
12	0,778	0,936	3,258	0,866	0,925	0,266	0,331	1,541	0,354	1,646	0,925	5,593	0,284	1,717
13	0,770	0,941	3,336	0,832	0,884	0,249	0,359	1,523	0,382	1,618	1,026	5,646	0,308	1,692
14	0,762	0,945	3,407	0,802	0,848	0,235	0,384	1,507	0,406	1,594	1,121	5,693	0,329	1,671
15	0,755	0,949	3,472	0,775	0,817	0,223	0,406	1,492	0,428	1,572	1,207	5,737	0,348	1,652
16	0,749	0,952	3,532	0,750	0,788	0,212	0,427	1,478	0,448	1,552	1,285	5,779	0,364	1,636
17	0,743	0,955	3,588	0,728	0,762	0,203	0,445	1,465	0,466	1,534	1,359	5,817	0,379	1,621
18	0,738	0,958	3,640	0,707	0,738	0,194	0,461	1,454	0,487	1,518	1,426	5,854	0,392	1,608
19	0,733	0,960	3,689	0,688	0,717	0,187	0,477	1,443	0,497	1,503	1,490	5,888	0,404	1,596
20	0,729	0,962	3,735	0,671	0,698	0,180	0,491	1,433	0,519	1,490	1,548	5,922	0,414	1,586
21	0,724	0,964	3,778	0,655	0,679	0,173	0,504	1,424	0,523	1,477	1,606	5,950	0,425	1,575
22	0,720	0,966	3,819	0,640	0,662	0,167	0,516	1,415	0,534	1,466	1,659	5,979	0,434	1,566
23	0,716	0,967	3,858	0,626	0,647	0,162	0,527	1,407	0,545	1,455	1,710	6,006	0,443	1,557
24	0,712	0,968	3,895	0,612	0,632	0,157	0,538	1,399	0,555	1,445	1,759	6,031	0,452	1,548
25	0,709	0,970	3,931	0,600	0,619	0,153	0,548	1,392	0,565	1,435	1,804	6,058	0,459	1,541

Entnommen aus: ASTM Manual on Quality Control of Materials. American Society for Testing materials. Philadelphia 1951, S. 115.

d) *Urwertkarte*

Hier werden zur Auswertung die für die Mediankarte angegebenen Größen verwendet.

Mittellinie: $\bar{\bar{x}} = \dfrac{1}{m}(\tilde{x}_1 + \tilde{x}_2 + \cdots + \tilde{x}_m)$

Kontrollgrenzen:

$K_u = \bar{\tilde{x}} - 1{,}25 A_{2-3}\overline{R}$	$K_0 = \bar{\tilde{x}} + 1{,}25 A_{2-3}\overline{R}$

e) *Kontrollkarte für Standardabweichungen (s-Karte)*:

$s_1, s_2, ..., s_m$ Stichprobenstandardabweichungen

$\bar{s}$ Mittlere Stichprobenstandardabweichung

m Anzahl der Stichprobenstandardabweichungen

Mittellinie: $\bar{s} = \dfrac{1}{m}(s_1 + s_2 + \cdots + s_m)$

Kontrollgrenzen:

$K_u = \bar{s} - 3\sigma_s$	$K_0 = \bar{s} + 3\sigma_s$	wenn die Standardabweichung der Standardabweichungen σ_s bekannt ist
$K_u = \bar{s} - 3\dfrac{\sigma}{\sqrt{2n}}$	$K_0 = \bar{s} + 3\dfrac{\sigma}{\sqrt{2n}}$	wenn die Standardabweichung der Einzelwerte σ bekannt ist
$= \left(c_2 - \dfrac{3}{\sqrt{2n}}\right)\sigma$	$= \left(c_2 + \dfrac{3}{\sqrt{2n}}\right)\sigma$	
$= B_{1-3}\sigma$	$= B_{2-3}\sigma$	
$K_u = \left(1 - \dfrac{3}{c_2\sqrt{2n}}\right)\bar{s}$	$K_0 = \left(1 + \dfrac{3}{c_2\sqrt{2n}}\right)\bar{s}$	wenn σ durch den Mittelwert der einzelnen Stichprobenstandardabweichungen $s_1, s_2, ..., s_m$ geschätzt werden muß
$= B_{3-3}\bar{s}$	$= B_{4-3}\bar{s}$	

Werte zu c_2; B_{1-3}; B_{2-3}; B_{3-3}; B_{4-3} für kleine n siehe Tabelle.

Die Formeln gelten nur für $n > 25$.

f) *Spannweitenkarte (R-Karte)*:

$R_1, R_2, ..., R_m$ Stichprobenspannweiten

m Anzahl der Stichprobenspannweiten

Mittellinie: $\overline{R} = \dfrac{1}{m}(R_1 + R_2 + \cdots + R_m)$

Kontrollgrenzen:

$K_u = \overline{R} - 3\sigma_R$	$K_0 = \overline{R} + 3\sigma_R$	wenn die Standardabweichung der Spannweiten σ_R bekannt ist
$K_u = \overline{R} - 3b_2\sigma$ $= (d_2 - 3b_2)\,\sigma$ $= D_{1-3}\sigma$	$K_0 = \overline{R} + 3b_2\sigma$ $= (d_2 + 3b_2)\,\sigma$ $= D_{2-3}\sigma$	wenn die Standardabweichung der Einzelwerte σ bekannt ist
$K_u = \left(1 - 3\dfrac{b_2}{d_2}\right)\overline{R}$ $= D_{3-3} \cdot \overline{R}$	$K_0 = \left(1 + 3\dfrac{b_2}{d_2}\right)\overline{R}$ $= D_{4-3} \cdot \overline{R}$	wenn σ durch den Mittelwert der einzelnen Stichprobenspannweiten $R_1, R_2, ..., R_m$ geschätzt werden muß

Werte zu b_2; d_2; D_{1-3}; D_{2-3}; D_{3-3}; D_{4-3} in der Tabelle

Kontrollkarten für nichtmessende Prüfung:

a) *Kontrollkarte für den Ausschußprozentsatz p_n (p-Karte)*

z   Anzahl der in der betreffenden Stichprobe 1 ... m gefundenen fehlerhaften Stücke (Fehler)

n   Anzahl der in der betreffenden Stichprobe 1 ... m geprüften Stücke

$\overline{p}$ Mittlerer Ausschußprozentsatz

Mittellinie:

$$\overline{p} = \frac{z_1 + z_2 + \cdots + z_m}{n_1 + n_2 + \cdots + n_m}$$

Kontrollgrenze:

$$K_0 = \overline{p} + 3\sqrt{\frac{\overline{p}(1 - \overline{p})}{n}}$$

b) *Kontrollkarte für Stichproben gleichen Umfangs (z-Karte)*

z   Anzahl der in der betreffenden Stichprobe 1 ... m gefundenen fehlerhaften Stücke (Fehler)

m   Anzahl der Stichproben

Mittellinie:

$$\overline{z} = \frac{1}{m}(z_1 + z_2 + \cdots + z_m)$$

Kontrollgrenze:

$$K_0 = \overline{z} + 3\sqrt{\overline{z}\left(1 - \frac{\overline{z}}{n}\right)}$$

c) *z-Karte für kleine Fehleranteile bzw. für die Überwachung der Anzahl der gleichartigen Fehler an einem Erzeugnis (c-Karte)*

$c_1, \dots c_m$ Fehlerzahlen in den einzelnen Stichproben

Mittellinie:

$$\bar{c} = \frac{1}{m}(c_1 + c_2 + \dots + c_m)$$

Kontrollgrenze:

$$K_0 = \bar{c} + 3\sqrt{\bar{c}}$$

d) *Kontrollkarte für die durchschnittliche Fehlerzahl in einer Stichprobe (u-Karte)*

$$u = \frac{1}{m}(u_1 + u_2 + \dots + u_m)$$

Kontrollgrenze:

$$K_0 = \bar{u} + 3\sqrt{\frac{\bar{u}}{n}}$$

→ Ursachenforschung bei Qualitätsverschlechterung

[**43** – 256ff.]

Konzentrationskoeffizient – aus der kurvenmäßigen Darstellung der Konzentration ermittelter Koeffizient, der die Konzentration der Größen *zweier* Merkmale zueinander ausdrückt.

$$K = \frac{5000 - F}{5000}$$

Für die praktische Berechnung wird der Bruch aus Zweckmäßigkeitsgründen mit 2 erweitert:

$$K = \frac{10000 - 2F}{10000}$$

Die Größe 5000 ist der Flächeninhalt des halben Quadrates, in dem die Kurve liegt, da die Länge jeder Seite gleich 100 (Prozent) ist. F ist die unter der Kurve liegende Fläche.

$$2F = \Sigma\, n_i \left(m_i + 2 \cdot \sum_1^{i-1} m_k\right)$$

n_i Prozentzahl der einen Merkmalsgröße
m_i Prozentzahl der anderen Merkmalsgröße

→ Konzentrationsmaß

[**15** – 222ff.]

Konzentrationsmaß – zusammenfassende Kennziffer für die Konzentration der Größen *eines* Merkmals in der Gesamtheit

$$K = \sqrt{\frac{n \sum h^2 - 1}{n - 1}}$$

n   Anzahl der Größengruppen in der Gesamtheit
h   Relative Häufigkeit der Gruppen

Liegt höchste Konzentration vor, so liegen alle Einheiten in einer einzigen Größengruppe, und die Summe der Quadrate der Anteilgrößen ist gleich 1. Liegt überhaupt keine Konzentration vor, so sind alle n Gruppen gleich stark mit $1/n$ besetzt, und die Summe der Quadrate ist gleich n mal $1/n^2$ oder gleich $1/n$.

→ Konzentrationskoeffizient

[15 – 218ff.]

Kooperationsverband – in der Industrie eine Form der organisierten sozialistischen Gemeinschaftsarbeit zwischen dem Finalproduzenten und den wichtigsten Zulieferern der ersten und zweiten Kooperationsstufe zur Herstellung volkswirtschaftlich wichtiger Erzeugnisse. Juristische Grundlage der Zusammenarbeit ist ein langfristiger Kooperationsvertrag. Organe des Kooperationsverbandes sind der *Kooperationsrat* und *Arbeitsgruppen* für Teilgebiete. (Siehe Abbildung auf S. 406.)

[36 – 1138ff.; 341 – 5/4]

Kooperationsvertrag → Kooperationsverband

Kopplungsmatrix → Verflechtungsmodell

Korrektionsfaktor → Stichprobe

Korrekturkoeffizient der laufenden Vorräte – Kennziffer, die dazu dient, unter den Bedingungen eines gleichmäßigen Entnahmeverlaufs vom einfachen arithmetischen Mittel A_e zum gewogenen arithmetischen Mittel A_g der laufenden Vorräte zu gelangen.

$$A_e \cdot k_\mu = A_g$$

$$k_\mu = 1 + \frac{(\mu')^2}{100}$$

μ' Relatives quadratisches Streuungsmaß der Lieferzyklen

→ Bestandskorrekturzuschlag

[86 – 47]

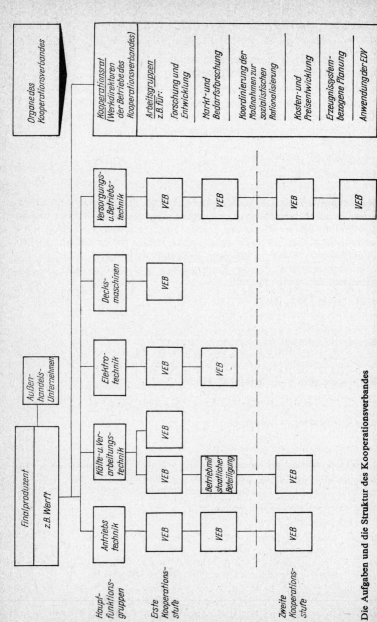

Die Aufgaben und die Struktur des Kooperationsverbandes

Korrelationskoeffizient – Kennziffer zur Messung der Streuung um die Kurve der Regressionsfunktion (Streuung oder Enge des korrelativen Zusammenhangs).

a) Allgemeiner Korrelationskoeffizient:

$$R = \sqrt{B} \qquad -0 \leq R \leq 1$$

B   Bestimmtheitsmaß

$$B = 1 - \frac{\sum\limits_{i=1}^{n} [y_i - f(x_i)]^2}{\sum\limits_{i=1}^{n} (y_i - \bar{y})^2}$$

y_i Empirische Werte der Wirkungserscheinung
$f(x_i)$ Regressionswerte
$\bar{y}$ Durchschnitt der y_i-Werte

Unbestimmtheitsmaß:

$$U = 1 - B$$

b) Linearer Korrelationskoeffizient:

$$r = \frac{\sum\limits_{i=1}^{n} (x_i - \bar{x})(y_i - \bar{y})}{n \cdot \sigma_x \cdot \sigma_y}$$

$x_i, \bar{x}$ Werte der Ursachenerscheinung bzw. ihr Durchschnitt
$y_i, \bar{y}$ Werte der Wirkungserscheinung bzw. ihr Durchschnitt
σ_x, σ_y Standardabweichungen der x- bzw. y-Werte

Die Formel für r ergibt sich aus R, wenn $f(x_i)$ eine lineare Regressionsfunktion ist.
Das Bestimmtheitsmaß auf Basis einer linearen Regressionsfunktion lautet:

$$B = \frac{[\sum (y_i - \bar{y})(x_i - \bar{x})]^2}{\sum (y_i - \bar{y})^2 \sum (x_i - \bar{x})^2}$$

und der dieser Formel entsprechende lineare Korrelationskoeffizient:

$$r = \frac{\sum (y_i - \bar{y})(x_i - \bar{x})}{\sqrt{\sum (y_i - \bar{y})^2 \sum (x_i - \bar{x})^2}}$$

$r > 0$,   wenn ein gleichläufiger korrelativer Zusammenhang zwischen den Merkmalen besteht;
$r = 1$,   wenn ein gleichläufiger funktionaler Zusammenhang zwischen den Merkmalen besteht;
$r = 0$,   wenn keine Beziehung zwischen den Merkmalen besteht;
$r < 0$,   wenn ein gegenläufiger korrelativer Zusammenhang besteht;
$r = -1$,   wenn ein gegenläufiger funktionaler Zusammenhang besteht.

Koeffizient der Rangkorrelation nach Spearman:

$$\rho = 1 - \frac{6 \sum (x_i - y_i)^2}{n(n^2 - 1)}$$

$\rho = +1$, wenn völliger gleichläufiger Zusammenhang besteht;
$\rho = 0$, wenn kein Zusammenhang besteht;
$\rho = -1$, wenn völliger gegenläufiger Zusammenhang besteht.

→ Regressionskoeffizient, → Korrelationsverhältnis, empirisches

[15 – 353ff., 36 – 1142]

Zum partiellen und multiplen Korrelationskoeffizienten siehe [15 – 370f.]

Korrelationsverhältnis, empirisches – Kennziffer zur Messung der Streuung um die Kurve der Regressionsfunktion (Streuung oder Enge des korrelativen Zusammenhanges). Das Korrelationsverhältnis drückt aus, in welchem Maße die → Varianz der abhängigen Erscheinung y (Wirkungserscheinung) durch den korrelativen Zusammenhang zwischen x (der Unabhängigen, der Ursachenerscheinung) und y erklärt werden kann.

$$\eta_{yx}^2 = \frac{\sum n_i(\overline{y}_i - \overline{y})^2}{\sum (y_i - \overline{y})^2} \qquad 0 \leqq \eta_{yx}^2 \leqq 1$$

Die Formel

$$s^2 \sum n_i = \sum (y_i - \overline{y})^2 = \sum n_i s_i^2 + \sum n_i(\overline{y}_i - \overline{y})^2$$

in obige Formel eingesetzt, ergibt:

$$\eta_{yx}^2 = \frac{\sum n_i(\overline{y}_i - \overline{y})^2}{\sum n_i \cdot s_i^2 + \sum n_i(\overline{y}_i - \overline{y})^2}$$

Liegen neben dem gruppierten Zahlenmaterial auch die Einzelwerte y_i vor, so kann mit der ersten Formel gerechnet werden. Ist dagegen nur das gruppierte Material gegeben, so ist für die Errechnung des Korrelationsverhältnisses auch die Kenntnis der Varianz in den Gruppen erforderlich. Dann wird die letzte Formel angewandt.

n_i Zahl der Einheiten
$y_i, \overline{y}_i$ Einzelwerte der Wirkungserscheinung und deren Durchschnitt in der i-ten Gruppe
$y, \overline{y}$ Einzelwerte der Wirkungserscheinung und deren Durchschnitt in der Gesamtheit
s_i^2 Varianz der i-ten Gruppe

Eine andere Formel lautet:

$$V_k = \sqrt{\frac{\sum\limits_{i=1}^{n} (f(x_i) - \overline{y})^2}{\sum\limits_{i=1}^{n} (y_i - \overline{y})^2}}$$

x_l Werte der Ursachenerscheinung

y_l Werte der Wirkungserscheinung

$\bar{y}$ Durchschnitt der Werte der Wirkungserscheinung

→ Korrelationskoeffizient, → Regressionskoeffizient

[15 – 353 f., 36 – 1142 f.]

Kosten, stückzahlabhängige und stückzahlunabhängige → Kostenanteile je Arbeitsgang

Kosten, technologische – jener Teil der Selbstkosten, der unmittelbar durch den technologischen Prozeß beeinflußt wird. Die technologischen Kosten dienen als Grundlage für die komplexe und umfassende ökonomische Beurteilung technologischer Varianten bei großem Produktionsvolumen bzw. ökonomisch bedeutenden Teilprozessen. Sie werden von den zu beurteilenden Varianten des technologischen Prozesses und von den konkreten Produktionsbedingungen beeinflußt, weshalb es kein allgemeingültiges Verzeichnis dieser Kosten geben kann. Die technologischen Kosten können als Kosten für die Erzeugniseinheit bzw. für einen Arbeitsgang (K_{TA}) und als Kosten für die vorgesehene Gesamtproduktion (Jahresausstoß) an Erzeugnissen (K_{TJ}) berechnet werden.

1. Technologische Kosten für die *Erzeugniseinheit* bzw. den *Arbeitsgang*

$$K_{TA} = K_p + \frac{K_c}{n_J}$$

K_p Vom Produktionsvolumen mehr oder weniger *abhängige* Kosten (proportionale, unter- und überproportionale Kosten) für einen Arbeitsgang (1 Stück) (M)

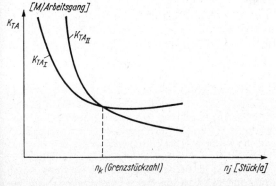

Technologische Kosten zweier Varianten für einen Arbeitsgang (K_{TA_I}, $K_{TA_{II}}$)

K_c Vom Produktionsvolumen mehr oder weniger *unabhängige* Kosten (konstante Kosten) für die Gesamtproduktion (M/a)

n_J Gesamtproduktion (Stück/a)

2. Technologische Kosten der *Gesamt(Jahres-)produktion*

$$K_{TJ} = K_p \cdot n_J + K_c$$

Der Gleichung unter 1. entspricht in graphischer Darstellung eine Hyperbel, (vgl. Abbildung auf S. 409), der unter 2. eine Gerade.

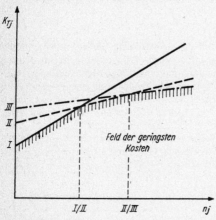

Technologische Kosten der Gesamtproduktion (Jahresausstoß) eines bestimmten Arbeitsganges bei drei technologischen Varianten

→ Grenzstückzahl

[9 – 282 ff.]

Kosten, Umsatz, Gewinn, Preis (Wechselbeziehungen) → Kostenrechnung

Kostenanalyse → Kostenrechnung

Kostenanalyse des Verwaltungsbereichs, funktionsbezogene – auf einen konkreten Verwaltungsbereich gerichtete Analyse der dort ausgeübten Verwaltungsarbeit, mit dem Ziel, zu ermitteln, welche Funktionen der betreffende Bereich des Verwaltungsapparates im Reproduktionsprozeß des Betriebes erfüllt (Ist-Analyse), welche Funktionen von ihm gefordert werden, mit welchen Kosten diese Funktionen in vergleichbaren Betrieben oder Organisationseinheiten erfüllt werden und welche Möglichkeiten bestehen, diese Funktionen mit höchster Effektivität und einem Minimum an Kosten zu erfüllen. Die funktionsbezogene Kostenanalyse im Verwaltungsbereich ist methodisch nach den gleichen Prinzipien durchführbar wie die → Gebrauchswert-Kosten-Analyse für Erzeugnisse.

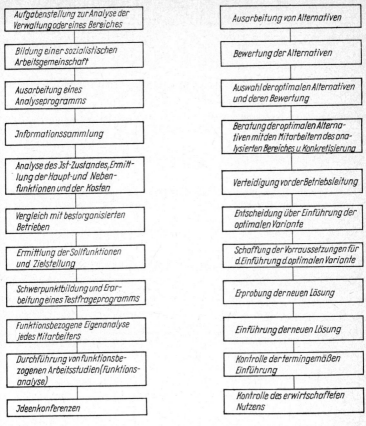

Funktionsbezogene Kostenanalyse im Verwaltungsbereich

Eine wichtige Rolle spielen in diesem Zusammenhang funktionsbezogene Arbeitsstudien (vgl. Abbildung auf S. 412), die aus der Funktionsanalyse für Erzeugnisse entwickelt wurden. Bei der Funktionsanalyse der Verwaltungskosten ist die schöpferische Mitarbeit all jener Kollegen sehr bedeutsam, deren Aufgaben analysiert werden. Eine aktive Form einer solchen Zuarbeit für die sozialistische Arbeitsgemeinschaft ist die funktionsbezogene → Eigenanalyse. Die zusammengefaßte Arbeitszeitanalyse des Bereichs auf Grundlage der Arbeitsstudien und der Eigenanalysen wird nach folgenden Gesichtspunkten untersucht:

a) Für welche Hauptfunktionen wird ein zu hoher Zeitaufwand getrieben?

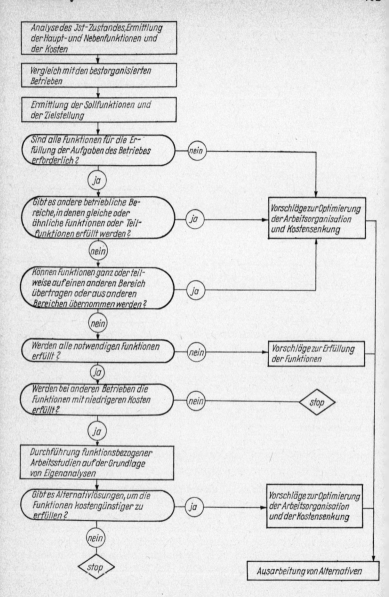

Funktionsbezogene Arbeitsstudien im Verwaltungsbereich

Welche Mitarbeiter sind schwerpunktmäßig daran beteiligt und warum? Wird Doppelarbeit betrieben oder arbeiten zu viele an einer Aufgabe?

b) Für welche Hauptfunktionen wird zu wenig Zeit aufgewendet bzw. welche Aufgaben werden mit dem Ist-Zeitaufwand nicht voll erfüllt? Welche Mitarbeiter sind daran beteiligt und welche Gründe gibt es dafür?

c) Wird für Nebenfunktionen zu viel Zeit verbraucht? Welche Mitarbeiter sind daran beteiligt und warum?

[28 – 122 ff.]

Kostenanteile je Arbeitsgang (Teil) – entsprechend ihrer Entstehung im Reproduktionsprozeß für den einzelnen Arbeitsgang bzw. für das einzelne Teil ermittelte Kostenbestandteile als Basis für den technologischen Variantenvergleich.

Materialkosten je Arbeitsgang (Teil)

$$M = \Sigma\,(q_t \cdot P) \qquad\qquad [M/Teil]$$

q_t Erforderliche Menge je Teil (kg)
P Preis je Mengeneinheit (M/kg)

Lohnkosten für die Stückzeit je Arbeitsgang (Teil)

$$L = \Sigma\,(t_s \cdot q_l) \qquad\qquad [M/Teil]$$

t_s Stückzeiten (h)
q_l Geldfaktor der betreffenden Lohngruppe (M/h)

Abschreibungsanteil der eingesetzten Ausrüstungen je Arbeitsgang (Teil)

$$A_A = \frac{K \cdot a\left(\dfrac{t_A}{x} + t_s\right)}{T_M \cdot q \cdot 100 \cdot 60} \qquad\qquad [M/Teil]$$

K Anschaffungskosten der Ausrüstung (M)
a Prozentsatz der jährlichen Abschreibung (%)
T_M Jahreszeitfonds der Ausrüstung (min)
q Zeitlicher Ausnutzungskoeffizient
t_A Vorbereitungs- und Abschlußzeit (min)
t_s Stückzeit (min)
x Seriengröße oder Losgröße (Stück)

Abschreibungsanteil der Gebäude je Arbeitsgang (Teil)

$$A_G = \frac{V \cdot K \cdot b\left(\dfrac{t_A}{x} + t_s\right)}{T_M \cdot q \cdot 100 \cdot 60} \qquad\qquad [M/Teil]$$

V Von der Ausrüstung in Anspruch genommener Raum (m³)

K   Raumkosten (M/m³)
b   Prozentsatz der jährlichen Abschreibung (%)

Reparaturkostenanteil der Ausrüstungen je Arbeitsgang (Teil)

$$A_R = \frac{R \cdot \left(\dfrac{t_A}{x} + t_S\right)}{T_M \cdot q \cdot 60} \qquad \text{[M/Teil]}$$

R   Durchschnittliche Jahreskosten für Reparaturen (M)

Energiekostenanteil je Arbeitsgang (Teil)

$$E_A = \frac{K_E \cdot \left(\dfrac{t_A}{x} + t_S\right)}{T_M \cdot q_E \cdot 60} \qquad \text{[M/Teil]}$$

K_E Energiekosten im Jahr (M)
q_E Energiezuführungs- oder Energieverbrauchskoeffizient

Werkzeugkostenanteil je Arbeitsgang (Teil)

$$W_A = \frac{(K_W + K_{WA} \cdot z) \cdot t_{GE}}{T \cdot (z + 1)} \qquad \text{[M/Teil]}$$

K_W Werkzeugkosten (M)
K_{WA} Kosten eines Werkzeuganschliffs (M)
z   Anzahl der Werkzeuganschliffe (Nachschliffe)
t_{GE} Eingriffszeit der Werkzeuge (min)
T   Standzeit der Werkzeuge (min)

Hilfsstoffkostenanteil je Arbeitsgang und Werkstück – H_A

$$H_A = \frac{K_H \left(\dfrac{t_A}{n_L} + t_S\right)}{T_M \cdot g \cdot 60} \qquad \text{[M/Teil]}$$

K_H Hilfsstoffkosten im Jahr (M)

Stückzahlabhängige Kosten – K_a

$$K_a = K_M + K_S + t_S \cdot K_I \qquad \text{[M/Teil]}$$

K_I Indirekt zurechenbare Kosten je Teil (M)

Stückzahlunabhängige Kosten – K_u

$$K_u = K_v + K_A + t_A \cdot K_I \cdot L_n \qquad \text{[M]}$$

K_v Kosten für Spezial-Arbeitsmittel einschließlich der Wartung und Instandhaltung (M)

K_A Lohnkosten für Vorbereitungs- und Abschlußzeit (M)

$$K_A = t_A \cdot f_L \cdot L_n$$

t_A Vorbereitungs- und Abschlußzeit (h)

f_L Lohnkostenfaktor (M/H)

L_n Anzahl der Lose

Kostenaufwandsrichtsatz für direkt proportionale Kosten

$$K'_p = A'_A + A'_G + A'_R + W + L + E \qquad \text{[M/min]}$$

A'_A Abschreibungsanteil der Ausrüstung je min

$$A'_A = \frac{K \cdot S}{T_M \cdot q \cdot 100 \cdot 60} \qquad \text{[M/min]}$$

    $S = K_p \cdot z + K_E$ (siehe Kostenverhalten)

A'_G Abschreibungsanteil des Gebäudes je min

$$A'_G = \frac{V \cdot k \cdot b}{T_M \cdot q \cdot 100 \cdot 60} \qquad \text{[M/min]}$$

A'_R Reparaturkostenanteil je min

$$A'_R = \frac{R}{T_M \cdot q \cdot 60} \qquad \text{[M/min]}$$

W   Durchschnittliche Wartungskosten je min

L   Durchschnittliche Lohnkosten je min

E   Durchschnittliche Energiekosten je min

Bestimmung der Selbstkosten (Vergleichskosten):

$$K_p = K'_p \cdot t_S + \text{in den Vergleich einzubeziehende proportionale Kosten}$$
$$\text{des Arbeitsgegenstandes (Material usw.)}$$

$$S = K_p \cdot z + K_e \ (\rightarrow \text{Kostenverhalten})$$

$$S' = K_p + \frac{K_e}{Z} (\rightarrow \text{Kostenverhalten})$$

[**35** – 381 ff.; **229** – 341 ff.]

Kostenaufwand für ein optimales Informationssystem → Information

Kostenaufwandsrichtsatz für direkt proportionale Kosten → Kostenanteile je Arbeitsgang

Kostenbindungskoeffizient, mittlerer – gewogenes arithmetisches Mittel des Kostenanstiegs über die gesamte Produktionsdauer eines Erzeugnisses in der Einzel- und Kleinserienfertigung.

$$k_m = \frac{\sum\limits_{i=1}^{n} (K_{i-1} + K_i)(t_i - t_{i-1})}{2K_n \cdot t_n}$$

K_i Kumulative Kosten am Ende der Produktionsphase i

t_i Kumulative Produktionszeit am Ende der Produktionsphase i

$i = 1, 2, ..., n$

[86 – 41, 120 – 2]

Kosten der Produktionsbereitschaft von Losen – gesamte Vorbereitungskosten für den Produktionsanlauf des Erzeugnisses, der Baugruppe oder des Teiles, bezogen auf das Gesamtlos, das Produktionslos, das Gesamtgruppenlos, das Gruppenlos und das Folgelos. Die in Frage kommenden Kostenarten sind in der Tabelle aufgeführt.

Tabelle
Kosten der Produktionsbereitschaft von Losen K_p

1. Kosten der Projektierung des Erzeugnisses (einschließlich Funktionsmuster, Fertigungsmuster, Null-Serie); 2. Kosten der Projektierung der technologischen Prozesse; 3. Kosten der Projektierung der technologischen Ausrüstung; 4. Kosten der Herstellung der technologischen Ausrüstung; 5. Kosten der technischen Ausführung der Arbeitsunterlagen und Ausarbeitung von Aufwandsnormen; 6. Kosten der zweckgerichteten Qualifizierung der Arbeitskräfte	Gesamtlos K_{pg}
1. Kosten der Planung des Produktionsloses; 2. Kosten der Bereitstellung sachlicher Produktionsbedingungen (Arbeitsgegenstände, Vorrichtungen, Werkzeuge, Lehren); 3. Kosten des Einrichtens der Arbeitsplätze 4. Kosten der Überwachung des Produktionsfortschritts des Produktionsloses; 5. Kosten der Erfassung und Abrechnung des Produktionsloses	Produktionslos K_{pp}
1. Wie Gesamtlos 1.–6.; 2. Kosten zur Klassifizierung der Einzelteile; 3. Kosten zur Projektierung des Komplexteils	Gesamtgruppenlos K_{pgg}
1. Kosten der Planung des Gruppenloses; 2. Kosten der Bereitstellung sachlicher Produktionsbedingungen; 3. Kosten des Einrichtens der Arbeitsplätze auf das Gruppenlos; 4. Kosten der Überwachung des Produktionsfortschritts	Gruppenlos K_{pgl}
1. Kosten der Planung des Folgeloses; 2. Kosten der Bereitstellung sachlicher Produktionsbedingungen; 3. Kosten des Einrichtens der Arbeitsplätze auf das Folgelos; 4. Kosten der Überwachung des Produktionsfortschritts des Folgeloses; 5. Kosten der Erfassung und Abrechnung des Folgeloses	Folgelos K_{pf}

Die *losgrößenkonstanten Stückkosten* k_p sind der Losgröße L umgekehrt proportional:

$$k_p = \frac{K_p}{L}$$ [M/ME]

[168 – 45 ff.]

Kosteneinsparung, absolute und relative – absolute und relative Reduzierung verschiedener Kostenarten bzw. Kostenartengruppen im Vergleich zu Istgrößen vorhergehender Zeiträume, Plangrößen oder anderen Werten, hier speziell im Zusammenhang mit der Steigerung der Stückzahlen und der Durchführung von Rationalisierungsmaßnahmen. Es wird von folgenden Kostensummen ausgegangen:

K_0 Kostensumme, die für die Produktion der Menge n_0 tatsächlich anfällt (M)

K_1 Kostensumme, die für die Produktion der Menge n_1 tatsächlich anfällt (M)

K'_1 Kostensumme, die entsprechend der Kostendynamik für n_1 angefallen wäre, wenn die Produktionsmenge ohne gleichzeitige technischorganisatorische Maßnahmen gesteigert worden wäre (M)

K''_1 Kostensumme, die für n_1 anfallen würde, wenn die Stückkosten konstant blieben (M)

Für jede beliebige Funktion A(n) ist bei n_1:

$$K''_1 - K'_1 = E_r$$

und

$$K'_1 - K_1 = E_a$$

$$E_a + E_r = E_g$$

E_r Relative Kosteneinsparung (M)

E_a Absolute Kosteneinsparung (M)

E_g Gesamteinsparung (M)

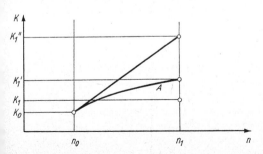

Verhalten der Kosten über dem Produktionsumfang

Einsparung an variablen Kosten

a) Relative Einsparungen für eine variable Kostenart:

$$E_r = K_1'' - K_1'$$

Dabei ist

$$K_1'' = \frac{K_0}{n_0} n_1$$

und

$$K_1' = \frac{K_0}{n_0} n_1 f_1$$

f_1 Faktor der Kostenermittlung, als Richtwert bekannt oder schätzbar

$$f = \frac{K_0 n_1}{K_1 n_0}$$

Für linear proportionale Kosten ist $f = 1$, für nichtlinear proportionale Kosten ist $f \neq 1$.

Somit wird

$$E_r = \frac{K_0}{n_0} n_1 - \frac{K_0}{n_0} n_1 f_1$$

$$= \frac{K_0}{n_0} n_1 (1 - f_1)$$

oder

$$E_r = \left(\frac{K_0}{n_0} - \frac{K_0}{n_0} f_1 \right) n_1$$

b) Absolute Einsparungen für eine variable Kostenart:

$$E_a = K_1' - K_1$$

$$= \frac{K_0}{n_0} n_1 f_1 - K_1 \left(\frac{K_0}{n_0} f_1 - \frac{K_1}{n_1} \right) n_1$$

c) Gesamteinsparungen für eine variable Kostenart:

$$E_g = K_1'' - K_1$$

$$= \frac{K_0}{n_0} n_1 - K_1$$

$$= \left(\frac{K_0}{n_0} - \frac{K_1}{n_1} \right) n_1$$

Einsparungen an konstanten Kosten

a) Relative Einsparungen für eine konstante Kostenart:

$$E_r = \frac{K_0}{n_0} n_1 - K_0$$

$$= \left(\frac{K_0}{n_0} - \frac{K_0}{n_1} \right) n_1$$

b) Absolute Einsparungen für eine konstante Kostenart:

$$E_a = K_0 - K_1$$

c) Gesamteinsparungen für eine konstante Kostenart:

$$E_g = \left(\frac{K_0}{n_0} - \frac{K_1}{n_1} \right) n_1$$

Einsparung an Selbstkosten

a) Relative Einsparungen an Selbstkosten:

Aus

$$E_r = K_1'' - K_1'$$

folgt:

$$E_{rs} = \sum_{i=1}^{m} K_{1i}'' - K_{1i}'$$

m   Anzahl der Kostenarten, die in die Selbstkosten eingehen

Darin ist

$$\sum_{i=1}^{m} K_1'' = K_{1s}'' = \frac{K_{os}}{n_0} n_1$$

und

$$\sum_{i=1}^{m} K_{1i}' = K_{1s}'$$

Damit ist:

$$E_{rs} = \frac{K_{os}}{n_0} n_1 - K_{1s}'$$

$$= \left(\frac{K_{os}}{n_0} - \frac{K_{1s}}{n_1} \right) n_1$$

K_{os} Selbstkostensumme, die für die Menge n_0 tatsächlich anfällt
K_{1s}' Selbstkostensumme, die entsprechend der Kostendynamik für n_1 bei Steigerung der Produktionsmenge ohne gleichzeitige technisch-organisatorische Maßnahmen angefallen wäre
K_{1s}'' Selbstkostensumme, die für n_1 anfallen würde, wenn die Selbstkosten konstant blieben

b) Absolute Einsparungen an Selbstkosten:

$$E_{as} = \sum_{i=1}^{m} K_{1i}' - K_{1i}$$

$$= K_{1s}' - K_{1s}$$

K_{1s} Selbstkostensumme, die für die Produktion der Menge n_1 tatsächlich anfällt

c) Gesamteinsparung an Selbstkosten:

$$E_{gs} = E_{as} + E_{rs} = K'_{1s} - K_{1s} + \frac{K_{os}}{n_0} n_1 - \frac{K'_{1s}}{n_1} n_1$$

$$E_{gs} = \left(\frac{K_{os}}{n_0} - \frac{K_{1s}}{n_1} \right) n_1$$

Einsparung je Stück

$$e = \frac{E}{n_1}$$ [M/Stück]

$$k_1 = \frac{K_1}{n_1}$$

k_1 Stückkosten für die Produktionsmenge n_i (M/Stück)

a) Einsparungen je Stück für eine variable Kostenart:

$$e_r = \frac{E_r}{n_1} = \frac{K_0}{n_0} - \frac{K_0}{n_0} f_1$$
$$= k_0 (1 - f_1)$$

$$e_a = \frac{E_a}{n_1} = \frac{K_0}{n_0} f_1 - \frac{K_1}{n_1}$$
$$= k_0 f_1 - k_1$$

$$e_g = \frac{E_g}{n_1} = \frac{K_0}{n_0} - \frac{K_1}{n_1}$$
$$= k_0 - k_1$$

b) Einsparungen je Stück für eine konstante Kostenart:

$$e_r = \frac{E_r}{n_1} = \frac{K_0}{n_0} - \frac{K_0}{n_1} = \frac{K_0}{n_0} - \frac{K'_1}{n_1}$$
$$= k_0 - k'_1$$

$$e_a = \frac{E_a}{n_1} = \frac{K'_1 - K_1}{n_1}$$
$$= k'_1 - k_1$$

$$e_g = \frac{E_g}{n_1} = \frac{K_0}{n_0} - \frac{K_1}{n_1}$$
$$= k_0 - k_1$$

c) Einsparungen an Selbstkosten je Stück:

$$e_{rs} = \frac{E_{rs}}{n_1} = k_{os} - k_{1s}'$$

$$e_{as} = \frac{E_{as}}{n_1} = k_{1s}' - k_{1s}$$

$$e_{gs} = \frac{E_{gs}}{n_1} = k_{os} - k_{1s}$$

[188 – 658 ff.]

Kosteneinsparung durch neue Technologie

a) Kosteneinsparung je Jahr:

$$E = (S_a' - S_n') \cdot n \qquad \text{[M/a]}$$

S_a' Selbstkosten (oder Vergleichskosten) je Teil bei Anwendung der alten Technologie (M)

S_n' Selbstkosten (oder Vergleichskosten) je Teil bei Anwendung der neuen Technologie (M)

n   Jährlich zu produzierende Stückzahl (Stück)

b) Kosteneinsparung während der gesamten Nutzungsdauer:

$$E_G = E \cdot Z \qquad \text{[M]}$$

Z   Anzahl der vorgesehenen Nutzungsjahre

c) Um die Einführungskosten reduzierte Gesamteinsparung:

$$E_{GR} = E_G - K$$
$$= E(Z - R) \qquad \text{[M]}$$

K   Mit der Einführung der neuen Technologie entstehende Gesamtkosten (Entwicklungskosten, Investitionen, Anlaufkosten usw.) (M)

R   Rückflußdauer der mit der Einführung der neuen Technologie entstehenden Kosten (a)

$$R = \frac{K}{E} \qquad \text{[a]}$$

[35 – 284 f.]

Reine Kosteneinsparung während der Nutzungsdauer der Ausrüstung

a) $E_r = (N - R) \cdot E_k$ [M]

N   Nutzungsdauer der Maschine (a)

R   Rückflußdauer (a)

E_k Jährliche Kosteneinsparung durch Investition (neue Technik) (M)

b) $E_r = N \cdot E_k - A_w$

A_w Anschaffungswert der Investition (der neuen Technik) (M)

c) Bei Modernisierung einer Maschine:

$$E_r = N_d \cdot E_m - (W_w + I_m)$$ [M]

N_d Restnutzungsdauer der modernisierten Maschine (Jahre)
E_m Jährliche Selbstkosteneinsparung durch die Modernisierung (M)
W_w Restwiederbeschaffungswert der Maschine (M)
I_m Investitionskosten für die Modernisierung (M)

[106 – 97 ff.]

Kostenkennzahlen der Instandhaltung → Instandhaltung

Kostenkoeffizient in der Standortoptimierung, komplexer → Lokalisationsmodell

Kostenquotenvergleich – Vergleich, wie sich die Produktion gegenüber den Gesamtkosten entwickelt hat. Der Index sagt aus, wieviel Produktionswert je 1 Mark Gesamtkosten im Berichtszeitraum gegenüber dem Basiszeitraum erzielt wurde.

a) Einzelrechnung:

$$i_K = \frac{P_1}{K_1} : \frac{P_0}{K_0}$$

b) Gesamtrechnung:

$$\left(\frac{P_1}{L_1} : \frac{P_0}{L_0}\right) \cdot \frac{L_1}{K_1} + \left(\frac{P_1}{D_1} : \frac{P_0}{D_0}\right) \cdot \frac{D_1}{K_1} = \frac{P_1}{K_1} : \frac{P_0}{K_0}$$

$$i_L \qquad\qquad \cdot \frac{L_1}{K_1} + i_D \qquad\qquad \cdot \frac{D_1}{K_1} = i_K$$

$P_{0,1}$ Produktionswert im Basis- bzw. Berichtszeitraum
$K_{0,1}$ Gesamtkosten im Basis- bzw. Berichtszeitraum
$L_{0,1}$ Lohnsumme im Basis- bzw. Berichtszeitraum
$D_{0,1}$ „Restliche Kosten" (Abschreibungen, Material und sonstige Kosten) im Basis- bzw. Berichtszeitraum

[105 – 222 ff.]

Kostenrechnung – im Rahmen der wirtschaftlichen → Rechnungsführung sozialistischer Betriebe als Bestandteil von Rechnungsführung und Statistik die Ermittlung und Abrechnung der Kosten nach Art und Ort ihres Entstehens sowie nach ihrer Verursachung durch die betrieblichen Leistungen und Vergleich zu den geplanten Größen (Plan-Ist-Abrechnung); in den Industrie-

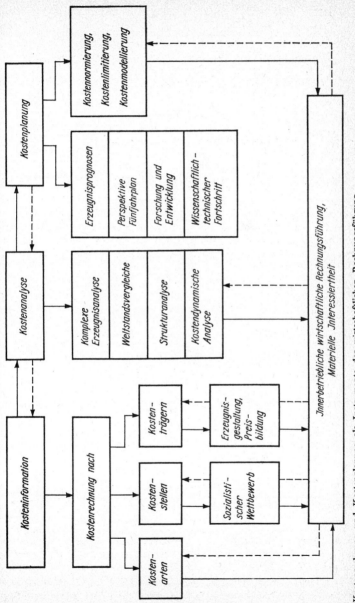

Kostenrechnung und Kostenplanung als Instrumente der wirtschaftlichen Rechnungsführung

betrieben mit Betriebsabrechnung gleichgesetzt; wird diese auf Konten (buchhalterisch) durchgeführt, so ist häufig auch die Bezeichnung *Betriebsbuchführung* üblich. Die Kostenrechnung erfolgt in den Abrechnungsstufen Kostenartenrechnung, Kostenstellenrechnung und Kostenträgerrechnung.

(Fortsetzung des Textes auf Seite 428)

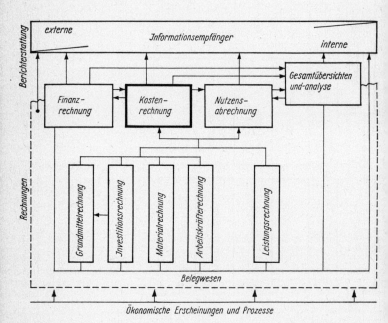

Die Kostenrechnung innerhalb der anderen Sachgebiete von Rechnungsführung und Statistik

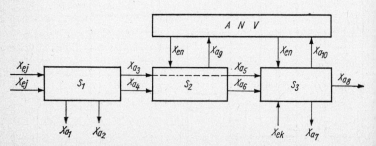

Informationsfluß und -zusammenhang zwischen Kostenarten-, Kostenträger-, Nutzens-, Vorschau- und Abweichungsrechnung

Erläuterungen zur Abbildung auf Seite 424 unten:

S_1	Summe Kostenarten
S_2	Summe Kostenstellenkosten
S_3	Summe Kostenträgerkosten
ANV	Abweichungs-, Nutzens-, Vorschaurechnung
x_e	Kosteneingänge
i	Kostenarten
j	Verrechnungen aus zeitlicher Abrechnung
k	Bestandsverminderungen an unvollendeter Produktion
n	Kostennormative
x_a	Kostenausgänge

1	Ausgliederung
2	zeitliche Abgrenzung
3	Einzelkosten nach Kostenstellen
4	Gemeinkosten nach Kostenstellen
5	Einzelkosten nach Kostenträgern
6	Gemeinkosten nach Kostenträgern
7	Bestandserhöhungen an unvollendeter Produktion
8	Selbstkosten der fertigen Erzeugnisse und Leistungen
9	Abweichungen nach Kostenstellen
10	Abweichungen nach Kostenträgern

Kostenartengruppierung nach Wertelementen

Abschreibungen für Grundmaterial
Abschreibungen für Restbuchwerte
Mieten, Pachten, Nutzungsentgelte
Geringwertige und schnell
verschleißende Arbeitsmittel
→ Geldausdruck für den Verbrauch von Arbeitsmitteln

Grundmaterial
Bezogene Teile
Fremde Lohnarbeit
Energie, Brenn- und Kraftstoffe
Übriges Hilfsmaterial
Materialumbewertung
Materialverrechnungspreis-
abweichungen
Verbrauch fremder produktiver
Leistungen
– Vorleistungen
– Montageleistungen
– Reparaturleistungen
– Transport-, Umschlags- und Lager-
leistung für Warenversand
– Nachrichtenbeförderungsleistungen
→ Geldausdruck für den Verbrauch von Arbeitsgegenständen

→ Geldausdruck für den Verbrauch von vergegenständlichter Arbeit („Produktionsverbrauch")

Tarif- und leistungsabhängiger Lohn
Lohnzuschlag
Zusatzlohn
Naturalversorgung, Deputat
Prämien und Vergütungen
außerhalb des Prämienfonds
Sozialbeiträge und soziale
Zuwendungen
– Sozialbeiträge und Unfallumlage
– Krankengeldzuschüsse
– Zusätzliche Altersversorgung

→ Geldausdruck
für den
Verbrauch von
notwendiger
Arbeitszeit

Zuführung zu Fonds und Umlage
– Zuführung zum Fonds Technik
– Zuführung zum Reparaturfonds
– Zuführung zum Werbefonds
– Zuführung zum Prämienfonds
– Zuführung zum Kultur- und Sozial-
fonds
– Umlage für wirtschaftsleitende
Organe
Planbare unproduktive Kosten
– Verbrauch fremder unproduktiver
Leistungen
– Entschädigung für zusätzliche
Aufwendungen
– Werbekosten
– Zinsen für planmäßige Kredite
– Zinsen und Tilgung kosten-
wirksamer Rationalisierungskredite
– Steuern, Abgaben, Beiträge
und Gebühren
Nichtplanbare unproduktive Kosten
– Inventurminusdifferenzen
– Verderb, Bruch, Schwund
– Abwertungen
– Forderungsausfälle
– Zinsen für planwidrige Kredite
– Verzugszinsen und Verzugs-
zuschläge
– Geldstrafen
– Mehraufwand für Investitionen
– Mehraufwand für mangelhafte
Forschungs- und Entwicklungsarbeit

→ Geldausdruck
für den Ver-
brauch bzw. die
Verteilung von
(einem Teil der)
Mehrarbeitszeit

Abb. rechts oben:
Ableitung des Aufbaus der Kosten- und Leistungsstellen sowie des Kalkulationsschemas

Abb. rechts mitte:
Verteilungsart der Kosten innerhalb eines Betriebes – Beziehung der Verteilungsart zum
Kostenträger

Abb. rechts unten:
Das Verhältnis von Kostenstelle und Verantwortungsbereich

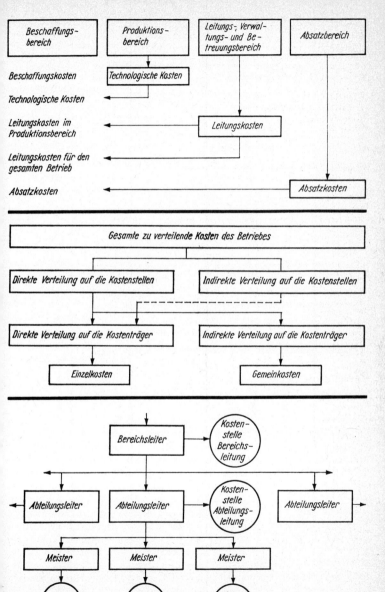

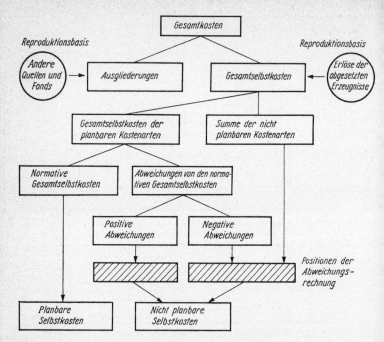

Die Stellung der nicht planbaren Kostenarten und der Abweichungen

Die *normative Kostenrechnung* ist eine Form der Kostenrechnung, die auf vorgegebenen Kostennormativen aufbaut und die Abweichungen zu den Ist-kosten ausweist. Sie dient den Leitern der Betriebe und den übergeordneten Organen als Vorschaurechnung sowie als Grundlage zur Leistungsbeurteilung (anhand der Abweichungen von den normativen Kosten bzw. deren Einhaltung).

Zwischen der Kostenrechnung und der *Kostenanalyse* besteht eine vielseitige enge Wechselwirkung. Die Aufgabe der Kostenanalyse besteht vor allem darin, auf Kostenschwerpunkte zu orientieren, die Ursachen der Kosten-entwicklung zu zeigen, Reserven sichtbar zu machen, Entscheidungen vor-zubereiten und die Ergebnisse eingeleiteter Maßnahmen zu kontrollieren. Die Kostenanalyse baut einerseits überwiegend auf den Ergebnissen der Kosten-rechnung auf und ist andererseits das Instrument zur wirksamen Gestaltung der Kostenrechnung. Aufgabe der Kostenrechnung ist es, typische und wieder-holt benutzbare Kosteninformationen zum Zwecke der Entscheidungsvor-bereitung aufzubereiten und wichtige Varianten- und Dispositionsrechnungen durchzuführen.

[36 – 1153 ff.; 40 – 776; **196** – 32, 42, 54 f., 76, 81, 100, 124 u. a.]

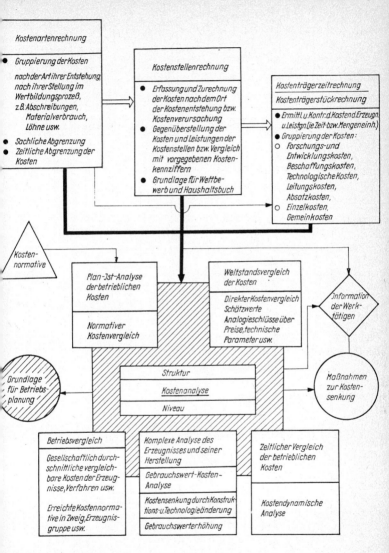

Ablaufschema der Kostenrechnung und Kostenanalyse

[341 – 5/17]

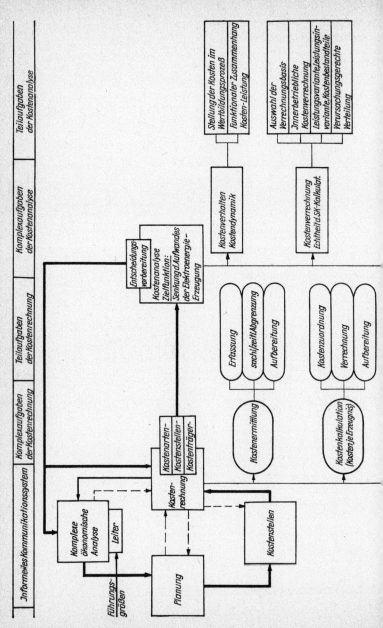

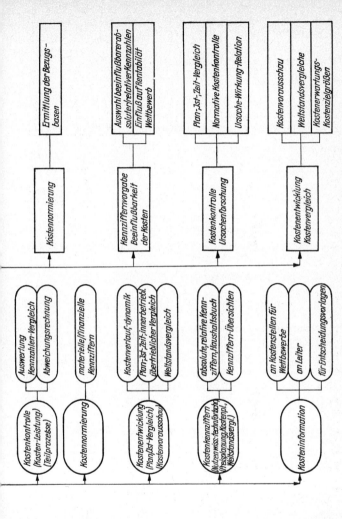

[255 – 10]

Die Aufgaben der Kostenrechnung und Kostenanalyse aus der Sicht des Leitungsprozesses

Kostensatz – Quotient aus den Selbstkosten und der zu Preisen bewerteten betrieblichen Leistung. Der Kostensatz verdeutlicht, wie hoch der Aufwand für eine bestimmte Leistung ist.

Für die volkseigene *Industrie* und *Bauindustrie* gilt:

$$K = \frac{SK}{WP} \cdot 100 \qquad [\%]$$

SK   Gesamtselbstkosten der Warenproduktion (M)
WP   Warenproduktion zu Betriebspreisen (M)

Für den sozialistischen *Handel* gilt:

$$K = \frac{HK}{U} \cdot 100 \qquad [\%]$$

HK   Handelskosten (M)
U   Umsatz (M)

Im sozialistischen Lebensmittel-Großhandel gilt als Bezugsbasis der Umsatz zum Einkaufspreis, im Industriewarengroßhandel und im Einzelhandel der Umsatz zum Einzelhandelsverkaufspreis.

Für die volkseigene *Landwirtschaft* gilt:

$$K = \frac{SK_{BU}}{BU} \cdot 100 \qquad [\%]$$

SK_{BU} Selbstkosten des Bruttoumsatzes (M)
BU   Bruttoumsatz

Der Bruttoumsatz wird in der Landwirtschaft zu realisierten bzw. Verrechnungspreisen angegeben. Bei den volkseigenen Gütern wird vom Bruttoumsatz vorher die Produktionsabgabe abgezogen.

[335 – 62]

Eine andere Berechnungsart für besondere Zwecke ist folgende:

$$K = \frac{100}{1 + \dfrac{R_k}{100}} \qquad [\%]$$

R_k Kostenbezogene Rentabilitätsrate (%)

Umgekehrt:

$$R_k = \left(\frac{100}{V_k} - 1 \right) \cdot 100 \qquad [\%]$$

[106   227f.]

Kostensenkung im technologischen Variantenvergleich → Variantenvergleich technologischer

Kostensenkung und Einsparungsarten → Selbstkosten

Kostenverhalten – Entwicklung der Selbstkosten in Abhängigkeit von der Stückzahl. Das Kostenverhalten (die Selbstkosten) für alle Teile bzw. je Teil werden analysiert, um daraus die geringstmöglichen Selbstkosten abzuleiten. In Variantenrechnungen ermittelt man zu diesem Zweck die → Grenzstückzahlen, auf deren Grundlage der günstigste Kostenverlauf bestimmt werden kann.

a) Kostenverhalten für alle Teile – S

$$S = K_p \cdot z + K_e \qquad \text{[M]}$$

K_p Direkt proportionale Kosten je Teil (oder Vergleichswerte) (M)
K_e Einmalige und periodische Kosten (oder Vergleichswerte) (M)
z Anzahl der zu fertigenden Teile (Stück)

Bei 3 Varianten ergeben sich folgende 3 Gleichungen (von Geraden):

$$S_1 = K_{p1} \cdot z + K_{e1}$$
$$S_2 = K_{p2} \cdot z + K_{e2}$$
$$S_3 = K_{p3} \cdot z + K_{e3}$$

Die Grenzstückzahl wird aus den Kostengleichungen ermittelt.

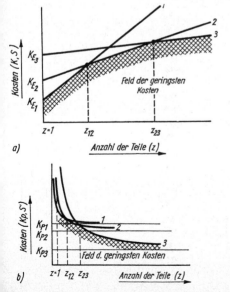

Kostenverhalten in Abhängigkeit von der Anzahl der Teile

Bei Kostengleichheit gilt:

$$S_1 = S_2$$

$$K_{p1} \cdot z + K_{e1} = K_{p2} \cdot z + K_{e2}$$

$$z_{1,2} = \frac{K_{e2} - K_{e1}}{K_{p1} - K_{p2}}$$

$z_{1,2}$ Grenzstückzahl für die Varianten 1 und 2

b) Kostenverhalten eines Teils (Selbstkosten eines Teils) – S′

$$S' = K_p + \frac{K_e}{z}$$

Bei 3 Varianten ergeben sich folgende 3 Gleichungen (Hyperbelgleichungen):

$$S'_1 = K_{p1} + \frac{K_{e1}}{z}$$

$$S'_2 = K_{p2} + \frac{K_{e2}}{z}$$

$$S'_3 = K_{p3} + \frac{K_{e3}}{z}$$

[35 – 379 f.]

Kostenzuwachskoeffizient – Kennziffer, die das relative Verhältnis zwischen den durchschnittlich über die Produktionsdauer gebundenen Kosten und den Endkosten ausdrückt. Der Kostenzuwachskoeffizient kann repräsentativ für Gruppen von Erzeugnissen, Montagegruppen und Teilen angewandt werden. Der *mittlere Wert der gebundenen Selbstkosten* während der Produktionsdauer beträgt:

$$\varnothing K = \frac{\sum\limits_{j=1}^{n} \left(\frac{S_1 + S_0}{2} \right)_j d_j}{\sum\limits_{j=1}^{n} d_j} \ (j = 1, 2, ..., n) \qquad [M]$$

S_1 Selbstkostenhöhe am Ende des Intervalls t_j (M)
S_0 Selbstkostenhöhe zu Beginn des Intervalls t_j (M)
d_j Dauer des Intervalls t_j (d)

Relativ zu den Endkosten K ergibt sich dann der Kostenzuwachskoeffizient:

$$v = \frac{\varnothing K}{K}$$

[168 – 75 ff.]

Kovarianz → Streuung

Kowaljow-Studie – nach dem sowjetischen Textilingenieur Kowaljow benanntes Verfahren zur Ermittlung einer optimalen Arbeitsmethode, ausgehend von der Untersuchung der Arbeitsweise mehrerer Bestarbeiter.

Prinzipablauf einer Kowaljow-Studie

1. Gegenüberstellung der Arbeitsverrichtungen verschiedener Arbeiter bei gleichen Arbeiten

		Zeit in Minuten je Arbeitsgegenstand			
Arbeitsverrichtung		Arbeiter	Arbeiter	Arbeiter	Arbeiter
Nr.	Bezeichnung	A	B	C	D
1	I	0,32	0,40	0,34	*0,30*
2	II	*0,09*	0,13	0,14	0,11
3	III	0,10	0,13	*0,09*	0,10
4	IV	0,26	*0,20*	0,25	0,24
1–4 Summe		0,77	0,86	0,82	0,75

Der Vergleich zeigt, daß die einzelnen Arbeitsverrichtungen von den vier Arbeitern mit unterschiedlichem Arbeitsaufwand durchgeführt werden. Die Arbeitsverrichtungen mit der jeweils rationellsten Arbeitsmethode und damit dem geringsten Arbeitszeitaufwand werden ausgewählt und zusammengefaßt.

2. Zusammenfassung der jeweils günstigsten Arbeitsverrichtungen von verschiedenen Arbeitern

Nr.	Arbeitsverrichtung	vom Arbeiter	Zeit in Minuten
1	I	D	0,30
2	II	A	0,09
3	III	C	0,09
4	IV	B	0,20
1–4		Summe	0,68

Bei Anwendung der rationellsten Arbeitsmethode, die sich durch Zusammenstellung der jeweils besten Methoden bei den einzelnen Arbeitsverrichtungen ergibt und zur kürzeren Arbeitszeit führt, kann die Arbeitszeit des vorher besten Arbeiters unterboten werden.

[**34** – 481; **32** – 382]

Krankapazität, optimale – jene Einsatzmöglichkeit der Kräne in Betriebsstunden, die auf ihrer bestmöglichen Auslastung beruht, d. h. die beste zeitliche Abstimmung zwischen den Forderungen nach Kraneinsatz und der rationellsten Erfüllung dieser Forderungen gewährleistet und damit zu einem Kostenoptimum zwischen Kraneinsatz und Maschinenwartezeit führt. Eine

Bedienung (Kranspiel) wird immer dann nötig, wenn eine Forderung (Transportwunsch) auftritt. Die Forderung wird durch einen Bedienungskanal (Kran) erfüllt. Das Bedienungssystem ist die Gesamtheit der verfügbaren Bedienungskanäle. Je nach Abstimmung des Forderungsstromes mit den Bedienungsmöglichkeiten entstehen für die Forderungen Wartezeiten bis zum Bedienungsbeginn, oder der Bedienungskanal wartet auf Forderungen (→ Warteschlangenproblem). Da in beiden Fällen Verluste auftreten, ist der optimale Bedienungsfall zu suchen.

Für die mathematische Beschreibung des Bedienungsmodells sind vor allem der Eingangsstrom und die Bedienungszeit von Interesse.

Der *Eingangsstrom* ist die zeitliche Folge der Forderungen; er wird durch die *mittlere Ankunftsrate* beschrieben:

$$\lambda = \frac{1}{z_m} \qquad \text{[Forderungen/h]}$$

z_m Mittlerer Abstand (Ankunftsabstand) zwischen den einzelnen Forderungen (min)

Die *Bedienungszeit* ist die Zeit für die Bedienung einer Forderung; sie charakterisiert die Leistungsfähigkeit eines Bedienungskanals und wird durch die *mittlere Bedienungsrate* (mittlere Abfertigungsrate) ausgedrückt:

$$\mu = \frac{1}{b_m} \qquad \text{[Bedienungen/h]}$$

b_m Mittlere Bedienungszeit (min)

Aus der Größe des *Verkehrswertes*

$$\varrho = \frac{\lambda}{\mu}$$

lassen sich Aussagen über die Auslastung des Bedienungssystems ableiten.

für $\varrho \to 1$ wächst die mittlere Warteschlange,
für $\varrho > 1$ wird die Warteschlange unendlich groß.

Der praktische Verfahrensweg bei der Untersuchung der Kranbedienung muß in der Regel folgende Stufen umfassen:

- Durchführung der Kranbeobachtung,
- statistische Auswertung des Beobachtungsmaterials und Bestimmung des Bedienungsmodells,
- Berechnung oder Simulation des Bedienungsmodells,
- Bestimmung des kostenoptimalen Bedienungsfalls.

Ein entsprechendes Flußbild ist nebenstehend veranschaulicht.
Bei der Untersuchung der Krankapazität in Produktionsbetrieben muß von dem stochastischen Auftreten der Bedienungswünsche ausgegangen werden.

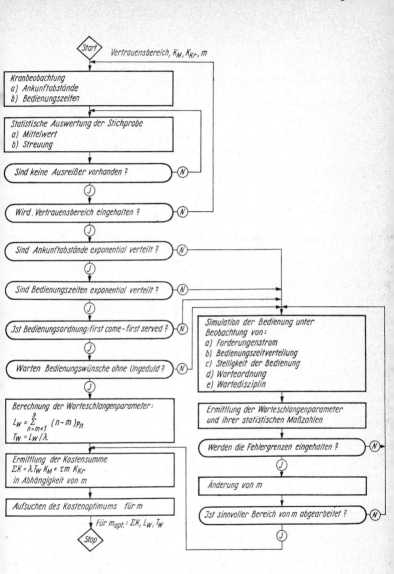

Flußbild für die Untersuchung der Kranbedienung

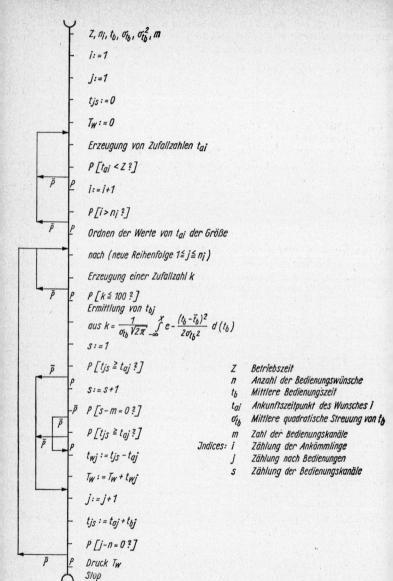

$Z, n_i, t_b, \sigma_{t_b}, \sigma_{t_b}^2, m$

$i := 1$

$j := 1$

$t_{js} := 0$

$T_W := 0$

Erzeugung von Zufallzahlen t_{ai}

$P\,[\,t_{ai} < Z\,?\,]$

$\bar{p}$ ｜ p ｜ $i := i + 1$

$P\,[\,i > n_i\,?\,]$

$\bar{p}$ ｜ p ｜ Ordnen der Werte von t_{ai} der Größe

nach (neue Reihenfolge $1 \leq j \leq n_i$)

Erzeugung einer Zufallzahl k

$\bar{p}$ ｜ p ｜ $P\,[\,k \leq 100\,?\,]$

Ermittlung von t_{bj}

aus $k = \dfrac{1}{\sigma_{t_b}\sqrt{2\pi}} \int\limits_{-\infty}^{x} e^{-\dfrac{(t_b - \bar{t}_b)^2}{2\sigma_{t_b}^2}}\, d(t_b)$

$s := 1$

$\bar{p}$ ｜ p ｜ $P\,[\,t_{js} \geq t_{aj}\,?\,]$

$s := s + 1$

$\bar{p}$ ｜ p ｜ $P\,[\,s - m = 0\,?\,]$

$\bar{p}$ ｜ p ｜ $P\,[\,t_{js} \geq t_{aj}\,?\,]$

$t_{wj} := t_{js} - t_{aj}$

$T_W := T_W + t_{wj}$

$j := j + 1$

$t_{js} := t_{aj} + t_{bj}$

$P\,[\,j - n = 0\,?\,]$

$\bar{p}$ ｜ p ｜ Druck T_W

Stop

Z	Betriebszeit
n	Anzahl der Bedienungswünsche
t_b	Mittlere Bedienungszeit
t_{ai}	Ankunftszeitpunkt des Wunsches i
σ_{t_b}	Mittlere quadratische Streuung von t_b
m	Zahl der Bedienungskanäle

Indices:
i	Zählung der Ankömmlinge
j	Zählung nach Bedienungen
s	Zählung der Bedienungskanäle

Flußbild für die Simulation der Kranbedienung

Für die Untersuchung der Verhaltensweise eines Kranbedienungssystems eignet sich sehr gut die → Simulationstechnik, weil durch sie die vielfältigen technologischen Bedingungen berücksichtigt werden können.

Ermittlung der Wartezeitkosten:

$$K = T_{wm} \cdot K_M + \tau m K_{Kr}$$ [M]

$$\tau = 1 - \rho$$

T_{wm} Mittlere Wartezeit bei der Kranbedienung (min)
m   Anzahl der Krane
K_M Mittlerer Stundenkostensatz für die Maschinen (M/h)
K_{Kr} Kosten für eine Kranbetriebsstunde (M/h)

Vorstehende Ausführungen gelten sinngemäß auch für den optimalen Einsatz anderer Arbeitsmittel.

[183 – 741 ff.]

Krankenstand – prozentuales Verhältnis der durch Krankheit ausgefallenen Arbeitstage zu den Soll-Arbeitstagen der Gesamtbeschäftigten einer Wirtschaftseinheit in einem bestimmten Zeitraum.

$$K = \frac{A_A}{A_S} \cdot 100$$ [%]

A_A Ausfalltage infolge Arbeitsunfähigkeit (d)
A_S Sollarbeitstage (d)

[36 – 1164 f.; 32 – 384]

Kreditbetrag für Investitionen, maximaler → Investitionsrechnung, vereinfachte

Krediteinsatz, möglicher → Kredittilgung

Kreditlaufzeit → Kredittilgung

Kredittilgung – Rückzahlung in Anspruch genommener Kredite. Generell gelten folgende Beziehungen.

a) Für Berechnungen, die sich auf das Jahr nach Ablauf der maximalen Kreditlaufzeit beziehen, nach erstmaliger Einsteuerung des Kredits:

$$T_{a+1} = \frac{\sum\limits_{i=1}^{n} z_i}{n}$$

b) Für Berechnungen, die sich auf ein beliebiges Jahr beziehen:

$$T_x = \frac{\sum\limits_{i=x-n}^{x-1} z_i}{n}$$ [M]

T   Tilgungsbetrag (M)
n   Maximale Kreditlaufzeit (a)
z   Kreditzuwachs (M)

Hierbei wird unterstellt, daß alle dem Betrieb verbleibenden Nettogewinne und Amortisationen für die Tilgung herangezogen werden. Da dies – von Ausnahmefällen abgesehen – nicht möglich ist, ist die Bedingung wie folgt zu erweitern:

> T ≤ Restnettogewinn + Amortisationen
>   ./. Eigenmittel für neue Investitionen und Umlaufmittelerweiterungen

Bei gegebenem Volumen der erweiterten Reproduktion sind Kredit- und Eigenmitteleinsatz – als Eigenmittelbeteiligung – Komplementärgrößen. Der Eigenmitteleinsatz – als Quelle der Kredittilgung – ist wiederum der bestimmende Faktor für die Kreditlaufzeit, während die Höchstlaufzeit der Kredite maßgeblichen Einfluß auf die notwendige Eigenmittelbeteiligung und den möglichen Krediteinsatz ausübt. Diese Zusammenhänge verdeutlichen folgende Beziehungen:

a) Finanzbedarf für Investitionen und Umlaufmittel für 1 Jahr – $F_{I,U}$:

$$F_{I,U} = E_B + K_E$$ [M]

bzw.

$$K_E = F_{I,U} - E_B$$

K_E Krediteinsatz (M)
E_B Eigenmittelbeteiligung (M)

b) Kreditlaufzeit – K_L:

$$K_L = \frac{K_E}{E_T}$$ [a]

bzw.

$$K_E = K_L \cdot E_T$$

bzw.

$$E_T = \frac{K_E}{K_L}$$

E_T Eigenmitteleinsatz für die Tilgung (M)

c) Möglicher Krediteinsatz – K_{Emax}:

$$K_{Emax} = K_{Lmax} \cdot E_{Tmin}$$ [M]

bzw.

$$K_{Lmax} \geq \frac{K_{Emax}}{E_{Tmin}}$$

K_{Lmax} Kredithöchstlaufzeit (a)
E_{Tmin} Mindesteigenmitteleinsatz für die Tilgung (für einen zu definierenden Zeitraum) (M)

d) Mindesteigenmitteleinsatz – E_{Tmin}:

$$E_{Tmin} = \frac{\sum\limits_{i=1}^{K_{Lmax}} K_{Ei}}{K_{Lmax}} \qquad [M]$$

e) Mindesteigenmittelbeteiligung – E_{Bmin}:

$$E_{Bmin} = F_{I,U} - K_{Lmax} \cdot E_{Tmin} \qquad [M]$$

Die Gleichungen unter a) und b) quantifizieren die Abhängigkeit von Eigenmittelbeteiligung und Krediteinsatz bzw. Krediteinsatz, Kreditlaufzeit und Eigenmitteleinsatz für die Tilgung.
Bei gegebener Höchstlaufzeit der Kredite hängt der mögliche Krediteinsatz von dem für die Kredittilgung verfügbaren Eigenmittelaufkommen innerhalb der Kredithöchstlaufzeit ab (Formel unter c).
Andererseits werden an das Aufkommen an Eigenmitteln für die Beteiligung oder Kredittilgung bei gegebenem Krediteinsatz Mindestanforderungen durch die maximale Kreditlaufzeit gestellt (Formel unter d).
Eigenmitteleinsatz als Eigenmittelbeteiligung und für die Kredittilgung haben ihre gemeinsame Grenze in der Höhe der Eigenmittelakkumulation und sind daher voneinander abhängig (Formel e).

[101 – 79, 84f.]

Kreislauf der Fonds – Bewegungsform der in den sozialistischen Betrieben eingesetzten und fungierenden Grund- und Umlaufmittel. Die Fonds durchlaufen im betrieblichen Reproduktionsprozeß drei Stadien:

1. das Stadium des Einkaufs der Rohstoffe und Maschinen sowie der Entlohnung der Arbeitskräfte (Funktion als Geldfonds);

2. das Stadium der Produktion (Funktion als produktive Fonds);

3. das Stadium des Verkaufs (Funktion als Warenfonds).

Der Kreislauf der Geldfonds, produktiven Fonds und Warenfonds vollzieht sich stets nacheinander und gleichzeitig nebeneinander. Dadurch ist der kontinuierliche Ablauf des betrieblichen Reproduktionsprozesses gewährleistet.
Der Kreislauf der Fonds wird im allgemeinen als *betrieblicher Kreislauf* dargestellt.

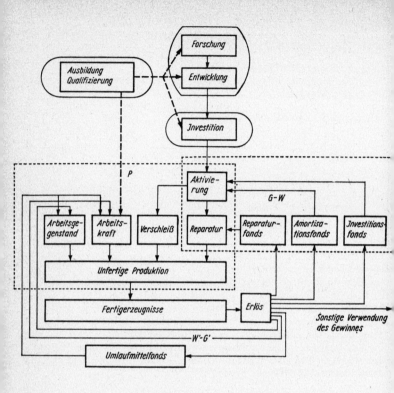

Betrieblicher Kreislauf der Fonds (siehe auch nebenstehende Abbildung)

Die betriebliche Sicht reicht für sozialistische Produktionsverhältnisse jedoch nicht aus. Für die Reproduktion der Grundmittel läßt sich beispielsweise ein volkswirtschaftlicher Kreislauf der Grundmittel verfolgen, wie er auf Seite 444 dargestellt ist.

Kreislauf des Kapitals – von *Karl Marx* aufgedeckte Bewegungsform des industriellen Kapitals, die es zum Zweck seiner Verwertung, d. h. zur Produktion und Aneignung von Mehrwert, annimmt.

Der Kreislauf des Kapitals umfaßt *drei Stadien*:

1. Das Kapital erscheint in Geldform auf dem Waren- und Arbeitsmarkt als Käufer von Waren, und zwar von Produktionsmitteln und Arbeitskraft:

Sphären	Phasen	Vorrats- bzw. Bestandsart	Bestandteile der Vorrats- bzw. Bestandsarten		
Produktion	Bereit-stellung	Produktions-vorräte	a) Lfd. Materialvorräte b) Mindestvorräte an Material (Sicherheitsvorräte, technische Lagerung, Durchlaufvorräte) c) Vorräte an geringwertigen und schnellverschleißen-den Arbeitsmitteln d) Vorräte an Störreserve für Arbeitsmittel		
	Produktions-zyklus	UP-Bestände	Vorleistungen	Bestände an Vorleistungen	
			Unvollendete Erzeugnisse	a) Lfd. UE-Bestände (Neubau und Reparaturen) b) Sonstige UE-Bestände (Bereitstellungs-, Zwischenlager- und sonstige Bestände) einschließlich Sicherheitsbestände an UE	
Zirkulation	Fertig-erzeugnis-lagerung	Absatz-vorräte	a) Lfd. Absatzvorräte b) Sonstige Absatzvorräte (Vorräte für kurzfristige Lieferfähigkeit, ein-schließlich Vorräte zur Deckung von Garantie-leistungen, sowie Ersatzteilvorräte)		
	Realisierung	Finanz-bestände	a) Bestände an Forderungen aus Warenlieferungen und Leistungen b) Sonstige Finanzbestände (Bank, Kasse usw.)		

(neuer Kreislauf bzw. Umschlag)

Die Kreislaufetappen und die ihnen entsprechenden Vorrats- bzw. Bestandsarten

[86 – 11]

$$G - W < {Ak \atop Pm}$$

Es wird damit zu Kapital in seiner produktiven Form.

2. Das Kapital konsumiert im Produktionsprozeß die im ersten Stadium gekauften Elemente des produktiven Kapitals:

... P ...

Das Resultat ist Ware von mehr Wert als dem der Produktionselemente; das Kapital hat sich im Produktionsprozeß verwertet.

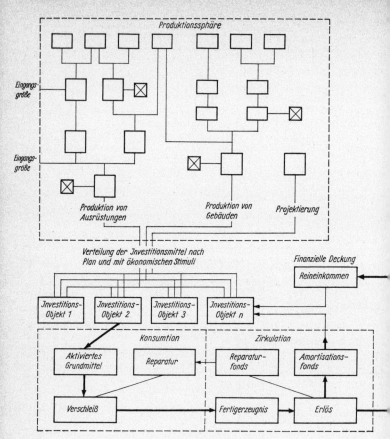

Volkswirtschaftlicher Kreislauf der Grundmittel

[36 – 1175; 216 – 1248; 86 – 11]

---

3. Das Kapital kehrt verwertet in Warenform zum Markt zurück und verwandelt sich durch Verkauf wieder aus der Warenform in die Geldform:

$$W' - G'$$

Den drei Stadien des Kapitalkreislaufs entsprechen *drei Formen* des Kapitals:

Geldkapital, produktives Kapital, Warenkapital. Für den Kreislauf dieser drei Kapitalformen gelten diese Formeln:

1. Allgemeine Formel des Kreislaufs des Kapitals und zugleich spezielle Formel des Kreislaufs des → Geldkapitals:

$$G - W < {}^A_{Pm} \dots P \dots W' - G'$$

2. Kreislauf des produktiven Kapitals:

$$P \dots W' - G' - W < {}^A_{Pm} \dots P$$

3. Kreislauf des Warenkapitals:

$$W' - G' - W < {}^A_{Pm} \dots P \dots W'$$

G   Vorgeschossenes individuelles Kapital (Geldkapital)
W   Umwandlung in produktives Kapital durch den Kauf von Produktions-mitteln (Pm) und Arbeitskräften (A)
P   Symbol für den sich vollziehenden Produktionsprozeß (Ausbeutungs-prozeß)
W′   Warenkapital, vermehrt um den im Produktionsprozeß durch Aus-beutung erzielten Mehrwert (w)
G′   Durch den Verkauf der erzeugten Ware erhaltenes Geldkapital, ver-mehrt um den durch Ausbeutung im Produktionsprozeß erzielten Mehrwert (g)

G′ am Ende des Kreislaufs wird wieder zu G (größeres G als im vorhergehen-den Kreislauf) am Anfang des neuen Kreislaufs.

[**210** – 161 ff.; **211** – 31 ff.; **36** – 747 f., 1175 f.]

k-tes Moment → Durchschnitt

Kubikzahlen → Anhang, S. 1060

Kundendienst – Instrument zur planmäßigen Betreuung, Gestaltung und Be-einflussung des Marktes als auch seiner bewußten Nutzung im Rahmen der Marktbearbeitung. Der Kundendienst vermittelt einerseits die Impulse der Forschung, Entwicklung und Produktion an die Zirkulation und Konsumtion, und vermittelt andererseits die Rückwirkungen der Konsumtion und Zirku-lation auf Forschung, Entwicklung und Produktion. Welche Wirkungs-richtungen der Kundendienst verfolgt, welche Einflüsse er ausübt und welche Funktionen, Maßnahmen und Methoden sich hauptsächlich zusammenfassen lassen, veranschaulicht das Schema auf den Seiten 446/447, das keineswegs als absolut vollständig aufzufassen ist, sondern lediglich Anregungen ver-mitteln soll.

[**224** – 2 ff.]

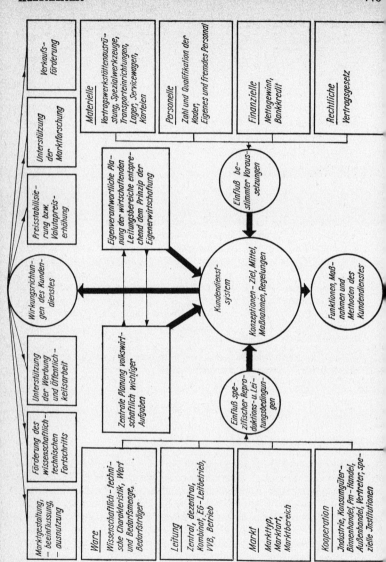

Verkaufs-förderung

Unterstützung der Marktforschung

Preisstabilisierung bzw. Valutapreis-erhöhung

Unterstützung der Werbung und öffentlichkeitsarbeit

Förderung des wissenschaftlich technischen Fortschritts

Marktgestaltung, -beeinflussung, -ausnutzung

Materielle
Vertragswerkstättenausrüstung, Spezialwerkzeuge, Transporteinrichtungen, Lager, Servicewagen, Karteien

Personelle
Zahl und Qualifikation der Kader; Eigenes und fremdes Personal

Finanzielle
Nettogewinn, Bankkredit

Rechtliche
Vertragsgesetz

Eigenverantwortliche Planung der wirtschaftenden Leitungsbereiche entsprechend dem Prinzip der Eigenerwirtschaftung

Einfluß bestimmter Voraussetzungen

Wirkungsrichtungen des Kundendienstes

Kundendienst-system
Konzeptionen – Ziel, Mittel, Maßnahmen, Regelungen

Funktionen, Maßnahmen und Methoden des Kundendienstes

Zentrale Planung volkswirtschaftlich wichtiger Aufgaben

Einfluß spezifischer Reproduktions- u. Leistungsbedingungen

Ware
Wissenschaftlich-technische Charakteristik, Wert und Bedarfsmenge, Bedarfsträger

Leitung
Zentral, dezentral, Kombinat, EG-Leitbetrieb, VVB, Betrieb

Markt
Markttyp, Marktart, Marktbereich

Kooperation
Industrie, Konsumgüter-Binnenhandel, Pm-Handel, Außenhandel, Vertreter, spezielle Institutionen

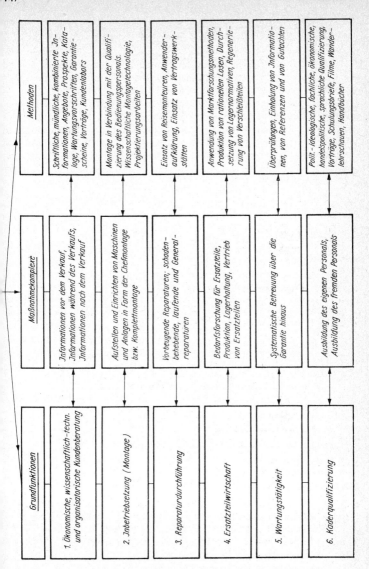

Grundfunktionen	Maßnahmekomplexe	Methoden
1. Ökonomische, wissenschaftlich-techn. und organisatorische Kundenberatung	Informationen vor dem Verkauf, Informationen während des Verkaufs, Informationen nach dem Verkauf	Schriftliche, mündliche, kombinierte Informationen, Angebote, Prospekte, Kataloge, Wartungsvorschriften, Garantiescheine, Vorträge, Kundenlabors
2. Inbetriebsetzung (Montage)	Aufstellen und Einrichten von Maschinen und Anlagen in Form der Chefmontage bzw. Komplettmontage	Montage in Verbindung mit der Qualifizierung des Bedienungspersonals. Wissenschaftliche Montagetechnologie, Projektierungsarbeiten
3. Reparaturdurchführung	Vorbeugende Reparaturen; schadenbehebende, laufende und Generalreparaturen	Einsatz von Reisemonteuren, Anwenderaufklärung, Einsatz von Vertragswerkstätten
4. Ersatzteilwirtschaft	Bedarfsforschung für Ersatzteile, Produktion, Lagerhaltung, Vertrieb von Ersatzteilen	Anwendung von Marktforschungsmethoden, Produktion von rationellen Losen, Durchsetzung von Lagernormativen, Regenerierung von Verschleißteilen
5. Wartungstätigkeit	Systematische Betreuung über die Garantie hinaus	Überprüfungen, Einholung von Informationen, von Referenzen und von Gutachten
6. Kaderqualifizierung	Ausbildung des eigenen Personals, Ausbildung des fremden Personals	Polit.-ideologische, fachliche, ökonomische, handelspolitische, sprachliche Qualifizierung, Vorträge, Schulungsbriefe, Filme, Wanderlehrschauen, Handbücher

Schema eines Kundendienst-Systems

Kybernetik – Wissenschaft von den allgemeinen Gesetzmäßigkeiten der Organisation und des Funktionierens bestimmter klassendynamischer Systeme (unterschiedlicher materieller Beschaffenheit), die mittels Gewinnung, Übertragung, Aufnahme, Speicherung und Verarbeitung von Informationen zu einer aktiven, zielgerichteten Verhaltensweise mit selbststabilisierendem Charakter in der Lage sind. Ausgangspunkt aller diesbezüglichen Betrachtungen bildet die Grundthese der marxistischen Philosophie, derzufolge in der objektiven Realität mannigfaltige materielle Objekte existieren, die auf unterschiedliche Art und Weise wechselseitig voneinander abhängen und zueinander in Beziehung stehen, wobei sich das Interesse bei kybernetischen Untersuchungen auf solche Objekte richtet, deren hervorstechendste Eigenschaft darin besteht, daß sie sich *bewegen*, *verändern* und *entwickeln*, also das Moment der *Dynamik* in sich tragen. Die kybernetische Betrachtung erfolgt unter fünf grundlegenden Aspekten, die zur Herausbildung von fünf entsprechenden Teilgebieten der Kybernetik geführt haben:

Systemaspekt (Systemtheorie)
Aspekt der Steuerung und Regelung (Regelungstheorie)
Informationsaspekt (Informationstheorie)
Algorithmenaspekt (Algorithmentheorie)
Spielaspekt (Spieltheorie)

Die Abbildung verdeutlicht die Spezifik der kybernetischen Betrachtungsweise.

Alle fünf Aspekte sind im Rahmen der Nutzung kybernetischer Methoden für die Leitung des volkswirtschaftlichen bzw. betrieblichen Reproduktionsprozesses auf der Grundlage des Planes eng miteinander verflochten und können nur als Einheit gesehen werden.

Der *Systemaspekt* ist der grundlegende und umfassende Aspekt der Kybernetik, denn immer ist ein nach bestimmten Gesichtspunkten abgegrenztes bzw. definiertes System Ausgangspunkt oder unmittelbarer Gegenstand kybernetischer Betrachtungen und Untersuchungen.

Ein *System* ist die Gesamtheit von *Elementen*, die in funktionaler und strukturell geeigneter Form miteinander verbunden sind. Die Elemente können wiederum Systeme (Teilsysteme) sein.

Der *Regelungsaspekt* bezieht sich auf die grundlegenden Gesetzmäßigkeiten der Regelung in dynamischen Systemen, wobei die Regelungstheorie diese Gesetzmäßigkeiten mathematisch zu formulieren sucht. Die Grundzüge des Regelaspektes sind in ihrer Gültigkeit nicht an bestimmte stoffliche, energetische u. a. Grundlagen gebunden, sondern gelten für dynamische Systeme aller Bereiche, in denen Regelungsprozesse auftreten.

Steuerung und Regelung greifen so in einen Prozeß ein, daß die Prozeßergebnisse einen bestimmten vorgegebenen Wert erreichen oder einen vorgegebenen optimalen zeitlichen Verlauf nehmen.

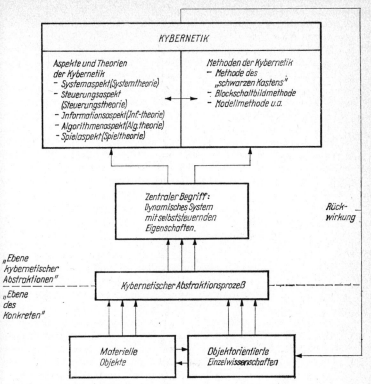

Zur Spezifik der kybernetischen Betrachtungsweise und ihrer Rückwirkung auf objektorientierte Einzelwissenschaften

Steuern und Regeln ist ein Vorgang in einem dynamischen System, bei dem bestimmte Größen oder auch das Verhalten bestimmter Glieder des Systems auf Grund gegebener Gesetzmäßigkeiten oder festgelegter struktureller und funktioneller Beziehungen beeinflußt werden.

Eine *Steuerung* liegt immer dann vor, wenn irgendein System unter der Wirkung einer veränderlichen Größe am Eingang eine Ausgangsgröße liefert, die ihrerseits eine Funktion des Einganges ist, wobei der Wirkungsweg im System nicht im Sinne einer Regelung fortlaufend geschlossen ist.

Unter *Regelung* ist ein Vorgang in einem kybernetischen System zu verstehen, bei dem die Zielgröße des grundlegenden Prozesses im System – *die Regelgröße* – fortlaufend erfaßt und durch Vergleich ihres Ist-Wertes mit dem Wert einer anderen Größe (*Führungsgröße*) im Sinne der Angleichung an deren Wert beeinflußt wird. Der hierzu notwendige Wirkungsablauf vollzieht sich in einem geschlossenen Kreis, *dem Regelkreis.* Innerhalb des Regelkreises wird stets gemessen, verglichen und gestellt.

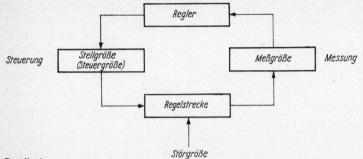

Regelkreis

Unter dem *Informationsaspekt* wird untersucht, auf welche Weise aus einem „Zeichenvorrat" eine bestimmte Auswahl zu treffen und dieser Auswahlvorgang quantitativ zu messen ist. Diese Aussagen haben nicht allein für sprachliche Zeichen Gültigkeit, sondern auch für beliebige Zeichenkollektive. Deshalb wird anstatt von syntaktischer Information (hierbei geht es nicht um die Bedeutung der Zeichen, sondern lediglich um die Möglichkeit ihrer Verknüpfung) von metrischer Information gesprochen.

Metrische Information befaßt sich mit den statistischen Gesetzmäßigkeiten der Übertragung und Verarbeitung von Informationen, wobei die Information als statistische Erscheinung aufgefaßt wird. Ihrer Bestimmung liegen wahrscheinlichkeitstheoretische Überlegungen zugrunde. Ausgangspunkt der hierzu notwendigen Betrachtungen ist die nähere Charakteristik der „Informationsquelle", die dadurch gekennzeichnet ist, daß sie bestimmte Zeichen (Symbole) aus einer endlichen Menge N, dem „Zeichenvorrat" der Quelle Q, auswählt und in einen „Übertragungskanal" abgibt. Die zeitliche Folge der abgegebenen Symbole entspricht dabei gewissermaßen einem „Produktionsprozeß".

Der *Algorithmenaspekt* bezieht sich auf die Art der Betrachtung und Untersuchung von Vorgängen der Informationsverarbeitung. Das Charakteristische von Vorgängen der Informationsverarbeitung bzw. allgemein eines Informationsverarbeitungsprozesses besteht zunächst darin, daß bestimmte Eingangsinformationen x_e im Verlaufe eines Prozesses in bestimmte Ausgangsinformationen x_a umgewandelt bzw. umgeformt werden, wobei sich der Prozeß selbst in einem realen System abspielt. Unter einem Informationsverarbeitungsprozeß soll eine Folge von Operationen der Informationswandlung, des Informationstransports und der Informationsspeicherung in ihrem zeitlichen Nach- und Nebeneinander verstanden werden. Läßt sich der Ablauf eines Informationsverarbeitungsprozesses – bezogen auf seine inneren Gesetzmäßigkeiten – durch eine Vorschrift oder ein System von Regeln erfassen,

dann heißt dieser Prozeß „*algorithmischer Prozeß*" und die Vorschrift bzw.
das System von Regeln „*Algorithmus*". Unter diesem Begriff sind allgemeine
Vorschriften bzw. Systeme von Regeln zu verstehen, die den Ablauf beliebiger
Informationsverarbeitungsprozesse in beliebigen realen Systemen beschreiben.

Der *Spielaspekt* schließlich hat die Erörterung des Verhaltens gesellschaftlicher Systeme zum Inhalt. Der zentrale Begriff ist „Strategie", unter dem
allgemein ein vollständiger Verhaltensplan verstanden wird, der durch den
betreffenden Spieler vor dem Spiel ausgearbeitet wird und der für jede mögliche
Situation, in die der Spieler im Laufe des Spieles geraten kann, sein Verhalten
und die zu treffende Entscheidung (im Prinzip) festlegt.

[**164** – 4ff., **40** – 343, 374; **36** – 1197ff.]

L

Lagerbestand – für einen bestimmten Zeitraum bzw. zu einem Stichtag
ermittelte Menge der im Lager vorhandenen Materialien oder Erzeugnisse.

a) Effektiver Lagerbestand – LE:

$$LE_n = LE_{n-1} + LZ_n - LA_n$$

LZ   Lagerzugang
LA   Lagerabgang (effektiver Bedarf)
n   Planabschnitt

b) Disponibler Lagerbestand – LD:

$$LD_n = LE_n + LB_n - LV_n$$

LB   Bestellbestand (optimale Losgröße)
LV   Verzugsbestand
n   Planabschnitt

Der Lagerbestand an den betreffenden einzelnen Materialien soll optimal,
d. h. einerseits so hoch sein, daß er eine kontinuierliche Produktion sichert,
andererseits so gering sein, daß möglichst wenig Umlaufmittel in Beständen
gebunden sind. Unter diesem Gesichtspunkt sind die *gesamten Lagerhaltungskosten je Teil* zu betrachten:

$$LK_{Gn} = \frac{1}{2n} \sum_{i=1}^{n} (LE_{Ai} + LE_{Ei}) \cdot KS \cdot kF_{Ln} + kF_B \cdot \frac{\sum_{i=1}^{n} B_i}{LO},$$

unter den Bedingungen

$$LE_A \geqq 0$$

$$LE_E \geqq 0$$

LE_A Effektiver Lagerbestand am Anfang eines Planabschnitts
LE_E Effektiver Lagerbestand am Ende eines Planabschnitts
KS Kosten je Stück
kF_L Lagerkostenfaktor je Planabschnitt
kF_B Bestellkostenfaktor
B Effektiver Bedarf
LO Optimale Losgröße
n Planabschnitt

[**49** – 22 ff.]

Lagerfläche, erforderliche – mittels mathematischer Methoden (Lagerhaltungs-modellen) nach bestimmten Bedingungen und Beschränkungen (Kosten-minimierung, Flächenausnutzung, Kapazitätsbeschränkung usw.) ermittelte notwendige Gesamtlagerfläche.
Benötigte Gesamtfläche:

$$L_{GG} = L_{Gg} + F_w$$

L_{Gg} Fläche für alle im Lager zu lagernden Teile oder Materialarten
F_w Fläche für Ablagen und Wege

$$L_{Gg} = \sum_{i=1}^{n} \left[R \cdot \left(\sqrt{\frac{2B_G \cdot K_1}{K_2 \cdot K_M}} + \frac{1}{K} \sum_{i=1}^{K} A_K \cdot PA_S \right) \right]$$

R Raum- bzw. Flächenbedarf je ME
B_G Gesamtbedarf
K_1 Aufgabe- bzw. Vorbereitungskosten
K_2 Lagerhaltungskosten
K_M Materialkosten
K Anzahl der eingegangenen Aufträge nach dem Erreichen des Bestands 0 bis zum Eingang der neuen Serie
PA_S Anzahl der Planabschnitts vom Erreichen des Bestands 0 bis zum Eingang der neuen Serie
A_K Stückzahl je Auftrag nach dem Erreichen des Bestands 0 bis zum Eingang der neuen Serie

Sind von vornherein entsprechende Beschränkungen vorhanden, so ändert sich die Formel jeweils durch Einbeziehung der entsprechenden Los- bzw. Bestellgrößen in Form eines veränderten Wurzelausdrucks:

Los- bzw. Bestellgrößen

a) Ohne Nebenbedingung:

$$l_0 = \sqrt{\frac{2B_G \cdot K_1}{K_2 \cdot K_M}}$$

(Siehe Wurzelausdruck der Innenklammer obenstehender Formel)

b) Nebenbedingung „Lagerraumbeschränkung":

$$l_{OL} = \sqrt{\frac{2B_G \cdot K_1}{K_2 \cdot K_M - \nu \cdot R}}$$

c) Nebenbedingung „Kapazitätsbeschränkung":

$$l_{OK} = \sqrt{\frac{2B_G \cdot K_1}{K_2 \cdot K_M}} \cdot f_K$$

d) Nebenbedingung „Kapazitäts- und Lagerraumbeschränkung":

$$l_{OLK} = \sqrt{\frac{2B_G \cdot K_1}{K_2 \cdot K_M - \nu \cdot R}} \cdot f_K$$

ν Korrekturgröße
f_K Faktor, der die Kapazitätsprobleme der Liefertermine berücksichtigt

[264 – 146]

Lagerflächennutzungsgrad – Kennziffer, die das Verhältnis der Lagergrundfläche (mit Lagergut belegte Fläche einschließlich Flächen für Lagerungshilfsmittel, Manipulationsflächen zwischen den Stapeleinheiten und in Regalen sowie Konstruktionsflächen für die Regale) zur Hauptfunktionsfläche (Gesamtfläche) des Lagers ausdrückt.

$$F_n = \frac{F_0}{F_{ges}}$$

F_0 Lagergrundfläche (m²)
F_{ges} Hauptfunktionsfläche (m²)

Analog kann der Flächennutzungsgrad auch für andere Objekte errechnet werden.

→ Raumnutzungsgrad des Lagers, → Höhennutzungsgrad des Lagers

[331 – 70f.]

Lagergrundfläche → Lagerflächennutzungsgrad

Lagerhaltungskosten, gesamte → Vorratsoptimierung

Lagerhaltungskosten je Teil → Lagerbestand

Lagerraumhöhe → Höhennutzungsgrad des Lagers

Lagrangesche Multiplikatorenmethode – Verfahren, das die Bestimmung eines bedingten Minimums der Kosten von Produktion und Lagerung zweier Erzeugnisse ermöglicht, d. h. es ist zu bestimmen, in welchen Losen zwei Erzeugnisse A und B zu produzieren sind, wobei solche Losgrößen $x_1 > 0$ für Erzeugnis A bzw. $x_2 > 0$ für Erzeugnis B zu ermitteln sind, für die die gesamten Lager- und Produktionskosten ein Minimum ergeben. Dabei ist aber die Bedingung

$$p_1 x_1 + p_2 x_2 \leqq P \tag{1}$$

zu erfüllen, das heißt, die Lösung muß sich in einem bestimmten Bereich befinden (in der Abbildung schraffiert dargestellt).

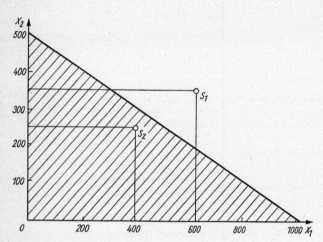

Lage von S

Liegt das Minimum von K in S_1, so ist die Lösung wegen der unzureichenden Aufnahmefähigkeit des Lagers unzulässig.

$$K = \frac{k_1^{(A)} \cdot T x_1}{2} + \frac{R_1 k_2^{(A)}}{x_1} + \frac{k_1^{(B)} T x_2}{2} + \frac{R_2 k_2^{(B)}}{x_2} \tag{2}$$

Das Minimum der Funktion (2) muß also unter Einhaltung der Bedingung (1) bestimmt werden. Man bildet den Ausdruck

$$\Phi(x_1, x_2) = K + \lambda(p_1 x_1 + p_2 x_2 - P) \tag{3}$$

Den bei dem Koeffizienten λ stehenden Ausdruck erhält man aus $p_1 x_1 + p_2 x_2 \leqq P$, indem man P auf die andere Seite bringt. K folgt aus (2). (3) wird hintereinander nach den Veränderlichen x_1 und x_2 differenziert und die Ableitung gleich Null gesetzt.

$$\frac{k_1^{(A)}T}{2} - \frac{R_1 k_2^{(A)}}{x_1^2} + \lambda p_1 = 0$$

$$\frac{k_1^{(B)}T}{2} - \frac{R_2 k_2^{(B)}}{x_2^2} + \lambda p_2 = 0$$

$$p_1 x_1 + p_2 x_2 = P$$

Die aus diesem Gleichungssystem folgenden Lösungen für x_1 und x_2 sind endgültig.

K   Kosten (M)

$k_1^{(A)}$, $k_1^{(B)}$ Lagerkosten einer Einheit von A bzw. B pro Zeiteinheit (M)

$k_2^{(A)}$, $k_2^{(B)}$ Fixe Kosten im Zusammenhang mit der Produktionsaufnahme eines Loses des Erzeugnisses A bzw. B (M)

x_1, x_2 Losgrößen (ME)

T   Zeit (der Produktion) (min)

P   Optimale Aufnahmefähigkeit des Lagers (m³)

p_1, p_2 Volumen einer Einheit des Erzeugnisses A bzw. B (m³)

λ Lagrangescher Multiplikator

R_1, R_2 Menge des Erzeugnisses A bzw. B

[261 – 27 ff.]

Längeneinheiten → Tafel der gesetzlichen Einheiten (Anhang, S. 1064)

Lebensbedingungen → Arbeits- und Lebensbedingungen

Leistungskennzahlen der Instandhaltung → Instandhaltung

Leistungslohn bei Mehrmaschinenbedienung → Mehrmaschinenbedienung

Leistungsparameter – Veränderliche zur Ermittlung des Zusammenhangs zwischen der Leistung eines Erzeugnisses und dem zu seiner Herstellung erforderlichen Kostenaufwand. Zwischen den Leistungsparametern und den Kosten bestehen bestimmte, exakt erfaßbare Beziehungen, die bereits bei der Projektierung neuer Erzeugnisse berücksichtigt werden müssen. Erste diesbezügliche empirische Formeln hat der sowjetische Wissenschaftler *Konson* für Elektromaschinen ermittelt:

Leistungsmasse

$$g = \frac{1}{4\sqrt{P}}$$ [kg]

bzw.

$$m = P^{\frac{3}{4}}$$ [kg]

g   Leistungsmasse (kg)
m   Masse (kg)
P   Leistung (kW)

Für die *Materialkosten* gilt:

$$M_1 = \left(\frac{P_1}{P_0}\right)^{\frac{3}{4}}$$ [M]

Für die *Arbeitszeit* bzw. die *Lohnkosten* gilt:

$$t \equiv m^{\frac{2}{3}}$$
$$t \equiv P^{\frac{1}{2}}$$

$$L_1 \equiv L_0 \left(\frac{P_1}{P_0}\right)^{\frac{1}{2}}$$

Daraus ergibt sich für die *Selbstkosten*:

$$K \equiv P^{0,6 \text{ bis } 0,65}$$

oder

$$K_1 \equiv K_0 \left(\frac{P_1}{P_0}\right)^{0,6 \text{ bis } 0,65}$$

Es gilt:

$$\frac{K}{kW} = \frac{m}{kW} \cdot \frac{K}{m}$$

Da beide Faktoren sinken, verringert sich auch der Kostenaufwand je kW. Die vorstehenden empirischen Formeln zur Darstellung der Abhängigkeit der Selbstkosten vom Leistungsparameter sind natürlich grob und dienen lediglich zur ersten Orientierung in der Projektierungspraxis. Aber gerade für perspektivische Berechnungen sind sie gut verwendbar.

[144 – 128f.]

Leistungsquote – zusammenfassende Kennziffer zur Widerspiegelung der Effektivität von Produktionsanlagen bzw. von Investitionsvorhaben; Verhältnis von Leistungsumfang (Produktions- und Einsparungseffekt) und dem kennziffernmäßigen Ausdruck des Wert- bzw. Preisvolumens der Produktionsanlagen. Ausgehend von dieser synthetischen Kennziffer kann ein ganzes Pyramidensystem von Kennziffern zur Beurteilung des Nutzeffekts von Investitionen abgeleitet werden:

Symbol bzw. Relation	Bezeichnung

LQ	*Leistungsquote*
L	Leistungsumfang
g	*Grundfondsquote* bzw. $\frac{1}{g}$ *Grundfondsintensität* $g = \dfrac{P}{G}$ P Produktion G Grundfonds
q	*Selbstkostenquote* $q = \dfrac{P}{SK}$ SK Selbstkosten
k	*Fondsrentabilität* $k = \dfrac{Re}{G}$ Re Reineinkommen
R_0	*Rückflußdauer* der Investitionen $R_0 = \dfrac{1}{k} = \dfrac{G}{Re} = \dfrac{I}{Re}$ I Investitionen
$\dfrac{G}{Am}$	*Nutzungsdauer* der Grundfonds Am Amortisationen
$\dfrac{P}{Lh} \triangleq \dfrac{P}{AK}$	*Arbeitsproduktivität* Lh Lohn AK Arbeitskräfte
$\dfrac{M}{G}$	*Materialverbrauch* M Material
$\dfrac{G}{Lh} \triangleq \dfrac{G}{AK}$	*Ausstattungsgrad der Arbeitskraft*
N_z	*Koeffizient des relativen ökonomischen Nutzens der zusätzlichen Investitionen* $N_z = \dfrac{SK}{G} \rightarrow \dfrac{\triangle SK}{\triangle G} \triangleq \dfrac{SK_1 - SK_2}{I_2 - I_1}$
R_z	*Rückflußdauer der zusätzlichen Investitionen* $R_z = \dfrac{1}{N_z}$
$\sum Lh + Re \triangleq NE$	Nationaleinkommen
$\dfrac{NE}{G} \rightarrow \dfrac{\triangle NE}{\triangle G} \triangleq \dfrac{\triangle NE}{I}$	*Koeffizient des absoluten ökonomischen Nutzens der Investitionen*

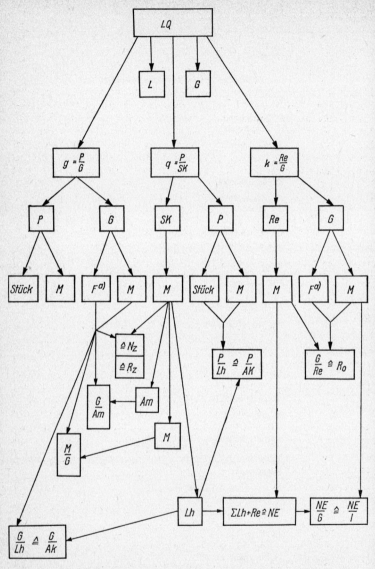

Pyramide des Kennziffernsystems zur Beurteilung des Nutzeffekts von Investitionen

[**74** – 1777 ff.; **57** – 1806 ff.; **144** – 60]

Leistungsspinne → ZIS-Erfolgsspinne

Leitbetrieb → Erzeugnisgruppe

Leitung – Funktion im arbeitsteiligen Reproduktionsprozeß, die die planmäßige Wirksamkeit einzelner oder mehrerer Arbeitskollektive und ihre Kooperation auf der Grundlage des Planes organisiert und kontrolliert. Der Leitungsprozeß unter sozialistischen Produktionsverhältnissen ist die Einheit von zentraler staatlicher Leitung und Planung in den Grundfragen der gesellschaftlichen Entwicklung und der eigenverantwortlichen Tätigkeit der sozialistischen Betriebe u. a. Organisationen unter allseitiger, schöpferischer Mitarbeit der Werktätigen an den zu lösenden Aufgaben.

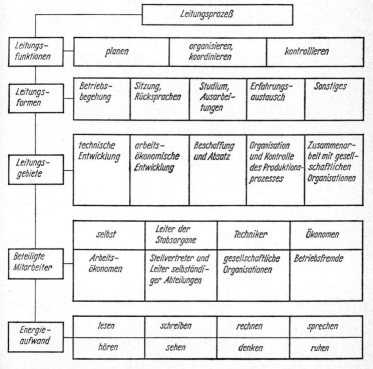

Der Leitungsprozeß und seine Teilprozesse

[113 – 23]

Leitungstätigkeit leitender Mitarbeiter, Kennziffern der – quantifizierter Ausdruck bestimmter Sachverhalte in der Tätigkeit von Leitungskräften. Die nachfolgenden und ähnliche Kennziffern dienen zur Analyse und daraus abgeleiteten Rationalisierung der Arbeit der Leiter.

Index der Extensität der Leitungstätigkeit

$$I_e = \frac{T_e}{T_N}$$

T_e Ist-Arbeitszeit im Berichtszeitraum (h)
T_N Gesetzliche Normalarbeitszeit im betreffenden Zeitraum (h)

Index der Ist-Arbeitszeit:

$$I_E = \frac{T_e}{T_0}$$

T_e Ist-Arbeitszeit im Berichtszeitraum (h)
T_0 Ist-Arbeitszeit im Basiszeitraum (h)

Index der Proportionalität

$$I_{prop} = \frac{T_e}{T_p} = \frac{t_{e1}}{t_{p1}}; \frac{t_{e2}}{t_{p2}}; \frac{t_{e3}}{t_{p3}}; \frac{t_{e4}}{t_{p4}}; \text{ usw.}$$

T_e Summe der Ist-Zeitanteile für die Tätigkeiten $i = 1, ..., n$ (h)
T_p Summe der geplanten Zeitanteile für die Tätigkeiten $i = 1, ..., n$ (h)
t_{ei} Ist-Zeitanteile für die Tätigkeiten $i = 1, ..., n$
t_{pi} Geplante Zeitanteile für die Tätigkeiten $i = 1, ..., n$

Index der Intensität

$$I_i = \frac{T_h}{T_e} = \frac{t_{h1}}{t_{e1}}; \frac{t_{h2}}{t_{e2}}; \frac{t_{h3}}{t_{e3}}; \frac{t_{h4}}{t_{e4}} \text{ usw.}$$

T_h Gesamtzeit mit Hilfsmitteln (h)
T_e Ist-Arbeitszeit (h)
t_h Zeit mit Hilfsmitteln für die Tätigkeitsarten $i = 1, ..., n$ (h)
t_e Ist-Arbeitszeit für die Tätigkeitsarten $i = 1, ..., n$ (h)

[112 – 70f.]

Lieferbeziehungen, optimale Anzahl der – jene Anzahl von Verbindungen zwischen Aufkommensorten (Herstellern) und Verbrauchsorten (Verbrauchern), die in einer *optimalen* Transportgestaltung bzw. optimalen Festlegung der Lieferbeziehungen enthalten sein darf, im Gegensatz zur Anzahl der *möglichen* Lieferbeziehungen.

$$L \leqq m + n - 1 \qquad\qquad [-]$$

L Lieferbeziehungen

m   Anzahl der Hersteller
n   Anzahl der Verbraucher

Beispiel:

Ein Massengut kommt an 30 Orten auf und soll nach 50 Orten befördert werden.

$$L = 30 + 50 - 1 = 79$$

Möglich sind jedoch $30 \cdot 50 = 1500$ Lieferbeziehungen.

[252 – 148 ff.]

Liefermenge, optimale, *Bestellmenge*, *optimale* – Grundlage für die Ermittlung von Materialvorratsnormen für Materialien mit wiederkehrender Bestandsentwicklung. Die optimale Liefermenge ist das Optimum einer Vielzahl von Faktoren und hängt maßgeblich von den Bedingungen der volkswirtschaftlichen Vorratshaltung ab. Folgende Faktoren stehen dabei im Vordergrund: Art des Materials und seine Haltbarkeit, Produktionsumfang, Produktionsprogramm, Transportmittel, Bezugsart, Ausstoßrhythmus des Lieferanten bzw. Importtermine, Lagerkapazität des Lieferanten bzw. Verbrauchers, Sortiment des Produktionsmittelhandels, Entfernung des Lieferanten vom Verbraucher, Verkehrsverhältnisse, Umlaufmittelbindung (besonders in Hinblick auf die Produktionsfondsabgabe und die Kreditzinsen), Transportkosten, Lagerungs- und Wartungskosten, Handelsspannen. Vom Verbraucherbetrieb aus gesehen ist eine Liefermenge immer dann optimal, wenn unter der Bedingung wertangenäherter Preise der Gesamtaufwand für Beschaffung und Lagerung ein Minimum ergibt. Unter Beachtung aller genannten Faktoren ergibt sich folgende vereinfachte Berechnung:

a) Bei kontinuierlicher Anlieferung und Entnahme der Lagergüter
In Mengeneinheiten:

$$l_0 = \sqrt{\frac{2 B_G \cdot K_2}{T \cdot K_1}} \qquad \text{[ME]}$$

In Zeiteinheiten:

$$t_0 = \frac{T \cdot l_0}{B_G} \qquad \text{[ZE]}$$

T   Zeitraum (ZE)
B_G Gesamtbedarf während des Zeitraumes T (ME)
K_1 Lagerhaltungskosten (M/ME · ZE)
K_2 Aufgabe- bzw. Vorbereitungskosten je Bestellung (M)
t_0 Optimale Zeitdauer zwischen zwei Einlagerungen (ZE)

b) Bei kontinuierlicher Anlieferung und diskontinuierlicher Entnahme der Lagergüter

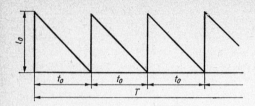

Graphische Darstellung des kontinuierlichen Ein- und Ausgangs der Lagergüter

In Mengeneinheiten:

$$l_0 = \sqrt{\frac{2B_G \cdot K_2}{K_1 \cdot T}} \cdot \sqrt{\frac{K_1 + K_3}{K_3}} \qquad \text{[ME]}$$

$$t_0 = \sqrt{\frac{2T \cdot K_2}{B_G \cdot K_1}} \cdot \sqrt{\frac{K_1 + K_3}{K_3}} \qquad \text{[ZE]}$$

K_3 Fester durchschnittlicher Kostensatz für Fehlmengenkosten $(M/ME \cdot ZE)$

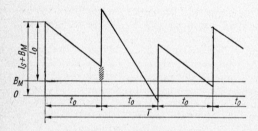

Graphische Darstellung der kontinuierlichen Anlieferung und diskontinuierlichen Entnahme der Lagergüter

c) Bei diskontinuierlicher Anlieferung und Entnahme der Lagergüter:

Da hierbei keine Fehlmengen zugelassen werden, können dieselben Gleichungen für die Liefermenge verwendet werden wie unter Punkt a). Allerdings ist es in diesem Fall nicht sinnvoll, t_0 zu berechnen, da diese Zeit nicht konstant ist und von der entsprechenden Entnahme der Lagergüter bestimmt wird.

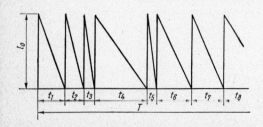

Graphische Darstellung der diskontinuierlichen Anlieferung und Entnahme der Lagergüter

[**265** – 4; **85** – 33; **137** – 117f.; **25** – 279; vgl. ferner: **169** – 530f.]

Lieferverbindungen, transportoptimale – optimale Lieferorte und Liefermengen, die sich unter Anwendung der Verfahren der Transportoptimierung ergeben. Es eignen sich insbesondere zwei Verfahren: 1. das offene Transportproblem, 2. das mehrstufige Transportproblem. In beiden Fällen wird jedoch vorausgesetzt, daß bestimmte Standortvarianten bereits bekannt sind und die Aufgabe darin besteht, die vom Transportaufwand her günstigsten Kapazitäten dieser Standorte zu berechnen.

Beispiel:

Gegeben: Aufwandszahlen c_{ij}

Bedarfsmengen der Empfängerorte b_j

Gesucht: Aufkommensmengen a_i bei einem Minimum an Transportaufwand

Lösung: $b_1 = 200$, $b_2 = 50$, $b_3 = 650$, $b_4 = 150$ Mengeneinheiten (ME)

3 Aufkommensstandorte A_1, A_2, A_3

$$(c_{ij}) = \begin{pmatrix} 3 & 7 & 1 & 12 \\ 15 & 8 & 10 & 6 \\ 7 & 4 & 2 & 7 \end{pmatrix}$$

Es wird in jeder Spalte die niedrigste Aufkommenszahl gesucht. Sie bestimmt den Aufkommensort, der zu dieser Spalte am günstigsten liegt. In der Matrix handelt es sich

in der 1. Spalte um den Wert c_{11},
in der 2. Spalte um den Wert c_{32},
in der 3. Spalte um den Wert c_{13},
in der 4. Spalte um den Wert c_{24}.

Damit entstehen sofort folgende günstigste Lieferverbindungen:

A_1 liefert an B_1 200 und an B_3 650, zusammen 850 ME
A_2 liefert an B_4 150 ME
A_3 liefert an B_2 50 ME

[252 – 150 ff.]

Liegezeit, losorganisatorische – während der Produktionsdauer der Lose an den Arbeitsplätzen auftretende, durch die Organisation der Losfertigung bedingte Unterbrechungen in der Bearbeitung der Arbeitsgegenstände. Losorganisatorische Liegezeiten entstehen, weil das Los bzw. Teillos geschlossen bearbeitet und zum nachfolgenden Arbeitsgang weitergegeben wird.

Der Umfang der losorganisatorischen Liegezeiten wird bestimmt durch

● die Losgröße L und die Teillosgröße L_t

● die Art der Kombination der aufeinanderfolgenden Arbeitsgänge (Reihenverlauf, kombinierter Verlauf und Parallelverlauf; → Durchlaufzeit).

a) Bei Reihenverlauf der Arbeitsgänge

Technologischer Zyklus des Arbeitsgegenstandes – t_{ZR}:

$$t_{ZR} = L \sum_{i=1}^{g} t_{ki} \qquad \text{[min]}$$

$$i = 1, 2, ..., g$$

g   Anzahl der Arbeitsgänge am Teil
t_{ki} Kalkulationszeit

$$t_{ki} = t_S + \frac{t_A}{L} \qquad \text{[min/ME]}$$

t_S Stückzeit (min)
t_A Vorbereitungs- und Abschlußzeit (min)
L   Losgröße (ME)

Liegezeit:

$$t_{Llr} = t_{ZR} - \sum_{i=1}^{g} t_{ki} \qquad \text{[min]}$$

b) Bei kombiniertem Verlauf der Arbeitsgänge

Technologischer Zyklus des Arbeitsgegenstandes – t_{ZK}:

$$t_{ZK} = L \sum_{i=1}^{g} t_{ki} - (L - L_t) \sum_{i=1}^{g-1} t_{kürz\,i} \qquad \text{[min]}$$

L_t Teillosgröße
$t_{kürz\,i}$ Der kürzere von zwei aufeinanderfolgenden Arbeitsgängen (min)

Liegezeit:

$$t_{Llk} = t_{ZK} - \sum_{i=1}^{g} t_{ki} \qquad \text{[min]}$$

c) Bei Parallelverlauf der Arbeitsgänge

Technologischer Zyklus des Arbeitsgegenstandes – t_{ZP}:

$$t_{ZP} = L_t \sum_{i=1}^{g} t_{ki} + t_h(L - L_t) \qquad \text{[min]}$$

t_h Längster Arbeitsgang der Arbeitsgangfolge (min)

Sind die Arbeitsgänge einer Arbeitsgangfolge zeitlich synchronisiert (t_{ki} = konstant), so gilt $t_h = 0$.

Liegezeit:

$$t_{LlP} = t_{ZP} - \sum_{i=1}^{g} t_{ki} \qquad \text{[min]}$$

[168 – 60 ff.]

Liegezeit des Loses vor dem Bearbeitungsvorgang – Differenz zwischen dem Anlieferungszeitpunkt des Loses und dem Beginn seiner Bearbeitung am betreffenden Arbeitsplatz. Liegezeiten von Arbeitsgegenständen treten besonders bei einer Organisation des Produktionsablaufs nach dem Reihenverlauf (→ Durchlaufzeit) auf. Der kombinierte oder Parallelverlauf sichert minimale Liegezeiten durch die notwendige kapazitäts(belegungs-)seitige Abstimmung aufeinanderfolgender Arbeitsplätze.

Die durchschnittlichen Liegezeiten vor dem Bearbeitungsvorgang entwickeln sich nach:

$$t_{Lb} = \left(1 - \frac{a_1}{2 \sum\limits_{k=1}^{n} a_k}\right) \frac{\sum\limits_{k=1}^{n} a_k^2}{\sum\limits_{k=1}^{n} a_k} \qquad [min]$$

$$k = 1, 2, ..., n$$

a_1 Bearbeitungsvolumen des Einzelteilloses l am Arbeitsplatz (min)

a_k Bearbeitungsvolumina aller am Arbeitsplatz bearbeiteten Lose (min)

Variable Größen sind das Bearbeitungszeitvolumen des Einzelteilloses l am Arbeitsplatz a_1 und die Bearbeitungszeitvolumina aller am Arbeitsplatz bearbeiteten Lose a_k.

Der Einfluß variabler Losgrößen auf die wahrscheinlichen Liegezeiten besteht darin, daß

$$a_1 = f(L) = Lt_{S1} + t_{A1},$$

oder vereinfacht:

$$a_1 = Lt_{\overline{Sl}},$$

und daß durch die Veränderung der Losgröße die Zahl der am Arbeitsplatz zu bearbeitenden Lose n und damit

$$\sum\limits_{k=1}^{n} a_k^2$$

beeinflußt wird.

Damit folgt:

$$t_{Lb} = \left(1 - \frac{Lt_{\overline{Sl}}}{2 \sum\limits_{k=1}^{n} (Lt_{\overline{S}})_k}\right) \frac{\sum\limits_{k=1}^{n} (Lt_{\overline{S}})_k^2}{\sum\limits_{k=1}^{n} (Lt_{\overline{S}})_k} \qquad [min]$$

Die Berechnung der Liegezeit vereinfacht sich, wenn:

● die Bearbeitungsdauer der am Arbeitsplatz zu bearbeitenden Lose $Lt_{\overline{SK}}$ gleich ist:

$$\frac{Lt_{\overline{SK}}}{2 \sum\limits_{k=1}^{n} (Lt_{\overline{S}})_k} = \frac{1}{2n} \quad \text{und} \quad \frac{\sum\limits_{k=1}^{n} (Lt_{\overline{S}})_k^2}{\sum\limits_{k=1}^{n} (Lt_{\overline{S}})_k} = Lt_s,$$

so daß

$$t_{Lb} = \left(1 - \frac{1}{2n}\right) Lt_{\bar{s}}, \qquad \text{[min]}$$

● die Zahl der am Arbeitsplatz zu bearbeitenden unterschiedlichen Lose n größer als 5 ist. Dann ist

$$\left(1 - \frac{1}{2n}\right) \approx 1,$$

und es folgt

$$t_{Lb} = Lt_{\bar{s}} \qquad \text{[min]}$$

L   Losgröße (Stück)
t_{sl} Stückzeit (min)
$t_{\overline{sl}}$ Mittlere Stückzeit des Einzelloses (min)
n   Anzahl der am Arbeitsplatz zu bearbeitenden Lose

[168 – 63 ff.]

Lochkartenmaschinen → Datenverarbeitung

Lohn eines Arbeiters pro Schicht → Normerfüllung

Lohnentwicklung, durchschnittliche – Verhältnis zwischen den Kennziffern, die jeweils die Beziehung der Lohnsumme zur Arbeitskräfteanzahl im Berichts- bzw. Basiszeitraum ausdrücken. Die durchschnittliche Lohnentwicklung muß sich in geplanter Relation zur Entwicklung der → Arbeitsproduktivität vollziehen, wobei letztere stets schneller steigen muß als der Durchschnittslohn.

$$i_1 = \frac{L_1}{AK_1} : \frac{L_0}{AK_0}$$

$L_{0,1}$ Lohnsumme im Basis- und Berichtszeitraum
$AK_{0,1}$ Anzahl der Arbeitskräfte im Basis- und Berichtszeitraum

[105 – 221]

Lohnfonds, *Planlohnfonds* – Gesamtsumme der Löhne und Gehälter, die der sozialistische Staat planmäßig für einen Planzeitraum festlegt und dessen differenzierte Anteile entsprechend den Leistungen bei der Erwirtschaftung des Nationaleinkommens in den einzelnen Betrieben und Bereichen von den Werktätigen auf Grundlage erfüllter Planaufgaben in Anspruch genommen werden.
Der Lohnfonds des Planjahres (Planlohnfonds) beträgt:

$$L_1 = L_B + \Delta L$$

L_B Basislohnfonds

ΔL Lohnfondszuwachs

$$L_B = D_0 \cdot B_1 \pm L_{str\,1}$$

D_0 Durchschnittslohn in der Basisperiode

B_1 Arbeitskräftezahl in der Planperiode

$L_{str\,1}$ Struktureffekte, die den Lohnfonds beeinflussen

$$L = L_B \cdot K_1$$

K_1 Koeffizient des Lohnanstiegs in Abhängigkeit von der Leistungsentwicklung

Ein Prinzipbeispiel für den Lohnverlauf → Lohnverlauf

[**32** – 420 ff.; **34** – 718 ff.]

Die detaillierte Berechnung ist wie folgt möglich:

a) *Basislohnfonds des Planjahres*

$$L_B = L_0(1 + Ak' + T'_{bez})$$

L_0 Lohnfonds des Basisjahres

Ak' Verhältnis der Anzahl der Arbeiter und Angestellten im Planjahr zur Anzahl der Arbeiter und Angestellten im Basisjahr (VBE), minus 1

T'_{bez} Veränderung der bezahlten Arbeits- und Ausfallzeiten je Produktionsarbeiter vom Basisjahr zum Planjahr

b)   *Lohnfondszuwachs*

$$\Delta L = K \cdot AP' + Z'_u$$

K Reziproker Wert des Entwicklungsverhältnisses zwischen dem Zuwachs der Arbeitsproduktivität und der Steigerung des Durchschnittslohnes

Ap' Entwicklung der Arbeitsproduktivität vom Basisjahr zum Planjahr

Z'_u Lohnaufwendungen, die während des Planjahres zusätzlich zu den Vorjahren vorgesehen sind und über die kein Einfluß auf die Ergebniskennziffern des Planjahres ausgeübt wird. Diese Lohnaufwendungen werden durch Lf_0 dividiert.

Für alle Indexwerte gilt wie bei Ak', daß nach Division der Planwerte durch die Basiswerte vom Ergebnis der Wert 1 zu subtrahieren ist.

c) *Gesamtlohnfonds des Planjahres*

$$L_1 = L_B + \Delta L$$

$$L_1 = L_0(1 + Ak' + T'_{bez}) + (K \cdot Ap' + Z'_u)$$

Der Lohnfondszuwachs ergibt sich im einzelnen aus:

$$\Delta L = Tfl_1 \cdot \left[\dfrac{\dfrac{AP_1 \cdot (K_1 + K_2 + K_3 + K_4)}{AP_0 \cdot (K_1 + K_2 + K_3 + K_4)}}{100} \right]$$

Tfl_1 Tariflohnsumme des Planjahres (M)

$\text{AP}_{0,1}$ Niveau der Arbeitsproduktivität im Basis- und Planjahr

$\text{K}_{1,2,3,4}$ Koeffizienten des Kennziffernsystems im Basis- und Planjahr

Erweiterung durch Einbeziehung eines *Rückstandskoeffizienten* gegenüber dem Bestwert oder Normativ:

$$\Delta L = \text{Tfl}_1 \cdot \left[\frac{\text{AP}_1 \cdot [(K_1 - K_{R1}) + (K_2 - K_{R2}) + \cdots + (K_n - K_{Rn})]}{\dfrac{\text{AP}_0 \cdot (K_1 + K_2 + K_3 + \cdots + K_n)}{100}} \right]$$

K_R Rückstandskoeffizienten gegenüber dem Bestwert oder Normativ

[295 – 18f.]

Die *Lohninanspruchnahme* kann auf zweierlei Weise berechnet werden:

1. $L_i = Z_i \cdot l_i - Z_{pl} \cdot l_{pl}$ [Differenz M]

$Z_{i,pl}$ Tatsächliche und geplante Anzahl der Produktionsarbeiter (Pers.)

$l_{i,pl}$ Tatsächlicher und geplanter Durchschnittslohn je Produktionsarbeiter (M)

Faktorenanalyse:

a) Einfluß der Veränderung der Anzahl der Produktionsarbeiter auf den Gesamtlohnfonds:

$$(Z_i - Z_{pl}) \cdot l_{pl} = Z_i \cdot l_{pl} - Z_{pl} \cdot l_{pl} \qquad \text{[M]}$$

b) Einfluß der Veränderung des Durchschnittslohnes auf den Gesamtlohnfonds:

$$(l_i - l_{pl}) \cdot Z_i = Z_i \cdot l_i - Z_i \cdot l_{pl} \qquad \text{[M]}$$

Ferner:

$$l = l^{(1)} + l^{(2)}$$

$l^{(1)}$ Teil Zuschläge je Arbeitskraft

$l^{(2)}$ Teil Grund- und Zusatzlohn je Arbeitskraft

Folglich:

$$[(l_i^{(1)} + l_i^{(2)}) - (l_{pl}^{(1)} + l_{pl}^{(2)})] \cdot Z_i$$

Hieraus folgt:

a) Einfluß der Zuschläge:

$$(l_i^{(1)} - l_{pl}^{(1)}) \cdot Z_i \qquad \text{[M]}$$

b) Einfluß des Durchschnittslohnes ohne Zuschläge:

$$(l_i^{(2)} - l_{pl}^{(2)}) \cdot Z_i \qquad \text{[M]}$$

Ferner:

$$l^{(2)} - l_h \cdot t \qquad \text{[M]}$$

t   Bezahlte Stunden je Arbeitskraft (h)
l_h Lohn je Stunde (M/h)

Folglich:

$$(l_{h1} \cdot t_i - l_{hp1} \cdot t_{p1}) \cdot Z_1$$

a) Einfluß der Veränderung der bezahlten Zeit je Produktionsarbeiter:

$$(t_1 - t_{p1}) \cdot l_{hp1} \cdot Z_1 = (t_1 \cdot Z_1 - t_{p1} \cdot Z_1) \cdot l_{hp1}$$

b) Einfluß des Lohns je Stunde:

$$(l_{h1} - l_{hp1}) \cdot t_1 \cdot Z_1$$

Ferner:

$$l_h = e \cdot l_N$$

e   Normerfüllung (%)
l_N Lohn je Vorgabestunde (M/h)

Folglich:

$$(e_1 \cdot l_{N1} - e_{p1} \cdot l_{Np1}) \cdot t_1 \cdot Z_1$$

a) Einfluß der Normerfüllung:

$$(e_1 - e_{p1}) \cdot l_{Np1} \cdot t_1 \cdot Z_1$$

b) Einfluß der Veränderung des Lohnes je Vorgabestunde:

$$(l_{N1} - l_{Np1}) \cdot e_1 \cdot t_1 \cdot Z_1$$

[105 – 208 bis 216]

2. $$L_1 = \frac{K}{2}(|K| + 1) \cdot C \qquad\qquad\qquad\qquad [\%]$$

K   Planerfüllung (%) minus 100
C   Konstanter Faktor

$$C = \frac{L_{max}}{S_{K_n}}$$

L_{max} Je Kennziffer festgelegte maximale Lohninanspruchnahme (%)
S_{K_n} Partialsumme bis zum letzten Glied der Folge
$|K|$ Absoluter Betrag von K

[67 – 15]

Lohnfondsquotenvergleich – Vergleich, wie sich das Verhältnis von Produktionsvolumen zu dafür aufgewandtem Lohnfonds vom Basis- zum Berichtszeitraum entwickelt. Dafür dient der Index:

$$i_L = \frac{P_1 : P_0}{L_1 : L_0}$$

oder anders dargestellt:

$$i_L = \frac{P_1}{L_1} : \frac{P_0}{L_0}$$

$P_{0,1}$ Produktionsvolumen im Basis- bzw. Berichtszeitraum (M)

$L_{0,1}$ Lohnfonds für dieses Produktionsvolumen im Basis- bzw. Berichtszeitraum (M)

Der Index gibt an, um wieviel Prozent mehr oder weniger Produktion je 1 Mark Lohn eine Wirtschaftseinheit im Berichtszeitraum erzeugt hat.

Für den Index i_L gilt folgende Beziehung:

$$i_L = \frac{i_z}{i_1}$$

i_z Index der Arbeitsproduktivität

i_1 Index der Durchschnittslohnentwicklung

$$i_L = \frac{\dfrac{P_1}{Z_1} : \dfrac{P_0}{Z_0}}{\dfrac{L_1}{Z_1} : \dfrac{L_0}{Z_0}}$$

$Z_{0,1}$ Anzahl der Arbeitskräfte im Basis- bzw. Berichtszeitraum (Pers)

[105 – 220 ff.]

Lohnform – konkrete Form der Organisation des Lohnes, die unter bestimmten Produktionsbedingungen auf der Basis eines gegebenen Lohnsystems die

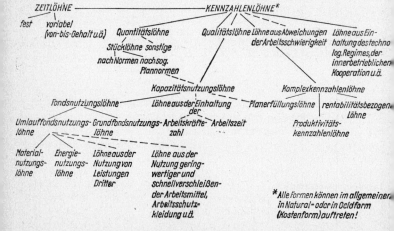

Arten der Lohnformen (nach Kennzahlen und Merkmalen)

Art und Weise der Abhängigkeit der Lohnhöhe von Kennzahlen und Merkmalen der Arbeitsleistung festlegt.

[166 – 320ff.]

Lohninanspruchnahme → Lohnfonds

Lohnverlauf – Ausdruck des auf der Grundlage ökonomischer Entscheidungen festgelegten Zusammenhangs zwischen der Dynamik der Erfüllung von Kennzahlen der Arbeitsleistung und der Dynamik der an die Kennzahlen gebundenen Mehrlohnbestandteile. Die Abhängigkeit des Lohnes von der Erfüllung der Normen und Kennzahlen kann

> kontinuierlich oder stufenförmig (1, 2),
> linear, progressiv oder degressiv (3, 4, 5),
> unterschiedlich proportional (6, 7, 8),
> unbegrenzt oder begrenzt (9, 10)

sein.

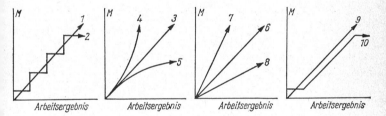

Arten der Lohnverläufe
Der Lohnverlauf kann im verstärkten oder abgeschwächten Bereich liegen (oberhalb der 1 : 1-Proportionalitätslinie bzw. darunter) oder aus mehreren Varianten kombiniert sein

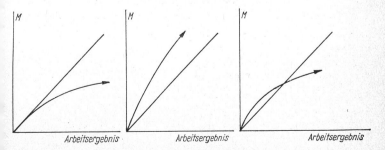

Lohnverläufe im verstärkten und abgeschwächten Bereich

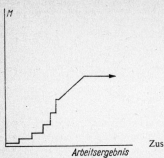

Zusammengesetzter Lohnverlauf

Allgemeinste Form der Lohnverläufe:

$$m = k \cdot x^n + m_{min}$$

m Mehrlohnbestandteil für das betreffende Lohnformelement x (d. h. m als abhängige Variable)

k Proportionalitätskoeffizient

x Der sich ändernde Erfüllungsstand der Kennzahlen der Arbeitsleistung (x als unabhängige Variable)

n Anlaufexponent der Kurve des Lohnverlaufs

m_{min} Eine Konstante in Form eines „Mindestmehrlohnes" in einem bestimmten Lohnformelement

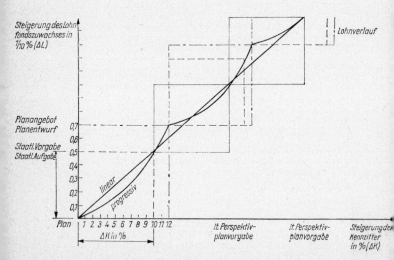

Prinzipbeispiel für den Lohnverlauf

Dabei ergibt:

$n = 1$ lineare Lohnformen(-elemente)
$n > 1$ progressive Lohnformen(-elemente)
$n < 1$ degressive Lohnformen(-elemente)

Für lineare Lohnformen(-elemente) ergibt:

$k = 1$ die $1 : 1$-Proportionalitätslinie ($45°$-Linie)
$k > 1$ verstärkte und
$k < 1$ abgeschwächte Lohnformen bzw. deren Elemente

[166 – 323 ff.; 34 – 733]

Lokalisationsmodell – Modellvariante der zweistufigen und mehrseitigen Standortoptimierung, die das über die Transportkosten hinaus erweiterte Transportmodell verkörpert, in dem nicht nur die Transportverteilung, sondern auch eine Standortgruppe variabel und optimal zu bestimmen ist.

Im folgenden Schema sind die Standorte A_i von Betrieben zu optimieren.

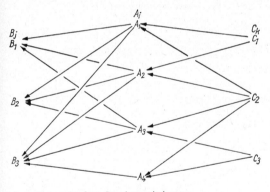

Schema der zweistufigen Standortoptimierung

Von den Standorten C_k werden verschiedene Produkte l zu den möglichen Betrieben A_i geliefert (1. Stufe mit mehrseitigen Vorprodukten), von wo Fertigerzeugnisse zu den Verbrauchsorten B_j gebracht werden müssen (2. Stufe). Dabei sei x_{ij} die von i nach j zu liefernde Menge an Fertigerzeugnissen und c_{ij} der *komplexe Kostenkoeffizient*:

$$c_{ij} = t_{ij} + p_i + s_i + \bar{t}_i + \bar{p}_i + \bar{s}_i$$

t_{ij} Spezifische Transportkosten von A_i nach B_j
p_i Spezifische Produktionskosten am Standort A_i
s_i Spezifische Investitionskosten je Jahr am Standort A_i
$\bar{t}_i$ Spezifische standortbedingte innergebietliche Transportkosten (Antransport)

$\bar{p}_l$ Spezifischer gebietswirtschaftlicher Produktions- (Bereitstellungs-) Aufwand

$\bar{s}_l$ Spezifischer gebietswirtschaftlicher Investitionsaufwand (z. B. Erschließungs- und Folgemaßnahmen)

Hierbei ist:

$$\bar{t}_l + \bar{p}_l + \bar{s}_l = \bar{c}_l$$

$\bar{c}_l$ Spezifischer komplexer gebietswirtschaftlicher Aufwand

Bezeichnet man den komplexen Kostenkoeffizienten für den Transport, die Produktion, die Investitionen und die gebietswirtschaftlichen Aufwendungen für das Vormaterial (l) mit $d_{kl}^{(l)}$ und die gelieferte Menge des Erzeugnisses l vom Standort C_k zum Standort A_l mit $y_{kl}^{(l)}$, dann sind aus den möglichen Standorten A_l die Standortkombinationen und Lieferbeziehungen aufzufinden, für die die Gesamtkosten ein Minimum annehmen (Zielfunktion):

$$Z = \sum_j \sum_l c_{lj} x_{lj} + \sum_l \sum_l \sum_k d_{kl}^{(l)} \quad \text{min!}$$

Je nach den Bedingungen kann die Optimierungsaufgabe vereinfacht, d. h. auf ein einstufiges Problem reduziert werden. Dann lautet die Zielfunktion

$$Z = \sum_j \sum_l c_{lj} x_{lj} \quad \text{min!}$$

wobei der gebietswirtschaftliche Aufwand $\bar{c}_l$ in c_{lj} einbezogen wird. Ferner gilt:

$x_{lj} \leqq 0$,

$\sum_j x_{lj} = a_l$ (Aufkommen an den Standorten A_l)

$\sum_l x_{lj} = b_j$ (Bedarf an den Standorten B_j)

$\sum_l a_l = \sum_j b_j + B_f$ (Bilanzgleichung: Gesamtaufkommen aller möglichen Standorte = Gesamtbedarf, zuzüglich eines fiktiven Verbrauchers B_f).

$B_f = \sum_l x_{lf}$ Der fiktive Verbraucher nimmt den Überschuß der ungünstigen (Varianz-) Produzenten aus den A_l auf;

$a_l \leqq Q_l$ Kapazitätsbedingungen des offenen Transportmodells, Q_l ist obere Kapazitätsgrenze

Im Verlauf der Optimierungsrechnung fallen alle Standortvarianten aus den A_l heraus, die wegen ungünstiger Kostenbedingungen entweder nichts oder nur sehr wenig an die Verbraucher B_j bzw. alles oder sehr viel an den fiktiven Verbraucher B_f liefern.

[64 – 775 ff.]

Losgröße, wirtschaftliche – Menge der in einem Produktionslos zu fertigenden Einzelteile, die bei gegebenen Jahresserien der Erzeugnisse, für die diese Teile bestimmt sind, und bei gegebenen Produktionsbedingungen zum höchstmöglichen ökonomischen Nutzen führt. Die Bestimmung der wirtschaftlichen Losgröße erfolgt in der Regel zweistufig: 1. Erfassung wesentlicher Bestimmungsfaktoren der Produktionslosgrößen mit Hilfe mathematischer Methoden und anderer Verfahren, 2. Korrektur der ermittelten Losgröße, wenn noch weitere Faktoren, insbesondere Grenzwerte und wesentliche Nebenbedingungen, berücksichtigt werden müssen.

Für die erste Stufe haben sich vor allem zwei Methoden herausgebildet:

a) Die Methode der *minimalen Losgröße*, bei der das Verhältnis zwischen der Vorbereitungs- und Abschlußzeit und der Stückzeit bestimmend ist.

$$L_m = \frac{t_A}{t_S \cdot a} \qquad \text{[Stück]}$$

t_A Vorbereitungs- und Abschlußzeit (min)
t_S Stückzeit (min)
a Normativer Rüstwertkoeffizient

L_m gilt dann als wirtschaftlich, wenn der normative Rüstwertkoeffizient, der den höchstzulässigen Zeitaufwand für die Vorbereitungs- und Abschlußzeit im Verhältnis zur Stückzeit ausdrückt, nicht überschritten wird.

Wegen ihrer wesentlichen Nachteile wird diese Methode allgemein abgelehnt.

b) Die Methode der *optimalen Losgröße*, bei der die Selbstkosten des Erzeugnisses und die Umlaufmittelbindung für das Produktionslos die bestimmenden Faktoren sind.

Die optimale Losgröße ist jene Stückzahl, bei der die Summe aus den Kosten K

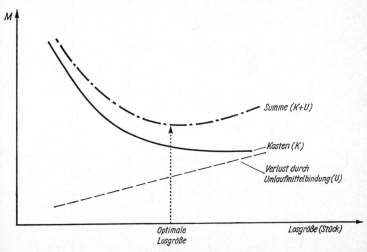

Graphische Darstellung der Summenkurve K + U zur Ermittlung der optimalen Losgröße

und dem Verlust durch Umlaufmittelbindung U für das Einzelteil ein Minimum bildet; diese Summe wird als eine Funktion der Losgröße erfaßt.

Die allgemeinste Formel für die optimale Losgröße lautet:

$$L_0 = \sqrt{\frac{K_p \cdot m \cdot 200}{K_s \cdot p}} \qquad \text{[Stück]}$$

K_p → Kosten der Produktionsbereitschaft von Losen
m Jahresproduktionsmenge
K_s Stückkosten (bes. Grundmaterial und Lohn)
p Vergleichsfaktor für den Verlust aus Umlaufmittelbindung

Diese Formel ist bei einem ökonomisch vertretbaren Zeitaufwand hinreichend genau. In der zweiten Stufe sind dann entsprechende Korrekturfaktoren entsprechend konkreten Gegebenheiten und veränderten Produktionsbedingungen zu berücksichtigen.

[37 – 101 f.]

Je nach den gegebenen Schwerpunkten, Zielen und Abhängigkeiten wurden zahlreiche präzisierende bzw. weitergehende oder anders lautende Formeln entwickelt:

1. Beispiel

$$L = 49\sqrt{\frac{R}{k[(r + s)(L + M) + M \cdot s]}}$$

Vereinfacht:

$$L = 49\sqrt{\frac{R}{k \cdot r(L + M)}}$$

Bei geringem Materialwert ist eine weitere Vereinfachung möglich:

$$L = 49\sqrt{\frac{t_A}{k \cdot r \cdot t_s \cdot m}}$$

Zwischenrechnungen und Berechnungsstufen (Symbolerläuterungen geschlossen am Schluß des ersten Beispiels):

Gesamtdurchlaufzeit des Loses:

$$D = e + d + (f - 1)\,r \qquad e = e_1 + e_2$$
$$D = e_2 + d - r + (s + r)\,f \qquad e_1 = s \cdot f$$

Lohnabhängige Kosten des Loses:

$$H_L = R + fL$$

Materialabhängige Kosten des Loses:

$$H_m = f \cdot M$$

Umlaufmittelbindung bei den lohnabhängigen Kosten:

$$B = (D + d) \cdot \frac{H_L}{2}$$

Umlaufmittelbindungsverluste:

$$V = V_1 + V_m$$

a) Umlaufmittelbindungsverluste bei den lohnabhängigen Kosten:

$$V_1 = (e_2 + 2d - r)\frac{k}{2400}(R + f \cdot L) + (s + r) \cdot f \cdot \frac{k}{2400}(R + f \cdot L)$$

$$V_1 = (e_2 + 2d - r)\frac{k}{2400} \cdot R + [(e_2 + 2d - r)L + (s + r)R]$$

$$\cdot \frac{k}{2400} \cdot f + (s + r) \cdot \frac{k}{2400} \cdot Lf^2$$

b) Umlaufmittelbindungsverluste bei den materialabhängigen Kosten:

$$V_m = (D + e + d)\frac{H_m}{2} \cdot \frac{k}{1200}$$

$$V_m = (D + s \cdot f + e_2 + d)\frac{H_m}{2} \cdot \frac{k}{1200}$$

$$V_m = (e_2 + 2d - r) \cdot \frac{k}{2400} \cdot M \cdot f + e_2 \cdot \frac{k}{2400} \cdot M \cdot f + (s + r)$$

$$\cdot \frac{k}{2400} \cdot M \cdot f^2 + s \cdot M \cdot \frac{k}{2400} \cdot f^2$$

$$V = \underbrace{(e_2 + 2d - r) \cdot \frac{k}{2400}R}_{a_1} +$$

$$+ \underbrace{[(e_2 + 2d - r)(L + M) + e_2M + (s + r)R] \cdot \frac{k}{2400} \cdot f}_{b_1}$$

$$+ \underbrace{[(s + r)(L + M) + s \cdot M]\frac{k}{2400} \cdot f^2}_{c}$$

Umlaufmittelbindungsverluste je Erzeugnis:

$$V_s = \frac{V}{f}$$

$$V_s = a_1 \cdot \frac{1}{f} + b_1 + c \cdot f$$

Bearbeitungszeit der gleichartigen Teile an einem Erzeugnis:

$$s = \frac{t_s \cdot m}{25 \cdot T \cdot N}$$

Fertigungskosten eines Loses je Erzeugnis:

$$K_s = R \cdot \frac{1}{f} + L + M$$

Gesamtkosten eines Loses:

$$K = K_s + V_s$$

Mit Hilfe der Abkürzungen

$$a = a_1 + R$$
$$b = b_1 + L + M$$

erhält man

$$K = a \cdot \frac{1}{f} + b + c \cdot f$$

Symbolerläuterungen zum 1. Beispiel (in der Reihenfolge des Auftretens der Symbole):

R   Rüstkosten einschließlich der zugehörigen Gemeinkosten (M)
k   Jahreskoeffizient der Umlaufmittelbindungsverluste (%)
r   Rhythmus des Ausstoßes der Erzeugnisse aus der Fertigung (Monate)
s   Bearbeitungszeit der gleichartigen Teile an einem Erzeugnis (M)
L   Lohnkosten für die Stückzeit aller gleichartigen Teile an einem Erzeugnis einschließlich der zugehörigen Gemeinkosten (M)
M   Materialkosten für alle gleichartigen Teile an einem Erzeugnis einschließlich der zugehörigen Gemeinkosten (M)
t_A Vorbereitungs- und Abschlußzeit je Los (h)
t_s Stückzeit (h)
m   Vorkommen je Erzeugnis (Stück)
D   Gesamtdurchlaufzeit des Loses (Monate)
e   Durchlaufzeit des Loses in der mechanischen Fertigung (Monate)
e_1 Von der Losgröße abhängiger Teil der Durchlaufzeit e des Loses
e_2 Von der Losgröße unabhängiger Teil der Durchlaufzeit e des Loses
d   Dauer der Lagerung der Einzelteile des Loses bis zum Ausstoß des ersten Erzeugnisses (Monate)
f   Anzahl der Erzeugnisse in einem Los (Stück)
H_L Lohnabhängige Kosten des Loses (M)
H_m Materialabhängige Kosten des Loses (M)
B   Umlaufmittelbindung bei den lohnabhängigen Kosten (M)
V   Umlaufmittelbindungsverluste (M)
V_l Umlaufmittelbindungsverluste bei den lohnabhängigen Kosten (M)
V_m Umlaufmittelbindungsverluste bei den materialabhängigen Kosten (M)

V_s Umlaufmittelbindungsverluste je Erzeugnis (M)
T   Arbeitsstunden je Tag laut Schichtregime (h)
N   Normerfüllung (%)
K_s Fertigungskosten eines Loses je Erzeugnis (M)
K   Gesamtkosten eines Loses (M)
[62 – 52 ff.]

2. Beispiel

$$L = \sqrt{\frac{K_A \cdot T}{\bar{k} \cdot q \cdot \left(k_M + k_s \left[\frac{t_s}{k_N} + \frac{1}{p}\right]\right)}} \qquad [\text{Stück}]$$

K_A Losfixe Kosten (M)
T   Planungszeitraum (Tage)
$\bar{k}$ Kostenzuwachskoeffizient
q   Normativkoeffizient der Umlaufmittelrentabilität
k_M Materialverrechnungspreis für Grundmaterial (M)
k_s Losproportionale Kosten je Loseinzelteil (außer Grundmaterialkosten) (M)
k_N Koeffizient der Normerfüllung
p   Durchschnittlicher täglicher Bedarf an Einzelteilen für die Weiterbearbeitung bzw. Montage (Stück)

$$K_A = t_A \cdot f(1 + \delta) \qquad [\text{M}]$$

t_A Vorbereitungs- und Abschlußzeit (min)
f   Durchschnittlicher Lohnfaktor für das Einzelteil (M/min)
δ   Zuschlagskoeffizient für indirekte zeitabhängige Kosten

$$k_s = t_s \cdot f \cdot (1 + \delta) \qquad [\text{M}]$$

t_s Stückzeit (min)
[65 – 37 f.]

3. Beispiel

$$L = 96 \sqrt{\frac{t_A \cdot f_K}{U_R \cdot k \cdot u_t}} \qquad [\text{Stück}]$$

t_A Vorbereitungs- und Abschlußzeit (h)
f_K Kostenfaktor
U_R Umlaufmittelausnutzungsrate
k   Kostenanstiegskoeffizient
u_t Faktor der Umlaufmittelbindungszeit

$$f_K = f_L(1 + f_G)$$

f_L Lohnkostenfaktor (M/h)
f_G Faktor der lohnabhängigen indirekten Grund- und Gemeinkosten (Prozentsatz der Zuschläge: 100 %)

$$U_R = \frac{\text{Betriebliches Reineinkommen}}{\text{Umlaufmitteldurchschnittsbestände}}$$

$$k = \frac{t_Z K_1 + (t_Z - 1) K_2 + \cdots + K_n}{t_Z K_E}$$

t_Z Dauer des Produktionszyklus des Erzeugnisses (h)

$K_{1,2}$ Kostenanfall am 1., 2. Tag

K_n Kostenanfall am n-ten Tag, dem letzten Tag des Produktionszyklus

K_E Planproduktionskosten des Erzeugnisses

$$u_t = (t_S \cdot f_K + K_M)\left[t_S(1 + t_{fl}) + \frac{24}{n_{Bd}}\right]$$

t_S Stückzeit (h)

K_M Kosten für den Werkstoff des Loses (Werkstattpreis mal werkstoffabhängige indirekte Grund- und Gemeinkosten) (M)

t_{fl} Zeitfaktor in Abhängigkeit von der Schichtzahl $\left(t_{fl} = \dfrac{3}{i} - 1,\right.$ wobei $i = $ Anzahl der Schichten$\Big)$

n_{Bd} Täglicher Bedarf (Stück) $\left(n_{Bd} = \dfrac{n_B}{t_P},\right.$ wobei $n_B = $ Bedarf im Planzeitraum, und $t_P = $ Planzeitraum in Tagen$\Big)$

[229 – 50f.]

4. Beispiel

a) Das Produktions(folge)los wird geschlossen ausgestoßen:

$$L = \sqrt{\frac{30000K_k + K_{kP}(Z_{kP}v + Z_{uP}v + Z_{uv})}{K_v(Z_{vP}v + Z_{vv}v')\,P}} \qquad \text{[ME]}$$

Vereinfacht:

$$L = \sqrt{\frac{30000K_k}{K_v \cdot P(Z_{vP}v + Z_{vv}v')}} \qquad \text{[ME]}$$

K_k Losgrößenkonstante Kosten (M/Los)

K_v Losgrößenvariable Kosten (M/ME)

$p = p_n + p_l$

p_n Normativer Nutzkoeffizient für die zur Rationalisierung der Produktion gebundenen Umlaufmittel (%)

p_l Lagerkostensatz (%)

Z_{kp}, Z_{up}, Z_{vp} Losgrößenkonstante, losgrößenunabhängige und losgrößenvariable Zyklenelemente während der Produktionsdauer (Tage)

Z_{uv}, Z_{vv} Losgrößenunabhängige und losgrößenvariable Zyklenelemente während der Verbrauchsdauer (Tage)

v   Kostenzuwachskoeffizient
v'   Koeffizient der Bestandsabnahme

b) Das Produktions(folge)los wird nicht geschlossen, sondern sukzessive ausgestoßen:

$$x_{opt} = \sqrt{\frac{30000 K_k}{K_v \cdot p[P \cdot v + (V - P_r)] v'}}$$ [ME]

P   Produktionsdauer ($= Z_{vp}$) (Tage)
V   Durchschnittliche Verbrauchszeit je ME des Loses ($= Z_{vv}$) (Tage/ME)
P_r Produktions(ausstoß)rhythmus (Tage/ME)

[168 – 133 ff.]

5. Beispiel (siehe Abbildung auf der nächsten Seite)

Erläuterungen zur Abbildung:

K_{pp} Kosten der Produktionsbereitschaft des Produktionsloses (M/Los)
m   Bedarf während eines Intervalls (Jahr, Quartal usw.)

$$m = \frac{\text{Tage der Verbrauchsperiode (Tage)}}{\varnothing \text{ Verbrauchszeit (Tage) je ME des Loses}}$$ [ME]

K_v Losgrößenvariable Kosten (M/ME)

$p = p_n + p_l$ (%)

p_n Normativer Nutzkoeffizient für die zur Rationalisierung der Produktion gebundenen Umlaufmittel (%)
p_l Lagerkostensatz (%)
p_0 Nutzkoeffizient der Entnahmeperiode (%)
P   Produktionsdauer ($= Z_{vp}$) (Tage/ME)
V $\varnothing$ Verbrauchszeit je ME des Loses ($= Z_{vv}$) (Tage/ME)
P_r Produktions(ausstoß)rhythmus (Tage/ME)

In die Bestimmungsgleichungen des Schemas sind die spezifischen Ausgangsgrößen einzusetzen, z. B. K_{pp} für das Erzeugnis, die Baugruppe, das Teil, die Folge von Arbeitsgängen oder einen Arbeitsgang.

[168 – 125]

6. Beispiel (Wirtschaftliche Losgröße beim Gesenkschmieden)

$$L = \frac{60(K_{tA} + K_{GS}')}{(K_M + k_z \cdot K_{tS}) t_S \cdot R_{umh}}$$ [Stück]

K_{tA} Direkt und indirekt von t_A abhängige Kosten (M)
K_{GS}' Anteilige Schmiedewerkzeugkosten für eine Gravur (M)
K_M Grundmaterialkosten (M/Stück)
k_z Kostenzuwachskoeffizient
K_{tS} Direkt und indirekt von t_S abhängige Kosten (M/Stück)
t_S Effektive Stückzeit aller Arbeitsgänge (min/Stück)
R_{umh} Gewinnrate der Umlaufmittel (h^{-1})

	Grafisches Modell	Charakteristik des Modells	Bestimmungsgleichung ($x = x_{opt}$)	
1		1. Die Produktionsdauer des Loses ist unabhängig der Losgröße gleich 0 2. Der Verbrauch beginnt am Ausstoßzeitpunkt periodisch in konstanten Mengen	$$x_{opt} = \sqrt{\frac{K_{opt}m(200-p_0)}{K_vP}}$$ p_0 = Nutzkoeffizient der Entnahmeperiode in %	1)
2		1. Die Produktionsdauer des Loses ist unabhängig der Losgröße gleich 0 2. Der Verbrauch beginnt nach einer Liegezeit des Loses von einer Entnahmeperiode. Ererblat periodisch in konstanten Mengen	$$x_{opt} = \sqrt{\frac{K_{opt}m(200+p_0)}{K_vP}}$$	2)
3		1. Die Produktionsdauer des Loses ist unabhängig der Losgröße gleich 0. 2. Der Verbrauch beginnt kontinuierlich zum Ausstoßzeitpunkt des Loses.	$$x_{opt} = \sqrt{\frac{200K_{opt}m}{K_vP}}$$	3)
4		1. Die Produktions- und Verbrauchsdauer sind > 0. 2. Der Verbrauch beginnt kontinuierlich zum Ausstoßzeitpunkt des Loses.	$$x_{opt} = \sqrt{\frac{200K_{opt}m}{K_vP\left(1+\frac{P}{V}\right)}}$$ $$x_{opt} = \sqrt{\frac{200K_{opt}m}{K_vP\left(1+\frac{mP}{300}\right)}}$$	4a) 4b)
5		1. Die Produktionsdauer des Loses ist unabhängig der Losgröße gleich 0 2. Der Verbrauch beginnt mit der Produktionsdauer des Loses nach Fertigstellung des 1.Teiles Die Größen m und o beziehen sich auf den gleichen Zeitraum	$$x_{opt} = \sqrt{\frac{200K_{opt}m}{K_vP\left(1-\frac{P}{V}\right)}}$$ $$x_{opt} = \sqrt{\frac{200K_{opt}m}{K_vP\left(1-\frac{mP}{300}\right)}}$$	5a) 5b)

m = Tage der Verbrauchsperiode = $\frac{300}{V}$ [ME]

Bestimmungsgleichungen wirtschaftlicher Produktionslosgrößen für ausgewählte Modelle

Vereinfachung der Formel zur Nomografierung:

$$L = \frac{x}{y}$$

x $60(K_{tA} + K'_{GS})$

y $(K_M + k_z \cdot K_{tS}) t_S \cdot R_{umh}$

[82 – 469; 83 – 583]

7. *Beispiel* (Wirtschaftliche Losgröße bei geblocktem Programm)

$$L = \sqrt{\frac{2 \cdot J \cdot r \cdot R \cdot t_A \cdot l_\varnothing \cdot z}{M + t_S \cdot l_\varnothing \cdot z}} \qquad \text{[Stück]}$$

J   Jahresstückzahl (Stück/Jahr)

r   Blockungsgrad

R   Rückflußdauer der Umlaufmittel

t_A Vorbereitungs- und Abschlußzeit (h/Stück)

$l_\varnothing$ Durchschnittslohn (M/h)

z   Gemeinkostenfaktor

M   Materialaufwand je Stück (M/Stück)

t_S Stückzeit (h/Stück)

$$r = \frac{12 \text{ Monate}}{\text{Anzahl der Liefermonate}} = \frac{12m}{J}$$

m   Monatliche Stückzahl (Stück/Monat)

[277 – 209 ff.]

8. *Beispiel* (Wirtschaftliche Mindestmenge einer Serie)

$$Q_g = \frac{1}{h_w}\left(C + h_1 \sum_{q=1}^{Q_g} \frac{1}{q^x}\right)$$

$$Q_g \approx \frac{1}{h_w}\left(C + \frac{h_p}{x} \sqrt[x]{\frac{h_1}{h_p}}\right)$$

h_w Internationaler Bestwert für den gesamten Aufwand an lebendiger Arbeit je Erzeugnis

h_p Internationaler Bestwert für den in der unmittelbaren Fertigung erreichten Aufwand an lebendiger Arbeit

C   Konstanter Aufwand an lebendiger Arbeit für die gesamte Serie im Industriezweig bzw. Betrieb

h_1 Stückzahlabhängiger Aufwand an lebendiger Arbeit für die Produktion des ersten Erzeugnisses

x   Einlaufexponent für das betrachtete Erzeugnis

q =   1, 2, ..., Q

Durchschnittlicher Arbeitsaufwand je Serienerzeugnis:

$$h = \frac{1}{Q}\left(C + h_1 \cdot \sum_{q=1}^{Q} \frac{1}{g^x}\right)$$

[236 – 16]

9. *Beispiel* (Losgrößenalgorithmus bei vorher festgelegter Rückflußdauer der Umlaufmittel)

$$L = \sqrt{\frac{2 \cdot R \cdot K_A \cdot j}{K_S + M}} \qquad \text{[Stück]}$$

L   Losgröße (Stück)
R   Rückflußdauer (a)
K_A Kosten für Vorbereitungs- und Abschlußzeiten (M/Los)
j   Jahresbedarf (Stück)
K_S Kosten für die Stückzeit (M/Stück)
M   Materialkosten (M/Stück)

[137 – 116]

Beispiel für die Anwendung der Differentialrechnung zur Losgrößenbestimmung

Ein Betrieb hat in einer bestimmten Zeit T ein Erzeugnis in der Menge R herzustellen. Der Bedarf für dieses Erzeugnis verteilt sich gleichmäßig. Das bedeutet: Wenn der Betrieb am Anfang des zu untersuchenden Zeitraumes einen Vorrat dieses Erzeugnisses in der Menge R zur Verfügung hätte, dann würde sich der Lagerbestand im Laufe der Zeit gleichmäßig verringern.
Es soll bestimmt werden, in welcher Losgröße X dieses Erzeugnis zu produzieren ist, um die Produktions- und Lagerkosten so niedrig wie möglich zu halten. Die Lagerkosten für eine Einheit des Erzeugnisses betragen pro Zeiteinheit k_1. Die Produktionskosten bestehen aus zwei Teilen. Der erste Teil ist von der Losgröße unabhängig. Er setzt sich vor allem aus den Material- und Lohnkosten zusammen und wird mit C bezeichnet. Der zweite Teil der Kosten ist abhängig davon, in wieviel Losen das Produkt erzeugt wird. k_2 sind die konstanten Kosten, die im Zusammenhang mit der Produktionsaufnahme eines Loses, unabhängig von seiner Größe, anfallen.
X ist die Entscheidungsvariable, alle übrigen Größen sind Parameter.

Würde in Losen produziert, die kleiner als R sind $\left(\text{zum Beispiel Losgröße } X = \frac{1}{4}R\right)$, dann würde der durchschnittliche Vorrat im Lager $\frac{X}{2}$ betragen. Man erhielte $\frac{R}{X}$ Zeitabschnitte t, wobei in jedem der Anfangslagerbestand X und der Endbestand 0 betragen würde. Aus der Annahme der gleichmäßigen Bedarfsverteilung in der Zeit geht hervor, daß der durchschnittliche Lagerbestand in jedem Zeitabschnitt t tatsächlich $\frac{X}{2}$ wäre.

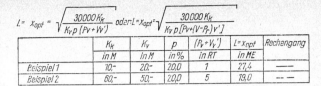

$$L = x_{opt} = \sqrt{\frac{30000\,K_k}{K_v\,p\,(P_v + V_v')}} \quad oder: L = x_{opt} = \sqrt{\frac{30000\,K_k}{K_v\,p\,[P_v + (V - P_r)\,v']}}$$

	K_k	K_v	p	$(P_v + V_v')$	$L = x_{opt}$	Rechengang
	in M	in M	in %	in RT	in ME	
Beispiel 1	10,-	20,-	20,0	1	27,4	———
Beispiel 2	60,-	50,-	20,0	5	19,0	– – – –

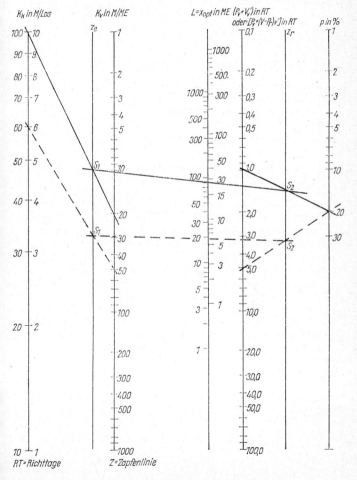

Nomogramm zur Bestimmung wirtschaftlicher Produktions- (Folge-) Losgrößen

[168 – 122]

Die Lagerkosten (K_m) würden demnach in der Zeit T betragen:

$$K_m = \frac{X}{2} \cdot k_1 \cdot t \cdot \frac{R}{X} = \frac{k_1 t R}{2} \tag{1}$$

Die Größe t hängt natürlich von der gewählten Losgröße X ab, und zwar:

$$t = \frac{T}{\frac{R}{X}} = \frac{TX}{R} \tag{2}$$

(2) in (1) eingesetzt, erhält man endgültig:

$$K_m = \frac{k_1 T X}{2} \tag{3}$$

Ähnlich errechnet man die Produktionskosten K_p:

$$K_p = C + \frac{R}{X} \cdot k_2 \tag{4}$$

Die gesamten Lager- und Produktionskosten (Entscheidungskriterien) ergeben sich aus (3) und (4):

$$K = K_m + K_p = \frac{k_1 T X}{2} + C + \frac{R}{X} \cdot k_2 \tag{5}$$

Der Ausdruck (5) ist also die Zielfunktion, die die Auswahl der Größe X gestattet. Es soll ein solcher Wert für X ausgewählt werden, für den der Ausdruck (5) den kleinstmöglichen Wert annimmt. Diese Veränderliche (Losgröße) muß eine nichtnegative Zahl sein ($X > 0$). Das ist für dieses Problem die einzige Bedingung. Das Modell besteht also aus zwei Teilen: der Bedingung $X > 0$ und dem Kriterium (5).

Um einen solchen Wert der Veränderlichen X, für den der Ausdruck (5) ein Minimum wird, finden zu können, muß die Funktion K nach der Veränderlichen X differenziert und die Ableitung gleich Null gesetzt werden:

$$\frac{dK}{dX} = \frac{k_1 T}{2} - \frac{R k_2}{X^2}$$

$$\frac{k_1 T}{2} - \frac{R k_2}{X^2} = 0 \tag{6}$$

Durch Umformung der Gleichung (6) erhält man:

$$X^2 = \frac{2 R k_2}{k_1 T}$$

und daraus

$$X_0 = \sqrt{\frac{2 R k_2}{k_1 T}} \tag{7}$$

Wegen der Annahme $X > 0$ kann vor der Wurzel nur das Vorzeichen $+$ stehen.

Ob die Lösung (7) auch wirklich das Minimum darstellt, kann man prüfen, indem man das Vorzeichen der zweiten Ableitung des Ausdruckes (5) im Punkt $X = X_0$ untersucht:

$$\frac{d^2K}{dX^2} = \frac{2Rk_2}{X^3} \tag{8}$$

Diese zweite Ableitung ist im Punkt $X = X_0$ positiv, da

$$\frac{2Rk_2}{X_0^3} = \frac{k_1T}{\sqrt{\dfrac{2Rk_2}{k_1T}}} > 0$$

Der Bedarf für den Zeitabschnitt $T = 12$ Monate sei $R = 40000$ Stück. Die Lagerkosten betragen im Monat für eine Einheit des Erzeugnisses $k_1 = 2$ M, die fixen Kosten der Produktionsaufnahme eines Loses betragen $k_2 = 1200$ M. Demnach beträgt laut Formel (7) die optimale Losgröße:

$$X_0 = \sqrt{\frac{2 \cdot 40000 \cdot 1200}{2 \cdot 12}} = 2000 \text{ Stück}$$

Aus der Formel (2) geht hervor, wie oft die Produktion der einzelnen Lose aufzunehmen ist:

$$t = \frac{T \cdot X_0}{R} = \frac{12 \cdot 2000}{40000} = 0,6$$

Als Zeiteinheit einen Monat angenommen, muß also alle 18 Tage ein Los produziert werden (Länge eines Monats = durchschnittlich 30 Tage).

[261 – 23 ff.]

M

Markteinführung neuer Erzeugnisse – komplexer Prozeß der systematischen Erschließung von Absatzmöglichkeiten für neue Erzeugnisse, von der langfristigen Bedürfnisprognose bis zum Verkauf an den Kunden im Einzelhandel des Inlands und Auslands. Mit der Markteinführung neuer Erzeugnisse sind nicht nur alle Absatzprozesse verbunden, sondern auch viele Aktivitäten in vorgelagerten Reproduktionsphasen. Einbezogen in die wissenschaftliche Leitung dieses Prozesses sind die Bedürfnis-, Bedarfs- und Marktforschung sowie die Absatzplanung für die neuen Produkte, ferner eine aktive, auf die Neuent-

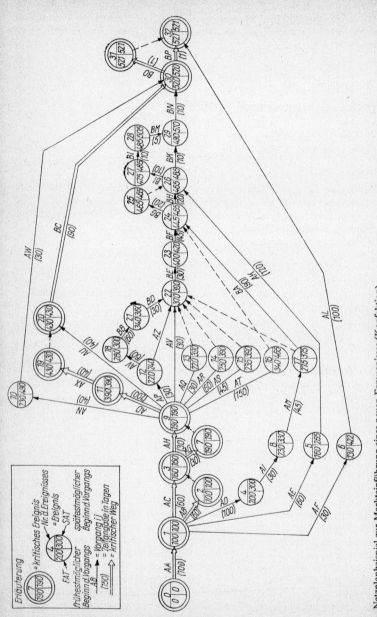

Netzplanbeispiel zur Markteinführung eines neuen Erzeugnisses (Konfektion)

wicklung ausgerichtete Absatzkommunikation (bes. Werbung, Warenzeichenarbeit, Beratungstätigkeit), ein der Ware adäquater Aufbau der Absatz- und Handelsorganisation u. a.

Netzplantabelle (Grobplan zur Abbildung)

Symbol des Vorganges	i	j	Bezeichnung des Vorganges	Zeit in Tagen
AA	0	1	Bedürfnisprognose, Bedürfnisforschung	100
AB	1	2	Perspektivische Preisanalyse	60
AC	1	3	Marktanalyse Inland/Ausland (perspektivisch)	60
AD	1	4	Testperiode, Versuche u. Auswertung	100
AE	1	5	Konzipierung der Absatz- und Handelsorganisation (incl. Versandsystem) Inland	60
AF	1	6	Konzipierung der Absatz- und Handelsorganisation (Export)	30
AG	3	7	Preisanalyse Vorjahre	30
AH	3	9	Marktanalyse Vorjahre (Inland/Ausland)	30
AI	4	8	Festlegung des Garantie- und Kundendienstes	30
AK	5	26	Aufbau des Einzelhandelssystems und der Versandorganisation	120
AL	6	32	Konzeption für Lager-, Verpackungs- und Versandwirtschaft Export	100
AM	8	17	Festlegung der Qualitäts- und Gütenormen der Produktion	45
AN	9	10	Erarbeitung einer Konzeption der Öffentlichkeitsarbeit	40
AO	9	11	Vorbereitung des Erwerbs eines Warenzeichens	200
AP	9	12	Musterung für Flächenware	30
AQ	9	13	Erarbeitung des Sortimentsmodells (Binnenhandel)	30
AR	9	14	Beschaffungskooperation für Zutaten der Konfektion	60
AS	9	15	Beschaffungskooperation für Polyesterseide	45
AT	9	16	Erarbeitung und Durchsetzung der Verpackungskonzeption	150
AU	9	20	Werbevorbereitung für die Markteinführung (Inland/Ausland)	40
AV	9	22	Erarbeitung des Produktions- und Absatzplans	30
AW	10	30	Durchführung des Programms der Öffentlichkeitsarbeit	30
AX	11	19	Erwerb des Warenzeichens	40
AY	12	18	Modellentwürfe und -gestaltung für die Konfektionsware	60
AZ	12	22	Technologische Vorbereitung der Gestricke	30
BA	17	24	Erteilung des Gütezeichens für das erste Produktionsjahr und Erarbeitung des Programms für das Gütezeichen in den Folgejahren	90
BB	18	21	Betriebliche Verteidigung der Konfektionsmodelle (innerbetrieblich) und technologische Vorbereitung der Produktion	60
BC	20	30	Werbedurchführung Innland (gegnüber Groß- und Einzelhandel)	90
BD	21	22	Verteidigung der Modellkollektion vor Großhandelsorganen und Kaufhandlung	30
BE	22	23	Produktion der Großrundgestricke aus Polyesterseide	30
BF	23	24	Konfektion von HOB und DOB aus Polyestergestricken	45
BG	24	25	Verpackung für den Transport an den Groß- und Einzelhandel	20
BH	24	26	Lagerung der Fertigerzeugnisse im Kombinat	20

Symbol des Vorganges	i	j	Bezeichnung des Vorganges	Zeit in Tagen
BI	26	27	Versand an den Großhandel	10
BK	26	29	Versand an den Einzelhandel	10
BL	27	28	Lagerhaltung im Großhandel	10
BM	28	29	Versand vom Großhandel zum Einzelhandel	5
BN	29	30	Lagerhaltung im Einzelhandel	10
BO	30	31	Beginn der Werbedurchführung (auf den Konsumenten bezogen)	1
BP	30	32	Verkauf im Einzelhandel	1

Auszug aus der ausführlichen Netzplantabelle (Feinplan)

Symbol des Vorganges	Vorgang i	j	Erläuterung des Vorganges, wesentliche Schritte des Vorganges, Ergebnisform, Verantwortlichkeit, Zeitdauer
AA	0	1	*Bedürfnisprognose, Bedürfnisforschung*

AA — 0 1

Bedürfnisprognose, Bedürfnisforschung
Systematische Untersuchung der Bedürfniskomplexe Bekleidung im allgemeinen und HOB und DOB im besonderen (bis 1980). Als Forschungsmethode dienen die Erarbeitung der Zielstellung (unter besonderer Beachtung der sozialen, funktionellen, ästhetischen, physiologischen, psychologischen Eigenschaften der Bekleidung), die Problemdiskussionen, die Informationsgewinnung, die Aufstellung der Ziel- bzw. Stützgraphen, Expertenbefragungen, morphologische Analysen, Bewertung der Ziele. Auswertung von Forschungsergebnissen des Deutschen Modeinstituts, des Instituts für Marktforschung. Ausgangspunkt sind Prognosen des Lebensstandards, Gebrauchswertprognosen, Prognosen des wissenschaftlich-technischen Fortschritts auf dem Gebiet der Textiltechnologie usw.

Ergebnisform: Schriftliche Unterlagen, Tabellen, Graphiken

Verantwortlich: Ministerium für Leichtindustrie, VVB Konfektion

Zeit: 100 Tage

AB — 1 2

Perspektivische Preisanalyse
Untersuchung der internationalen und nationalen Tendenzen der Preisentwicklung für die Erzeugnisse. Auswertung der eigenen Preiskalkulationen und Gegenüberstellung verschiedener Preiselemente mit vergleichbaren Weltmarktparametern. Erarbeitung von Varianten für die Preisbildung.

Ergebnisform: Preisanalyse

Verantwortlich: Abt. Preise und Abt. Marktforschung

Zeit: 60 Tage

AN — 9 10

Erarbeitung einer Konzeption der Öffentlichkeitsarbeit (Vorbereitung der Öffentlichkeitsarbeit)
Erarbeitung einer Konzeption für den Komplex aller informativen Tätigkeiten zur gezielten Beeinflussung der Öffentlichkeit im Interesse des Kombinats.

Symbol des Vorganges	Vorgang i j	Erläuterung des Vorganges, wesentliche Schritte des Vorganges, Ergebnisform, Verantwortlichkeit, Zeitdauer

Schritte:
- Strategische Konzeption der Öffentlichkeitsarbeit (langfristige Leitziele und Leitideen)
- Konzeption für eine auf die Öffentlichkeitsarbeit orientierte Marktforschung (Media-Untersuchung)
- Konzeption der Integration aller Kommunikationsaktivitäten (Warenzeichen, Kundendienst, Messen, Modeschauen, Verkaufsgespräche, Werbung, Pressearbeit usw.), Verzahnung aller Kommunikationsformen und -mittel
- Ableitung von Konsequenzen für die Organisation der Gemeinschaftsarbeit zwischen Ökonomen, Gestaltern, Psychologen, Soziologen, Textern, Fotografen, Architekten, Journalisten.

Ergebnisform: Schriftliche Konzeption

Verantwortlich: Direktor für Absatz

Zeit: 40 Tage

AW   10 30   *Durchführung des Programms der Öffentlichkeitsarbeit*
Einsatz verschiedener Informationsmittel (Werbemittel und -maßnahmen), Einschaltung der Massenmedien wie Presse, Rundfunk, Fernsehen und Film, Modeschauen, Pressekonferenzen, Messeempfänge, Interviews usw.

Ergebnisform: Öffentlichkeitsarbeit

Verantwortlich: Direktor für Absatz

Zeit: 30 Tage

[223 – 2 ff.]

Schritte zum Grobablaufplan der Marktprognose für ein neues Erzeugnis (siehe Abbildung auf der nächsten Seite)

1. Umfassende Markteinschätzung zum Bedarfskomplex und in spezifischen Sortimenten
2. Liegen komplexe Markteinschätzungen bereits vor?
3. Bereitstellung umfassender Markteinschätzungen
4. Aufdeckung von Möglichkeiten für Analogieschlüsse zur Einschätzung der Marktchancen
5. Sind Möglichkeiten zur Ableitung von Analogieschlüssen gegeben?
6. Ableitung von Analogieschlüssen aus Importen im gleichen Angebot, die das jeweilige Land aus Drittländern bezieht
7. Reichen die Ergebnisse zur Erarbeitung der Marktprognose aus?
8. Ableitung von Analogieschlüssen aus Importen in vergleichbaren Sortimenten, die das jeweilige Land aus Drittländern bezieht
9. Wie Schritt Nr. 7
10. Ableitung von Analogieschlüssen aus Erfahrungen des Binnenmarktes
11. Wie Schritt Nr. 7
12. Ableitung von Analogieschlüssen aus Erfahrungen anderer Länder im gleichen Angebot

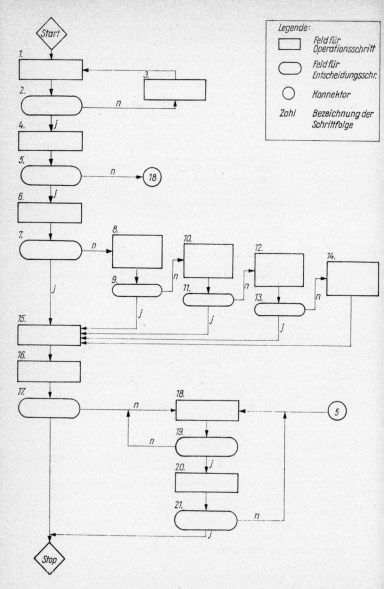

Grobablaufplan der Marktprognose für ein neues Erzeugnis – Außenmarkt –

13. Wie Schritt Nr. 7
14. Ableitung von Analogieschlüssen aus Erfahrungen anderer Länder mit vergleichbaren Sortimenten
15. Zusammenfassung der Erkenntnisse
16. Erarbeitung eines ersten Entwurfs der Marktprognose
17. Entspricht der erste Entwurf der Marktprognose in seiner verbalen Aussage den Erfordernissen der Entscheidungsfindung?
18. Direkte Marktuntersuchungen zur Beschaffung von Primärinformationen
19. Ermöglichen die neuen Erkenntnisse eine Überarbeitung der Marktprognose mit dem Ziel einer quantifizierten Aussage?
20. Fertigstellung der Marktprognose
21. Entspricht die Marktprognose den Erfordernissen der Entscheidungsfindung?

[**278** – 7 ff.]

Marktforschung – systematische Untersuchung der Nachfragekomponenten, Angebotskomponenten und der Verteilungsbedingungen mit dem Ziel, die bisherigen und gegenwärtigen Marktverhältnisse einzuschätzen, ihre Entwicklung zu prognostizieren und damit eine Grundlage für die Planung des Reproduktionsprozesses zu schaffen. Die Marktforschung hat die Aufgabe, die Bedürfnisse, den Bedarf und die Absatzmöglichkeiten durch Erforschung der sie bestimmenden Einflußfaktoren und durch die Quantifizierung der Wirkung dieser Faktoren in quantitativer und qualitativer Hinsicht zu bestimmen. Sie schafft die Grundlagen für die Prognose sowie die langfristige und kurzfristige Planung der Produktion und des Absatzes. Außerdem ist sie ein wichtiges Element im Prozeß der volkswirtschaftlichen Bilanzierung. Die vielfältigen Aspekte der Marktforschung in der sozialistischen Wirtschaft verdeutlicht die Abbildung auf den Seiten 494/495.

[**225** – 5; **25** – 338 ff.]

Maschinen, Anteil der teilautomatisierten und automatischen → Technisierungskennziffern

Maschinenabstimmung bei Mehrmaschinenbedienung → Mehrmaschinenbedienung

Maschinenarbeiter, Anteil der → Technisierungskennziffern

Maschinenarbeitsplätze, Anzahl der parallelen → Fließfertigung

Maschinenauslastungskoeffizient – Kennziffer, die die Ausnutzung der Maschinenzeitfonds in einem bestimmten Zeitraum, z. B. im Planjahr, ausdrückt;

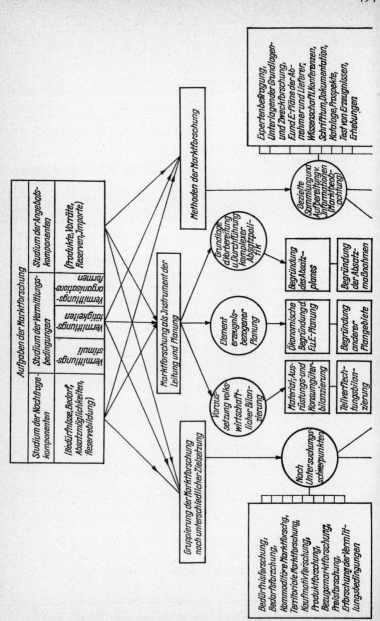

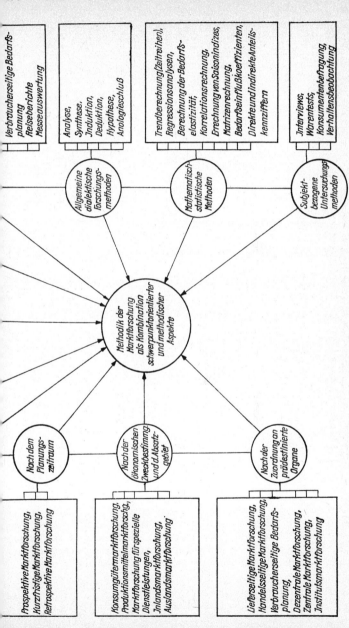

Stellung, Aufgaben, Schwerpunkte und Methoden der Marktforschung in der sozialistischen Wirtschaft

Verbraucherseitige Bedarfsplanung, Reiseberichte, Messeauswertung

Analyse, Synthese, Induktion, Deduktion, Hypothese, Analogieschluß

Trendberechnung (Zeitreihen), Regressionsanalysen, Berechnung der Bedarfselastizität, Korrelationsrechnung, Errechnung von Saisonindizes, Matrizenrechnung, Bedarfseinflußkoeffizienten, Direkte und indirekte Anteilskennziffern

Interviews, Warentests, Konsumentenbefragung, Verhaltensbeobachtung

Allgemeine dialektische forschungsmethoden

Mathematisch-statistische Methoden

Subjektbezogene Untersuchungsmethoden

Methodik der Marktforschung als Kombination schwerpunktorientierter und methodischer Aspekte

Nach dem Planungszeitraum

Nach der ökonomischen Zweckbestimmung u. d. Absatzgebiet

Nach der Zuordnung an prädestinierte Organe

Prospektive Marktforschung, Kurzfristige Marktforschung, Retrospektive Marktforschung

Konsumgütermarktforschung, Produktionsmittelmarktforschg., Marktforschung für spezielle Dienstleistungen, Inlandsmarktforschung, Auslandsmarktforschung

Lieferseitige Marktforschung, Handelsseitige Marktforschung, Verbraucherseitige Bedarfsplanung, Dezentrale Marktforschung, Zentrale Marktforschung, Institutsmarktforschung

Kennziffer der effektiven Auslastung der Maschinen. Zwischen dem → Mechanisierungs- bzw. Automatisierungsgrad der Arbeit und dem Maschinenauslastungskoeffizienten besteht ein enger Zusammenhang. Je höher der Mechanisierungs- bzw. Automatisierungsgrad, d. h. je mehr maschinelle u. a. Grundfonds eingesetzt werden, um so bedeutsamer wird die hohe Ausnutzung der Anlagen, die mit dem Maschinenauslastungskoeffizienten gemessen wird.

Der Maschinenauslastungskoeffizient einer Maschinengruppe wird wie folgt ermittelt:

$$\eta = \frac{\sum t_{MI}}{\sum t_{MI} + \sum (t_{Ma} + t_E) + t_{\ddot{U}}}$$

$\sum t_{MI}$ Summe der automatischen Maschinenlaufzeiten (min)

$\sum t_{Ma} t_E$ Summe der Zeitaufwände für manuelle Tätigkeit und Erholungszeiten (min)

$t_{\ddot{U}}$ Überlagerungszeit (min)

Mittels Division durch $\sum t_{MI}$ erhält man:

$$\eta = \frac{1}{1 + \dfrac{\sum (t_{Ma} + t_E) + t_{\ddot{U}}}{\sum t_{MI}}}$$

Der Ausdruck

$$\frac{\sum (t_{Ma} + t_E) + t_{\ddot{U}}}{\sum t_{MI}}$$

ist der Kehrwert des Mechanisierungsgrades (φ). Durch Umformen der letzten Gleichung ergibt sich:

$$\eta = \frac{1}{1 + \dfrac{1}{\varphi}}$$

oder

$$\eta = \frac{\varphi}{\varphi + 1}$$

Der *durchschnittliche Maschinenauslastungskoeffizient bei Ausfall von Maschinen* wird aus dem Verhältnis der laufenden Maschinen, d. h. der Maschinen, die nicht durch Störung oder andere Ursachen ausgefallen sind, zur Gesamtzahl der Maschinen in der Maschinengruppe unter Berücksichtigung der Zeitdauer des Ausfalls der Maschinen ermittelt. Der allgemeine Ansatz lautet:

$$\varnothing\,\eta = \frac{\eta_1 t_{y_1} + \eta_2 t_{y_2} + \cdots \eta_n t_{y_n} + \eta_{x_1}\dfrac{nx_1}{n}\,t_{x_1} + \cdots \eta_{x_n}\dfrac{nx_n}{n}\,tx_n}{t}$$

oder

$$\varnothing\,\eta = \frac{\sum\limits_{i=1}^{n} \eta_i t_{y_i} + \sum\limits_{i=1}^{n} \eta_{x_i} \dfrac{n x_i}{n} \cdot t_{x_i}}{t}$$

Für eine einmalig auftretende größere Maschinenausfallzeit (z. B. durch Reparatur) in einer Abrechnungsperiode ist folgende Beziehung anwendbar:

$$\varnothing\,\eta = \frac{\eta \cdot t_y + \eta_x \cdot \dfrac{n_x}{n} \cdot t_x}{t}$$

Diese Formel wird angewandt, wenn eine oder mehrere Maschinen der betreffenden Maschinengruppe insgesamt mehr als eine Stunde pro Schicht (450 min) ausfallen.

t_y Zeit der konstanten Maschinenauslastung, bezogen auf den jeweiligen Maschinenauslastungskoeffizienten $\eta_1, ..., \eta_n$ (min)

$$t_y = t - t_x$$

η_x Maschinenauslastungskoeffizient der nicht ausfallenden Maschinen
n_x Anzahl der verbleibenden, nicht ausfallenden Maschinen
n Gesamtzahl der bedienten Maschinen
t_x Ausfallzeit der ausfallenden Maschinen (min)
t Gesamtzeit einer Abrechnungsperiode (min)

Durchschnittlicher Maschinenauslastungskoeffizient bei starken Schwankungen der Maschinenauslastung innerhalb eines Monats

Für Mehrmaschinenbedienung:

$$\varnothing\,\eta_P = \frac{\eta_1 \cdot t_1 + \eta_2 \cdot t_2 + \cdots + \eta_n \cdot t_n}{t_g}$$

Für Einmaschinenbedienung:

$$\varnothing\,\eta_P = \frac{\sum\limits_{i=1}^{n} \eta_i t_i}{t_g}$$

$\eta_{1, 2, ..., n}$ Durchschnittlicher Auslastungskoeffizient je Arbeitsauftrag bei Maschinenbedienung (min)
$t_{1, 2, ..., n}$ Zeitdauer der Arbeitsausführung je Arbeitsauftrag bei Mehrmaschinenbedienung
t_g Gesamtarbeitszeit im Monat (min)

[299 – 61 ff.]

Der *Koeffizient der mittleren Maschinenbelastung* gibt die durchschnittliche Auslastung der vorhandenen Maschinen an und läßt die ungenutzten Reserven an Maschinenzeit erkennen:

$$\text{DMB} = \frac{1}{n} \sum\limits_{i=1}^{n} \text{KMB}_i \qquad\qquad (0 < \text{DMB} \leqq 1)$$

$$KMB_i = \frac{AW_i}{AW_\nu} \qquad\qquad (0 < KMB_i \leqq 1)$$

KMB_i Koeffizient der Belastung der i-ten Maschine

AW_i Zahl der Auftragswechsel auf der i-ten Maschine im Erfassungszeitraum

AW_ν Zahl der Auftragswechsel auf der ν-ten Maschine, bei der von allen Maschinen die meisten Auftragswechsel zu verzeichnen sind

Die Zahl der Auftragswechsel ergibt sich aus der Anzahl der verschiedenen Fertigungsaufträge (Einzelteillose), die im Laufe des Monats auf einer bestimmten Maschine realisiert werden.

[99 – 18]

Maschinen bei Fließfertigung, erforderliche → Fließfertigung

Maschinenbelastung, mittlere → Maschinenauslastungskoeffizient

Maschinenbelegung, Dringlichkeitsquotient für → Dringlichkeitsquotient für Maschinenbelegung

Maschinencode → Datenverarbeitung

Maschinenfunktionsgenauigkeit (Abk. MFG), *Maschinenstreubreite* – Präzision einer Maschine (eines Geräts usw.) unter Einwirkung eines bestimmten konstanten Systems zufälliger Ursachen. Allgemein gibt die MFG an, wie „genau" eine Maschine arbeiten kann.

$$MFG = 6 \cdot s$$

s   Standardabweichung (errechnet aus einer Stichprobe von 50 oder mehr Einheiten, die von der zu untersuchenden Maschine in Produktionsfolge, d. h. in der Reihenfolge ihrer Herstellung entnommen werden)

Die MFG darf 60–80% der Zeichnungstoleranz betragen, wenn die Fertigung sicher sein soll. Die kleinste, durch die untersuchte Maschine *beherrschbare Zeichnungstoleranz* T ergibt sich annähernd – je nach Fertigungsart – aus der Beziehung:

$$T \geqq \frac{MFG}{0{,}6 \cdots 0{,}8}$$

Inwieweit eine Werkzeugmaschine zur Einhaltung einer bestimmten (geforderten) Toleranz geeignet ist, geht aus dem *Gütefaktor* G_F hervor:

$$G_F = \frac{MFG}{T_M}$$

T_M Toleranz des zu bearbeitenden Merkmals

Bei $G_F > 0,8$ bis $0,6$ ist die Maschine für die Fertigung des untersuchten Qualitätsmerkmals geeignet. Bei $G_F > 1$ sind – wenn dennoch auf der Maschine gefertigt werden soll – eine Reparatur der Maschine, Toleranzänderung oder Sortierung der Teile erforderlich.

Methoden und Hilfsmittel zur Ermittlung der MFG sind die $\bar{x}$-R-Urliste, das Wahrscheinlichkeitsnetz (siehe Abbildung und beide Tabellen), der Standard-Stichprobenplan „Lot-Plot" und das Auswerteblatt „Ermittlung der Maschinenfunktionsgenauigkeit und Fertigungsgenauigkeit".

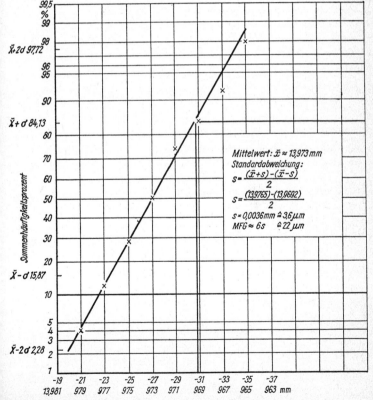

Wahrscheinlichkeitsnetz

Maschinengruppen-Durchlaßkoeffizient

Urliste zur Ermittlung der MFG im Wahrscheinlichkeitsnetz (siehe Abb.)

Teil	Abw.	Teil	Abw.	Teil	Abw.	Teil	Abw.	Teil	Abw.
1	−32	11	−24	21	−29	31	−26	41	−26
2	−35	12	−33	22	−22	32	−26	42	−24
3	−29	13	−30	23	−31	33	−28	43	−26
4	−29	14	−24	24	−24	34	−27	44	−26
5	−34	15	−29	25	−35	35	−21	45	−25
6	−32	16	−28	26	−26	36	−24	46	−22
7	−32	17	−26	27	−28	37	−28	47	−27
8	−28	18	−29	28	−22	38	−30	48	−28
9	−30	19	−24	29	−26	39	−26	49	−24
10	−28	20	−30	30	−36	40	−23	50	−20

Maß: Dmr. 14 f 8
Gemessen werden die Abweichungen vom Einstellmaß 14,000 mm in μm

Staffelbild zur Ermittlung der MFG im Wahrscheinlichkeitsnetz (siehe Abb.)

Klassengrenzen	Staffelbild	Absolute Häufigkeit	Relative Häufigkeit	Relative Summenhäufigkeit %
über −19 bis −21	//	2	4	4
über −21 bis −23	////	4	8	12
über −23 bis −25	//// ///	8	16	28
über −25 bis −27	//// //// /	11	22	50
über −27 bis −29	//// //// //	12	24	74
über −29 bis −31	////	5	10	84
über −31 bis −33	////	4	8	92
über −33 bis −35	///	3	6	98
über −35 bis −37	/	1	2	100

Zahl der Klassen: $K \approx \sqrt{\text{Zahl der Meßwerte}} = 8$
Klassenbreite: $b = 2$ μm
Klassenbildung: über −19 bis −21, über −21 bis −23 usw.

[323a – 151 ff.; 343b – Blatt 2; 340a – 97 ff.]

Maschinengruppen-Durchlaßkoeffizient → Durchlaßkoeffizient der Maschinengruppe

Maschinenkapazität – Verhältnis zwischen dem vorhandenen Maschinenzeitfonds, meist bezogen auf ein Jahr, und dem erforderlichen Maschinenzeitaufwand je Stück. Die Maschinenkapazität zeigt die Stückzahl, die in dem betreffenden Zeitraum an den vorhandenen Maschinen hergestellt werden kann.

$$K = \frac{MZF}{A}$$

[Stück/a]

MZF   Maschinenzeitfonds (h/a)
A   Arbeitszeitaufwand (h/Stück)

[146 – 20]

Maschinenleistung → Maschinenproduktivität

Maschinenproduktivität – auf die Stückzeit (→ Arbeitszeitgliederung) bezogene Kennzahl der Maschinenleistung, die den Produktionsausstoß pro Einheit der Maschinenzeit kennzeichnet.

$$p_M = \frac{1}{t_S} \qquad\qquad\qquad [1/min]$$

$$= \frac{1}{t_G + t_H + t_v}$$

t_S Stückzeit (min)
t_G Grundzeit (min)
t_H Hilfszeit (min)
t_v Zeitverluste (min)

Die *technologische Produktivität* ist:

$$p_{MT} = \frac{1}{t_G} \qquad\qquad\qquad [1/min]$$

Dann ist

$$p_M = \frac{p_{MT}}{p_{MT}(t_H + t_v) + 1}$$

Der theoretische Grenzwert der technologischen Produktivität ist:

$$t_G = 0$$

$$p_{MT} = \infty$$

Dann gilt:

$$p_{max} = \lim_{p_{MT} \to \infty} \frac{p_{MT}}{p_{MT}(t_H + t_v) + 1} \qquad\qquad [1/min]$$

$$p_{M\,max} = \frac{1}{t_H + t_v}$$

Bei gegebenen Hilfs- und Verlustzeiten hat somit die Produktivität einer Maschine eine Grenze. Erst die weitere Verringerung von t_H und t_v durch neue technische und technologische Lösungen macht eine weitere schnelle Produktivitätssteigerung möglich.

Exakter ist die Berechnung der → Leistungsquote.

Lohnkosteneinsparung durch Erhöhung der Maschinenproduktivität

$$l_E = \frac{(\Delta pA - \Delta l) \cdot 100}{100 + \Delta pA} \qquad \text{[M]}$$

ΔpA Produktivitätssteigerung durch Leistungszuwachs und andere Faktoren
Δl Lohnerhöhung

Selbstkosteneinsparung durch Produktivitätssteigerung

$$K_E = \frac{l(\Delta pA - \Delta l) \cdot 100}{100 + \Delta pA} \qquad \text{[M]}$$

l   Anteil des Lohnes an den Selbstkosten

Steigerung der Arbeitsproduktivität durch Erhöhung der Maschinenproduktivität

$$p'_A = \frac{100 + \Delta pA}{100}$$

$$p'_A = \frac{p'_M \cdot T'}{K'_M}$$

p'_M Index der Maschinenproduktivität
K'_M Index des Mehrverbrauchs bzw. des technologisch bedingten Ausschusses
T' Index der Nutzungsdauer der Maschine

[**144** – 59, 127f.]

Maschinensprache → Datenverarbeitung

Maschinenstunden, Anteil der → Technisierungskennziffern

Maschinen- und Arbeitsplätze in der Teilefertigung – von der Anzahl der zu fertigenden Teile und dem dafür erforderlichen Maschinenzeitfonds ausgehende Ermittlung der erforderlichen Maschinen- und Arbeitsplatzzahl, die zur groben Vorausberechnung der Größe der räumlichen Struktureinheiten des Produktionsprozesses in der Teilefertigung dient.

$$M_{ges} = \frac{n_v \cdot n_J \cdot t}{MZF}$$

n_v Anzahl der verschiedenen Einzelteile einer Teileklasse oder Teilegruppe
n_J Gewogenes arithmetisches Mittel der Jahresstückzahlen je Teileklasse oder Teilegruppe
t   Gewogenes arithmetisches Mittel des effektiven Zeitbedarfs für Maschinen und Ausrüstungen je Einzelteil (min)
MZF   Durchschnittlich effektiv auslastbarer Zeitfonds einer Maschine bei 2 Schichten (min)

[**111** – 136]

Maschinenstreubreite → Maschinenfunktionsgenauigkeit

Maschinenzeitfonds, nutzbarer – der möglichen Kapazitätsauslastung der Maschinen und Anlagen in einem bestimmten Zeitraum zugrunde liegender Zeitfonds in Stunden. Der effektiv ausgenutzte Maschinenzeitfonds soll dem nutzbaren und dieser dem nominellen möglichst nahekommen.

Maschinenzeitfonds	Kapazitätsauslastung
Nomineller Maschinenzeitfonds − Technisch bedingte Stillstandszeiten − Zeit für Reparaturen	
= Nutzbarer Maschinenzeitfonds − Planmäßig nicht ausgenutzter Teil des nutzbaren Maschinenzeitfonds	= Mögliche Kapazitäts- auslastung
= Planmäßig ausgenutzter Maschinenzeitfonds (geplanter Maschinenzeitfonds) − Effektiv nicht ausgenutzter Teil des geplanten Maschinenzeitfonds	= Geplante Kapazitäts- auslastung
= Effektiv ausgenutzter Maschinenzeitfonds	= Effektive Kapazitäts- auslastung

[246 – 35 f.]

Maschinenzeitfondsausnutzung, Kennziffern der – Kennziffern zur statistischen Analyse des Einsatzes bzw. der zeitlichen Auslastung von Maschinen (Arbeitsmitteln)

a) Relative Entwicklung der tatsächlich im Untersuchungszeitraum eingesetzten Maschinen gegenüber der für den Zeitraum geplanten Anzahl

$$I_n = \frac{\sum n_1}{\sum n_0}$$

n_0 Anzahl der planmäßig im betreffenden Zeitraum einzusetzenden Maschinen, errechnet als gewogenes arithmetisches Mittel

n_1 Anzahl der tatsächlich im betreffenden Zeitraum eingesetzten Maschinen, errechnet als gewogenes arithmetisches Mittel

b) Relative Entwicklung der tatsächlichen Laufzeit der Maschinen im Untersuchungszeitraum gegenüber der für den gleichen Zeitraum geplanten Laufzeit

$$I_{ny} = \frac{\sum n_1 y_1}{\sum n_0 y_0}$$

y_0 Geplante durchschnittliche Laufzeit je Maschine im Untersuchungszeitraum, errechnet als gewogenes arithmetisches Mittel (h)

y_1 Tatsächliche durchschnittliche Laufzeit im Zeitraum, errechnet als gewogenes arithmetisches Mittel (h)

c) Relative Entwicklung der tatsächlichen durchschnittlichen Laufzeit je Maschine im Untersuchungszeitraum gegenüber der für den gleichen Zeitraum geplanten Laufzeit

$$I_y = \frac{\sum n_1 y_1}{\sum n_1} : \frac{\sum n_0 y_0}{\sum n_0}$$

d) Relative Entwicklung der tatsächlichen Laufzeit der Maschinen im Untersuchungszeitraum auf Basis der geplanten Anzahl an Maschinen gegenüber der gesamten Laufzeit für den gleichen Zeitraum

$$I_{ny}^n = \frac{\sum n_1 y_0}{\sum n_0 y_0}$$

e) Relative Entwicklung der tatsächlichen Laufzeit der Maschinen im Untersuchungszeitraum gegenüber der geplanten Laufzeit auf der Basis der tatsächlichen Anzahl der Maschinen für den gleichen Zeitraum

$$I_{ny}^y = \frac{\sum n_1 y_1}{\sum n_1 y_0}$$

f) Relative Entwicklung der geplanten durchschnittlichen Laufzeit je Maschine im Untersuchungszeitraum auf Basis der tatsächlichen Anzahl an Maschinen gegenüber der geplanten durchschnittlichen Laufzeit für den gleichen Zeitraum

$$I_y^n = \frac{\sum n_1 y_0}{\sum n_1} : \frac{\sum n_0 y_0}{\sum n_0}$$

g) Relative Entwicklung der tatsächlichen durchschnittlichen Laufzeit je Maschine im Untersuchungszeitraum gegenüber der geplanten durchschnittlichen Laufzeit auf Basis der tatsächlichen Anzahl an Maschinen für den gleichen Zeitraum

$$I_y^y = \frac{\sum n_1 y_1}{\sum n_1} : \frac{\sum n_1 y_0}{\sum n_1}$$

Für die Abstimmung der einzelnen Indices (die man – mit 100 multipliziert – in Prozent ausdrücken kann) gelten folgende Beziehungen:

$$I_n \cdot I_y = I_{ny}$$

$$I_{ny}^n \cdot I_{ny}^y = I_{ny}$$

$$I_y^n \cdot I_y^y = I_y$$

[**128** – 390 ff.; **14** – 120]

Produktive Nutzung (Auslastungsgrad) des Maschinenzeitfonds

$$A_{MZF} = \frac{MZ_{tat}}{MZF} \cdot 100 \qquad [\%]$$

MZF   Maschinenzeitfonds (h)

MZ_{tat} Tatsächlich an Maschinen gearbeitete Zeit (h)

$$MZF_{max} = T \cdot t_{max} - t_{st}$$

T   Anzahl der Kalendertage

t_{max} Tägliche Einsatzzeit (24 h)

t_{st} Technisch bedingte Stillstandszeiten (h)

[146 – 18, 21]

Maschinenzeitfonds der Ausrüstungsart i, effektiv erforderlicher – Kennziffer, die den notwendigen Maschinenzeitfonds einer bestimmten Ausrüstungsart angibt. Sie ergibt sich als Produkt aus den Elementen des Produktionsprogramms und der für sie in der betreffenden Arbeitsstufe erforderlichen Bearbeitungszeit.

$$F_i = \sum_{i=1}^{n} z_{ij} \cdot P_j \qquad [min]$$

z_{ij} Effektiv erforderliche Bearbeitungszeit (Herstellzeit) je Erzeugniseinheit der Erzeugnisart j auf den Ausrüstungen der Art i

P_j Physisches Produktionsvolumen an Erzeugnissen der Art j

Dabei ist jedes Produkt $z_{ij} \cdot P_j$ gleich dem zur Erzeugung von P_j benötigten Maschinenzeitfonds in der Bearbeitungsstufe i.

Durchlaufen die Erzeugnisse P_j (j = 1, 2, ..., n) unterschiedliche Bearbeitungsstufen (i = 1, 2, ..., m) mit jeweils spezifischen Ausrüstungen, so ist die Beziehung zu erweitern auf:

$$\underline{F_i} = \underline{z_{ij}} \cdot \underline{P_j}$$

$\underline{F_i}$ Vektor des notwendigen Umfanges des effektiv verfügbaren Maschinenzeitfonds je Bearbeitungsstufe

$\underline{z_{ij}}$ Matrix der Bearbeitungszeiten z_{ij}

$\underline{P_j}$ Vektor der Produktionsvolumina an unterschiedlichen Erzeugnisarten

[73 – 124 ff.]

Materialausnutzungskoeffizient → Materialausnutzungsquote

Masseeinheiten → Tafel der gesetzlichen Einheiten (Anhang, S. 1068)

Massenfertigung → Fertigungsart

Materialausnutzungsquote – prozentuales Verhältnis des Materialeinsatzes in Mengeneinheiten zur Masse (Fläche, Volumen) des fertigen Teiles oder Erzeugnisses.

$$q = \frac{F}{E} \cdot 100 \qquad [\%]$$

F   Masse, Fläche usw. des Fertigteils (kg, m² usw.)

E   Masse, Fläche usw. des für die Herstellung des Teils erforderlichen Materialeinsatzes (einschließlich Be- und Verarbeitungsverluste) (kg, m² usw.)

Analog errechnet man den *Materialausnutzungskoeffizienten*:

$$q_m = \frac{F}{E}$$

Bei hundertprozentiger Materialausnutzung erreicht q_m den Maximalwert 1. Der *Verlustkoeffizient* ist die Differenz zwischen der Größe 1 und dem Materialausnutzungskoeffizienten. Er macht die wichtigsten material-technischen Reserven deutlicher sichtbar:

$$v_m = 1 - q_m$$

→ Materialverbrauchsnorm

[**25** – 165f.]

Materialeinsatz, Kennziffern des spezifischen – Grundform der Materialkoeffizienten, d. h. der Normen und Kennziffern der Materialwirtschaft in Naturalform. Die Kennziffern des spezifischen Materialeinsatzes zeigen den stofflichen Verbrauch an bestimmtem Material je produzierte Einheit. Sie bilden auch die Koeffizienten des direkten Aufwands in den stoffmäßigen Teilverflechtungsbilanzen und entsprechen allgemein der Beziehung:

$$q_{ij} = \frac{Q_{ij}}{Q_j} \qquad [\text{ME/Erz.Einheit}]$$

q_{ij} Spezifischer direkter Einsatz bzw. Verbrauch des Erzeugnisses i (Materialart) für das Erzeugnis j (Produkt)

Q_{ij} Eingesetzte bzw. verbrauchte Menge des Erzeugnisses i für die Produktion des Erzeugnisses j

Q_j Produzierte Menge des Erzeugnisses j im gleichen Zeitabschnitt

Für den Ausdruck des *technisch-ökonomischen Materialnutzens* gilt die Kennziffer:

$$q_{ij} = \frac{Q_{ij}}{TG_j} \qquad [\text{ME/Leistungsparameter}]$$

TG_j Technische Gebrauchseigenschaft bzw. technische Leistung des Erzeugnisses j (PS Leistung, m³ Fassungsvermögen usw.)

Eine Teilbeziehung der eigentlichen Materialkoeffizienten drücken die → *Materialausnutzungskoeffizienten* aus.
[176 – 62ff.]

Materialeinsatzkoeffizienten → Modell der Verflechtungsbilanzen, mathematisches

Materialeinsatzschlüssel – Kennziffer, die den Verbrauch an einem bestimmten Material (einer Materialgruppe) für die Produktion eines Erzeugnisses (einer Erzeugnisgruppe) oder die mögliche Produktion eines Erzeugnisses (einer Erzeugnisgruppe) aus einem bestimmten Material (einer Materialgruppe) ausweist, ausgedrückt in einer festgelegten Mengen-, Wert- oder Leistungseinheit.
Die Berechnung kann in zwei Stufen erfolgen:

1. Stufe:

$$x = \frac{\sum\limits_{k=1}^{i}(m \cdot p)_k}{W}$$

x   Planmaterialverbrauch je Materialart, -abmessung und -güte je 1 Mark Ist-Produktion (zu UPP) der jeweiligen Erzeugnisgruppe
m   Planmaterialverbrauch einer Materialart, -abmessung und -güte in ME (Materialverbrauchs-Teilnorm je Erzeugnis) einer Erzeugnissorte
p   Ist-Produktion der betreffenden Erzeugnissorte (Stück)
i   Anzahl der Erzeugnissorten in der Erzeugnisgruppe
W   Preis der Ist-Produktion der Erzeugnisgruppe (M zu UPP)

2. Stufe:

$$y = \sum\limits_{k=1}^{n} x_k$$

y   Planmaterialverbrauch je Materialplanposition je 1 Mark Ist-Produktion (zu UPP) der jeweiligen Erzeugnisgruppe
x   siehe 1. Stufe
n   Anzahl der Materialarten, -abmessungen und -güten innerhalb der Materialposition

Bei der Erarbeitung von Materialeinsatzschlüsseln sind drei Grundforderungen zu beachten:

a) Sie müssen aggregierbar sein,
b) sie müssen optimal detailliert sein,
c) sie müssen ständig den Veränderungen in der Produktion und Materialversorgung angepaßt werden.

[25 – 164f.; 24 – 298f.]

Materialflußprozesse, Optimierung der – rationellste, d. h. wirtschaftlichste Gestaltung von Materialflüssen. Das Problem liegt darin, über mögliche Transportwege bei wirtschaftlichstem Einsatz der Transportmittel und -geräte die Transportmengen nach den vorgegebenen Bedingungen bei geringsten Kosten zu befördern.

1. Einzelne Transportwege und Umschlagpunkte

Die Auslastungsgrenze eines Fördermittels – Fahrzeug (TM) oder Transportbehälter (TB) – kann mit einem *Transportmittelkoeffizienten* bestimmt werden:

$$v_\gamma = \frac{\gamma_{mittel}}{\bar{\gamma}_{opt}}$$

$\gamma_{mittel} = \dfrac{1}{n} \sum\limits_n \gamma_i$ Mittlere Transportwichte der Transporteinheiten, die einen Produktionssektor verlassen

$\gamma_i = \dfrac{G_{Prod} + G_{TB}}{V_{TB}}$ Transportwichte der einzelnen Güter (G Gewicht, V Volumen)

Bei Beförderung der Produkte ohne Transportbehälter wird

$$G_{TB} = 0 \quad \text{und} \quad V_{TB} = V_{Prod}$$

$\bar{\gamma}_{opt} = \dfrac{G_{Tragf\,(stat + dyn)}}{V_{Nutz}}\bigg|_{TM,\,TB}$ Optimale Transportwichte der TM oder TB

$G_{Tragf\,(stat + dyn)}$ Tragfähigkeit der TM oder TB unter statischer und dynamischer Beanspruchung

V_{Nutz} Nutzvolumen

Folgender Zusammenhang ist zu beachten:

$$v_\gamma < 1 \rightarrow 1 \quad \begin{array}{c} v_V \leqq 1 \\[4pt] v_G < 1 \end{array}$$

und

$$v_\gamma > 1 \rightarrow \quad \begin{array}{c} v_V < 1 \\[4pt] v_G \leqq 1 \end{array}$$

v_V Volumenausnutzungskoeffizient

v_G Gewichtsauslastungskoeffizient

$$v_{V,\,G} = \frac{V_{genutzt} \cdot G_{genutzt}}{V_{vorh} \cdot G_{vorh}}$$

Bei der Anschaffung von TM oder TB sollte auf

$$v_\gamma \rightarrow 1$$

geachtet werden.

Ob und mit welchem Wirkungsgrad der Transportprozeß auf einer Strecke bewältigt wird, zeigt die *Wegziffer* (Z_W):

Für $v_\gamma < 1$:

$$Z_{W_I} = \frac{V_x}{v_V \cdot V_{Nutz_{TM}} \cdot t_x} \cdot \left[t_{Lade} + \frac{l_x}{V_{m_{TM}}} (1 + \lambda) \right] \Bigg|_{v_G = v_\gamma \cdot v_V}^{v_V - \text{gewählt}}$$

Für $v_\gamma > 1$:

$$Z_{W_{II}} = \frac{v_\gamma \cdot V_x}{v_G \cdot V_{Nutz_{TM}} \cdot t_x} \left[t_{Lade} + \frac{l_x}{V_{m_{TM}}} (1 + \lambda) \right]$$

oder

$$Z_{W_{II}} = \frac{G_x}{v_G \cdot G_{Nutz_{TM}} \cdot t_x} \left[t_{Lade} + \frac{l_x}{V_{m_{TM}}} (1 + \lambda) \right] \Bigg|_{v_V = \frac{v_G}{v_\gamma}}^{v_G - \text{gewählt}}$$

Bei Stetigförderern gilt:

für $v_\gamma < 1$:

$$Z_{St_I} = \frac{V_x}{v_V \cdot V_{Nutz_{St}} \cdot V_{m_{St}} \cdot t_x} (l_G + l_ü) \Bigg|_{v_G = v_\gamma \cdot v_V}^{v_V - \text{gewählt}}$$

Analoges gilt wieder bei $v_\gamma > 1$.

V_x, G_x Transportmenge, gemessen in Volumen- oder Gewichtseinheiten

t_x Zeit, in der die Transportmenge anfällt

l_x Transportweg zwischen Gutabgabe und -aufnahme

$V_{m_{TM}, St}$ Mittlere Geschwindigkeit des Transportmittels

$V_{Nutz_{TM}}$, $T_{Nutz_{TM}}$ Maximal zu nutzendes Volumen bzw. maximal zu nutzende Tragkraft bei statischer und dynamischer Belastung des Transportmittels

$V_{Nutz_{St}}$ Maximal zu nutzendes Volumen eines Gefäßes unter der Annahme, daß die Gefäße gleiche Größe haben

λ Beiwert, der angibt, um wieviel schneller die Leerfahrt gegenüber der Lastfahrt ist ($0 < \lambda \leqq 1$)

l_G Länge, die ein Transportgefäß am Stetigförderer oder auf dem Transportband hat

$l_ü$ Lückenlänge, die zwischen zwei Transportgefäßen am Stetigförderer oder auf dem Transportband auftritt

Die Wegziffer zeigt an:

$Z_W < 1$ Transportsystem nicht ausgelastet

$Z_W = 1$ Transportsystem ausgelastet

$Z_W > 1$ Transportsystem überlastet

Bei einem Umschlagvorgang – der ja auf eine Horizontal- und eine Vertikalbewegung zurückzuführen ist – bringt die *Umschlagziffer* (Z_U) den Sachverhalt analog Z_W zum Ausdruck, wobei für die Auslastung ebenfalls gilt:

$$Z_U \lesseqgtr 1$$

Bei der Kostenminimierung müssen Anschaffungs- und Betriebskosten dem Auslastungskoeffizienten gegenübergestellt werden.

2. *Transportkette*

Potentialbegriff:

Wie groß muß ein Verkehrsbedürfnis sein, bevor ein Materialfluß in einer Richtung einsetzt, und welches Ausmaß hat er?

$$\text{Transportmenge} = \frac{\text{Stärke der Verkehrsbedürfnisse}}{\text{Widerstände}}$$

Modell für die Verallgemeinerung von Materialflußprozessen:

a) An m verschiedenen Orten befinden sich verschiedene Produktionsstellen, die in erster Näherung zu Knoten $K_1 \ldots K_m$ zusammengefaßt werden können.

b) Diese Knoten sind durch ein Verkehrsnetz miteinander verbunden; damit ist die Wegematrix des Netzes bekannt:

$$L = (l_{ij}) \qquad \begin{aligned} i &= 1 \ldots m \\ j &= 1 \ldots m \end{aligned}$$

c) Das Aufkommen in den m Knoten ist verschieden, bezogen auf eine Zeiteinheit, und nach Zielen bekannt. Der Versand soll in Zwischeneinheiten geschehen, nachdem von allen m Produktionsstellen Minimal- und Zwischentransporteinheiten (E_{min}, E_{zw}) festgelegt wurden:

$$1E_{min} \triangleq V_{min}, G_{min}$$

$$1E_{zw} = w \cdot E_{min}$$

Wird in einem Knoten K_1 eine Transportmenge V_1 in einem bestimmten Zeitintervall t produziert, so entspricht das

$$\frac{V_1}{\Delta t \dfrac{V_{min}}{1E_{min}}} = n_1 \frac{E_{min}}{\Delta t}$$

oder

$$\frac{V_1}{\Delta t \dfrac{V_{min}}{1E_{zw}} w} = \frac{m}{w} \cdot \frac{E_{zw}}{\Delta t}$$

Die Aufkommensmatrix lautet:

$$A = \frac{E_{zw}}{\Delta t \cdot w} (n_{ij}^{(Q)}) \qquad \begin{aligned} i &= 1 \ldots m \\ j &= 1 \ldots m \end{aligned}$$

Q   Quelle

d) Der Bedarf in den m Knoten ist kontinuierlich und bekannt. Die Bedarfsmatrix lautet:

$$B = \frac{E_{zw}}{t \cdot w} (n_{ij}^{(S)}) \qquad \begin{array}{l} i = 1 \ldots m \\ j = 1 \ldots m \end{array}$$

S   Senke

Zielstellung:

Es ist für eine Anzahl Transport- und Umschlagmittel verschiedener Typen der Materialfluß so zu organisieren, daß die Materialflußkosten ein Minimum werden.

Zielfunktion:

$$Z = \sum_i \alpha_i \cdot L_i + \sum_j \beta_j \cdot T_j + \sum_k \delta_k \cdot T_k \rightarrow Min$$

α_i Abrechnungssatz der i TM (M/km)

L_i Gesamte Fahrstrecke der i verschiedenen TM im betrachteten Zeitintervall (km)

β_j Abrechnungssatz der j TM (M/h)

T_j Beanspruchte Zeit der j TM im betrachteten Zeitintervall einschließlich Wartezeiten (h). Die einzelnen mittleren Fahrzeiten sind über

$$T_j = \frac{l_j}{V_{TM_j}}$$

zu ermitteln.

δ_k Abrechnungssatz der k Umschlagmittel im Netz (M/h)

T_k Gesamte Umschlagzeit aller k Umschlagmittel im betrachteten Zeitintervall

Erste Bedingung:

Die Transportmittel sollen so eingesetzt werden, daß sie auf Knoten zyklisch transportieren.

Zykluszeit eines Transportmittels:

$$t_{Zykl_{qa}}^{(TM)} = \frac{l_{Zykl_{qa}}}{V_{TM}} + \sum_{k \in g_{qa}} t_{Lade}^{(e)}$$

Als obere Schranke gilt:

$$t_{Zykl_{qa}} \leqq \mu \, \Delta t; \quad \mu > 0$$

Zweite Bedingung:

Adressierte Aufkommens- und Bedarfsmengen in zugeordneten Knoten sind gleich, jedoch in der Senke kontinuierlich und in der Quelle diskontinuierlich gefordert bzw. geliefert.

Menge, die während der Zykluszeit im zugeordneten Quellknoten entsteht (Quellmenge):

$$M_k^{(Q)} = \frac{n_k \cdot E_{min}}{\Delta t} \cdot t_{Zykl_{qa}}$$

Da nur volle Zwischeneinheiten transportiert werden, wird festgesetzt, daß

$$t_{Zykl_{qa}} \geqq \varkappa \cdot t_{zw_k}^{(Q)}$$

wobei

$$t_{zw_k}^{(Q)} = \frac{w}{n_{k_Q}} \cdot \Delta t$$

$\varkappa$ Faktor, der nur durch ganze, positive Zahlen ausgedrückt werden kann

Zurückbleibende Menge im Knoten K_Q (im Falle der Ungleichung der vorletzten Formel):

$$\Delta M_{ij} = \frac{n_{KQ} \cdot E_{zw}}{\Delta t \cdot w} (t_{Zykl_{qa}} - \varkappa \cdot t_{zw_k}^{(Q)})$$

Nachdem sich der Zyklus r-mal wiederholt hat, gilt:

$$\Delta M_{ij} \cdot r = 1 E_{zw}$$

Die Quellmenge erhöht sich auf

$$(\varkappa + 1) \, E_{zw}$$

Im zugeordneten Zielknoten genügt für den Transport eine Zwischeneinheit als Pufferlager. Da ein Materialflußproblem ohne Störungen gewählt wurde, sind Grenzen festzulegen.

Damit gilt für Transportmittel:

$$\eta_u \cdot M_{TM_{max}} \leqq M_{qa, TM} \leqq \eta_0 \cdot M_{TM_{max}}$$

und für Umschlagmittel:

$$\eta_u \cdot Q_{K_{max}} \leqq Q_K \leqq \eta_0 \cdot Q_{K_{max}}$$

η_u Untere Grenze (nach Erfahrungswerten festgelegt)
η_0 Obere Grenze (ist zu beschränken)
M Transportmenge (in Nutzvolumen oder Tragkraft)
Q Transportmenge (in Nutzvolumen oder Tragkraft/Zeiteinheit)

Knotenpunktbewertung, um in der Zielfunktion den Faktor T_k in Mengeneinheiten ausdrücken zu können:

$$Q_i = \frac{E_{zw}}{w \cdot \Delta t} \left[\sum_{j=1}^{m} (n_{ij} + n_{ji}) + \sum_{i \varepsilon w_{kj}} n_{kj} \right] \quad i = 1 \ldots m$$

Für die Nebenbedingung der Transportmittelauslastung gilt:

$$R_i = \frac{E_{zw}}{w \cdot \Delta t} \left[\sum_{i \varepsilon_{qa}} (n_{ij} - n_{ji}) + \sum_{i \varepsilon w_{kj}} n_{kj} \right] \quad \begin{matrix} i = 1 \ldots m \\ a = 1 \ldots ? \end{matrix}$$

Durch Ansatz der Auslastungskoeffizienten kann eine Belegungstabelle angefertigt werden. Das Verfahren muß für mehrere Varianten angewendet werden.

[289 – 697 ff.]

Materialintensität – Verhältnis des Materialaufwandes zum Gesamtaufwand für ein bestimmtes Produkt. Die Materialintensität erscheint in der Praxis in den verschiedensten technisch-ökonomischen Kennziffern der Materialwirtschaft, wie z. B. in den Koeffizienten des spezifischen → Materialeinsatzes

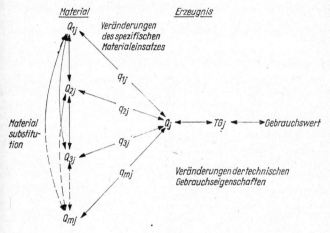

Elementare Form der Materialintensität (stofflich-gebrauchswertmäßig)

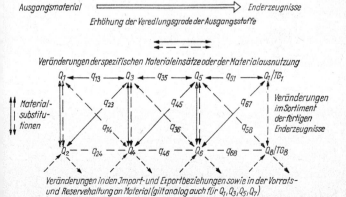

Volkswirtschaftliches Schema der Materialintensität (einfaches Modell des Stufenprozesses)

oder der Materialausnutzung, den Materialeinsatzschlüsseln, Verlustkoef-
fizienten usw.

$$MI = \frac{M}{B}$$

MI   Materialintensität (Koeffizient des Materialverbrauchs je Einheit
       Bezugsbasis)
M   Materialverbrauch (-aufwand) (M)
B   Bezugsbasis (M) (produziertes bzw. verwendetes Nationaleinkommen,
       Nettoprodukt, Brutto- bzw. Warenproduktion)

[176 – 6ff., 67, 82; 331 – 56]

Materialkosten – Anteil der für Material im weitesten Sinne aufgewandten
Kosten an den Gesamtselbstkosten des Erzeugnisses. Zur ökonomischen
Analyse der Materialkosten lassen sich die verschiedensten Verhältniskenn-
ziffern bilden. Ihre Aussagen hängen stets vom Inhalt der Beziehungsgrößen
ab und können wesentlich voneinander abweichen.
Beispiele solcher Kennziffern sind:

a) Materialkostenstruktur:

> Grundmaterial (eigene Verarbeitung)
> Bezogene Teile
> Kooperation
> Hilfsmaterial
> ―――――――――――――――――
> Materialkosten gesamt

b) Materialkostenquote – Q_{mk}:

$$Q_{mk} = \frac{M}{S}$$

M   Materialkosten
S   Selbstkosten gesamt

c) Spezifische Materialkosten der Bruttoproduktion zu IAP – M_{sb}:

$$M_{sb} = \frac{M}{B}$$

B   Bruttoproduktion zu IAP

d) Spezifische Materialkosten des Nettoprodukts – M_{sn}:

$$M_{sn} = \frac{M}{N}$$

N   Nettoprodukt

e) Spezifische Materialkosten der Eigenleistung – M_{se}:

$$M_{se} = \frac{M}{E}$$

E   Eigenleistung

f) Spezifische Materialkosten der Bruttoproduktion zu uPP – M_{sbu}:

$$M_{sbu} = \frac{M}{B_u}$$

B_u Bruttoproduktion zu uPP

[176 – 32f.; 331 – 56]

Materialnutzen, technisch-ökonomischer → Materialeinsatz, spezifischer

Materialverbrauch – Plankennziffer, die den technisch-ökonomisch begründeten Materialaufwand der jeweiligen Materialart für die Herstellung eines Erzeugnisses oder die Durchführung einer Leistung fixiert und damit eine wichtige Grundlage für die Ermittlung des betrieblichen Materialbedarfs bildet. Die entscheidende Grundlage für die Planung des Materialverbrauchs sind technisch-ökonomisch begründete → Materialverbrauchsnormen.

Vergleich des geplanten mit dem tatsächlichen Materialverbrauch

$$i = \frac{\Sigma Q_1 \cdot m_1}{\Sigma Q_1} : \frac{\Sigma Q_{pl} \cdot m_{pl}}{\Sigma Q_{pl}}$$

$Q_{1, pl}$ Tatsächliches und geplantes Produktionsvolumen (ME)
$m_{1, pl}$ Tatsächlicher und geplanter Materialverbrauch (ME)

Nähere Aufgliederung in den Index mit fester Struktur und den Index, der den Einfluß der Sortimentsverschiebung anzeigt:

$$i = \underbrace{\frac{\Sigma Q_1 \cdot m_1}{\Sigma Q_1 \cdot m_{pl}}}_{} \cdot \underbrace{\frac{\Sigma Q_1 \cdot m_{pl}}{\Sigma Q_1} : \frac{\Sigma Q_{pl} \cdot m_{pl}}{\Sigma Q_{pl}}}_{}$$

Index für die Veränderung des Materialverbrauchs bei den einzelnen Erzeugnissen	Index für den Einfluß der Sortimentsverschiebung auf den durchschnittlichen Materialverbrauch

Entwicklung des Materialverbrauchs

a) Mengenmäßig

$$i = \frac{\Sigma Q_1 \cdot m_1}{\Sigma Q_1 \cdot m_0}$$

b) Wertmäßig

$$i = \frac{\Sigma Q_1 \cdot m_1 \cdot p_1}{\Sigma Q_1 \cdot m_0 \cdot p_0}$$

$p_{0,1}$ Preise im Basis- und Berichtszeitraum

Aufgliederung:

$$i = \underbrace{\frac{\sum Q_1 \cdot m_1 \cdot p_0}{\sum Q_1 \cdot m_0 \cdot p_0}}_{\substack{\text{Einfluß der} \\ \text{mengenmäßigen} \\ \text{Veränderung des} \\ \text{Materialverbrauchs}}} \cdot \underbrace{\frac{\sum Q_1 \cdot m_1 \cdot p_1}{\sum Q_1 \cdot m_1 \cdot p_0}}_{\substack{\text{Einfluß der Ma-} \\ \text{terialpreisver-} \\ \text{änderung}}}$$

[25 – 154f.; 106 – 116ff.]

Materialverbrauchsnorm – Plankennziffer, die den technisch-ökonomisch begründeten Materialaufwand für ein Erzeugnis oder eine Leistungseinheit (z. B. bei Energie und Dampf) bei bester Qualität des Erzeugnisses oder der Leistung entsprechend den gegebenen und sich entwickelnden technisch-ökonomischen Bedingungen festlegt.

Bei der Ermittlung von Materialverbrauchsnormen sind methodisch drei Stufen zu unterscheiden:

a) Nettoverbrauch an Material (theoretischer Verbrauch = Fertigmasse des Erzeugnisses);

b) proportionaler Bruttoverbrauch (technischer Verbrauch = Nettoverbrauch plus Be- und Verarbeitungsverluste proportional zur Stückzahl);

c) endgültiger Bruttoverbrauch (Betriebsverbrauch = proportionaler Bruttoverbrauch plus Bearbeitungsverluste, die nicht proportional zur Stückzahl entstehen).

Ein Beispiel für die konkrete Materialverbrauchsnormerrechnung ist nebenstehend veranschaulicht. Aus Nettoverbrauch (Fertigmasse), proportionalem Bruttoverbrauch und endgültigem Bruttoverbrauch entsteht die Materialverbrauchsnorm von 12,75 kg.

[25 – 155ff.]

Materialverbrauchsnormen werden je nach den konkreten technischen, technologischen und organisatorischen Betriebsbedingungen nach drei Methoden erarbeitet:

a) Theoretische Errechnung,

b) erfahrungsstatistische Begründung,

c) technisch-ökonomische Begründung.

Spezielle Berechnung von Materialverbrauchsnormen

1. Allgemein gilt:

$$MVN = m_F + m_B + m_Z \qquad \text{[kg]}$$

m_F Masse des Fertigteiles (kg)

m_B Masse der Bearbeitungszugaben (kg)

m_Z Masse der Zuschläge (kg)

Ermittlung der Materialverbrauchsnorm für Kegelräder (Beispiel)

⟶ Verlauf der Fertigung
⟵ Verlauf der Verbrauchsnormung

Bearbeitungszustand	Knüppel vor dem Zersägen	Rohling für Gesenkpresse	Rohling mit Grat	Rohling ohne Grat	Rohling für spanabhebende Bearbeitung	Fertiges Kegelrad
Masse (kg)	12,750	11,750	11,500	10,300	8,800	7,300
Verluste und Abfälle	Masseminderung durch Stangenendenabfall je Rohling (rückgerechnet nach Rohlingen je Knüppel) = 0,600 kg + Masseminderung durch Zersägen je Rohling = 0,400 kg	Masseminderung durch Abbrand = 0,250 kg	Masseminderung durch Entgraten = 1,200 kg	Masseminderung durch Lochen und Putzen = 1,500 kg	Masseminderung durch spangebende Bearbeitung = 1,500 kg	

Nettoverbrauch   7,300 kg

     + 1,500 (spanabh. Bearbeitung)
     + 1,500 (Lochputzen)
     + 1,200 (Entgraten)
     + 0,250 (Abbrand)
Proportionaler   + 0,400 (Sägeverschnitt)
Bruttoverbrauch
je Teil   + 4,850   12,150 kg
Endgültiger Bruttoverbrauch je Teil   + 0,600 (Stangenabfall je Rohling)   12,750 kg
= Materialverbrauchsnorm

[25 – 162]

2. MVN für Rohteile aus Halbzeugen

a) Stangenmaterial

Es empfehlen sich folgende Ermittlungsstufen:

Wahl der Querschnittsform;
Festlegen, ob Einzelrohteil oder eine Stange verwendet wird;
Bestimmen der Stangenart (gewalzt, gezogen);
Bestimmen der Bearbeitungszugaben auf Querschnitt und Länge unter Beachtung einer evtl. notwendigen Zentrierzugabe;
Festlegen der Trennschnitte entsprechend dem Trennverfahren;
Wahl des Einspannendes, wobei beim Arbeiten von Stange der Anteil je Werkstück zu berücksichtigen ist;
Ermitteln des Stangenrestes, der nicht mehr für die Produktion verwendet werden kann, und Berechnen des Anteils je Werkstück;
Errechnen der MVN in Länge;
Errechnen der MVN in Masse;
Ermitteln des Werkstoffausnutzungskoeffizienten und Einschätzen der MVN;
Ermitteln der Anzahl der Stangen für ein Los oder einen Auftrag.

Querschnittsmaß des Stangenmaterials – D

$$D = d + z_1$$

D Durchmesser, Breite, Höhe, Seite oder Schlüsselweite des betreffenden Querschnitts
d Größtmaß des Werkstückquerschnitts (d, b, h, a oder s)
z_1 Bearbeitungszugabe für Querschnittsmaße

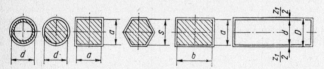

Stangenmaterial mit verschiedenen Querschnitten

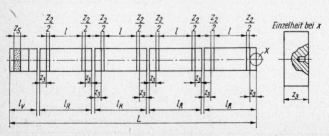

Längen zur Bestimmung der MVN für Einzelrohteile

MVN in Länge bei Einzeldrehteilen – MVN_{Lr}

$$MVN_{Lr} = 1 + z_2 + 2z_3 + z_4 + z_5$$

Werkstücklänge

z_2 Bearbeitungszugaben für die Stirnflächen (lt. Tabelle)

z_3 Zentrierzugabe (oder Einspannverlust) (lt. Tabelle)

z_4 Trennverlust (lt. Tabelle)

z_5 Restmaterialanteil je Werkstück

$$z_5 = \frac{l_{vr}}{n_{wst}}$$

l_{vr} Restmateriallänge

n_{wst} Anzahl der Werkstücke je Stange

MVN in Länge bei Arbeiten von der Stange – MVN_{Ls}

$$MVN_{Ls} = 1 + z_2 + z_3 + z_4 + z_5 + z_6$$

z_6 Einspannverlust je Werkstück

$$z_6 = \frac{l_v}{n_{wst}}$$

l_v Länge des Spannverlustes

n_{wst} Anzahl der Werkstücke je Stange

$$n_{wst} = \frac{l_n}{l_r + z_4}$$

l_n Stangennutzlänge

$$l_n = L - l_v$$

L   Länge der Stange

l_v Stangenverlust je Stange durch Einspannende

l_r Rohteillänge je Werkstück

Für l_v wird Einspannende l_{vsp} (nach Tabelle) oder Restwerkstoff l_{vr} (laut Formel) oder beides verwendet.

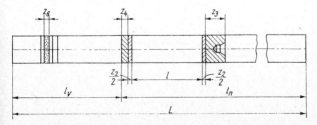

Längen zur Bestimmung der MVN für das Arbeiten von der Stange

MVN in Masse – MVN_m

$$MVN_m = F \cdot MVN_L \cdot \rho$$

F ! Querschnittfläche des Stangenprofils
ρ Dichte des Werkstoffs

Materialausnutzungskoeffizient – k_m

$$k_m = \frac{m_f \cdot 100}{MVN_m} \qquad [\%]$$

m_f Masse des Fertigteiles

Anzahl der Stangen – n_{stg}

$$n_{stg} = \frac{n}{n_{wst}}$$

n Anzahl der herzustellenden Werkstücke
n_{wst} Anzahl der Werkstücke je Stange

Restwerkstoff – l_{vr}

$$l_{vr} = L - [l_{vsp} + n_{wst}(l_r + z_4)]$$

L Länge der Stange
l_{vsp} Einspannende (lt. Tabelle)
n_{wst} Anzahl der Werkstücke je Stange
l_r Rohteillänge je Werkstück
z_4 Trennverlust lt. Tabelle

b) **Blechmaterial**

Es empfehlen sich folgende Entwicklungsstufen:

Bestimmen der Platine in Form und Abmessung für das Fertigteil;
Festlegen der Zuschläge für das Beschneiden nach der Umformung;
wenn notwendig, tatsächliche Form und Abmessungen des Rohteiles durch Versuche abstimmen;
Ermitteln des günstigsten Streifenbildes (Anordnung der Teile in Streifen) unter Beachtung des Schnittwerkzeugs;
Bestimmen der Streifenbreite unter Berücksichtigung der Trenn- und Randstegbreiten und gegebenenfalls Seitenschneiderzugaben sowie der maximal zulässigen Breite;
Festlegen der Streifenlänge und der darin enthaltenen Anzahl von Teilen unter Berücksichtigung der zur Verfügung stehenden Tafelgrößen sowie der maximal zulässigen Längen;
Entscheiden über günstigste Streifenlänge;
bei Anordnung von verschiedenen Teilen und Streifen in einer Tafel Zuschnittplan ausarbeiten;
Ermitteln der MVN in Fläche;
Ermitteln der MVN in Masse;

Errechnen des Materialausnutzungskoeffizienten und Einschätzen der MVN; wenn erforderlich, Ermitteln der Anzahl der Tafeln für eine bestimmte Stückzahl.

Die Ermittlung des Rohteiles (Platine) in Form und Abmessung hängt von der jeweiligen Form des Fertigteiles und vom Umformungsverfahren ab. Typische Beispiele:

Gestreckte Länge für Stanzteile – L

$$L = l_1 + \frac{\pi \cdot \alpha}{180}\left(R + \frac{s}{2}\xi\right) + l_2$$

l_1 Länge des Schenkels 1
l_2 Länge des Schenkels 2
α Biegewinkel
R   Biegeradius
s   Blechdicke
ξ Verkürzungsfaktor

$\dfrac{R}{s}$	5	3	2	1,2	0,8	0,5	0,2	0,1
ξ	1	0,9	0,8	0,7	0,6	0,5	0,3	0,2

Gestreckte Länge beim Rollen – L

$$L = l + \frac{(d + s)\,\pi \cdot 300°}{360°} = l + \frac{5}{6}\pi(d + s)$$

Fläche und Durchmesser der Platine für runde Ziehteile – F, D

$$F = f_1 + f_2 + f_3 + \cdots + f_n$$

F   Gesamtfläche für die Platine (ohne Zugaben)
f   Flächen der einzelnen Elemente des Ziehteiles, errechnet nach den üblichen Flächengleichungen

$$D = \sqrt{\frac{F \cdot H}{\pi}}$$

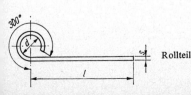

Rollteil

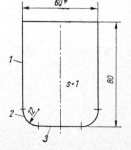

Ziehteil

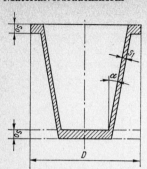

Fließdrückteil

Rohteil-(Blech-)Dicke für das Fließdrücken kegliger Werkstücke – S_0

$$S_0 = \frac{s_1}{\sin \alpha}$$

s_1 Wanddicke des Kegels
α Einstellwinkel (Hälfte des Kegelwinkels)

MVN in Fläche – MVN_f

Streifenbreite:	$B = D + 2 \cdot b_1$
Vorschub:	$w = D + z_1 + b$
Streifenlänge:	L
Tafellänge (-breite):	L_1

Stückzahl je Streifen: $n_{wstr} = \dfrac{L}{w}$

Streifen je Tafel: $n_{strt} = \dfrac{L}{B}$

Werkstücke je Tafel: $n_{wt} = n_{wstr} \cdot n_{strt}$

Anzahl der Tafeln: $n_t = \dfrac{n}{n_{wt}}$

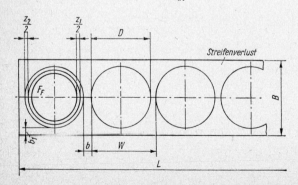

Maßangaben
zur Ermittlung
von MVN
bei Schnitteilen

Zu fertigende Stückzahl: n

$$MVN_f + F_f + F_{z1} + F_{z2} + F_{z3} + F_{z4}$$

F_f Fläche für das Fertigteil
F_{z1} Fläche für die Beschneide- oder Bearbeitungszugabe
F_{z2} Fläche für die Trennschnittzugabe
F_{z3} Fläche für die Zugabe des Anteils am Streifenverlust

$$F_{z3} = \frac{F_{str} - n_{wstr}(F_f + F_{z1} + F_{z2})}{n_{wstr}}$$

F_{str} Streifenfläche
F_{z4} Fläche für die Zugabe des Anteils am Tafelrest

$$F_{z4} = \frac{F_r}{n_{wt}}$$

F_r Fläche des Tafelrestes

$$F_r = (L_1 - B \cdot n_{strt}) \cdot L$$

MVN in Masse – MVN_m

$$MVN_m = MVN_f \cdot s \cdot \rho$$

s   Blechdicke
ρ Dichte des Werkstoffs

Materialausnutzungskoeffizient – k_m

$$k_m = \frac{m_f \cdot 100}{MVN_m} \quad \text{oder} \quad \frac{F_f \cdot 100}{MVN_f} \quad \text{oder} \quad \frac{n_{wt} \cdot F_f \cdot 100}{F_t} \qquad [\%]$$

m_f Masse des Fertigteiles
F_t Fläche der Tafel

Anzahl der Tafeln – n_t

$$n_t = \frac{n}{n_{wt}}$$

n   Zu fertigende Teilezahl
n_{wt} Anzahl der Teile je Tafel

3. MVN für Schmiedeteile

Masse des Ausgangswerkstoffs – m_a

$$m_a = m_r + m_s$$

m_r Masse des Rohteils
m_s Masse der Schmiedezuschläge (je nach Verfahren lt. Tabellen)

Querschnitt des Ausgangswerkstoffs – F_a

$$F_a = F_s \pm F_z$$

F_s Größte Querschnittsfläche des Schmiedeteiles

F_z Zuschlag oder Abzug für das Schmieden (+ Zuschlag beim Strecken, – Abzug beim Stauchen)

$$F_a = F_s \cdot v$$

v   Verschmiedungsgrad

Durchmesser bei rundem Ausgangsmaterial – D

$$D = \sqrt{d^2 \left(1 \pm \frac{p_z}{100}\right)}$$

d   Größter Durchmesser des Schmiedestückes

p_z Prozentsatz für F_z (beim Freiformschmieden 30–60% von F_s, beim Gesenkschmieden 10–30% von F_s)

$$D = \sqrt{d^2 \cdot v}$$

v   Verschmiedungsgrad

Verschmiedungsgrad beim Freiform-Streckschmieden aus Rohblöcken – v

$$v = \frac{F_a}{F_s}$$

Gesamtverschmiedungsgrad – k

$$k = k_r \cdot k_s$$

k_r Streckgrad $= \dfrac{L_1}{L_0} > 1$

k_s Stauchgrad $= \dfrac{H_0}{H_1} > 1$

Länge des Ausgangsmaterials – l_a

$$l_a = \frac{m_a}{F_a \cdot \rho}$$

l/D   beim Stauchen $\leqq 2{,}5$

MVN in Masse – MVN_m

$$MVN_m = m_a + m_{zv}$$

m_a Masse des Ausgangswerkstoffs

m_{zv} Zuschlag für Verluste durch Verschnitt, Stangenenden usw. (bei Halbzeugen 3–5%, bei Rohblöcken je nach Größe 20–40%)

[**229** – 241 ff.]

Materialverflechtungsbilanz – Erfassung der Beziehungen zwischen Bedarf und Aufkommen an Material für die Herstellung bestimmter Erzeugnisse und Erzeugnisgruppen. Die Materialverflechtungsbilanzen sind damit Instrumente zur Entscheidungsvorbereitung bei der unmittelbaren Leitung des Absatz-

und Versorgungsprozesses. Die vereinfachten mathematischen Grundlagen können wie folgt dargestellt werden:

$$a_{ij} = \frac{M_{ij}}{P_j}$$

$$M_{ij} = a_{ij} \cdot P_j$$

M_{ij} Verbrauch an Material i für die Herstellung der Erzeugnisgruppe j

P_j Produktion der Erzeugnisgruppe j

a_{ij} Einsatzschlüssel für Material i je 1 Mark der Erzeugnisgruppe j

B_i Verbrauch sonstiger Verbrauchergruppen

Die Verflechtung ergibt ein Gleichungssystem (Beispiel für 3 Erzeugnisgruppen):

$$M_{11} + M_{12} + M_{13} + B_1 = P_1$$

$$M_{21} + M_{22} + M_{23} + B_2 = P_2$$

$$M_{31} + M_{32} + M_{33} + B_3 = P_3$$

oder

$$a_{11} \cdot P_1 + a_{12} \cdot P_2 + a_{13} \cdot P_3 + B_1 = P_1$$

$$a_{21} \cdot P_1 + a_{22} \cdot P_2 + a_{23} \cdot P_3 + B_2 = P_2$$

$$a_{31} \cdot P_1 + a_{32} \cdot P_2 + a_{33} \cdot P_3 + B_3 = P_3$$

Auflösung nach B_1, B_2, B_3:

$$P_1 - a_{11} \cdot P_1 - a_{12} \cdot P_2 - a_{13} \cdot P_3 = B_1$$

$$P_2 - a_{21} \cdot P_1 - a_{22} \cdot P_2 - a_{23} \cdot P_3 = B_2$$

$$P_3 - a_{31} \cdot P_1 - a_{32} \cdot P_2 - a_{33} \cdot P_3 = B_3$$

In Matrizenschreibweise:

$$\begin{pmatrix} 1 & 0 & 0 \\ 0 & 1 & 0 \\ 0 & 0 & 1 \end{pmatrix} \begin{pmatrix} P_1 \\ P_2 \\ P_3 \end{pmatrix} - \begin{pmatrix} a_{11} & a_{12} & a_{13} \\ a_{21} & a_{22} & a_{23} \\ a_{31} & a_{32} & a_{33} \end{pmatrix} \begin{pmatrix} P_1 \\ P_2 \\ P_3 \end{pmatrix} = \begin{pmatrix} B_1 \\ B_2 \\ B_3 \end{pmatrix}$$

Zur Vereinfachung gilt:

$$\mathfrak{E} = \begin{pmatrix} 1 & 0 & 0 \\ 0 & 1 & 0 \\ 0 & 0 & 1 \end{pmatrix} \quad \text{(Einheitsmatrix)}$$

$$\mathfrak{M} = \begin{pmatrix} a_{11} & a_{12} & a_{13} \\ a_{21} & a_{22} & a_{23} \\ a_{31} & a_{32} & a_{33} \end{pmatrix}$$

$$\mathfrak{p} = \begin{pmatrix} P_1 \\ P_2 \\ P_3 \end{pmatrix}$$

$$\mathfrak{b} = \begin{pmatrix} B_1 \\ B_2 \\ B_3 \end{pmatrix}$$

Somit gilt:

$$\mathfrak{E} \cdot \mathfrak{p} - \mathfrak{M} \cdot \mathfrak{p} = \mathfrak{b}$$
$$(\mathfrak{E} - \mathfrak{M}) \, \mathfrak{p} = \mathfrak{b}$$

Wenn auf die erforderliche Gesamtproduktion geschlossen werden soll, muß man die Matrizengleichung nach $\mathfrak{p}$ auflösen, indem man die beiden Seiten der Gleichung mit der Kehrmatrix $(\mathfrak{E} - \mathfrak{M})^{-1}$ multipliziert:

$$(\mathfrak{E} - \mathfrak{M})^{-1} \, (\mathfrak{E} - \mathfrak{M}) \cdot \mathfrak{p} = (\mathfrak{E} - \mathfrak{M})^{-1} \cdot \mathfrak{b}$$
$$\mathfrak{p} = (\mathfrak{E} - \mathfrak{M})^{-1} \cdot \mathfrak{b}$$

Der Hauptanteil der praktischen Berechnung besteht darin, zur sogenannten Matrix der Einsatzkoeffizienten

$$(\mathfrak{E} - \mathfrak{M})$$

die Kehrmatrix

$$(\mathfrak{E} - \mathfrak{M})^{-1}$$

der Koeffizienten des vollen Aufwandes zu berechnen.
Kontrolle ihrer richtigen Berechnung: Die Multiplikation beider Matrizen muß die Einheitsmatrix ergeben:

$$(\mathfrak{E} - \mathfrak{M})^{-1} \cdot (\mathfrak{E} - \mathfrak{M}) = \mathfrak{E}$$

[**106** – 104 ff.; **25** – 221 ff.]

Materialverlustquote → Ausbeutequote

Mathematische Grundkenntnisse → Anhang, S. 1029

Mathematische Zeichen → Anhang, S. 1056

Matrix – System von rechteckig in m Zeilen und n Spalten angeordneten Größen, das heißt von $m \cdot n$ Elementen (Komponenten). Eine quadratische Matrix enthält ebenso viele Zeilen wie Spalten (m = n). Als Vektor wird eine Matrix bezeichnet, die nur aus einer Zeile oder einer Spalte besteht. Die Matrix wird im allgemeinen von runden oder eckigen Klammern umschlossen, mit großen deutschen Buchstaben oder fettgedruckten großen lateinischen Buchstaben, der Vektor mit entsprechenden kleinen Buchstaben bezeichnet. Der linke Index bezeichnet stets die Zeile, der rechte die Spalte. Für das nachfolgende Beispiel gilt also: i = 1, 2, ..., m; k = 1, 2, ..., n.
Entsprechend obiger Definition ist eine beliebige Matrix $\mathfrak{A}$ vom Typ (m, n)

(mit $m \leqq n$) ein System von $m \cdot n$ Elementen a_{ik}, die in einem rechteckigen Schema von m Zeilen und n Spalten angeordnet sind:

$$\mathfrak{A} = (a_{ik})_{(m, n)} = \begin{pmatrix} a_{11} & a_{12} & \cdots & a_{1n} \\ a_{21} & a_{22} & \cdots & a_{2n} \\ \vdots & \vdots & & \vdots \\ a_{m1} & a_{m2} & & a_{mn} \end{pmatrix}$$

Die beiden Vektoren $(m, 1)$ und $(1, n)$ haben folgendes Aussehen:

$$\mathfrak{a} = (a_{ik})_{(m, 1)} = \begin{pmatrix} a_1 \\ a_2 \\ \vdots \\ a_m \end{pmatrix} \quad \text{und} \quad \mathfrak{a} = (a_{ik})_{(1, n)} = (a_1 a_2 \cdots a_n)$$

Besondere Matrizen:

a) Nullmatrix $\mathfrak{N}$

$\quad a_{ik} = 0 \quad$ für $\quad i = 1, 2, ..., m \quad$ und $\quad k = 1, 2, ..., n$

b) Einheitsmatrix $\mathfrak{E}$ $(m = n)$

$$a_{ik} = \begin{cases} 0, & \text{wenn } i \neq k \\ 1, & \text{wenn } i = k \end{cases}$$

c) Skalarmatrix $\mathfrak{S}$ $(m = n)$

$$\mathfrak{S} = c \cdot \mathfrak{E}, \quad \text{d. h.} \quad a_{ik} = \begin{cases} 0, & \text{wenn } i \neq k \\ c, & \text{wenn } i = k \end{cases}$$

d) Diagonalmatrix $\mathfrak{D}$ $(m = n)$

$$a_{ik} = \begin{cases} 0, & \text{wenn } i \neq k \\ d_i, & \text{wenn } i = k \end{cases} \quad \text{mit } d_i = d_1, d_2, ..., d_n$$

e) Dreieckmatrix $\mathfrak{T}$ $(m = n)$

Unterhalb bzw. oberhalb der Hauptdiagonalen sind alle Elemente gleich Null.

Rechenregeln:

a) Gleichheit

Sind $\mathfrak{A}$ und eine andere Matrix $\mathfrak{B}$ vom gleichen Typ, dann ist $\mathfrak{A} = \mathfrak{B}$ durch $a_{ik} = b_{ik}$ für $i = 1, 2, ..., m$ und $k = 1, 2, ..., n$ erklärt.

b) Addition und Subtraktion

Sind $\mathfrak{A}$ und $\mathfrak{B}$ vom gleichen Typ, dann ist $\mathfrak{A} \pm \mathfrak{B} = \mathfrak{C}$ durch $c_{ik} = a_{ik} \pm b_{ik}$ für $i = 1, 2, ..., m$ und $k = 1, 2, ..., n$ erklärt.

c) Multiplikation mit einer Zahl (einem Skalar)

Es müssen alle Elemente mit der Zahl multipliziert werden.

$$c \cdot \mathfrak{A} = (c \cdot a_{ik})$$

d) Transponieren einer Matrix

Vertauscht man die Zeilen mit den Spalten, so erhält man die Transponierte der Matrix $\mathfrak{A}$, aus a_{ik} wird a_{ki}, geschrieben $\mathfrak{A}^T$

e) Multiplikation zweier Matrizen

Das Produkt zweier Matrizen $\mathfrak{A} = (a_{ik})_{(m, n)}$ und $\mathfrak{B} = (b_{ik})_{(n, p)}$ (verketteter Matrizen) ist erklärt durch $\mathfrak{A} \cdot \mathfrak{B} = \mathfrak{C}$ oder

$$(a_{ik})_{(m, n)} \cdot (b_{ik})_{(n, p)} = (c_{ik})_{(m, p)}$$

mit

$$c_{ik} = \sum_{r=1}^{n} a_{ir} \cdot b_{rk}$$

f) Kehrmatrix oder inverse Matrix

Zu jeder quadratischen und regulären [$(m = n)$ und det $\mathfrak{A} \neq 0$] Matrix $\mathfrak{A}$ existiert eine Kehrmatrix $\mathfrak{A}^{-1}$, die folgende Gleichung erfüllt:

$$\mathfrak{A} \cdot \mathfrak{A}^{-1} = \mathfrak{A}^{-1} \cdot \mathfrak{A} = \mathfrak{C}$$

Dabei ist:

$$\mathfrak{A}^{-1} = \frac{1}{\det \mathfrak{A}} \begin{pmatrix} A_{11} & A_{21} & \cdots & A_{n1} \\ A_{12} & A_{22} & \cdots & A_{n2} \\ \vdots & \vdots & & \vdots \\ A_{1n} & A_{2n} & \cdots & A_{nn} \end{pmatrix}$$

[17 – 9ff.; Matrizengleichungen und Verflechtungen: ebenda – 15ff., 25ff.; 37 – 166f.]

Anwendungsmöglichkeiten der Matrizenrechnung

a) *Verflechtungsplanung und Strukturanalyse*

E_i, E_k Stufenerzeugnisse
P_i Gesamtproduktion eines Zweiges
$h_{ik}[k = 1(1) n]$ Eigenverbrauch der Stufen
Q_i Direkt an andere Zweige verkaufte Menge

$$P_1 = h_{11} + h_{12} + h_{13} + \cdots + h_{1n} + Q_1$$
$$P_2 = h_{21} + h_{22} + h_{23} + \cdots + h_{2n} + Q_2$$
$$\dots\dots\dots\dots\dots\dots\dots\dots\dots\dots\dots\dots\dots \qquad [1]$$
$$P_n = h_{n1} + h_{n2} + h_{n3} + \cdots + h_{nn} + Q_n$$

$$h_{ik} = b_{ik} P_k \quad \text{bzw.} \quad b_{ik} - \frac{h_{ik}}{P_k}, \begin{matrix} i = 1(1) n \\ k = 1(1) n \end{matrix} \qquad [2]$$

h_{ik} Eigenverbrauchsmengen
P_k Produktionsmengen

b_{ik} „Direkte Einsatzkoeffizienten"; sie besagen, daß $b_{ik}E_i$ direkt für eine Einheit E_k benötigt werden.

Statt [1] kann auch geschrieben werden:

$$P_i = \sum_{k=1}^{n} b_{ik}P_k + Q_i \qquad [3]$$

Es ergibt sich durch Einsatz von [2] in [1] und Umordnung in verkürzter Schreibweise:

$$P_i - \sum_{k=1}^{n} b_{ik}P_k = Q_i \qquad [4]$$

Diese Formel lautet als äquivalente Matrizengleichung geschrieben:

$$(\mathfrak{E} - \mathfrak{B})\,\mathfrak{p} = \mathfrak{q} \qquad [5]$$

Damit kann aus der Gesamtproduktion $\mathfrak{p}$ das mögliche Absatzprogramm $\mathfrak{q}$ berechnet werden, wenn die Matrix $\mathfrak{B}$ der direkten Einsatzkoeffizienten bekannt ist.

Umgekehrte Fragestellung: Welche Gesamtproduktion an Stufenerzeugnissen ist erforderlich, um einen volkswirtschaftlichen Bedarf zu befriedigen?

Durch Umformung von [5] nach den Regeln der Matrizenrechnung erhält man:

$$(\mathfrak{E} - \mathfrak{B})^{-1}\,\mathfrak{q} = \mathfrak{p} \qquad [6]$$

$(\mathfrak{E} - \mathfrak{B})^{-1}$ Invertierte Matrix $(\mathfrak{B}*)$

$$(\mathfrak{E} - \mathfrak{B})^{-1} = \mathfrak{B}*$$

$$\mathfrak{B}* \cdot \mathfrak{q} = \mathfrak{p} \qquad [7]$$

[288 – 7ff.]

b) *Produktionsplanung*

Es ist ein Modell des zu untersuchenden Produktionskomplexes herzustellen. Dazu sind Zusammenhänge zwischen den produzierenden Einheiten hinsichtlich des Stoffflusses in Gleichungsform oder als Gleichungssystem zu erfassen (Teilnormtabelle).

Ausgangspunkt dafür ist das Fließbild des zu untersuchenden Produktionskomplexes:

$B_1 \ldots B_5$ produzierende Einheiten
$Z_1 \ldots Z_4$ Zwischenprodukte
E_1, E_2 fertige Erzeugnisse

| n | Nummern der Verbrauchsgleichungen |

k   Anfall- und Verbrauchsnormen
−k   Verbrauch an Zwischenprodukten
+k   Anfall an Zwischenprodukten und Fertigerzeugnissen

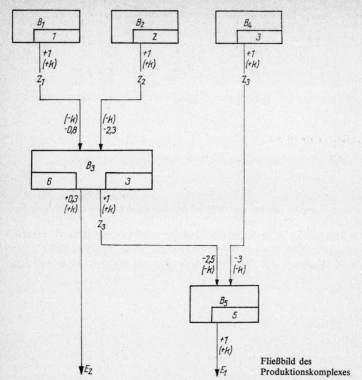

Fließbild des
Produktionskomplexes

Das Fließbild dient als Hilfsmittel zur Aufstellung eines Systems linearer
Gleichungen für Anfall und Verbrauch der einzelnen Zwischenprodukte und
Fertigerzeugnisse. Für jedes Produkt ist die Gesamterzeugung mit dem Verbrauch zur innerbetrieblichen Weiterverarbeitung zu bilanzieren.

Zum Absatz bestimmte Produktion

Direkte Verflechtung
zwischen den
Hauptprodukten

$$W_1 = 1{,}00\,D_1 - 0{,}80\,D_3$$
$$W_2 = 1{,}00\,D_2 - 2{,}30\,D_3$$
$$W_3 = 1{,}00\,D_3 - 2{,}50\,D_5$$
$$W_4 = 1{,}00\,D_4 - 3{,}00\,D_5$$
$$W_5 = 1{,}00\,D_5$$

Anfall von Neben-
produkten

$$W_6 = 0{,}30\,D_3$$

$W_1 \ldots W_6$ Menge der zum Absatz bestimmten Produkte 1 … 6
$D_1 \ldots D_5$ Durchsatz[1]) durch die produzierenden Einheiten $B_1 \ldots B_5$

[1]) Stoffmenge, die während des Produktionsprozesses durchläuft.

Vereinfachung durch Darstellung in Matrizenschreibweise

$$
\begin{pmatrix}
1,00 & 0 & -0,80 & 0 & 0 \\
0 & 1,00 & -2,30 & 0 & 0 \\
0 & 0 & 1,00 & 0 & -2,50 \\
0 & 0 & 0 & 1,00 & -3,00 \\
0 & 0 & 0 & 0 & 1,00 \\
0 & 0 & 0,30 & 0 & 0
\end{pmatrix}
\begin{pmatrix}
D_1 \\ D_2 \\ D_3 \\ D_4 \\ D_5
\end{pmatrix}
=
\begin{pmatrix}
W_1 \\ W_2 \\ W_3 \\ W_4 \\ W_5 \\ W_6
\end{pmatrix}
$$

Die Matrizengleichung besteht aus zwei Teilsystemen:

$$
\begin{aligned}
\mathfrak{A}\mathfrak{d} &= \mathfrak{w}_1 \\
\mathfrak{Q}\mathfrak{d} &= \mathfrak{w}_2
\end{aligned}
\left\{
\begin{pmatrix} \mathfrak{A} \\ \mathfrak{Q} \end{pmatrix} \mathfrak{d} = \begin{pmatrix} \mathfrak{w}_1 \\ \mathfrak{w}_2 \end{pmatrix}
\right.
$$

$\mathfrak{A}$ Matrix der direkten Verflechtung zwischen Hauptprodukten
$\mathfrak{Q}$ Matrix des Anfalls von Nebenprodukten
$\mathfrak{d}$ Durchsatzvektor
$\mathfrak{w}_1$ Vektor der zum Absatz bestimmten Produktion der Hauptprodukte
$\mathfrak{w}_2$ Vektor der zum Absatz bestimmten Produktion der Nebenprodukte

Die Matrizengleichung kann auch in Tabellenform dargestellt werden (bessere Übersicht).

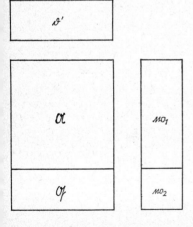

Schematische Darstellung des Aufbaus einer Teilnormentabelle mit Ausgangszeile und Ergebnisspalte

Der Durchsatzvektor wird aus Gründen der Zweckmäßigkeit in transponierter Form in die Tabelle aufgenommen.

c) *Materialplanung*

Ausgangspunkt ist das Fließbild wie auf Seite 532 dargestellt, aber ergänzt durch ein Materialfließbild (vgl. Abbildung).

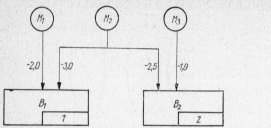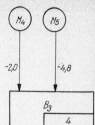

Ergänztes Fließbild des Produktionskomplexes

M_1 ... M_4 Grund- und Hilfsmaterialien
M_5 z. B. Elektroenergie

Aus obigen Angaben wird die Aufwandsmatrix als ein Bestandteil der Teilnormentabelle aufgestellt. In ihr ist der spezifische Verbrauch an Rohstoffen dargestellt. Teilnormentabelle in allgemeiner Form:

$$\begin{pmatrix} \mathfrak{A}_1 & \mathfrak{A}_2 \\ \mathfrak{Q}_1 & \mathfrak{Q}_2 \\ \mathfrak{B}_1 & \mathfrak{B}_2 \end{pmatrix} \begin{pmatrix} \mathfrak{d} \\ \mathfrak{t} \end{pmatrix} = \begin{pmatrix} \mathfrak{w}_1 \\ \mathfrak{w}_2 \\ \mathfrak{m}^* \end{pmatrix}$$

$\mathfrak{t}$ Vektor der Einflußfaktoren
$\mathfrak{B}$ Matrix der direkten spezifischen Materialaufwendungen
$\mathfrak{m}^*$ Materialaufwandsvektor

d) *Kostenrechnung*

Die spezifischen Kosten (Gesamtkosten je Produktionseinheit) bleiben meist über einen bestimmten Zeitraum annähernd konstant. Dasselbe wird auch für die Materialverbrauchsnormen angenommen. Damit ist es möglich, das Matrizenkalkül als Hilfsmittel zur Kostenplanung und Kostenanalyse zu verwenden. Zur Berechnung der Materialkosten wird die Aufwandsmatrix als Bestandteil der Teilnormentabelle um den Vektor der spezifischen Materialkosten $\mathfrak{k}_1$ erweitert.

Berechnung: $\mathfrak{k}_1 = \mathfrak{p}_1' \mathfrak{B}$

$\mathfrak{p}_1$ Vektor der spezifischen Materialpreise

Wenn noch weitere proportionale Kostenbestandteile auftreten, so kann der Kostenvektor erweitert werden.

Die einzelnen Kostenbestandteile werden dann zu den *spezifischen Gesamtkosten* zusammengefaßt:

$$\mathfrak{k}^* = \mathfrak{k}_1 + \mathfrak{k}_2 + \cdots + \mathfrak{k}_n$$

Außer den produktionsproportionalen Materialkosten gibt es auch noch zeitproportionale Materialkosten:

$$K_1 = \mathfrak{k}'_{11}\mathfrak{d} + \mathfrak{k}'_{12}\mathfrak{t} = \mathfrak{p}'_{11}\mathfrak{B}_1\mathfrak{d} + \mathfrak{p}'_{12}\mathfrak{B}_2\mathfrak{t}$$

$\mathfrak{k}_{11}, \mathfrak{p}_{11}$ Vektor der spezifischen Materialkosten bzw. der spezifischen Preise des produktionsproportionalen Materialaufwandes

$\mathfrak{k}_{12}, \mathfrak{p}_{12}$ Vektor der spezifischen Kosten bzw. spezifischen Preise des zeitproportionalen Materialaufwandes

e) *Soll-Ist-Vergleich*

Das Matrizenkalkül ist nicht nur Planungshilfsmittel, sondern auch wichtig für die Plankontrolle. Dabei werden die Sollgrößen mit den Istgrößen verglichen. Zuerst wird der Soll-Durchsatz aus der effektiv abgesetzten Produktion (IST) und der Inversen der Matrix $\mathfrak{A}$ berechnet.

$$\mathfrak{A}^{-1}\mathfrak{w}_s = \mathfrak{d}_s$$

$\mathfrak{A}^{-1}$ Invertierte Kopplungsmatrix
$\mathfrak{w}_s$ Vektor der effektiv abgesetzten Produktion
$\mathfrak{d}_s$ Vektor des Solldurchsatzes

Mit den errechneten Durchsätzen kann nun die gesamte Sollbilanz aufgestellt werden.

$$\begin{pmatrix} \mathfrak{A}_1 & \mathfrak{A}_2 \\ \mathfrak{C}_1 & \mathfrak{C}_2 \end{pmatrix} \begin{pmatrix} \mathfrak{d}_s \\ \mathfrak{t}_s \end{pmatrix} = \begin{pmatrix} \mathfrak{w}_s \\ \mathfrak{m}_s \end{pmatrix}$$

$\mathfrak{m}_s = \mathfrak{w}_2 + \mathfrak{m}^*$

$\mathfrak{C}_1, \mathfrak{C}_2$ Aufwandsmatrizen

$\mathfrak{C} = \mathfrak{Q} + \mathfrak{B}$

$\mathfrak{t}_s$ Solleinflußgröße

Soll-Ist-Vergleich:

$$\begin{pmatrix} \mathfrak{w}_s \\ \mathfrak{m}_s \end{pmatrix} \begin{pmatrix} \mathfrak{w}_I \\ \mathfrak{m}_I \end{pmatrix} = \begin{pmatrix} \Delta\mathfrak{w} \\ \Delta\mathfrak{m} \end{pmatrix}$$

$\mathfrak{m}_I$ effektiver Materialverbrauch

f) *Materialverbrauchsnormung*

Um die Matrizenrechnung auf dem Gebiet der MVN anwenden zu können, stellt man sogenannte *Umsatzmatrizen* auf. Damit hält man den Zusammenhang zwischen dem Materialeinsatz und dem Produktionsausstoß fest.

$$\mathfrak{U} = \begin{pmatrix} \mathfrak{P} \\ \mathfrak{R} \end{pmatrix}$$

$\mathfrak{R}$ Rohstoffmatrix
$\mathfrak{P}$ Matrix der Fertig- und Zwischenprodukte
$\mathfrak{U}$ Umsatzmatrix

Um den Rohstoffbedarf und den gesamten wertmäßigen Umsatz für die gegebene Planauflage zu ermitteln, ist die aufgestellte *Umsatzmatrix* $\mathfrak{U}$ mit dem *Durchsatzvektor* $\mathfrak{d}$ zu multiplizieren

$$\mathfrak{U}\,\mathfrak{d} =$$

Bedarfsvektor

$$\begin{pmatrix} \mathfrak{P} \\ \mathfrak{R} \end{pmatrix} \mathfrak{d} = \begin{pmatrix} \mathfrak{p} \\ \mathfrak{r} \end{pmatrix}$$

$\mathfrak{r}$ Rohstoffbedarf
$\mathfrak{p}$ Vektor für wichtige betriebstechnische Hinweise

[90 – 33 ff.]

Matrix der stellvertretenden Häufigkeitszahlen → Transport, innerbetrieblicher

Mechanisierungsgrad bei Mehrmaschinenbedienung – Kennziffer, die das Verhältnis zwischen dem Zeitaufwand an automatischer Maschinenlaufzeit und dem Zeitaufwand an manueller Tätigkeit, einschließlich der Erholungs- und Überlagerungszeiten, bei → Mehrmaschinenbedienung ausdrückt. Je höher der Anteil an produktiver automatischer Maschinenlaufzeit, um so günstiger (höher) ist der Mechanisierungsgrad.

$$\varphi' = \frac{\Sigma\, t_{MI}}{\Sigma\,(t_{Ma} + t_E) + t_{\ddot{U}}}$$

t_{MI} Zeitaufwand an automatischer Maschinenlaufzeit (min)
t_{Ma} Zeitaufwand an manueller Tätigkeit (min)
t_E Zeit für natürliche Bedürfnisse und arbeitsbedingte Erholungspausen (min)
$t_{\ddot{U}}$ Überlagerungszeit (min)

Liegen Überlagerungszeiten noch nicht vor, gilt als Zwischenstufe der vorläufige Mechanisierungsgrad φ:

$$\varphi' = \frac{t_{MI}}{\Sigma\,(t_{Ma} + t_E)}$$

Zeitaufwand an manueller Tätigkeit – t_{Ma}:

$$t_{Ma} = t_B + t_A = t_w$$

t_B Bedienzeit (min)
t_A Vorbereitungs- und Abschlußzeit (min)
t_w Wartungszeit des Arbeitsplatzes (min)

$$t_B = t_{Gmh} + t_{Gh} + t_{Hmh} + t_{Hh} + t_{Hw} + t_{Hb}$$

t_{Gmh} Grundzeit Maschine/Hand (min)
t_{Gh} Grundzeit Hand (min)
t_{Hmh} Hilfszeit Maschine/Hand (min)
t_{Hh} Hilfszeit Hand (min)
t_{Hw} Wegezeit (min)
t_{Hb} Beobachtungszeit (min)

Zeitaufwand an automatischer Maschinenlaufzeit

$$t_{MI} = t_{Gm} + t_{Hm}$$

t_{Gm} Grundzeit Maschine (min)
t_{Hm} Hilfszeit Maschine (min)

[299 – 25, 38]

Mechanisierungsgrad der Arbeit – Kennziffer, die anzeigt, in welchem Maße die Mechanisierung oder Automatisierung, d. h. die Anwendung von Mechanismen, Maschinen und Maschinensystemen verschiedenster Art, zur Durchführung von Arbeitsoperationen Eingang gefunden hat. Zur Messung gelten *für die Mechanisierung und für die Automatisierung im Prinzip die gleichen Methoden.*

a) Messung auf Basis Anzahl der Arbeitskräfte:

$$a_M = \frac{PA(MA)}{PA(GB)} \cdot 100 \qquad\qquad [\%]$$

PA(MA) Produktionsarbeiter, die an Maschinen und Anlagen arbeiten
PA(GB) Produktionsarbeiter des Gesamtbetriebes

(Die Prozentzahl drückt aus, wieviel von 100 Arbeitern an Maschinen und Anlagen arbeiten.)

bzw.

$$a_M = \frac{A_m}{A_m + A_n}$$

A_m Mit technischen Mitteln aufgewandte lebendige Arbeit
A_n Ohne technische Mittel aufgewandte lebendige Arbeit

Diese Kennziffer ist wegen verschiedener Nachteile und Einschränkungen nur als Hilfskennziffer für die langfristige Planung geeignet.

b) Messung auf Basis Anzahl der mechanisierten bzw. automatisierten Arbeitsgänge (Operationen):

$$a_{MO} = \frac{O_M}{O_M + O_N}$$

O_M Anzahl der mechanisierten bzw. automatisierten Operationen
O_N Anzahl der nicht mechanisierten bzw. automatisierten Operationen

Auch diese Kennziffer hat trotz ihrer Anschaulichkeit bestimmte Grenzen der Aussage.

c) Messung auf Zeitbasis:

$$a_{MT} = \frac{T_m}{T_m + T_n}$$

T_m Zeitaufwand für mechanisierte bzw. automatisierte Operationen

T_n Zeitaufwand für nichtmechanisierte bzw. nichtautomatisierte Operationen

Diese Kennziffer ist am exaktesten, da sie auch die infolge der Mehrmaschinenbedienung auftretende Inkongruenz der Größen „Maschinenzeit plus Zeit für körperliche Arbeiten" und „Gesamtarbeitszeit" berücksichtigt.

Beispiel für die Entwicklung des Mechanisierungs- und Automatisierungsgrades der Arbeit auf Zeitbasis (vgl. Abbildungen auf Seite 537)

Die erste Abbildung zeigt den Zeitaufwand für das Erzeugnis A in den Zeiträumen I bis III. Die schraffierte Fläche ist der Anteil der mechanisierten bzw. automatisierten Arbeitsgänge.

Niveau im Zeitraum II:

$$a_{MTII} = \frac{t_h - t_m}{t_h - t_{km}}$$

t_h Zeitaufwand für manuelle Herstellung des Erzeugnisses (technische Ausgangsvariante)

t_{km} Zeitaufwand bei komplexer Mechanisierung oder Automatisierung bzw. Automatisierung (soll mindestens dem derzeitigen Weltstand entsprechen)

t_m Derzeitiger Zeitaufwand

Entwicklung von Zeitraum II zu Zeitraum III:

Zeiteinsparung: $t_E = t_m - t_{km}$

Entwicklung der Mechanisierung bzw. Automatisierung:

$$M_E = \frac{t_m - t_{km}}{t_h - t_{km}}$$

oder relativ

$$\text{Produktivitätssteigerung } p = \frac{t_m}{t_{km}}$$

Entwicklung der Mechanisierung bzw. Automatisierung:

$$\frac{t_h - t_{km}}{t_h - t_m} = \frac{1}{a_{MTII}}$$

In der zweiten Abbildung ist die innere Struktur der Zeit der mechanisierten bzw. automatisierten Arbeit verdeutlicht. Die schraffierten Flächen zeigen den Zeitaufwand für mechanisierte Arbeiten, die unschraffierten den Zeitaufwand für Handarbeit. Für den Zusammenhang zwischen den Größen und ihre Auswirkung auf den Gesamtzeitaufwand gilt:

$$a_{MT1/0} = \frac{t_{m1/0}}{t_{ges1/0}}$$

$a_{MT1/0}$ Mechanisierungsgrad des Erzeugnisses im Zeitraum 1 bzw. 0

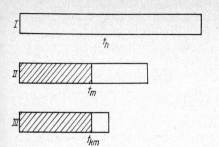

Entwicklung des Zeitaufwandes für das Erzeugnis A

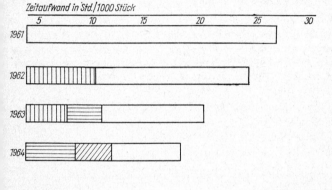

Entwicklung des spezifischen Zeitaufwandes

$t_{m1/0}$ Zeit für mechanisierte bzw. automatisierte Operationen im Zeitraum 1 bzw. 0

$t_{ges\,1/0}$ Gesamtzeitaufwand im Zeitraum 1 bzw. 0

$$a'_{MT} = \frac{\dfrac{t_{m1} + \dfrac{t_{pm0}}{p'_{Apm}}}{t_{ges\,1}}}{\dfrac{t_{m0}}{t_{ges0}}}$$

$$a'_{MT} = p'_{Ages}\left(\frac{1}{p'_{Am}} + \tau\right)$$

a'_{MT} Index der Entwicklung des Mechanisierungsgrades

$t_{pm0/1}$ Zeit für primärmechanisierte Arbeitsgänge vor bzw. nach ihrer Primärmechanisierung

p'_{Apm} Index der Entwicklung der Arbeitsproduktivität bei den primärmechanisierten Arbeitsgängen

τ Koeffizient des Zuwachses der mechanisierten Arbeit

$$\tau = \frac{t_{pm\,1}}{t_{pm\,0}}$$

p'_{Ages} Index der Gesamtentwicklung der Arbeitsproduktivität

p'_{Am} Index der Entwicklung der Arbeitsproduktivität bei den mechanisierten Arbeitsgängen

Entwicklung der Arbeitsproduktivität:

$$p'_{Ages} = \frac{a'_{MT} \cdot p'_{Am}}{1 + \tau \cdot p'_{Am}}$$

[**144** – 86 ff.]

Mechanisierungsgrad der Produktion – Kennziffer, die das Verhältnis zwischen der mit mechanisierten oder automatisierten Mitteln hergestellten Produktion und der Gesamtproduktion eines Produktionsbereiches angibt. Diese Kennziffer hat den Vorzug, daß sie den → Mechanisierungsgrad der Arbeit mit der Produktivitätsentwicklung koppelt.

$$a_{MP} = \frac{P_m}{P_{ges}}$$

P_m Produktion mit mechanisierten oder automatisierten Mitteln

P_{ges} Gesamtproduktion

Es gilt die Standardbeziehung:

$$a_{MP} = a_{MA} \cdot p_{Am/ges}$$

oder

$$a_{MP} = \frac{A_m \cdot p_{Am/n}}{A_m \cdot p_{Am/n} + A_n}$$

a_{MA} → Grad der Einbeziehung der Arbeiter in die mechanisierte und automatisierte Arbeit

A_m Arbeiter an Maschinen und Anlagen

A_n Arbeiter, die nicht an Maschinen und Anlagen arbeiten

$p_{Am/n}$ Verhältnis zwischen Produktivität der mechanisierten Arbeit und Produktivität der nichtmechanisierten Arbeit

$p_{Am/ges}$ Verhältnis zwischen Produktivität der mechanisierten Arbeit und Produktivität der gesamten Arbeit

Die Abbildung zeigt die Abhängigkeit des Mechanisierungsgrades der Produktion vom Mechanisierungsgrad der Arbeit und vom Verhältnis der Produktivität der mechanisierten Arbeit zur Produktivität der nichtmechanisierten Arbeit.

In logarithmischer Darstellung ist:

$$\log a_{MP} = \log a_{MA} + \log p_{Am/ges}$$

Ein nach dieser Formel konstruiertes Nomogramm ermöglicht das schnelle Ablesen der a_{MP}-Werte bei gegebenen Werten von a_{MA} und $p_{Am/ges}$.

$$a_{MP} = (g_m + A_{MA} \cdot g_n) \cdot k$$

$$k = \left(1 - \frac{g_{An}}{g'_{An}}\right) \cdot \frac{G}{G_m}$$

$$g_{An} = \frac{G_n \cdot A_n}{A_g}$$

$$g'_{An} = \frac{G}{A_n}$$

g_m Anteil der maschinellen Grundmittel an den gesamten Grundmitteln

g_n Anteil der nichtmaschinellen Grundmittel an den gesamten Grundmitteln

G Gesamte Grundmittel

G_m Maschinelle Grundmittel

G_n Nichtmaschinelle Grundmittel

g_{An} Nichtmaschinelle Grundmittel, mit denen die Arbeiter ausgerüstet sind, die nicht an Maschinen und Anlagen arbeiten

g'_{An} Grundmittel je Arbeiter, die nicht an Maschinen und Anlagen arbeiten

A_g Arbeiter insgesamt

k Berechnungsfaktor

A_n Arbeiter, die nicht an Maschinen und Anlagen arbeiten

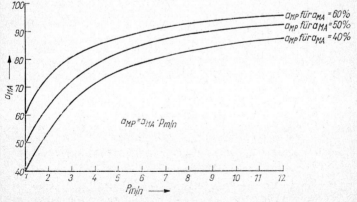

Abhängigkeiten der Mechanisierungskennziffern

[**144** – 100 ff.; **145** – 95]

Median → Zentralwert

Mediankarte → Kontrollkarten

Mehrfachstichprobenverfahren → Qualitätskontrolle

Mehrmaschinenarbeitsnorm → Mehrmaschinenbedienung

Mehrmaschinenbedienung, *Mehrarbeitsstellenbedienung* – technologisch und arbeitsorganisatorisch bestimmte Form der Bedienung und Kontrolle mehrerer Maschinen bzw. anderer Arbeitsmittel gleicher oder unterschiedlicher Art, die den Grundprozeß automatisch, gleichzeitig und unabhängig voneinander ausführen, durch einen Arbeiter oder durch ein Kollektiv von Arbeitern. Mehrmaschinenbedienung ist nicht an bestimmte Fertigungsarten, sondern an ein bestimmtes Verhältnis zwischen Maschinen- und Handzeit gebunden. Voraussetzung für die Mehrmaschinenbedienung ist ein hoher Anteil automatischer Maschinenlaufzeiten.

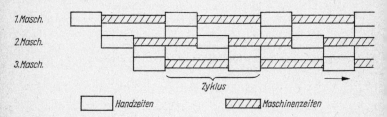

Schematische Darstellung der Mehrmaschinenbedienung bei mehreren gleichen Maschinen (n = 3)

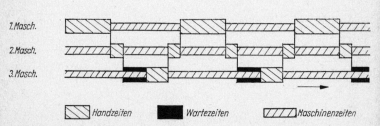

Schematische Darstellung der Mehrmaschinenbedienung bei Maschinen mit unterschiedlichen Maschinen- und Handzeiten (n = 3)

[32 – 436f.]

Zeitliche Abstimmung der Maschinen bei Mehrmaschinenbedienung

$$M = \frac{t_M}{t_m} + 1$$

M   Anzahl der von einem Arbeiter zu bedienenden Maschinen
t_M Selbsttätige Maschinenlaufzeit
t_m Bedienungszeit des Arbeiters (manuelle Zeit)

Die Berechnung ist nur bei gleichen Taktzeiten an allen Maschinen anwendbar. Bei ungleichen Taktzeiten (ungleiche t_M und t_m) ist die graphische Methode der Maschinenabstimmung anzuwenden.

Wirtschaftlichkeitsbetrachtungen

a) Senkung der Lohnkosten gegenüber Einmaschinenbedienung – K_{LS}:

$$K_{LS} = \frac{K_{LE} - K_{LMB}}{K_{LE}} \cdot 100 \qquad [\%]$$

K_{LE} Lohnkosten bei Einmaschinenbedienung (M)
K_{LMB} Lohnkosten bei Mehrmaschinenbedienung (M)

$$K_{LE} = \frac{t_{SgE} \cdot K_{LhE}}{60} \qquad [M]$$

$$K_{LMB} = \frac{t_{SgMB} \cdot K_{LhMB}}{60} \qquad [M]$$

t_{SgE} Gesamtstückzeit bei Einmaschinenbedienung (min)
t_{SgMB} Gesamtstückzeit bei Mehrmaschinenbedienung (min)
K_{LhE} Lohnkosten je Stunde bei Einmaschinenbedienung (M/h)
K_{LhMB} Lohnkosten je Stunde bei Mehrmaschinenbedienung (M/h)

b) Erhöhung der Arbeitsplatzkosten gegenüber der Einmaschinenbedienung – K_{ASt}:

$$K_{ASt} = \frac{K_{AMB} - K_{AE}}{K_{AE}} \cdot 100 \qquad [\%]$$

K_{AMB} Arbeitsplatzkosten bei Mehrmaschinenbedienung (M)
K_{AE} Arbeitsplatzkosten bei Einmaschinenbedienung (M)

$$K_{AE} = \frac{t_{SgE} \cdot K_{AhE}}{60} \qquad [M]$$

$$K_{AMB} = \frac{t_{SgMB} \cdot K_{AhMB}}{60} \qquad [M]$$

K_{AhE} Arbeitsplatzkosten je Stunde bei Einmaschinenbedienung (M/h)
K_{AhMB} Arbeitsplatzkosten je Stunde bei Mehrmaschinenbedienung (M/h)

Die Wirtschaftlichkeit der Mehrmaschinenbedienung ist gegeben, wenn die Bedingung

$$K_{LMB} + K_{AMB} \leqq K_{LE} + K_{AE}$$

erfüllt ist.

[229 – 78 ff.]

Zeitberechnungen

Zu t_S zurechenbare Grundzeit-Maschine bei Mehrmaschinenbedienung – t'_{Gm}:

$$t'_{Gm} = \frac{t_{Gm}}{n}$$

n   Anzahl der gleichzeitig bedienten Maschinen

Entsprechend zu t_S zurechenbare Hilfszeit-Maschine bei Mehrmaschinenbedienung – t'_{Hm}:

$$t'_{Hm} = \frac{T_{Hm}}{n}$$

Zu t_S zurechenbare Vorbereitungs- und Abschlußzeit – t'_A:

$$t'_A = \frac{t_A}{n_L}$$

n_L Stückzahl in einem Los (Losgröße)

Zu t_S zurechenbare Einrichtungs- und Rüstzeit – t'_{Rm}:

$$t'_{Rm} = \frac{t_{Rm}}{n_L}$$

Arbeitszeit je Mengeneinheit (Arbeitszeitaufwand je Einzelteil und Arbeitsgang) – t_{Ar}:

$$t_{Ar} = t'_A + t'_{Gm} + t_{Gmh} + t'_{Hm} + t_{Hmh} + t_{Hh} + t_W$$

Maschinenzeit je Mengeneinheit – t_m:

$$t_m = t_{Gm} + t_{Gmh} + t_{Hm} + t_{Hmh} + t'_{Hm}$$

[144 – 121 f.; 258 – 593 ff.]

Die *Mehrmaschinenarbeitsnorm* errechnet sich wie folgt:

$$t_{MMB} = \Sigma\, M_k \cdot \eta$$

$\Sigma\, M_K$ Summe der maximalen Maschinenkapazität einer Maschinengruppe für einen bestimmten Zeitraum

η Maschinenauslastungskoeffizient

Zur Normerfüllung bei Mehrmaschinenbedienung → Normerfüllung.

Leistungslohn bei Mehrmaschinenbedienung

1. Einzelentlohnung

a) Leistungsgrundlohn:

$$LG = GF \cdot t_{Neff} \qquad\qquad\qquad\qquad\qquad [M/h]$$

GF   Geldfaktor

t_{Neff} Gebrachte Leistung (automatische Maschinenlaufzeit) (h)

Geldfaktor – GF:

$$GF = GF_k \cdot LT \qquad\qquad\qquad\qquad [M/h]$$

GF_k Koeffizient des Geldfaktors

$$GF_k = \frac{1}{n \cdot \eta}$$

η Maschinenauslastungskoeffizient

n   Anzahl der Maschinen in der Maschinengruppe

LT   Tariflohn (M/h)

b) Bruttolohn:

$$BL = LG + LP$$

LP   Lohnprämie

$$LP = (AZ - K) \cdot P$$

AZ   Abrechnungszeitraum (h)

K   Krankheitszeit (h)

P   Prämiensatz (M/h)

2. Kollektive Entlohnung

a) Kollektive Komplexnorm

$$t_{MMB} = n \cdot AZ \cdot \eta \cdot S_k$$

n   Anzahl der Maschinen in der Maschinengruppe

AZ   Abrechnungszeitraum (h)

η Maschinenauslastungskoeffizient

S_k Schichtkoeffizient

b) Leistungsgrundlohn (wie unter 1a)

c) Bruttolohn – BL:

$$BL_I = LG_I + LP_I$$
$$BL_{II} = LG_{II} + LP_{II}$$
$$BL_{III} = LG_{III} + LP_{III}$$

$BL_{I, II, III}$ Bruttolöhne in den einzelnen Schichten

$LG_{I, II, III}$ Leistungsgrundlohn in den einzelnen Schichten

$LP_{I, II, III}$ Lohnprämie in den einzelnen Schichten

Der Leistungsgrundlohn LG wird gleichmäßig auf die Schichten verteilt, die Lohnprämie wird je Schicht gesondert errechnet (siehe 1b).

Fertigungskosten bei Mehrmaschinenbedienung

1. Gesamte Fertigungskosten für einen bestimmten Zeitraum (Monat)

$$F_k = BL + A + (X + C)_{Mon} + (Z + D)_{Mon}$$
$$+ Y_{Mon} + H_{Mon} + E_{Mon} \qquad [M/Monat]$$

BL   Bruttolohnkosten (M/Monat)

A   Kosten für Lohnausgleich (M/Monat)

$(X + C)_{Mon}$ Kosten für die Abschreibung der Maschinen/Aggregate (X) und Vorrichtungen (C) (M/Monat)

$(Z + D)_{Mon}$ Kosten für die Wartung der Arbeitsmittel, den Verbrauch fremder und eigener Leistungen und für Reparaturen (Z) sowie Kosten für den Verbrauch von Werkzeugen (D) (M/Monat)

Y_{Mon} Energiekosten (M/Monat)

H_{Mon} Kosten für Gebäude, Straßen usw. (M/Monat)

E_{Mon} Andere, die Gemeinkosten mitbestimmende Kosten (für Verwaltung, Leitung, Lenkung usw.) (M/Monat)

Die Materialkosten M sind zweckmäßigerweise erst bei dem individuellen Kostenaufwand je Sortiment zu berücksichtigen.

a) $(X + C)_{Mon} = (X + C) \cdot 24 \cdot t_{Mon}$ [M/Monat]

X   Kosten für die Abschreibung der Maschinen/Aggregate (M/h)

C   Kosten für die Abschreibung von Vorrichtungen (M/h)

t_{Mon} Tage eines Monats

b) $(Z + D)_{Mon} = (Z + D) \cdot S_k \cdot AZ_S \cdot t_{Arb}$ [M/Monat]

Z   Kosten für die Wartung der Arbeitsmittel, den Verbrauch fremder und eigener Leistungen und Reparaturen (M/h)

D   Kosten für den Verbrauch von Werkzeugen (M/h)

S_k Schichtfaktor

AZ_S Arbeitszeit je Schicht

t_{Arb} Arbeitstage des Monats

c) $Y = V \cdot \eta \cdot k$ [M/h]

V   Summe der Nennleistung aller Maschinen der Maschinengruppe (kW)

η Maschinenauslastungskoeffizient

k   Kostensatz einer Kilowattstunde (M/kWh)

$$V = r_1 + r_2 + r_3 + \cdots + r_n = \sum_{i=1}^{n} r_i \qquad [kW]$$

$$Y_{Mon} = \frac{Y \cdot \sum t_{MI}}{n} \qquad [M/Monat]$$

Y   Energiekosten (M/h)

t_{MI} Gebrachte automatische Maschinenlaufzeit im Monat (h)

n   Anzahl der Maschinen

d) H und E sind anteilig auf einen Monat bezogen den Fertigungskosten zuzurechnen.

2. Fertigungskosten je Sortiment

$$F_{kSort} = \frac{F_k \cdot (t_{Ml} + t_{Ma}) \cdot n_S}{\sum [(t_{Ml} + t_{Ma}) \cdot n_S] \cdot n_S} \qquad [M/Stück]$$

F_k Fertigungskosten gesamt (M)

$t_{Ml} + t_{Ma}$ Automatische Maschinenlaufzeit und manuelle Arbeitszeit des Arbeiters für das betreffende Teil (min)

n_S Gefertigte Stückzahl des betreffenden Teiles

Nach Ermittlung der Fertigungskosten je Sortiment sind die Materialkosten pro Stück hinzuzurechnen.

Kostengünstige normative Arbeitsmittelzahl

a) Erhöhung der Betriebskosten je Erzeugnis- und Zeiteinheit:

$$\Delta K_B = \left(\frac{100}{100 + t_Ü} \cdot k_A \right) + k_A \qquad [M]$$

$t_Ü$ Überlagerungszeiten (h)

k_A Arbeitsmittelstundensatz (M/h)

b) Senkung der Lohnkosten je Erzeugnis- und Zeiteinheit:

$$\Delta K_L = \frac{100}{100 + t_Ü} \left(k_L - \frac{k_L}{n} \right) \qquad [M]$$

$t_Ü$ Überlagerungszeiten (h)

k_L Lohnstundensatz (M/h)

n Anzahl der bedienten Arbeitsmittel

Die Mehrmaschinenbedienung ist kostenmäßig vorteilhaft, wenn die Bedingung

$$\Delta K_L - \Delta K_B \geqq 0$$

erfüllt ist.

c) Gesamte Kostenänderung:

$$\Delta K = \Delta K_L - \Delta K_B$$

$$\Delta K = \frac{100}{100 + t_Ü} \left(k_L - \frac{k_L}{n} \right) - \left(\frac{100}{100 - t_Ü} \cdot k_A \right) + k_A$$

[299 – 12, 84 ff.]

Bei unterschiedlichen operativen Zeiten – in der Serienfertigung meist der Fall – treten zusätzlich zu den technisch bedingten Verlustzeiten *Überlagerungszeiten* auf:

$$t_{V0} = \frac{(m-1)\, t_{0max} - \Sigma\, t_{0min}}{m T_Z} \cdot 100 \qquad [\%]$$

m   Zahl der bedienten Maschinen (Qualität der Mehrmaschinenbedienung = m-Qualität)

t_{0max} Größter operativer Zeitwert der Paarung (min)

$\Sigma\, t_{0min}$ Summe der kleineren t_0-Zeiten (min)

Die durchschnittlichen t_{V0}-Verluste eines Teilsortiments betragen bei:

$$m = 2 \text{ etwa } 5\%$$
$$m = 3 \text{ etwa } 2{,}5\%$$
$$m = 4 \text{ etwa } 1{,}5\%$$

und ab m = 5 weniger als 1,0 % von t_0.

Die operative Zeit bei Mehrmaschinenbedienung in der Serienfertigung beträgt:

$$t_0 = t_G + t_H = t_{Ms} + t_B$$

t_{Ms} Selbsttätige Maschinenlaufzeit

t_B Bedienungszeit

Anteil der Maschinenlaufzeit:

$$q = \frac{t_{Ms}}{t_0} \cdot 100 \qquad [\%]$$

Anteil der Bedienungszeit:

$$p = \frac{t_B}{t_0} \cdot 100 \qquad [\%]$$

Grenzwert der Bedienungszeit:

$$p_{grenz} = t_0 \cdot \frac{b}{m} \cdot 100 \qquad [\%]$$

[267 – 142]

Mehrmaschinenbedienung in der Serienfertigung

a) Stückkosten

Stückkosten bei Ein-Maschinen-Bedienung:

$$K_e = (L_e + M)\left(\frac{t_A}{n_L} + t_s\right)\frac{1}{60} \qquad [\text{M/St}]$$

Stückkosten bei Mehrmaschinenbedienung:

$$K_m = (L_m + m \cdot M)\left(\frac{t_A}{n_L} + f_M \cdot t_s\right)\frac{1}{60} \qquad [\text{M/St}]$$

M   Maschinenstundenkosten für eine Maschine (Voraussetzung: $M_e = M_m = M$ als Durchschnittswert der Maschinengruppe mit indirektem Gemeinkostenzuschlag liegt vor) (M/h)

m   Anzahl der bedienten Maschinen $= m -$ Qualität

L_e Lohnkosten mit festem M-Betrag für Einmaschinenbedienung (M/h)

L_m Lohnkosten mit festem M-Betrag für Mehrmaschinenbedienung (M/h)

n_L Losgröße (Stück)

f_M Faktor der Mehrmaschinenbedienung

t_A, t_S Zeitelemente nach TGL 2860-65 ($\rightarrow$ Arbeitszeitgliederung) (t_A ist vom Maschinenbediener auszuführen) (min)

b) Grenzstückzahl zwischen Ein- und Mehrmaschinenbedienung:

$$n_G = \frac{t_A[M(m-1) - L_e + L_m]}{t_S[M(1 - m \cdot f_M) + L_e - f_M \cdot L_m]} = \frac{t_A}{t_S} \cdot k$$

Ist der t_0-Wert für die Beurteilung bzw. Berechnung nicht zugängig, wenn also mit dem t_S-Wert der Arbeitsplanstammkarte gerechnet werden muß, so ist zu beachten, daß nicht die Normvorgabe, sondern 100% t_S, also der Wert für Einmaschinenbedienung eingesetzt und

$$\frac{t_B}{t_S} < \frac{t_B}{t_0} \quad \text{bzw.} \quad \frac{t_A}{t_S} < \frac{t_A}{t_0} \quad \text{wird.}$$

t_B Bedienzeit $\approx t_H$

t_S, t_E, t_W Zeitelemente nach der $\rightarrow$ Arbeitszeitgliederung

c) Wirtschaftliche Stückzahl bei Mehrmaschinenbedienung (Gesamtkosten-optimum)

Die Losgröße sollte

$$n_L = \frac{t_A}{a \cdot t_S} \qquad \qquad \text{[Stück]}$$

bzw.

$$n_L = \frac{1}{a} \cdot n_G$$

betragen. Diese einfache Rechnung beruht auf der Anwendung von *Rüstwert-koeffizienten* (a), die alle Zeitverluste durch das Einrichten bzw. Abrüsten der Maschinen berücksichtigen. Für a gelten folgende Erfahrungswerte:

$$a = \frac{1}{25} = 0,04 \text{ bzw. } 4\% \text{ bei großen und komplizierten Teilen}$$

$$a = \frac{1}{20} = 0,05 \text{ bzw. } 5\% \text{ bei mittleren Teilen}$$

$$a = \frac{1}{13} = 0,08 \text{ bzw. } 8\% \text{ bei kleinen Teilen}$$

d) Anzahl der benötigten Produktionsgrundarbeiter

$$n_{PGA} = \frac{n \cdot AZ}{F_A \cdot NE} f_M \qquad \qquad \text{[AK]}$$

n   Stückzahl des Berechnungszeitraumes
F_A Effektiver Zeitfonds je Produktionsarbeiter im Berechnungszeitraum (h)
NE   Normerfüllung
AZ   Arbeitszeit lt. TGL 2860-65 im Berechnungszeitraum (h)

e) Anzahl der benötigten Maschinen

$$n_M = \frac{n \cdot AZ}{F_M \cdot NE} \cdot f_M \cdot m = n_{PGA} \cdot m$$

F_M Effektiver Maschinenzeitfonds im Berechnungszeitraum (h)

Regeln für die optimale Anwendung der Mehrmaschinenbedienung im Maschinenbau

1. Die Fertigungslosgröße muß größer sein als die Grenzstückzahl und soll im Bereich der wirtschaftlichen Losgröße liegen (t_A-Anteil etwa 5 bis 10% t_S).

2. Ist der t_A-Anteil größer als 5% t_S, so sind Gruppen mit gleichen Spannmitteln und Werkzeugen zu bilden. Die t_A-Zeit wird dann entsprechend gemindert vorgegeben.

3. Ist der t_A-Anteil kleiner als 5% t_S, so sind die Teile möglichst gleichzeitig auf alle Maschinen der Mehrmaschinengruppe zu legen.

4. Der Maschinenarbeiter darf keine Transportarbeiten durchführen. Die → Fertigungsmittel (VWL) sind mit den Werkstücken in Handhabungsnähe bereitzustellen.

5. Die technologische und organisatorische Disziplin ist einzuhalten. Die vorgegebenen Arbeitswerte der Arbeitszeitvorrechnungen dürfen nicht ignoriert bzw. ohne Genehmigung der Technologie geändert werden.

6. Die Maschinen sind entsprechend den Gesetzmäßigkeiten der Mehrmaschinenbedienung zu belegen.

7. Der Anteil der Bedienungszeit (Hilfszeit) an der Gesamtzeit muß durch folgende Maßnahmen klein gehalten werden:
   - Rationelle schnellspannende Werkstückaufnahmen einsetzen. Wird die Vorgabezeit beim Spannen von Frästeilen mit der Masse 1 kg auf einer Magnetplatte gleich 1 gesetzt, so ergeben sich etwa folgende Relationen:

     Magnetplatte < Futter < Druckluftschraubstock < Schraubstock < Tisch
         1   1,6   3,6   4,1   5,9

   - Fräsen mit möglichst wenig Schnitten (große Schnittiefe, kleine Vorschübe, Grenzwert: Vorschub je Zahn nutzen).
   - Einsatz von Mehrstückspannvorrichtungen.
   - Möglichst mehrere Werkstückaufnahmen auf einem Maschinentisch aufbauen (Teilewechsel während der Bearbeitung des anderen).
   - Nur einwandfrei geschliffene und standsichere Werkzeuge einsetzen.

– Maschinen mit selbsttätigem Fertigungsablauf (auch der Maschinen-
hilfszeit) einsetzen.

8. Um das Zusammenführen bzw. Bearbeiten geeigneter Teile zu erleichtern,
sind die Arbeitsbelege beim Disponenten möglichst nach Operativzeit-
bereichen vorzusortieren. Das sind Bereiche gleicher m-Qualität und mit
nur gering unterschiedlichen Stückzeiten.

9. Beim Paaren von Teilen ist darauf zu achten, daß

$$t_{Smax} < 2t_{Smin} \text{ und } t_{Hmax} \leqq 1,2t_{Gmin}$$

bleibt.

[268 – 84 ff.]

Mehrarbeitsstellenbedienung → Mehrmaschinenbedienung

Mehrschichtauslastung – Nutzung der Grundmittel des betreffenden Betriebes
in mehreren Schichten. Genügend hohen Bedarf an den entsprechenden
Erzeugnissen vorausgesetzt, ist die Mehrschichtauslastung besonders bei
hochproduktiven Anlagen und Engpaßkapazitäten notwendig, um eine hohe
Effektivität der sozialistischen Produktion zu sichern. Bei der Festlegung der
für den jeweiligen Betrieb zweckmäßigsten Form der Mehrschichtarbeit ist
auszugehen vom ökonomischen Nutzen für die Volkswirtschaft, von der
konsequenten Einhaltung der gesetzlichen Arbeitszeit und von der Schaffung
notwendiger Voraussetzungen für die Mehrschichtauslastung. Voraussetzungen
und Wirkungen der Mehrschichtauslastung zeigt die Abbildung auf S. 550.

[127a – 12 f.; 32 – 437]

Mehrwertrate, *Ausbeutungsrate* – Verhältnis des Mehrwerts zum vorgeschos-
senen variablen Kapital bzw. der Mehrarbeit zur notwendigen Arbeit. Die
Mehrwertrate drückt den unmittelbaren Grad der Ausbeutung im Kapitalismus aus, da sie das Verhältnis der Mehrarbeit zur notwendigen Arbeit, d. h.
der unbezahlten zur bezahlten Arbeit des Lohnarbeiters ist.

$$m' = \frac{m}{v}$$

m   Durch Ausbeutung erzielter Mehrwert
v   Variables (in Ware Arbeitskraft angelegtes) Kapital

Die *Jahresmehrwertrate* beträgt:

$$M' = \frac{m \cdot n}{v} \quad \text{oder} \quad M' = m' \cdot n$$

n   Anzahl der Umschläge des variablen Kapitals in einem Jahr

[210 – 226 ff.; 212 – 59 ff.; 37 – 174]

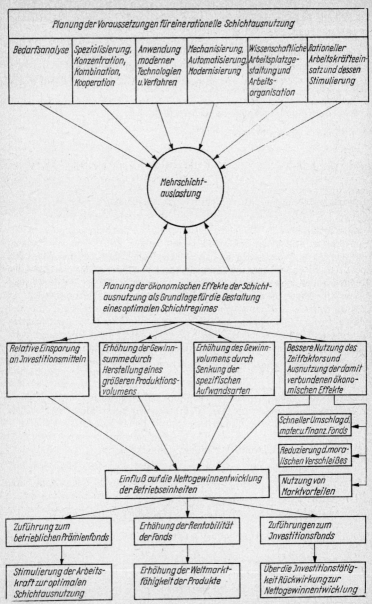

Voraussetzungen und Auswirkungen der Mehrschichtauslastung

Zwischen der Mehrwertrate, der → Profitrate p′ und der organischen Zusammensetzung des Kapitals (c + v) herrscht folgende Beziehung:

$$\frac{p'}{m'} = \frac{v}{c + v}$$

Die Profitrate verhält sich zur Mehrwertrate wie das variable Kapital zum Gesamtkapital. Aus

$$p' = \frac{m}{c + v} = \frac{M'}{\dfrac{c}{v} + 1}$$

kann man ferner die Auswirkung der steigenden organischen Zusammensetzung des Kapitals auf die Profitrate bei gleichbleibender Mehrwertrate ablesen.

[221 – 15; 37 – 477]

Mengenindex → Index

Mengenleistung der Maschinen und Anlagen – Anzahl der je Einheit der operativen Maschinenzeit hergestellten Mengeneinheiten bzw. benötigte operative Maschinenzeit für eine Mengeneinheit.

$$N_M = \frac{1}{t_{Om}} = \frac{1}{t_{Gm} + t_{HM}} \qquad [ME/ZE]$$

t_{Om} Operative Maschinenzeit (min)
t_{Gm} Grundzeit-Maschine (min)
t_{Hm} Hilfszeit-Maschine (min)

→ Produktionsleistung je Maschinenstunde

[229 – 396]

Merkmalsgröße, mögliche → Streuung

Merkmalsgröße für die Untergruppe – zum Zwecke der Umrechnung vorliegender Gruppierungen ermittelte Größe, um die Struktur der Gesamtheit nach einer neuen Gruppierung widerspiegeln zu können.

$$n' = \frac{d_u}{d_l} \cdot n_l \qquad [\%]$$

d_u Breite der Untergruppe
d_l Breite der vorliegenden Gruppe
n_l Größe des Merkmals (Besetzung der Gruppe)

[15 – 212 ff.]

Meßwerte, erforderliche Anzahl der – Bestimmung der für die Auswertung von Meßreihen der Zeitmessung erforderlichen Anzahl von Meßwerten (Umfang der Meßreihe).

$$N = \left(\frac{t \cdot s \cdot 100}{\varepsilon \cdot \bar{x}} \right)^2$$

t   Faktor der t-Verteilung; abhängig vom Umfang der Meßreihe N und der statistischen Sicherheit S (der t-Wert wird nach Tabellen bestimmt, vgl. S. 927)

s   Standardabweichung der Meßwerte

$$s = \sqrt{\frac{1}{N-1} \sum_{i=1}^{N} (x_i - \bar{x})^2}$$

x_i i-ter Meßwert

ε Prozentualer Fehler ($\varepsilon_{zul} = \pm 5 \dots 15\%$; wählbar vor allem in Abhängigkeit von der Fertigungsart)

$\bar{x}$ Mittelwert der Meßreihe

Ablauf:

N ist zunächst zu schätzen. Die entsprechenden Zeitwerte werden aufgenommen, $\bar{x}$ und s berechnet. Der Wert t wird nach Tabelle bestimmt. Dann wird an Hand der Formel nachgerechnet, ob die geschätzte Anzahl der Meßwerte ausreicht oder erhöht werden muß.

(Die Literaturquelle gibt ferner Hinweise zur Beurteilung des Unterschieds der Streuungsmaße zweier Meßreihen, des Unterschieds der Mittelwerte zweier Meßreihen und zur Prüfung der Übereinstimmung einer beobachteten Häufigkeitsverteilung mit der Normalverteilung.)

[325 – 139 ff.]

Methode, topographische → Topographische Methode

Methode, ungarische → Ungarische Methode

Methode der entscheidenden Summanden – Methode zur Bestimmung der Zahlen $\lambda_1, \lambda_2, \dots, \lambda_n$, die in der Transportplanung eine Rolle spielen. Nach ihrer Hinzurechnung zu den tatsächlichen Transportentfernungen c_{ij} zwischen den einzelnen Lieferorten i und den einzelnen Abnehmerorten j, das ist ($c_{ij} + \lambda_i$), kann der optimale Transportplan durch direkte Zuordnung aufgestellt werden. Es handelt sich um die Zuordnung nach den kürzesten berichtigten Entfernungen ($c_{ij} + \lambda_i$); dabei wird die erforderliche Bilanzierung zwischen Lieferungen und Abnahmen eingehalten. Die entscheidenden Summanden (λ_i) und damit auch der optimale Transportplan werden in den praktischen Beispielen durch aufeinanderfolgende Iterationen aus einer Ausgangslösung bestimmt.

Beispiel

Für die Lösung ist die Tabellenform zweckmäßig. Als Ausgangslösung wird in der Regel die Zuordnung nach den geringsten Transportentfernungen gewählt. Es handelt sich um die Bestimmung der günstigsten Zuordnung der einzelnen Abnehmer zu den einzelnen Lieferbetrieben, d. h. um die Bestimmung der Felder mit dem jeweils niedrigsten Satz in jeder Spalte. Den Feldern mit dem jeweils niedrigsten Spaltensatz werden Transportmengen zugeordnet, die den Gesamtbedarf des betreffenden Abnehmers decken. Die Differenzen in den Zeilen, die entweder einen Überschuß oder einen Mangel an Aufkommen bei den einzelnen Lieferbetrieben zum Ausdruck bringen, werden in eine neue Spalte der Differenzen eingetragen (letzte Spalte in der Ausgangstabelle). Die Summe dieser Zeilendifferenzen muß Null ergeben.

Tabelle 1
Ausgangstabelle

Liefer-betrieb	Abnehmer 1	2	3	4	5	6	Auf-kom-men	Diffe-renzen
A	24	6 640	26 750	40	46	16 760	680	−1470
B	9 450	25	48	19 320	42	28	620	− 150
C	44	37	54	57	18 240	50	560	+ 320
D	30	23	45	49	72	62	1300	+1300
Bedarf	450	640	750	320	240	760	3160	0
Spalten-differenzen								

Nach der Tabelle müßte Lieferbetrieb A an Abnehmer 2 (640 t), an Abnehmer 3 (750 t) und an Abnehmer 6 (760 t) liefern. Diese drei Abnehmer besitzen zum Lieferbetrieb A kürzere Entfernungen als zu den übrigen Lieferbetrieben. Demnach wäre für A ein Aufkommen von 640 + 750 + 760 = 2150 t erforderlich. A vermag aber nur 680 t zu liefern. Demnach ergibt sich eine Aufkommensdifferenz von 680 − 2150 = −1470 t. Entsprechendes gilt für die übrigen Lieferbetriebe.

Das Berechnungsverfahren beruht auf der Ermittlung der sogenannten Spaltendifferenzen der Entfernungen. Diese Spaltendifferenzen werden für diejenigen besetzten Felder in jeder Spalte gebildet, die in einer Zeile mit negativer Differenz stehen (letzte Spalte der Ausgangstabelle). Das sind demnach besetzte Felder in solchen Zeilen, in denen die Gesamtbelastung größer ist als das Aufkommen des zu dieser Zeile gehörenden Lieferbetriebes. In der Ausgangstabelle handelt es sich um die Felder 21 (1. Spalte), 12 (2. Spalte), 13 (3. Spalte), 24 (4. Spalte) und 16 (6. Spalte). Für die fünfte Spalte wird keine Differenz gebildet, weil das dort besetzte Feld 35 in einer Zeile mit positiver Differenz steht. In jeder Spalte, für die eine Differenz zu bilden ist, wird aus denjenigen Feldern, die in Zeilen mit positiver Differenz stehen, das mit dem kleinsten Satz aufgesucht. Es handelt sich um die Felder 41 (1. Spalte), 42 (2. Spalte), 43 (3. Spalte), 44 (4. Spalte) und 36 (6. Spalte). Diese Felder bilden freie Zuordnungsmöglichkeiten. In jeder der in Frage kommenden Spalten wird schließlich die Differenz zwischen dem niedrigsten Satz aus den Feldern, die in Zeilen mit positiver Differenz stehen, und dem Satz des in einer Zeile mit negativer Differenz stehenden besetzten Feldes gebildet. Damit entstehen die Spaltendifferenzen der Entfernungen. Es handelt sich um die Differenzen zwischen den Sätzen der Felder

41 und 21 (1. Spalte); 44 und 24 (4. Spalte);
42 und 12 (2. Spalte); 36 und 16 (6. Spalte).
43 und 13 (3. Spalte);

(Fortsetzung des laufenden Textes auf S. 556)

Tabelle 2
Ausgangstabelle, ergänzt durch die Spaltendifferenzen

Liefer-betrieb	Abnehmer						Auf-kommen	Diffe-renzen
	1	2	3	4	5	6		
A	24	6 / 640	26 / 750	40	46	16 / 760	680	−1470
B	9 / 450	25	48	19 / 320	42	28	620	− 150
C	44	37	54	57	18 / 240	50	560	+ 320
D	30	23	45	49	72	62	1300	+1300
Bedarf	450	640	750	320	240	760	3160	0
Spalten-differen-zen	21	17	19	30	—	34	$d_1 = 17$	

Tabelle 3
Ergebnis des ersten Verbesserungsschrittes

Lieferbetrieb	Abnehmer 1	2	3	4	5	6	Aufkommen	Differenzen
A	41	23	43 / 750	57	63	33 / 760	680	−830
B	26 / 450	42	65	36 / 320	59	95	620	−150
C	44	37	54	57	18 / 240	50	560	+320
D	30	23 / 640	45	49	72	62	1300	+660
Bedarf	450	640	750	320	240	760	3160	0
Spaltendifferenzen	4	—	2	13	—	17	$d_2 = 2$	

Nach weiteren vier Verbesserungsschritten erhält man dann für dieses Beispiel die optimale Lösung (Tabelle 4).

Tabelle 4
Ergebnis des fünften Verbesserungsschrittes – Optimale Lösung

Lieferbetrieb	Abnehmer 1	2	3	4	5	6	Aufkommen	Differenzen
A	58	40	60	74	80	50 / 680	680	0
B	39 / 300	55	78	49 / 320	72	58	620	0
C	44	37	54 / 240	57	18 / 240	50 / 80	560	0
D	39 / 150	32 / 640	54 / 510	58	81	71	1300	0
Bedarf	450	640	750	320	240	760	3160	0
Spaltendifferenzen	—	—	—	—	—	—	—	

Aus den ermittelten Spaltendifferenzen der Sätze wird die kleinste Differenz bestimmt. Im ersten Schritt der Berechnung (erste Annäherung) stellt sie den sogenannten Hilfssummanden d_1 dar. Im gegebenen Beispiel ist $d_1 = 17$ am Ende der letzten Zeile der Tabelle 2 auf S. 554 aufgeführt.

Mit Hilfe der Hilfssummanden d_1 werden alle Entfernungen (Sätze) in den Zeilen mit negativer Differenz korrigiert. Unter Korrektur versteht man das Hinzuzählen des Hilfssummanden d_1 zu den ursprünglichen Sätzen dieser Zeilen mit einer negativen Differenz.

Tabelle 5
Optimale Lösung mit ursprünglichen Aufwandssätzen

Liefer-betrieb	Abnehmer 1	2	3	4	5	6	Auf-kommen	Diffe-renzen
A	[24]	[6]	[26]	[40]	[46]	[16] 680	680	—
B	[9] 300	[25]	[48]	[19] 320	[42]	[28]	620	—
C	[44]	[37]	[54] 240	[57]	[18] 240	[50] 80	560	—
D	[30] 150	[23] 640	[45] 510	[49]	[72]	[62]	1300	—
Bedarf	450	640	750	320	240	760	3160	—
Spalten-differen-zen	—	—	—	—	—	—		

[161 – 40 ff.]

Methode der kleinsten Quadratsumme – für Trend- und Regressionsgleichungen angewandtes mathematisches Verfahren, mit dessen Hilfe die Parameter eines beliebigen Funktionstyps aus einer Reihe empirischer (tatsächlicher) Werte einer Erscheinung zum möglichst genauen Ausgleich so bestimmt werden, daß die Summe der Abweichungsquadrate der theoretischen Funktionswerte von den tatsächlichen Werten ein Minimum wird.

Allgemein ausgedrückt:

$$\sum_{i=1}^{n} [y_i - f(x_i)]^2 \rightarrow Min$$

x_i Funktionswert

y_i Beobachtungswert (tatsächlicher Wert)

Vereinfacht für die Trendberechnung ausgedrückt:

$$\Sigma\,[y - f(t)]^2 = Min$$

y   Tatsächlicher Wert
f(t)   Theoretischer Funktionswert
[15 – 337 ff., 437 ff.; **37** – 185 f.]

Methode des Gesamtkostenminimums → Nutzeffekt, ökonomischer

Methode mit fallendem Index → Indexmethode

Methode mit steigendem Index → Indexmethode

Mindestabsatzvorrat → Vorratshaltung

Mindest-Produktionsvorrat → Vorratshaltung

Mindestvorrat im Produktionsmittelhandel → Vorratshaltung

Minimax-Entscheidungsfunktion – mathematische Methode, mit deren Hilfe bei nicht vorhandener a priori-Verteilung des Parameters des statistischen Modells aus einer Menge von Entscheidungsfunktionen effektiv eine Entscheidungsfunktion bestimmt wird, die als optimal anerkannt werden kann.

Beispiel:

p	h_l	h_k	h_l
0,25	18	17
0,50	20	10
0,75	32	30

p   Anteilparameter
h_i Entscheidungsfunktion
h_k Funktion, die für p größere Verluste ausweist
h_l Funktion, die für p geringere Verluste ausweist

Die Funktion h_l ist gleichmäßig besser als h_k.
Die Menge der Entscheidungsfunktionen, für die keine gleichmäßig besseren Funktionen existieren, ist die Menge der zulässigen Entscheidungsfunktionen.
→ Bayessche Entscheidungsfunktionen, → Spiel mit der „Natur".
[261 – 253 ff.]

Mittel, arithmetisches → Durchschnitt

Mittel, chronologisches → Niveauberechnung

Mittel, geometrisches → Wachstumstempo, durchschnittliches

Mittel, gewogenes arithmetisches → Durchschnitt

Mittel, gewogenes harmonisches → Durchschnitt

Mittelbindung bei Ausbaustufen – Verlauf der Mittelbereitstellung und des Mittelrückflusses bei Investitionen unter Berücksichtigung der Vorbereitungs-, Bau- und Anlaufzeit, wobei Ausbaustufen bereits produktionswirksam werden können und damit frühzeitig Nutzen erzielt wird.

Bei der Berechnung des ökonomischen Nutzeffekts für mehrere Nutzungsjahre und für die gesamte Nutzungsdauer muß die perspektivische Entwicklung der Selbstkosten und Preise berücksichtigt werden. Für die Gesamteinschätzung des ökonomischen Nutzeffekts genügt die Gesamtrückflußdauer nicht. Man muß den spezifischen Verlauf der Mittelbereitstellung und des Mittelrückflusses berücksichtigen.

[11 – 280 ff.]

Mittelbindung durch einmalige Aufwendungen – über die Dauer der Vorbereitung und Durchführung von Investitionsvorhaben auf Grund der erforderlichen einmaligen Aufwendungen und deren Verzinsung gebundene Mittel.

a) Mittelbindung bei einfacher Verzinsung der einmaligen Aufwendungen:

$$A_{ges} = A_1 + N_N[A_1(t_n - 0{,}5) + A_2(t_{n-1} - 0{,}5)$$
$$+ \cdots + A_n(1 - 0{,}5)] \qquad [M]$$

A	Einmalige Aufwendungen der zu vergleichenden Variante (M)
$i = 1, 2, ..., n$	Index für die einzelnen Jahre der Vorbereitung und Durchführung
N_N	Zinssatz (Normativkoeffizient), der die volkswirtschaftlichen Auswirkungen durch die Mittelbindung (Entzug der Mittel für produktive Nutzung) ausdrückt
t_n	Dauer der Vorbereitung und Durchführung (a)

Diese Formel wird für eine projektierte Zeitdauer der Vorbereitung und Durchführung von $t < 5$ Jahre angewandt.

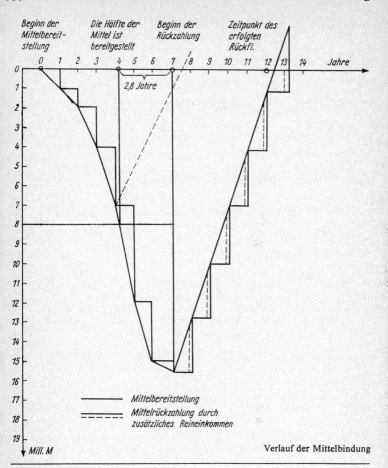

Verlauf der Mittelbindung

b) Mittelbindung bei Zinseszinsrechnung:

$$A_{ges} = A_1(1 + N_N)^{t_n - 0,5} + A_2(1 + N_N)^{t_{n-1} - 0,5}$$

$$+ \cdots + A_n(1 + N_N)^{1 - 0,5} \qquad [M]$$

Diese Formel wird für eine projektierte Zeitdauer der Vorbereitung und Durchführung von $t \geqq 5$ Jahre angewandt.

Erhöhung der einmaligen Aufwendungen durch die Mittelbindung

$$A_{Erh} = A_{ges} - A \qquad [M]$$

wobei

$$A = A_1 + A_2 + A_3 + \cdots + A_n$$

Verringerung der Mittelbindung durch die Inbetriebnahme von Teilkapazitäten:

$$A_{fr} = N_N \cdot A \cdot \frac{P_1 + P_2 \cdots + P_n}{P_g} \qquad [M]$$

A_{fr} Frei werdende Mittel (Aufwendungen) (M)

N_N Zinssatz (Normativkoeffizient), der die volkswirtschaftlichen Auswirkungen durch die Mittelbindung (Entzug der Mittel für die produktive Nutzung) charakterisiert; im allgemeinen wird der Koeffizient 0,2 angewandt

A Einmalige Aufwendungen (M)

$P_{1,2,\ldots,n}$ Gesamte, am Beginn des jeweiligen Baujahres (1, 2, ... n) genutzte bzw. in Betrieb genommene Kapazität (m², t usw.)

P_g Volle projektierte Kapazität (m², t usw.)

[21 – 140 f.]

Nach einer anderen Formel:

$$I_{Red} = Z \cdot I \sum_{i=1}^{n} (TK \cdot T_b)_i$$

I Investitionsaufwand insgesamt (M)

Z Zeitfaktor

TK Jeweils am Jahresanfang insgesamt in Betrieb befindliche Teilkapazitäten (Prozent von der Gesamtkapazität)

T_b Zeitdifferenz zwischen den aufeinanderfolgenden Inbetriebnahmen von Teilkapazitäten bzw. zwischen der Inbetriebnahme der letzten Teilkapazität und der Gesamtkapazität (a)

[199 – 214]

Mittelwertformel, allgemeine → Durchschnitt

Mittelwertkarte → Kontrollkarten

Modalwert → Wert, häufigster

Modell, statistisches – modellhafte mathematische Darstellung eines Systems, in dem die Werte der auftretenden Parameter zum Teil unbekannt sind und über diese Parameter vor einer Entscheidung durch zusätzliche, zum Teil unvollständige Informationen Kenntnisse erlangt werden können. Bei der Lösung statistischer Modelle sind zwei eng miteinander verbundene Fragen zu klären:

1. Wie und in welchem Rahmen sind die zusätzlichen Informationen über den interessierenden Parameter einzuholen?
2. Wie sind diese zusätzlichen Informationen bei der Bestimmung der optimalen Entscheidung zu verwenden?

Für den erstgenannten Punkt kann man zwei Fälle unterscheiden:

a) der Parameter, über den Teilinformationen vorliegen, ist eine Losveränderliche mit bekannter Verteilung;

b) der Parameter, über den Teilinformationen vorliegen, ist eine Losveränderliche mit unbekannter Verteilung oder eine konstante Größe mit unbekanntem Wert.

Die Entscheidungsveränderliche ist wie folgt zu bestimmen:

$$X = h(\overline{w})$$

X Entscheidungsveränderliche
h($\overline{w}$) Funktion h eines auf der Grundlage einer Probe geschätzten Parameters W

Beispiel:

Eine Warenlieferung besteht aus 10000 Stück Metallstäben, von denen jeder Stab eine von vornherein bestimmte Festigkeit (Widerstandsmoment) von $W = 500 \, cm^3$ haben muß. Dem Empfänger obliegt es nun, diese Sendung anzunehmen oder abzulehnen, wenn er sie für schlecht hält (dann ist $W < 450 \, cm^3$). Die Entscheidung darüber hängt von der Fehlerhaftigkeit w ab. Da w nicht bekannt ist, ergibt sich daraus ein statistisches Modell. Zusätzliche Informationen über w erhält man, wenn eine repräsentative Auswahl von Metallstäben (etwa 100 Stück) auf die wahre Festigkeit W geprüft wird. Um eine tendenzlose Stichprobe zu erhalten, ist die Probe durch Anwendung von Zufallszahlen auszuwählen.

Die Untersuchung der Stichprobe ergibt eine Fehlerhaftigkeit, die mit $\overline{w}$ bezeichnet wird.

Bei allen statistischen Modellen treten neben Parametern noch eine oder mehrere Entscheidungsveränderliche X auf. In unserem Beispiel nimmt X den Wert 0 an, wenn wir die Sendung ablehnen, oder ist 1, wenn wir die Sendung annehmen.

Nach o.g. Funktion $X = h(\overline{w})$ ist die Auswahl von h ein grundlegendes Problem. Dabei ist die Funktion h prinzipiell von der Funktion S (Verlust) abhängig. Das Problem reduziert sich daher auf die optimale Bestimmung der Funktion h.

→ Bayessche Entscheidungsfunktionen, → Minimax-Entscheidungsfunktion

[**261** – 241 ff.]

Modell, strategisches – modellhafte Darstellung eines Systems, in welchem wenigstens ein Parameter Losveränderliche mit bekannter Verteilung ist und im Moment der Entscheidungsfällung nur die Wertemenge bekannt ist, aus

Modell

der der Parameter einen Wert annehmen kann. Der Wert des Kriteriums ist nicht nur von der Entscheidungsveränderlichen X abhängig, sondern auch vom Parameter a, von dem aber nur soviel bekannt ist, daß er einen der Werte a_1, a_2, a_3, ... a_n annehmen kann. Charakteristisches Merkmal ist das „Gegeneinander" zweier Partner, deren Interessen im Widerspruch zueinander stehen. Günstigste Ergebnisse der Tätigkeit einer Seite sind gleichbedeutend mit ungünstigsten Ergebnissen der anderen Seite. Mit jeder Entscheidung einer Seite ist ein von der Entscheidung der anderen Seite abhängiges Ergebnis verbunden.

1.		Vom Spieler G_2 ausgewählte Farben			Minimaler Gewinn des Spielers G_1
		A	B	C	
Vom Spieler G_1 ausgewählte Farben	A	0	−1	6	−1
	B	2	4	5	2
	C	1	−2	8	−2
Maximaler Verlust des Spielers G_2		2	4	8	

$$V_1 = \underset{X}{\text{Max}} \, [\underset{D}{\text{Min}} \, W(X, D)]$$

Spieler G_1 weiß, daß Spieler G_2 nach Gewinn strebt und mithin bei der Auswahl seiner Strategie zu einer Minimierung des Gewinns des Spielers G_1 strebt. Spieler G_2 ist bemüht, D so zu wählen, daß W ein Minimum wird, $\rightarrow \underset{D}{\text{Min}} \, W(X, D)$. Das Minimum ist von der durch den Spieler G_1 beeinflußbaren Veränderlichen X abhängig. Er ordnet also der Veränderlichen X einen solchen Wert zu, daß Min W(X, D) einen möglichst großen Wert annimmt:

$$V_1 = \underset{X}{\text{Max}} \, [\underset{D}{\text{Min}} \, W(X, D)] \text{ für } G_1$$

$$V_2 = \underset{D}{\text{Min}} \, [\underset{X}{\text{Max}} \, W(X, D)] \text{ für } G_2$$

2.		Vom Spieler G_2 ausgewählte Farben			Minimaler Gewinn des Spielers G_1
		A	B	C	
Vom Spieler G_1 ausgewählte Farben	A	−2	3	10	−2
	B	2	−3	0	−3
	C	−1	5	8	−1
Normaler Verlust des Spielers G_2		2	5	10	

V_1 und V_2 sind Minimaxstrategien (für beide Spiele optimale Strategien)

$$V_1 = V_2 \underset{X}{\text{Max}} [\underset{P}{\text{Min}} W(X, D)] = \underset{P}{\text{Min}} [\underset{X}{\text{Max}} W(X, D)]$$

$$V_1 = \underset{X}{\text{Max}} [\underset{D}{\text{Min}} W(X, P)] = -1$$

$$V_2 = \underset{D}{\text{Min}} [\underset{X}{\text{Max}} W(X, P)] = \ \ \ 2$$

Diese Strategien sind nicht optimal; bei Wiederholung des Spiels gilt:
G_2 Strategie bleibt, G_1 wurde durch Strategie B austauschbar; da G_1 weiß,
daß G_2 vorherige Partie A wählte, stellt er fest, daß er bei Strategie B_2
gewinnt usw.

$V_2 > V_1$ keine optimale Strategie

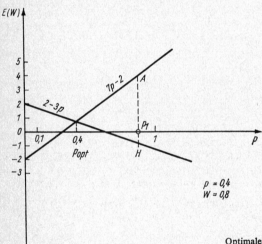

Optimaler Wert von p – graphisch

$V_1' = \underset{p}{\text{Max}} [\underset{q}{\text{Min}} W_1(p, q)] = 0,8$: Gemischte Minimaxmethode

V_1' Niedrigster erwarteter Gewinn des Spielers G_1

Für G_2:

$$V_2' = \underset{q}{\text{Min}} [\underset{p}{\text{Max}} W_1(p, q)]$$

Annahme: G_1 wendet nur Strategie A an; dann ist der erwartete Verlust
für G_2

$$E[W(A, D)] = 5 \cdot q + (-1) \cdot (1 - q) = 6q - 1$$

Annahme: G_1 wendet nur Strategie B_1 an, dann ist der erwartete Verlust
für G_2

$$E[W(B, D)] = -2q + 2(1 - q) = 2 - 4q$$

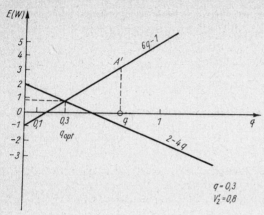

Optimaler Wert von q – graphisch

$$V_2' = \underset{q}{\text{Min}} \, [\underset{p}{\text{Max}} \, W_1(p, q)] = 0,8$$

$$V_1' = V_2': \text{Optimale gemischte Minimaxstrategie}$$

Wenn mehr als zwei Strategien zur Auswahl stehen, ist die Bestimmung der optimalen gemischten Strategie nur durch entsprechende Berechnungen möglich (Algorithmus).

[261 – 217 ff.]

Modellarten → Modellmethode

Modell der Verflechtungsbilanzen, mathematisches → Verflechtungsbilanzen, mathematisches Modell der

Modell der Zweigverflechtungsbilanzen, mathematisches → Verflechtungsbilanzen, mathematisches Modell der

Modell für die Optimierung nach Erzeugnisgruppen, allgemeines → Optimierung nach Erzeugnisgruppen, allgemeines Modell für die

Modellkarten → Modellmethode

Modellkonstruktion → Modellmethode

Modellmethode – Verfahren, dessen Grundlage in der Konstruktion von Modellen besteht, die als Mittel zur Gewinnung von Erkenntnissen und zur Vermittlung von Kenntnissen über bestimmte Objekte dienen oder deren Funktion als Ersatz der Funktion dynamischer Systeme Verwendung findet. Mit Hilfe eines spezifischen Systems von Operationen werden anhand des Modells solche Informationen über das Objekt (das Original) gewonnen, die an ihm selbst nicht oder nur mit unzulässigem Aufwand zugänglich sind.

Das *Modellsystem* ist ein aus den drei Elementen

> Subjekt (S),
> Original (O) und
> Modell (M)

bestehendes und durch die Operationen der Modellmethode definiertes System (O–S–M). Es enthält dementsprechend die Teilsysteme (S–O), (S–M) und (M–O) mit den entsprechenden Teilrelationen. Die Relation (M–O), die Analogierelation, ist dadurch gekennzeichnet, daß zwischen M und O keinerlei stoffliche und informationelle Wechselwirkungen bestehen. Die Relation (M–O) kommt nur durch die Aktivität des Subjekts zustande.

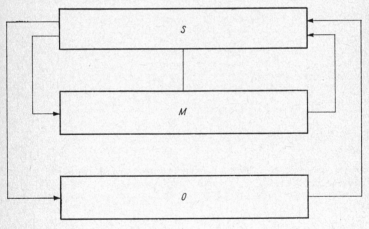

Grundschema eines Modellsystems

Die Anwendung der Modellmethode auf den Erkenntnisprozeß ist ein mehrgliedriger Prozeß. Es ist daher notwendig, diesen Prozeß in einer Operationsfolge zu entwickeln.

Grundoperationen für die Konstruktion materieller Modelle sind (nach *Wüstneck*):

1. Fixierung der Ausgangsinformationen über das Objekt und über die Aufgabe (das Ziel) der Modellierung
2. Projektierung einer Modellvariante

3. Realisierung des Modells, Verifizierung des Projekts
4. Gewinnung neuer Informationen über das Modell
5. Ableitung hypothetischer Informationen über das Original (Analogieschluß)
6. Verifizierung dieser Informationen am Original
7. Vergleich der Ergebnisse mit der Aufgabe, Entscheidung über Weiterführung von 4, 2 oder 8
8. Abschluß als Fixierung der bestätigten neuen Informationen über das Original und Übergang zur weiteren Verwendung gegenüber dem Objekt

[**55** – 709 ff.; **37** – 208 ff.]

Die *Aufstellung eines Modells* ist in der Operationsforschung (OF) die *erste Etappe*. Es geht um die genaue Formulierung, worüber zu entscheiden ist, wie die Bedingungen sind, welche Mittel eine Rolle spielen und welches Kriterium die Bewertung der Ergebnisse ermöglichen soll. Ein Modell muß alle Elemente enthalten, die für die Entscheidung wichtig sind.

Die *zweite Etappe* in der OF ist das Lösen der Modelle, also die Ermittlung der optimalen Entscheidung. Es geht hier um die effektive Bestimmung der Werte der Entscheidungsveränderlichen, die man auf Grund der Größe von Z, dem Kriterium zur Bewertung der optimalen Lösung (Zielfunktion), als optimal anerkennen kann.

Die *dritte Etappe* ist die Verifizierung des Modells und der ermittelten Lösung. Es geht dabei um die Gegenüberstellung der erzielten Lösung mit der Wirklichkeit in dem dafür möglichen Rahmen.

Die *vierte Etappe* ist die Ausarbeitung eines Kontrollsystems, welches auf Veränderungen der im Modell auftretenden Beziehungen reagiert. Darüber hinaus muß das Kontrollsystem ermöglichen, die vorhergehende Lösung zu ändern, um unter neuen, veränderten Bedingungen eine optimale Lösung zu erzielen, ohne das ganze Problem von Anfang an lösen zu müssen.

[**261** – 14 ff.]

Es werden drei *Arten von Modellen* unterschieden (vgl. nebenstehende Abbildung):

bildhaftes Modell,
analoges Modell,
formales Modell.

Das *bildhafte Modell* stellt dar, wie das Untersuchungsobjekt in Wirklichkeit aussieht. Es ist die einfachste Modellart. Mit bildhaften Modellen werden statische oder dynamische Erscheinungen zu bestimmten Zeitpunkten beschrieben.

Bei *analogen Modellen* werden bestimmte Eigenschaften zur Darstellung anderer Eigenschaften des Systems (Schaubilder) verwendet. Diese Modellart eignet sich zur Darstellung dynamischer Prozesse; außerdem kann sie mit wenigen

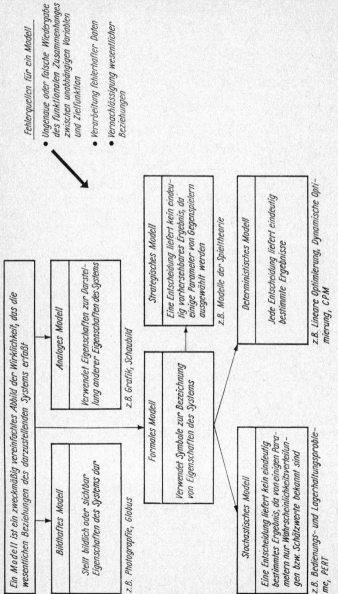

Fehlerquellen für ein Modell

- Ungenaue oder falsche Wiedergabe des funktionalen Zusammenhanges zwischen unabhängigen Variablen und Zielfunktion
- Verarbeitung fehlerhafter Daten
- Vernachlässigung wesentlicher Beziehungen

Strategisches Modell

Eine Entscheidung liefert kein eindeutig vorhersehbares Ergebnis, da einige Parameter von Gegenspielern ausgewählt werden

z.B. Modelle der Spieltheorie

Deterministisches Modell

Jede Entscheidung liefert eindeutig bestimmte Ergebnisse

z.B. Lineare Optimierung, Dynamische Optimierung, CPM

Ein Modell ist ein zweckmäßig vereinfachtes Abbild der Wirklichkeit, das die wesentlichen Beziehungen des darzustellenden Systems erfaßt

Bildhaftes Modell

Stellt bildlich oder sichtbar Eigenschaften des Systems dar

z.B. Photographie, Globus

Analoges Modell

Verwendet Eigenschaften zur Darstellung anderer Eigenschaften des Systems

z.B. Grafik, Schaubild

Formales Modell

Verwendet Symbole zur Bezeichnung von Eigenschaften des Systems

Stochastisches Modell

Eine Entscheidung liefert kein eindeutig bestimmtes Ergebnis, da von einigen Parametern nur Wahrscheinlichkeitsverteilungen bzw. Schätzwerte bekannt sind

z.B. Bedienungs- und Lagerhaltungsprobleme, PERT

Die Modellarten

Modifikationen zur Darstellung vieler verschiedener, aber gleichartiger Prozesse verwendet werden.

Bei *formalen Modellen* verwendet man Symbole zur Bezeichnung von Eigenschaften des Systems, die im allgemeinen mathematischer oder logischer Natur sind. Die formalen Modelle sind die abstraktesten aller Modellarten.

[80b – 151 ff.; 38; 44 – 550]

Modelltypen

	Determinierte M.	Probabili-stische M.	Statistische M.	Strategische M.
Lösungs-methoden	Differential-rechnung, lineare Optimierung, nichtlineare Optimierung	Wahrscheinlich-keitsrechnung	Mathematische Statistik	Spieltheorie

determiniert	– Alle Parameter sind konstante und bekannte Größen.
probabilistisch	– Wenn nur einer der Parameter eine Losveränderliche mit bekannter Verteilung ist.
statistisch	– Wenn nur einer der Parameter eine konstante Größe mit unbekanntem Wert oder eine Losveränderliche mit unbekannter Verteilung ist.
strategisch	– Wenn wenigstens einer der Parameter eine strategische Veränderliche ist.

[261 – 20]

Modellsystem → Modellmethode

Modelltypen → Modellmethode

Modellverfahren → Prozeßrechnersystem

MODI → Distributionsmethode, modifizierte

Modus → Wert, häufigster

Moment, zentrales → Durchschnitt

Moment k-ter Ordnung → Durchschnitt

Montageflächen → Montageorganisation für stationäre Montage

Montageorganisation für stationäre Montage – Bestimmung der rationellsten Organisationsform für den reibungslosen Verlauf der stationären Montage auf Grundlage der erforderlichen Anzahl der Arbeitskräfte und der notwendigen Montageflächen für ein Erzeugnis bzw. für einen Abschnitt.

Anzahl der Arbeitsplätze

$$y = \frac{\sum\limits_{i=1}^{z} n_i \cdot t_i}{t_V}$$

oder

$$y = \frac{\bar{t} \sum\limits_{i=1}^{z} n_i}{t_V}$$

n_i Jahresstückzahl der Erzeugnisart i
t_i Effektive Montagezeit für ein Stück der Erzeugnisart i (min/Stück)
t_V Verfügbarer Zeitfonds eines Arbeitsplatzes unter Berücksichtigung der Schichtzahl (min)
z Anzahl der zu montierenden Erzeugnisarten
$\bar{t}$ Mittelwert des effektiven Montagezeitaufwandes (min/Stück)

$$t_i = \frac{t_{Ni}}{k_{Ne}} \qquad\qquad [min/Stück]$$

$$\bar{t} = \frac{\sum\limits_{i=1}^{z} n_i \cdot t_i}{\sum\limits_{i=1}^{z} n_i} \qquad\qquad [min/Stück]$$

t_{Ni} Normzeit der Montage eines Erzeugnisses der Art i
k_{Ne} Koeffizient der Normerfüllung

Montagefläche für ein Erzeugnis

$$F_{Mi} = F_{Ei}(1 + f_{Ai} + f_{Bi}) + F_{Aui} \qquad\qquad [m^2]$$

F_{Mi} Flächenbedarf für die Montage eines Erzeugnisses i (m²)
F_{Ei} Projizierte Grundrißfläche des Erzeugnisses i
f_{Ai} Zuschlagsfaktor für den Arbeitsbereich am Erzeugnis i
f_{Bi} Zuschlagsfaktor für die Bereitstellungsfläche am Erzeugnis i
F_{Aui} Eventuell anteilig benötigte Ausrüstungsfläche am Erzeugnis i

Richtwerte für Zuschlagsfaktor f_A

Projizierte Grundrißfläche des Erzeugnisses F_E (m²)	Zuschlagsfaktor f_A in Abhängigkeit vom Verhältnis L/B		
	$\frac{L}{B}$ = unter 2	$\frac{L}{B}$ = 5 ... 2	$\frac{L}{B}$ = 10 ... 5
1,5 ... 2,0	4,20 ... 3,10	4,50 ... 3,15	5,30 ... 4,10
2 ... 4	3,20 ... 2,40	3,90 ... 2,80	5,00 ... 3,15
4 ... 6	2,60 ... 1,80	3,00 ... 2,05	3,75 ... 2,00
8 ... 12	1,90 ... 1,50	2,40 ... 1,85	2,80 ... 2,15
12 ... 16	1,30 ... 1,00	1,40 ... 1,15	1,60 ... 1,25
16 ... 20	1,10 ... 0,90	1,20 ... 1,00	1,30 ... 1,10
20 ... 30	0,85 ... 0,75	0,95 ... 0,85	1,05 ... 0,90
30 ... 40	0,80 ... 0,65	0,90 ... 0,70	0,95 ... 0,80
40 ... 50	0,70 ... 0,60	0,75 ... 0,65	0,80 ... 0,70

Richtwerte für Zuschlagsfaktor f_B

Projizierte Grundrißfläche des Erzeugnisses F_E (m²)	Zuschlagsfaktor f_B in Abhängigkeit von der Größe der zu lagernden Teile (Klein- und Mittelserienfertigung)		
	kurze und kompakte Teile	mittlere Teile	lange und sperrige Teile
1,5 ... 2,0	1,80 ... 1,40	2,30 ... 1,80	–
2 ... 4	1,40 ... 1,00	1,80 ... 1,10	–
4 ... 6	1,00 ... 0,75	1,20 ... 0,80	2,20 ... 1,50
6 ... 8	0,75 ... 0,60	0,80 ... 0,70	1,40 ... 1,15
8 ... 12	0,60 ... 0,50	0,70 ... 0,60	1,10 ... 0,80
12 ... 16	0,50 ... 0,40	0,60 ... 0,50	0,80 ... 0,65
16 ... 20	0,40 ... 0,35	0,50 ... 0,45	0,65 ... 0,60
20 ... 25	0,35 ... 0,30	0,45 ... 0,40	0,60 ... 0,55
25 ... 30	0,30 ... 0,25	0,40 ... 0,35	0,55 ... 0,45
30 ... 40	0,25 ... 0,20	0,35 ... 0,33	0,45 ... 0,40
40 ... 50	0,20 ... 0,18	0,33 ... 0,30	0,40 ... 0,35

Montagefläche für einen Abschnitt

$$F_{MA} = \frac{\sum\limits_{i=1}^{m} F_{Mi} \cdot t_{Fbi} \cdot n_i}{t_v} f_{\ddot{u}} \qquad [m^2]$$

F_{Mi} Montagefläche für das Erzeugnis i (m²)

t_{Fbi} Flächenbelegungszeit durch das Erzeugnis i (h/Stück)

n_i Jährliche Stückzahl je Erzeugnis i

$f_{\ddot{u}}$ Korrekturfaktor zur Berücksichtigung der Flächenüberlagerung bei mehreren Erzeugnissen

t_v Verfügbarer Zeitfonds (h/Jahr)

Um zu sichern, daß das größte vorkommende Erzeugnis montiert werden kann, gilt für Formel F_{MA} die Nebenbedingung:

$$F_{MA} \geqq \max_i \{F_{Mi}\}$$

Flächenbedarf für das mittlere Erzeugnis – F_{Mm}:

$$F_{Mm} = \frac{\sum\limits_{i=1}^{m} F_{Mi} \cdot t_{Fbi} \cdot n_i}{\sum\limits_{i=1}^{m} t_{Fbi} \cdot n_i} f_{\ddot{u}} \qquad [m^2]$$

Produktionsfläche des Abschnitts

$$F_{PA} = F_{MA} + F_{TA} + F_{ZA} + F_{SA} \qquad [m^2]$$

F_{tA} Transportfläche für den Abschnitt
F_{ZA} Zwischenlagerfläche für den Abschnitt
F_{SA} Sonstiger nicht berücksichtigter Flächenbedarf (Kontrolle u. a.)

[322 – 403 ff.; 321 – 393 ff.]

Montagefläche bei Montage auf Werktischen

a) Montagefläche für einen Arbeitsplatz:

$$A_M^x = A_{WT} + A_A + A_B \qquad [m^2]$$

A_{WT} Projizierte Grundfläche des Werktisches (m^2)
A_A Fläche für den Arbeitsbereich am Werktisch (m^2)
A_B Fläche für die Bereitstellung am Werktisch (m^2)

b) Montagefläche eines Abschnitts:

$$A_M = A_M^x \cdot z \qquad [m^2]$$

z   Zahl der Arbeitsplätze

$$z = \frac{t_{eff}^x}{t_v}$$

t_{eff}^x Montagezeitaufwand für die Montage von Erzeugnissen auf einem bestimmten Arbeitsplatz (h/Arbeitsplatz) ($\rightarrow$ Montagezeitaufwand je Erzeugnis)
t_v Verfügbarer Zeitfonds des jeweiligen Arbeitsplatzes (h/Arbeitsplatz)

Die Kennzahlen A_A, A_B nach den Haupteinflußgrößen (Werktischgröße und Arbeitsplatztyp) geordnet, ergeben die in der Tabelle auf Seite 573 dargestellten Kennzahlenbereiche. Es ist jeweils der minimale, der mittlere und der maximale Wert angegeben, und nach den jeweils vorliegenden Bedingungen (also unter Berücksichtigung weiterer Einflußgrößen) ist der gültige Wert anzuwenden. Damit sind die wichtigsten Voraussetzungen gegeben, um die Berechnung des Flächenbedarfs mit EDVA durchzuführen (siehe Programmablaufplan auf Seite 572).

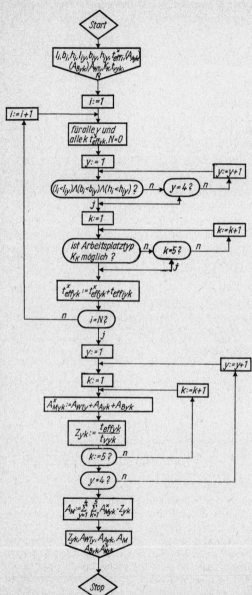

Programmablaufplan zur Ermittlung des Flächenbedarfs bei Montage auf Werktischen

Erläuterungen zum Programmablaufplan (S. 572):

i	Erzeugnisart (1 … N)
y	Werktischgröße (1 … 4)
l_i	Länge des Erzeugnisses i
b_i	Breite des Erzeugnisses i
h_i	Höhe des Erzeugnisses i
l_{iy}	Grenzlänge des Erzeugnisses i
b_{iy}	Grenzbreite des Erzeugnisses i
h_{iy}	Grenzhöhe des Erzeugnisses i
$t_{eff\ yk}$	Effektiver Arbeitszeitaufwand für die Erzeugnisse, die auf der Werktischgröße y und dem Arbeitsplatztyp K_k montiert werden
$i^x_{eff\ iyk}$	Effektiver Arbeitszeitaufwand für die Erzeugnisse der Art i
K_k	Arbeitsplatztyp der Art k (1 … 5)
A^x_{Myk}	Montagefläche für den Arbeitsplatz der Größe y und des Typs K_k
$A_{WT\ y}$	Fläche des Werktisches der Größe y
A_{Ayk}	Arbeitsbereichsfläche für den Arbeitsplatz der Größe y und des Typs K_k
A_{Byk}	Bereitstellungsfläche für den Arbeitsplatz der Größe y und des Typs K_k
(A_{Ayk})	Matrix der Arbeitsbereichsfläche für alle Arbeitsplatzgrößen und -typen
(A_{Byk})	Matrix der Bereitstellungsfläche für alle Arbeitsplatzgrößen und -typen
A_M	Montagefläche für alle Arbeitsplätze der Größe y und des Typs K_k
z_{yk}	Anzahl der Arbeitsplätze der Größe y und des Typs K_k
tv_{yk}	Verfügbarer Zeitfonds des Arbeitsplatzes der Größe y und des Typs K_k

Tabelle

Flächenkennzahlen

Flächenelement m²	Werktischgröße WT_y	Arbeitsplatztypen K_k				
		K_1	K_2	K_3	K_4	K_5
A_A	1	1,4/1,5/1,6	1,9/2,2/2,6	1,8/2,2/2,6	1,9/2,1/2,3	8,0/8,2/8,5
	2	1,8/1,9/2,0	2,2/2,6/3,0	2,3/2,7/3,2	2,3/2,4/2,6	8,5/8,7/9,0
	3	2,2/2,3/2,4	2,5/2,9/3,3	2,8/3,2/3,6	2,6/2,8/3,0	9,0/9,2/9,5
	4	2,7/2,8/2,9	2,9/3,3/3,7	3,5/3,9/4,3	3,0/3,2/3,4	9,5/9,7/10,0
A_B	1		1,2/1,7/2,3	2,0/2,6/3,2	1,8/2,5/3,2	2,5/2,7/3,0
	2		1,5/2,0/2,5	2,9/3,5/4,2	2,0/2,2/2,5	3,0/3,2/3,4
	3		1,8/2,3/2,9	3,8/4,4/5,1	2,2/2,5/2,7	3,4/3,6/3,8
	4		2,1/2,6/3,2	5,1/5,7/6,4	2,6/2,8/3,1	4,0/4,2/4,5

[147a – 260ff.]

Montagewechselfließreihen, optimale Anzahl von Umstellungen der – jene Anzahl von Umstellungen in Montagewechselfließreihen, die bei gegebenem Erzeugnissortiment zu einem Minimum der Lager- und Umstellungskosten führt. Die nachfolgenden Formeln gehen davon aus, bei bekanntem Produktionsprogramm und einem über den ganzen betrachteten Planungszeitraum

kompaktwissen

Die Taschenbuchreihe von heute für die Erfolgreichen von morgen:

Preise: DM 4,80 bis DM 7,80

WILHELM HEYNE VERLAG · TÜRKENSTR. 5–7 · 8000 MÜNCHEN 2